律师职业操守

律师职业操守

The lawyer occupation ethics

司莉
刘炳君
蒋信伟
魏大忠
— 著 —

北京大学出版社
PEKING UNIVERSITY PRESS

图书在版编目（CIP）数据

律师职业操守/司莉等著. —北京：北京大学出版社，2013.11
ISBN 978-7-301-23494-5

Ⅰ. ①律… Ⅱ. ①司… Ⅲ. ①律师-职业道德 Ⅳ. ①D916.5

中国版本图书馆 CIP 数据核字（2013）第 276713 号

书　　　名：	律师职业操守
著作责任者：	司　莉　刘炳君　蒋信伟　魏大忠　著
责 任 编 辑：	陈蔼婧
标 准 书 号：	ISBN 978-7-301-23494-5/D·3460
出 版 发 行：	北京大学出版社
地　　　址：	北京市海淀区成府路 205 号　100871
网　　　址：	http://www.yandayuanzhao.com
新 浪 微 博：	@北京大学出版社　@北大出版社燕大元照法律图书
电 子 信 箱：	yandayuanzhao@163.com
电　　　话：	邮购部 62752015　发行部 62750672　编辑部 62117788 出版部 62754962
印 　刷 　者：	三河市北燕印装有限公司
经 　销 　者：	新华书店
	965 毫米×1300 毫米　16 开本　23 印张　322 千字 2013 年 11 月第 1 版　2013 年 11 月第 1 次印刷
定　　　价：	49.00 元

未经许可，不得以任何方式复制或抄袭本书之部分或全部内容。
版权所有，侵权必究
举报电话：010-62752024　电子信箱：fd@pup.pku.edu.cn

法律职业伦理需要年年讲、月月讲、天天讲(代序)[①]
——在 2013 年 3 月 17 日"中国法律职业伦理国际学术研讨会"上的总结发言

刘桂明

各位专家、各位朋友:

关于法律职业伦理,我一直在思考,到底什么是法律职业伦理?我们为什么要讲法律职业伦理?如何信守法律职业伦理?所有这些问题,对我们教学、研究、乃至身处法律实践一线的法律人来讲,都是一个重要的问题。

本次研讨会的召开,正好回应了这种社会关切。对此,我个人既没有研究,也未从事教学,更不在一线,所以,我是一个真正意义上的外行。但是,大家都知道,内行看门道,外行看热闹,通过阅读本次会

---

① 2013 年 3 月 16 日至 17 日,由中国政法大学法学院法律职业伦理教研室和美国律师协会主办的"回应变革呼声:中国法律职业伦理"国际学术研讨会暨法律职业伦理师资培训在昌平校区国际交流中心召开。来自中国内地、美国、韩国和中国香港的专家学者以及对法律职业伦理问题感兴趣的律师、法官和检察官参会。会上遇到前来参会的河南财经政法大学的司莉教授,她邀请我为其新作《律师职业操守》作序。司莉教授十余年来致力于法律职业伦理的研究,成果颇丰,这次希望通过我的序将《律师职业操守》和《律师职业属性论》这"两姊妹"连贯为一体。我因工作繁忙意欲推辞,但是,因多年前曾为其个人专著《律师职业属性论》作序,更因为这本《律师职业操守》是其《律师职业属性论》一书中"律师职业属性决定了律师职业行为规范的主要内容"这一观点的深化和具体化,使我对《律师职业操守》的出版感到似乎有种责任,却因无暇细细品读,恐难解新作深意,在征得司莉教授同意下,我就将该会议总结稍加整理和修饰作为其新作代序,希望能够对读者理解律师职业伦理有所裨益。

议的论文和通过两天的议程安排,我作为一个外行也略微看出了一点点门道。

接下来,我就向各位汇报一下我参加本次会议的收获。

第一,什么是法律职业伦理?我想用三个成语来概括什么是法律职业伦理,也就是我看出的第一个门道。

第一个成语是"约定俗成"。我认为,所谓法律职业伦理,就是法律职业界一种约定俗成的共识。比如,关于保守职业秘密的问题,在我国第一部《律师法》中没有明确规定,各地律师协会在规定如何保守律师职业秘密的时候,对它的表述方式和划分种类也不一样。但是,我同样要说明,我们法律职业伦理尽管规定不一样,规定的层次、时间、种类都不一样,但是它最终还是有一些大致相同、约定俗成的东西。这种约定俗成的东西,就是一种共识。这种共识,有时不一定能形成条文,因为条文很多时候难以概括和详尽法律职业伦理的内涵。但是,作为一种共识,我觉得我们法官、检察官、律师乃至所有的法律人,应该能够明白。而且,他们之所以称为法律职业共同体,就是因为相互之间有共识。作为律师来讲,也是这样,无论中国律师,还是美国律师,也有共识,而这种共识,就是法律职业伦理。所以,在我个人看来,法律职业伦理,就是法律职业界一种约定俗成的共识。

第二个成语是"显而易见"。我认为,法律职业伦理是法律人之间一种显而易见的默契。因为法律职业伦理摆在那里,我们有时候不一定要看条文,但都知道必须遵守。比如律师保守秘密就是一种默契。这种默契告诉我们,如果说法律是一种天理,道德是一种道理的话,那么,伦理就是一种处于天理和道理之间的默契。这种默契,作为法律人来讲,我们都非常明白,非常清楚。作为法律职业人,要保守秘密是一个问题,同样,要谨慎评论也是一个问题。如,法官能否在终审判决之前对案件进行评判,就是一个问题。很显然,从我们法律人的默契来说,这个时候就不能去评判。作为律师来讲,也是同样的问题。

第三个成语是"行之有效"。我认为法律职业伦理是一种行之有效的权威。无论是约定俗成,还是显而易见,法律职业伦理的最终目标还是要在法律执业实践中落实法律职业伦理的要求,所以,它的权威性要能够看得见、摸得着,最重要的是行得通。如:作为律师,我们如何保守秘密、如何维护当事人的合法权益、如何实现当事人利益的最大化等等这些方面的职业伦理要求,相信我们在座的研究者和我们的律师从业者,都应该能够想到相关的法律职业伦理要求对我们和其他同行的影响和权威。所以,对我们法律人来讲,法律职业伦理是一个应该年年讲、月月讲、天天讲的天理和道理。

第二,我们为什么需要法律职业伦理?也就是第二个门道是什么呢?

对于"我们为什么需要法律职业伦理"这个问题,各位都做出了非常深入和有效的探索。这些探索,无论是从价值观,还是从法治精神上讲,都是非常有意义的。我个人认为,为什么要讲法律职业伦理,主要是出于以下三个方面的需要:

一是法律职业伦理体现了一种法治精神。我现在所供职的这个刊物叫《民主与法制》,不少读者提出来,希望我们这个刊物修改一下刊名,认为"法制"应该改为"法治"。后来,经过认真思考,我告诉他们,这是一段历史,也是一个见证,没有必要改名。过去我们讲"法制",现在讲"法治",体现的就是依法治国的进程。所以说,"法制"是一个过去,也是中国推进依法治国的一个进程。我们讲法律职业伦理,也是讲法治精神。那么,法治精神如何来体现?我们强调法律职业伦理就是法治精神的最好体现。

二是法律职业伦理体现了一种道德价值。为什么说是体现一种道德价值?如果说我们通常讲的道德是一种思想层面的话,那么,法律职业伦理更多的是一种价值层面。所以,我们要体现法律职业人的道德价值,体现法律职业共同体的道德价值,我们就需要认真研究、深入探讨法律职业伦理,并共同信守法律职业伦理。

三是法律职业伦理体现了一种职业形象。我们法律职业共同体之所以要讲法律职业伦理,是因为我们是标准的法律职业人。作为法律职业人的形象,除了作为普通人的形象外,还有职业形象。严格践行与信守法律职业伦理,就是法律人职业形象的最好体现。

第三,我们如何面对和信守法律职业伦理?即第三个门道是什么呢？

作为一个律师，作为一个法律人，我们如何面对和信守法律职业伦理。我总结了三点，也就是关于遵守法律职业伦理的三个代价：

第一个代价是知晓当事人或其他诉讼参与人秘密的代价。作为一个律师，就像作为一个医生、作为一个牧师一样，自然会通过自己的职业优势，掌握很多人的秘密。其实，我们每个人都有几大天性，第一是惰性，第二是贪性，第三是忘性，第四是窥性。人的这四大天性里面，最无法形容和难以控制的就是窥性。有的人利用优势掌握了别人的秘密，有的人没有条件但他非常渴望窥探别人的秘密。所以，在市井社会，有人掌握了别人的秘密，就会把它作为一个自己的优势。其实，中国人很多时候都想了解别人的秘密，比如说某某某官场上的绝密，某某某家庭上的私密，某某某情感上的秘密。但是，知晓别人的秘密，是一种很好玩也很可怕的事情。而我们律师就处于这种可怕又危险的境地。这种可怕，有时候可能会让自己丢失饭碗，甚至身陷囹圄。

对于律师来讲，如何把握知晓秘密的尺度，是一个很重要的问题。秘密有好的秘密，也有不好的秘密。比如说西方有个故事，说是西方国家有个长老，礼拜天出去打高尔夫，被上帝发现了，上帝就给他施展魔法，让他打高尔夫杆杆进洞，长老非常高兴，就想我今天怎么如此神奇。但是，他知道他不能说，因为他一说就会让别人知道他违反了礼拜天要去做礼拜的规则。所以，他很痛苦，想说又不能说。当我们律师掌握别人尤其是自己的当事人的不好的秘密的时候，也存在这么一个问题。换句话说，当我们律师知晓这些秘密的时候，必须让自己成为一个自言自语的人，且要不被人听到。也就是既不能泄密，更必须保密。

第二个代价是帮助当事人作出决定的代价。比如说在一个刑事案件当中，你的当事人跟你说现在有各种各样的证据和事实，跟我当时的陈述不一样，我在法庭上是翻供还是不翻供？这个时候的当事人就给律师出了一个非常大的难题，作为律师到底应该帮他做出什么样的决定？如果你建议他翻供，如果查证属实了，当然没错。但是，如果查无依据，律师就可能面临灭顶之灾。这时侦查机关就要问当事人，你为什么要翻供？是谁给了你翻供的力量和自信？是谁教唆指导的？如果当事人把你供出来了，说是你出的主意，那么，你就基本"死"定了。所以，律师在执业过程中，既要熟悉法律条文，还要知道我们的职业规则。而这个职业规则，就是每一个律师知道此时此刻该做什么，不该做什么。我刚才讲了，知晓秘密的代价就是让自己成为一个自言自语的人。现在，我们要知道，帮当事人作出决定就是如何不让自己成为一个自作自受的人。这个时候，律师最好的办法就是画一张"路线图"，列出各种可能性，告诉你的当事人：如果你要翻供将面临什么情况，如果你不翻供将面临什么情况；现有如下证据、路线、方法由你自己选择，我的职业规则告诉我，我不能替你作出这个决定。

第三个代价是对案件与事件发表评论的代价。如果说帮助当事人作出决定只是针对具体的个案或在接受了具体的当事人委托或指定后面临的情况，那么，发表评论则是一种经常发生的事情。律师有时需要对公共事件或热点案件发表评论，但必须做到谨慎评论。在作出评论之前，就应该知道作出评论的代价，一定要能够自圆其说。比如：今天你对可口可乐法律纠纷发表了看法，第二天又有人请你就百事可乐法律事务发表看法，这个时候你怎么办？两家是竞争对手，当你发现了可口可乐或百事可乐的有利之处，你怎么办？你怎么说？这就像过去邓析"操两可之说，设无穷之变"，因而被人诟病。作为法律人，不应该成为"两可之说"的受益者。所以，我认为律师发表评论时，一定要做到能够自圆其说。无论是评论谁，还是何时评论，都是在考验我们如何面对和信守法律职业伦理。

对刚才大家交流时讨论的案例，大家提出了很多问题，如，律师是否已经接受了委托？律师知道的这个秘密跟自己的当事人有关系吗？这个秘密究竟来自于哪里呢？是职业秘密吗？其实，在我们的生活中还会碰到很多类似的故事，比如你的朋友身患绝症，你是告诉他还是不告诉他呢？所以，有些谎言应该揭破，有些谎言未必需要揭破。而对于我们律师来讲，对于执业秘密，我们要做的就是遵守法律规则，信守法律职业伦理。

如此看来，自言自语、自作自受、自圆其说这三个成语，也是我个人学习法律职业伦理的粗浅体会。换言之,律师在知晓与自己当事人有关的秘密之后如何做到自言自语,在为自己的当事人作出决定的重大时刻如何意识到自作自受是一种什么感受,在对立法司法与热点案件发表评论时如何做到自圆其说,既是一种职业修炼,更是一种职业伦理。

最后,我以新任总理李克强先生在第十二届全国人大第一次会议后记者招待会上的一句话作为会议总结的结尾。今天上午,李克强总理讲到的一句话完全可以和我们本次研讨会的主题结合起来。因为李克强总理今天讲到的九个字,我觉得就像我们本次研讨会讨论的主题法律职业伦理一样,要深刻理解、共同信守。这九个字就是"行大道,民为本,利天下"。对我们法律人来说,这是一种职业伦理,更是一种职业责任、一种道义担当、一种时代要求。

好的,我的总结汇报就到这里。谢谢中国政法大学!谢谢各位!

目 录

导论 …………………………………………………………… 001

第一章　律师职业操守的基本理论 …………………………… 012
第一节　律师职业操守概述 …………………………………… 012
第二节　律师职业的基本定位 ………………………………… 029
第三节　律师职业的基本定位与职业操守的关系 …………… 038

第二章　忠于宪法和法律 ……………………………………… 048
第一节　忠于宪法和法律义务概述 …………………………… 048
第二节　尊重法庭和法官的义务 ……………………………… 054
第三节　对法庭的真实义务 …………………………………… 064
第四节　非诉讼业务忠于法律的要求 ………………………… 076

第三章　规范律师与委托人的关系 …………………………… 082
第一节　律师与委托人的关系概述 …………………………… 082
第二节　提供积极合理的服务 ………………………………… 085
第三节　诚实守信 ……………………………………………… 100
第四节　常见业务中律师与委托人关系的处理 ……………… 116

第四章　保持职业独立 ………………………………………… 126
第一节　独立执业 ……………………………………………… 126
第二节　独立于当事人 ………………………………………… 140
第三节　关注法律制度的合理性 ……………………………… 145
本章小结 ………………………………………………………… 148

第五章　保守职业秘密 ………………………………………… 149
第一节　律师保密义务的基本理论 …………………………… 150
第二节　律师保密义务的范围 ………………………………… 167

第三节　律师履行保密义务的措施 …………………… 185
　　本章小结 …………………………………………………… 190

第六章　规范委托和收费 …………………………………… 191
　　第一节　律师利益冲突的常见情形 …………………… 191
　　第二节　利益冲突的预防与处理 ……………………… 204
　　第三节　规范收费 ……………………………………… 211

第七章　尊重同行 …………………………………………… 235
　　第一节　律师尊重同行的概述 ………………………… 235
　　第二节　同所律师间的尊重 …………………………… 241
　　第三节　异所律师间的尊重 …………………………… 247
　　第四节　公平竞争 ……………………………………… 249

第八章　律师职业的自律管理 ……………………………… 254
　　第一节　律师的个人自律管理 ………………………… 254
　　第二节　服从律师执业机构的管理 …………………… 260
　　第三节　服从司法行政机关的管理和律师行业
　　　　　　组织的管理 …………………………………… 275
　　本章小结 …………………………………………………… 288

第九章　律师的职业责任 …………………………………… 290
　　第一节　律师职业责任概述 …………………………… 291
　　第二节　律师的行政法律责任 ………………………… 300
　　第三节　律师的民事法律责任 ………………………… 307
　　第四节　律师的刑事法律责任 ………………………… 316
　　第五节　律师的纪律惩戒 ……………………………… 320

结语　律师的职责 …………………………………………… 329

附件　律师职业操守教育教学相关问题探讨 …………… 333

后记 …………………………………………………………… 351

导　　论

　　律师职业时常处于矛盾纠葛当中的特性决定了律师必须始终以谨慎的态度和规范的言行对待自己的执业活动，律师的社会属性、法律属性、专业属性和独立属性等基本定位决定了律师职业必然存在、也必须遵守诸多的职业约束，即职业操守。

　　而学界对于律师职业操守（或称之为职业道德、职业伦理）的理论研究与法学其他学科相比，还很不成熟，没有形成权威的学科体系，也缺乏独立的概念、范畴。律师界关于律师职业（执业）行为规范的建设，也不是很完善，甚至还存在某些缺陷。在这样的大背景下，创作一部律师职业操守的著作，的确存在很大的难度。

　　为了便于读者阅读，需要说明以下五点：

一、关于本书名称的说明

　　"职业操守"这个词在中国因被过度使用而语意模糊。本书书名使用了该词，所以，有必要在此明确其意义。

　　要解释道德、伦理、操守三个词汇的联系与区别，或许仅仅援引《辞海》《现代汉语词典》《韦氏大辞典》等工具书中的定义是不够的，要从《说文解字》关于"道"和"德"，"伦"和"理"的界定说起，甚至还需要引用老子的《道德经》、荀子的《劝学》、亚里士多德的《尼各马可伦理学》等国内外文献。这不仅要占用大量篇幅，也会违背作者意欲说明本书书名使用"操守"一词的本意。所以，下面的介绍只是从最一般的意义上来概括这三个词汇的含义以及法学界的使用习惯，能够使读者得以体悟作者的心意即可。

（一）道德、伦理与操守的一般含义

　　读者在阅读本书的过程中，也许会发现作者们使用"道德""伦理""操守"来描述含义大致相同的内容，但这三个词之间似乎又存在

着细微的差别。根据《辞海》《现代汉语词典》以及相关文献,对"道德""伦理""操守"以及"职业道德""职业伦理""职业操守"等词可以做如下概括:

1. 所谓道德,就是人们行为的准则与规范,往往代表着社会的正面价值取向,起判断行为正当与否的作用。"道德"一词的使用,在汉语中可追溯至先秦思想家老子所著《道德经》一书。在西方文化中,"道德"(Morality)一词起源于拉丁语 Mores,意为风俗和习惯。道德是在一定社会物质生活基础上产生的,用以调节人与人之间利益关系,不同的时代、不同阶级有着不同的道德标准。道德是精神文明建设的重要内容,也是精神文明的重要标志。

所谓职业道德,就是该职业普遍认同的行为规范,就是同人们的职业活动紧密联系的、体现职业特点要求的准则、情操与品质的总和。职业道德既是职业共同体对从业人员的行为约束,又是职业共同体对社会所负的道德义务。

职业道德是一般社会道德在职业生活中的具体化,是职业品德、职业纪律、专业能力及职业责任等的总称。较之一般的社会道德,职业道德具有以下特点。(1)职业道德往往需要经历较长的历史过程才能形成,常常体现为世代相袭的职业传统和比较稳定的职业心理,因此具有较强的连续性和稳定性。(2)职业道德反映着特定的职业关系,具有特定职业的业务特征,只对从事特定职业的人们具有约束力。各种职业的业务特征和职业责任不同,从而形成了各自特定的职业道德规范。(3)职业道德通常以规章制度、工作守则、服务公约、劳动规程、行为须知等形式表现出来。不管何种职业道德,其最高原则都是集体的利益高于一切。

2. 所谓伦理,就是指在处理人与人,人与社会相互关系时应遵循的道理和准则。也可以说,伦理是指做人的道理,包括人的情感、意志、人生观和价值观等方面。

"伦理"的"伦"即人伦,指人与人之间的关系;"理"即道理、规则。"伦理"就是人们处理相互关系应遵循的道理和规则。社会生活中,人与人之间存在着各种社会关系,如生产劳动中的关系、亲属关系、上下级关系、朋友关系、同志关系、敌对关系等等,必然会生出种种矛盾,就需要有一定的道理、规则或规范来约束人们的行为,调整人们相互之间的关系。道德就是调整人们相互关系的行为规范的总和。

"伦理"的"理"字,既可以做名词讲,表示物质本身的纹路、层次,或事物的次序,也可以做动词用,如管理、修理、整理、理财等。因此,"伦理"一词不仅指人与人、人与社会和人与自然之间关系处理的行为规范,而且蕴涵着依照一定原则来规范行为的深刻道理。因此,伦理学,就是以道德现象为研究对象的科学,故又称"道德哲学"或"人生哲学",不仅包括道德意识现象(如个人的道德情感等),而且包括道德活动现象(如道德行为等)以及道德规范现象等。伦理学将道德现象从人类活动中区分开来,探讨道德的本质、起源和发展,道德水平同物质生活水平之间的关系,道德的最高原则和评价标准,道德规范体系,道德的教育和修养,人生的意义,人的价值和生活态度等问题。在中国古代没有使用伦理学一词,19世纪后才广泛使用。在西方,伦理学一词源出希腊文 εтηστ,意为风俗、习惯、性格等。古希腊哲学家亚里士多德最先赋予其伦理和德行的含义,所著《尼各马可伦理学》一书为西方最早的伦理学专著。

职业伦理就是描述职业人员之间的关系以及本职业人员与职业外人员的关系。

3. 所谓操守,是指人的品德和气节,它是为人处世的根本,在人们的社会生活中有着重要作用。"操守"的"操",即品行、德行;"操守"的"守",即遵守、奉行、坚持、保持。因此,操守也是指为世界的真实、善良、美丽做贡献的实际行动。操守在一定意义上是作为个体的人被群体认同,并得以自由生存和与他人共处的基本前提,因此常常被视为一个人安身立命的基石,为人处世的基本原则。

职业操守,是指人们在从事职业活动过程中必须遵守的道德底线和行为规范,其内容包括职业道德和个人道德。显然,职业操守一词的内涵意义比职业道德更为丰富。

由上述介绍可见,道德、伦理、操守三个词汇语意相近,只是存在语境和使用习惯的差别:"道德"一词更侧重于"规范";"伦理"一词更侧重于"关系""原理",更强调事务的本质和规律;而"操守"一词,则更强调实践运行,强调遵守和执行,不仅包括职业道德,还包括个人品行。

(二)法学界对于道德、伦理、操守三词汇的使用习惯

在法学界和法律实务界,一般情况下,当论及基本理论时人们习惯使用"职业伦理",而在司法实践中,人们则常常把约束职业伦理的行为规范称之为"职业道德"。但是,近年也有变化:如在2004年以前,律师界的行为规范名称是《律师职业道德和执业纪律规范》(1993年司法部30号令);2004年3月20日第五届中华全国律师协会第九次常务理事会通过的律师行为规范名称为《律师执业行为规范(试行)》;2001年10月18日最高人民法院颁布的法官职业行为规范名称为《中华人民共和国法官职业道德基本准则》;最高人民检察院2002年2月26日颁布了《检察官职业道德规范》,2009年9月29日印发了《中华人民共和国检察官职业道德基本准则(试行)》,而2010年10月9日颁布了《检察官职业行为基本规范(试行)》,虽然三者名称不同,但比较其内容,仍然都是职业道德的内容,只是越来越全面、具体了,与检察官的业务活动结合得更紧密了。

当人们使用"律师职业行为规范"或者"律师执业行为规范"时,其细微差别只是在于规范内容的空间效力范围的大小。很明显,这两个词的区别就是"职业"作为名词和"执业"作为动词的区别,"职业行为规范"更强调律师作为一个职业因职业身份性质而对其执业活动内和执业活动以外行为的约束规范,而"执业行为规范"则更强调其业务活动过程中的行为约束规范。

从上述说明可见,不仅操守、伦理、道德以及职业和执业等概念在内涵以及外延方面存在细微差别,而且,严格讲,这些概念本身各自确切的或者权威的含义,在学界也还存在争议。比如"律师职业道德"这个概念,有很多不同的定义,而各种定义对于其约束对象、约束时空的表述存在着差别,而这种差别又会在律师管理部门不同时期制定的各种规范中反映出来。可见,各种定义的区别也分别代表着人们对于律师职业道德的不同认识。

（三）本书书名的使用倾向

本书书名没有使用"律师职业道德"或"律师职业伦理"，而使用"职业操守"，既是照顾读者的阅读兴趣和习惯，更在于强调：本书的体系和内容不仅涵盖对律师在执业过程中伦理、道德的要求，而且也包括了对律师个人道德的要求（详情请见第八章律师职业的自律管理）；写作目的不仅在于阐述理论，而且注重实际中对道德规范的遵守和执行。这种意图也体现在各章名称设计上，如忠实于宪法和法律、规范律师与委托人的关系、保持职业独立、保守职业秘密、规范委托和收费、尊重同行等，都是以动宾结构词组作为章名，内容既包括律师职业道德规范的具体介绍，也包括律师执业常见道德困境的解决方案。总之，本书是在最为广泛的意义上使用"律师职业操守"这个词汇的。

本书在写作过程中未详细区分"律师职业操守""律师职业行为规范""律师执业行为规范""律师职业伦理""律师职业道德"等概念，读者在阅读时，对于上述概念在使用倾向、语境或习惯方面的细微区别，也可暂时忽略。

二、关于本书结构、基本内容和读者对象

本书在结构上分为如下九章：

第一章　律师职业操守的基本理论

本章对律师职业操守的相关理论问题进行梳理和简要介绍。作者的基本观点是律师职业属性决定了律师职业操守的主要内容，因此，本章在阐述了律师职业操守的一些概念性范畴之后，对律师职业的基本定位以及律师职业定位与律师职业操守的关系进行了论述。

第二章　忠于宪法和法律

本章在充分论述"忠于宪法和法律"之于律师执业意义的基础上，从尊重法庭和法官以及对法庭的真实义务两个方面对律师"忠于宪法和法律"的义务进行介绍，同时，也提出了非诉讼业务中律师忠于法律的要求。

第三章　规范律师与委托人的关系

律师与委托人的关系是律师职业行为规范的核心和主要内容。

为此,本章从禁止虚假承诺、在委托权限内尽力维护委托人的合法权益、合法而适当地提供法律服务、谨慎行使拒绝辩护或代理的权利等四个方面提出律师应为委托人提供积极合理的服务的义务要求,同时,又从避免利益冲突、客观告知风险、绝不非法牟取委托人的利益、妥善保管委托人的财产、遵循转委托规则、保守委托人的商业秘密和隐私、终止委托关系及其善后处理规则等七个方面强调了律师的诚实守信义务,并对刑事诉讼辩护、民事诉讼代理、行政诉讼代理和常见的非诉讼业务中律师与委托人关系的处理进行具体论述。

第四章 保持职业独立

职业独立是世界各国律师职业的基本特性,但是,却是中国律师职业比较缺乏的特性,因此,本章从独立执业、独立于当事人、关注法律制度的合理性三个大的方面对律师如何通过执业过程体现职业的独立性进行了阐述。本章提出了许多新的概念和观点,需要读者结合全书尤其是第一章和第五章的内容细细体会方能领会全章内容。

第五章 保守职业秘密

律师职业保密义务,是律师职业存在的基础之一,但是,我国关于律师保密义务的建构还不完善,甚至十分欠缺。与之相对应,国内关于保密义务的理论研究也不够深入和具体。因此,作者在深入阐述律师保密义务理论依据的基础上,对律师保密义务的概念、保密义务的范围,包括内容范围、对象范围和效力范围等问题进行了深入探讨,提出了许多新的观点,在此基础上,提出了具体的保密措施要求,希望能够引起读者的关注和思考。

第六章 规范委托和收费

本章主要介绍了我国律师利益冲突规范的主要内容、种类、禁止性规定和律师利益冲突违规行为的责任以及律师利益冲突的预防和处理等,并对律师收费规范的主要内容,包括律师收费项目、收费标准、收费方式和收费程序、风险收费和律师收费的禁止性规定以及律师违规收费的后果、律师收费纠纷的解决等进行了介绍。

第七章 尊重同行

本章首先介绍了律师应当尊重同行、公平竞争和同业互助的职业操守,认为律师不仅要注重同所间的同行尊重,还要注重异所间的同行尊重——同行不一定相争,同行不应该相轻,要公平竞争。尊重同行是律师应有的素养和操守,是对律师本人所在的行业的尊重,是对人的权利的一种尊重,律师应当做破除陋习、倡导社会文明风气的引领者。

第八章 律师职业的自律管理

本章介绍了律师职业自律管理的要求和律师行业在实践中的一些自律管理情况,揭示了律师职业自律管理的框架内容和其中的逻辑结构。律师职业自律要求律师从加强自身修养开始,进而服从律师事务所的管理,服从司法行政机关的管理、服从律师协会的管理,才会从小到大,从做人到执业,从个体到社会,无不自觉地保持自己的职业操守。

第九章 律师的职业责任

本章介绍了律师和律师事务所违法、违规行为应承担的法律责任和行业纪律责任的情况,并对律师职业责任形成的理论依据和意义进行了阐述,分析了律师职业责任的成因,提出了一些防范措施。对每一种的律师职业责任,力求从其各自的要件、规律、表现形式和责任承担程序等几个方面展开论述。本章还是前面各章内容的引申,使读者意识到律师职业责任的两面性,一方面律师职业是有风险的,另一方面律师的职业责任也是可以防范的。

总之,本书的结构基本是以2009年12月27日中华全国律师协会第七届理事会修订并于2011年底颁布的《律师执业行为规范》为主线进行安排,但是,并没有按照此规范的结构顺序进行章节安排,内容也不限于对此规范的简单解释和介绍,而是结合目前国内律师的执业实践和职业操守状况,对许多律师执业中面临的道德问题和困惑进行了探讨。尽管一些观点未必成熟,但起码本书提出的一些职业道德问题是值得关注和探讨的。

需要说明的是,在本书整个创作过程中,一直密切关注《律师执业行为规范》的修订,参考学习了修订过程每一阶段的修改稿,因此,现在呈现给读者的结构和内容基本反映了《律师执业行为规范》(2009

年修订版)的结构和内容,同时,兼顾律师管理相关法律规范和制度以及律师执业活动可能涉及的其他法律法规的要求。除第一章对律师职业操守的基本理论进行简要阐释外,其他各章既有理论分析和个性观点,又有诸多案例和实际做法,与常见的理论书籍相比,更关注社会现实,既探讨抽象的职业道德理论问题,又注意到律师的执业现实和道德困境。在面对现实问题时,本书侧重提供具有可操作性或参考性的行为准则或较为稳妥的解决方案。

因此,本书既适合高等学校法科教师和学生作为教材或学习参考书使用,又可为律师协会进行律师入门或者继续教育培训所用,同时,也可供律师以及热爱律师职业的人们自主学习使用。

三、关于本书附录的安排和考虑

如上所述,正是考虑到本书不仅可能为律师所阅读,也可能会引起一些高校教授法律职业伦理课程教师的关注,而且,鉴于目前国内关于法律职业伦理教育教学在学科建设、教材建设以及师资力量等诸多方面的薄弱状况,本书也存在作为高校法学参考教材的可能性,本书作者将自己十几年来进行法律职业伦理教学的实践经验和参与律师继续教育培训的体会进行总结,并附录于后,希望能够借此书的出版与国内同仁进行交流,共同探讨,以期提高法律职业伦理教育教学质量。

四、关于理论、规范和现实关系的处理

律师职业操守渊源具有多元性,伴随着律师职业的发展,关于律师职业操守的理论研究将是一个不断深入和完善的过程,而律师职业操守的规范建设也必定是一个不断完善的过程,即理论将不断成熟,并为制度和规范建设提供滋养。因此,现行《律师执业行为规范》(2009年修订版)虽然是律师制度恢复三十多年来律师职业操守建设集大成的成果之一,是律师职业道德(职业操守)集中和书面的反映,但是,它也只是部分地反映了律师职业操守的要求,还存在很多不足甚至是缺陷,需要完善。

因此，在阅读本书各种理论和观点以及学习和理解律师职业操守的规范文本内容时，一定要认识到：伴随着律师职业的发展，关于律师职业操守的理论研究也将不断发展；无论律师职业发展多么的成熟，律师职业操守的规范永远不可能完整地反映律师的职业道德要求，需要律师在执业中对职业道德的要求予以善意的理解和谨慎的遵守。

五、关于本书的价值

由于法律职业伦理学科还未成为一个成熟的学科，甚至还未获得独立的学科地位，更由于国内开设法律职业伦理课程的高等院校很少，这使得这本书可能的读者对象——法科教师和学生、律师、热爱律师的人们，对律师职业伦理所知甚少，甚至即使是我们这些所谓的从事法律职业伦理教学和研究的人，对法律职业伦理的认识也是非常局限的。这使得此书的体系设计未必完善，很多观点也都是探索性的。说实在的，法律职业伦理领域内的很多道理不是那么容易理解，甚至在很多基本问题上还存在争议。因此，有必要在此阐明学习律师职业操守的目的和意义，以帮助理解本书的很多内容。

第一，对于从事法律职业伦理教学和研究的法学工作者来说，本书的价值也许在于：一是可以用于科研参考，二是可以在教学中作为律师职业伦理部分的替代教材或者参考用书。

第二，对于法科院校的学生来讲，阅读本书的意义在于：一是通过学习，对律师的职业操守、职业价值获得一个初步的但又比较系统和全面的认知，使其对于进入律师职业可能遇到的道德风险形成自己的预判，知道什么是"应该做的"，什么是"不应该做的"；二是在此基础上，为自己未来的职业选择奠定理性基础——也许法律职业尤其是律师职业并不像人们想象的那么光鲜亮丽，或者，看上去光鲜亮丽的律师职业却异常辛苦和复杂，时常会遇到各种诱惑、困惑甚至是陷阱，如果不了解其中的职业伦理、不遵守其职业操守，就有可能产生麻烦，甚至葬送自己奋斗了几十年的事业成果；三是增加学生在未来职业生涯（无论从事什么职业）中遵守职业伦理的可能性。

对于我们接受过法律职业伦理教育的学生，之所以不说"教育的作用在于使其遵守",而只是说"增加遵守的可能性",是因为学校的教育永远只是一个人接受教育的一部分,他们在进入学校之前、之后都还会接触到各种教育甚至非教育因素,并不可避免地受其影响。学生们在高等院校所接受的法律职业伦理教育,只是其漫漫人生过程中所接受教育的一部分而已。院校的教育包括政治思想教育、品德教育和法律职业伦理的教育并不能保证所有接受教育的学生在迈出校门后都能够成为有道德的人,甚至不能保证那些被大家称之为"有道德"的人一生中不做一件"无道德"的事,不能够保证那些"有道德"的法律职业人能够抵御执业过程中所有的诱惑、能够在各种道德困惑面前都作出正确的选择——我们知道,这是一件非常具有挑战性的事情。而我们作为科研工作者、教育者所努力的目标,就是增加我们的学生走出校门后遵守道德、职业伦理的机会,或者说增加遵守法律职业伦理学生的比例,为学生增强其内心确信——在走出校门后遇到各种道德问题时,对在学校老师们灌输给他们的道德理论的内心确信——帮助他们选择"应该做的",放弃"不应该做的"。即使这种选择是痛苦的,也有勇气和耐心承受这种痛苦。从这个意义看,法律职业伦理教师的责任,并不只在于让学生知道什么是"应该做的",什么是"不应该做的",还要让他们确信这样做是"值得的"。这真是对从事法律职业教育教学和科学研究的人们提出了严峻的挑战。

　　本书如果能够在一些基本的律师职业伦理问题上,阐释清楚其中的基本道理,我们也就算满意了。至于其他更高的目标,恐怕还需要教育管理部门、学校的重视和其他法科课程教学的配合以及学生自身的努力,多种因素协同作用,才可以达到。

　　第三,对于律师尤其是刚入行的律师来讲,其意义也许有两点:一是使其明白,律师的执业过程什么样的事情都有可能发生,而对于很多可能发生的情形,无法预先知道,无法预先准备,却必须作出选择;二是使其明白,面对任何道德困境,都存在多种选择,而且,几乎所有选择的困惑都来自于利益的冲突,如何在各种利益冲突下作出正确的选择,有时是一件非常困难的事情,尤其是当各种利益冲突中也暗含着律师自身利益的时候,选择更是一件困难的事情。有一点必须明白,任何一种选择都会产生结果。而这个结果的承受者,也许不仅仅是委托人或者其他利益关系人,很多时候,我们律师自身也要承受自己选择的结果,甚至所承受的结果不只是物质或者名誉上的损失,有时感情上所经历的痛苦更甚于物质上短暂的舍弃。

因此,本书的价值也许只在于:一是对律师职业伦理的内容结构,贡献了一种架构思路,供律师职业伦理教学与科研工作参考;二是对律师执业中一些常见的职业伦理问题,提出一些不成熟的观点,以期引起各方关注。

若能如此,就算达成了作者们的心愿了。

第一章 律师职业操守的基本理论

律师职业操守包括了律师执业的基本行为规范和应有的律师职业道德规范,涵盖律师执业相关的各类行为要求。考虑到我国关于律师职业道德的研究尚未形成权威体系,且绝大多数法学院系也没有开设律师职业道德相关课程的现实状况,特别设置本章。

本章在体例上设三节,先对律师职业操守的相关理论问题进行梳理和简要介绍,然后,阐述律师职业的基本定位以及律师职业定位与律师职业操守的关系。

通过全面认识律师的职业定位,认真体会律师职业在社会秩序建构、社会发展以及文明示范和引导中的作用,将有助于我们更好地理解律师职业操守的各项要求,也有助于律师在其执业实践和社会生活中更好地遵守相关规范。

第一节 律师职业操守概述

一、律师职业操守规范的制定与发展

(一)美国律师职业操守规范的制定与发展①

美国律师职业操守规范的制定和发展,也是经历了一个逐步完善和成熟的过程。美国律师职业操守规范的第一个版本《律师职业道德标准》是1908年由全美律师协会编撰的。其产生并不单纯是为了改善律师的道德行为,而很大程度上是由19世纪下半叶从意大利和爱尔兰移民来的天主教徒和从东欧移民来的犹太教徒的涌入推动的,目

---

① 参见〔美〕蒙罗·弗·里德曼、阿贝·史密斯:《律师职业道德的底线》,王卫东译,北京大学出版社2009年版,第3—6页。

的是保持一个由本地人、白人、盎格鲁撒克逊人、新教徒占大多数的法律行业的垄断地位,因此,设置了教育水平、执业资格考试以及道德规范等方面的要求。因为1908年的《律师职业道德标准》表达不清和自我矛盾,成为实施歧视的有效武器,最终受到全美律师协会批判,理由是这部道德法典不能给律师恰当的指引,缺乏连贯性,遗漏了一些重要的相关的实践领域,等等。在这部管理律师业长达半个多世纪的法典受到有力批驳的情况下,1969年全美律师协会颁布了《律师职业责任准则》(以下简称《责任准则》),其适用范围很快遍及全美。但是,它也受到美国律师协会自己的批判,认为不连贯、不统一、不符合宪法,语言模棱两可、前后矛盾,不利于为当事人提供有效服务等,最终该《责任准则》被1983年全美律师协会采用的《律师职业行为示范规则》取代。《律师职业行为示范规则》在一些方面比先前的《律师职业道德标准》有所进步,但是,又不如《责任准则》那样整体上令人满意,自1983年《律师职业行为示范规则》通过后,美国律师协会又对其进行了多次修订。另外,在理解美国律师职业道德规范条文时,还不能忽视全美律师协会颁布的《律师管理法重述》(1988年第三版)的影响。

由此可见,即使在美国这样律师业高度发达的国家,律师职业操守规范建设也是一个逐步完善的过程。因此,对于恢复法制后仅有30年历史的中国律师业来讲,对于律师职业操守规范的建设也必将是一个逐步完善的过程。

(二) 我国律师职业操守规范的制定与发展

自1980年律师制度恢复以来,我国律师职业操守规范的制定与发展情况,从形式到内容有一个不断变化过程。这个变化过程与我国律师管理体制的变化和发展有关。从1990年律师制度恢复十年时司法部印发的《律师十要十不准》(这是最早的关于律师职业操守的规范),到2011年底中华全国律师协会修订颁布《律师执业行为规范》,二十多年间,出台了一系列的职业道德规范。1992年10月22日,司法部以24号令发布《律师惩戒规则》。1993年12月27日,司法部以30号部令颁布了《律师职业道德和执业纪律规范》,这个规范的颁布在中国律师业的道德建设方面具有里程碑意义。1995年2月20日，司法部以第37号令发布《关于反对律师行业不正当竞争行为的若干规定》。1996年5月15日，第八届全国人大常委会第十九次会议通过了《中华人民共和国律师法》。之后在很短的时间内，司法部连续颁布了11个规章和一系列规范性文件，其中，1996年11月14日发出《关于认真受理当事人对律师投诉的通知》，11月25日发布第46号部令《律师执业证管理办法》（现已失效），其中都有涉及律师职业操守和执业纪律的内容，如要求律师在年检注册时提交遵守律师职业操守和执业纪律的情况报告等。1997年《中华人民共和国刑事诉讼法》正式实施后，律师刑事辩护工作面临新形势，1997年1月31日，司法部颁布《律师违法行为处罚办法》，对律师的违法行为进行了较详尽的列举。2008年5月28日，司法部部务会议审议通过了《律师执业管理办法》，其中，专设第四章律师执业行为规范，共计19条，对律师执业操守进行了规定。

1996年之后，律师管理体制由行政管理向行业自治管理过渡，中华全国律师协会也逐渐开始发挥行业管理作用，陆续制定了一些规范。1996年10月6日中华全国律师协会常务理事会第五次会议通过了《律师职业道德和执业纪律规范》。这个规范是根据《律师法》和《律师协会章程》制定的，与司法部1993年的30号令相比有了很大进步。1998年，中华全国律师协会颁布了《律师办理刑事案件规范》，共189条，其中也有一些律师执业行为规范要求。2004年3月20日，第五届中华全国律师协会第九次常务理事会通过了《律师执业行为规范（试行）》，这是我国律师行业第一份比较完备的执业行为规范，是我国律师行业在职业道德规范建设方面的巨大进步，也是律师行业管理体制转变的一个标志性事件。其后，各地律师协会也纷纷制定相应的规范，其中北京市和上海市律师协会的规范建设走在全国前列，具有一定的学习和借鉴意义。

2007年《律师法》修订后，中华全国律师协会就开始着手进行《律师执业行为规范（试行）》的修订，2009年12月27日第七届中华全国律师协会第二次理事会通过了修订的《律师执业行为规范》，但直到

2011年底才颁布。此次修订,除了结构布局更加合理、义务表述更加准确之外,最大的一个变化就是扩大了律师执业机构的范围,加重了律师执业机构的责任,仅律师事务所承担义务的条款,就由2004年《律师执业行为规范(试行)》190条中63条占的33%,增加到《律师执业行为规范》(2009年修订版)108条中的53条占49%。甚至有些类别的每项义务,律师事务所都是责任主体,如避免利益冲突、禁止非法牟取委托人的权益、保管委托人的财产、转委托,尤其是在律师与所任职的律师事务所的关系中,《律师执业行为规范》(2009年修订版)将律师事务所作为所有义务的主体,这反映出《律师执业行为规范》(2009年修订版)加强律师执业机构责任的导向。此次修订忽视了律师在与律师事务所关系中的义务,这是需要在以后的修订中完善的。

综合上述发展情况可见,律师职业操守规范由"十要十不准"到"执业行为规范",不仅仅是名称的变化,也反映出律师管理体制的变化以及律师界对律师职业行为规范性质、功能、内容等认识的变化。而且,其形式从发布各个单行本到由一个规范性文件统领律师职业规范的主要内容这一方式的变化,也反映出律师管理体制的变化和律师行业自治能力的增强。在这些变化中,律师职业操守规范的内容,也从简单、抽象的口号逐渐变得丰富和具体,与业务活动的结合越来越紧密,指导性和操作性也在不断增强。可见,律师职业操守规范建设是一个不断完善的过程。

(三) 我国律师职业操守规范的渊源

律师职业操守规范的表现形式是多种多样的,律师协会制定的《律师执业行为规范》仅仅是其表现形式之一,还包括如下形式:

1. 法律

在《律师法》中,关于律师职业操守的条款有16条,它是以律师义务的形式表现出来的。此外,还有《刑法》以及《刑事诉讼法》《民事诉讼法》和《行政诉讼法》中都有一些关于律师的行为规范。如《刑事诉讼法》第42条第1款规定:"辩护人或者其他任何人,不得帮助犯罪嫌疑人、被告人隐匿、毁灭、伪造证据或者串供,不得威胁、引诱证人作伪证以及进行其他干扰司法机关诉讼活动的行为。"《民事诉讼法》第

110条第1款规定"诉讼参与人和其他人应当遵守法庭规则",第111条第1款规定诉讼参与人或者其他人不得进行"伪造、毁灭重要证据,妨碍人民法院审理案件",不得"以暴力、威胁、贿买方法阻止证人作证或者指使、贿买、胁迫他人作伪证"。《行政诉讼法》第30条第1款规定:"代理诉讼的律师,可以依照规定查阅本案有关材料,可以向有关组织和公民调查,收集证据。对涉及国家秘密和个人隐私的材料,应当依照法律规定保密。"上述法条都是典型的律师职业操守内容。

2. 法规

法规也可以成为律师职业操守的渊源。如2003年7月21日国务院第385号令公布的《法律援助条例》中关于律师法律援助义务的规定,其中就有律师职业操守的内容。

3. 部门规章以及行政规范性文件

司法部颁布了一系列的规章,如《关于反对律师行业不正当竞争行为的若干规定》以及前文所述司法部颁布的《律师执业管理办法》等都有律师职业操守的内容。相关的行政规范性文件就更多了,如司法部《关于开展法律援助工作的通知》、司法部为了评选部级文明律师事务所而发布的《关于创建司法部部级文明律师事务所实施办法》等,其中都包含一些律师职业操守的内容。

2012年11月6日,国家工商行政管理总局、司法部以工商标字〔2012〕192号印发《律师事务所从事商标代理业务管理办法》,自2013年1月1日起施行。该办法分总则、业务范围及备案、业务规则、监督管理、附则5章共25条,其中关于律师职业操守的条款就有12条之多。

4. 最高人民法院的司法解释

2002年11月4日最高人民法院通过法释〔2002〕39号《关于诉讼代理人查阅民事案件材料的规定》,其中第8条和第9条分别规定"查阅案件材料中涉及国家秘密、商业秘密和个人隐私的,诉讼代理人应当保密","诉讼代理人查阅案件材料时不得涂改、毁损、抽取案件材料"。这是典型的律师职业操守的内容。最高人民法院、最高人民检察院、公安部、国家安全部、司法部、全国人大常委会法制工作委员会联合下发的《关于刑事诉讼法实施中若干问题的规定》中,也有一些律师职业操守的规范。还有 2004 年 3 月 19 日最高人民法院、司法部联合发布的法发(2004)9 号《关于规范法官和律师相互关系维护司法公正的若干规定》更是典型和重要的律师职业操守方面的行为规范。

5. 律师协会的自律性规范

这是律师职业操守最主要的渊源。1996 年 10 月 6 日,第五届中华全国律师协会常务理事第五次会议通过了《律师职业道德和执业纪律规范》,并且在 2001 年对之进行了修订,在内容上进一步完善。2004 年 3 月 20 日第五届全国律协第九次常务理事会在此基础上通过了新的律师职业操守规范,并将名称变更为"律师执业行为规范"。2009 年 12 月 27 日第七届全国律协第二次理事会又对此规范进行了修订。

6. 律师事务所的管理规章

律师事务所作为律师的执业机构和最基础的管理单位,它可以制定技术性的和道德性的管理规定。这些规定也可以认为是律师职业操守的渊源,并且,它也可以成为律师承担民事责任的依据。

另外,需要说明的是,目前我国关于律师职业的技术性规范和道德规范之间界限不十分清晰,因此在一些技术性规范中,也有道德规范的内容。如《律师办理刑事案件规范》《律师办理民事案件规范》在规定办理程序、步骤和方法以及技巧的同时,也有一些道德规范的内容。可见,律师职业操守的渊源有法定渊源,也有非法定渊源,这些渊源所构成的义务既有法律义务,还有道德标准和义务。而且,其中一些道德标准或义务已超出了法律的要求。这些均被律师奉为约束自己执业行为的职业操守。

因此,在阅读本书的过程中,必须意识到,各级律师协会颁布的律师行为规范只是包括了律师职业操守内容的主要方面,反映了律师职业的精神追求,是学习律师职业操守的重要指引,但它不是全部内容。而且,律师职业操守的规范建设也一定是一个不断完善的过程,要注意到不同种类和层次的职业操守规范之间还缺乏衔接甚至存在矛盾,需要予以善意的理解和谨慎的遵守。

二、律师职业操守特征①

律师职业操守除了具有一般职业操守的共同特征外,由于律师职业本身的特殊性要求,还具有如下特征:

（一）内容的特殊性

从内容上讲,它是社会公德在律师职业内的补充。律师职业操守与社会公德在原则和精神理念方面具有统一性,又由于律师职业的特殊性,律师职业操守在某些方面又表现出与一般社会道德不同的要求。对此,如果不能够正确理解,就无法解决律师执业中"一个人是否可以同时成为一个好律师和一个好人"的困惑。如与违法乱纪、与犯罪分子作斗争,是每一个公民的义务,但是,当这个公民是律师并以辩护人或代理人的角色出现时,职业道德要求其保守当事人秘密,就使得"律师没有揭发或证明当事人违法、犯罪的义务"。

尽管有的律师因有效地维护当事人的合法利益而遭受公众道德方面的批评感到委屈,但是,身为律师,却无法阻止,更无法改变公众在此种情形下的批评和指责。律师所能够做的只能是尊重和理解社会公众的立场和情绪,同时,忠诚于自己内心形成的法律判断和代理意见。身为律师,就要有一种思想准备——可能常常会面对作为普通人的道德与作为律师的道德之间的冲突。如律师为罪大恶极的被告人辩护时,内心会受到折磨,而身为律师,必须经得起这种折磨。

（二）调整对象的特殊性

从主体对象来讲,主要是对律师职业内部从业人员的执业行为进行调整,但是这种内部调整,又不限于律师,从事与律师职业相关工作的人员也要接受律师职业操守的约束。

从行为对象来看,不限于律师执业行为本身。律师职业操守不仅对律师执业行为进行约束,对律师执业以外的关乎律师职业形象的行为也要进行约束。虽然,律师的声誉主要受其业务能力和业务活动的

---

① 这里关于律师职业操守特征的总结,部分参考了中国律师资格考试中心审定:《律师职业道德和执业纪律》,中国政法大学出版社1996年版,第6—7页。

影响,但显然,律师的其他方面,如生活方式、人品修养等行为也会引起人们的关注和评价,从而不仅对律师职业的整体形象起到弘扬或毁损的作用,而且对社会风尚也会起到引领或破坏的作用。因为律师,在社会大众眼中是精英,社会对律师的一般行为(非职业行为)就有更高的期待和要求。因此,广大律师除了严格约束自己的执业行为外,还应该更加严格地约束自己的业外行为。

(三)形成的特殊性

从律师职业操守的形成看,产生于或者代表着绝大多数律师的意愿。广大律师为了共同的利益,在长期执业中所共同形成的道德传统、道德心理、道德习惯和道德准则逐步演化为律师职业的共同操守。这也是律师职业操守得以遵守的基础,即律师职业操守得以产生、存续和实行都是以律师的自律为基础的。

(四)表现形式的特殊性

律师职业操守的表现形式多种多样。比如在法律、法规、规章以及律师协会的章程、律师事务所的规章或者守则当中都可以有律师职业操守的内容。只要律师行业内部成员可以接受,律师职业操守在形式方面可以不拘泥于某种程式。

(五)违反后果的特殊性

从违反律师职业操守的后果看,违反律师职业操守不仅要受到社会舆论的谴责,还要受到律师行业组织的惩戒,甚至还要承担民事法律责任或刑事法律责任。这与违反社会公众道德的后果是不一样的。律师职业操守是一种有约束力的行为规范。

可见,律师职业操守与一般社会道德的区别,不在于道德水平的高低,而在于判断是否符合道德的标准不同,律师的"有道德"的行为可能被公众评价为"不道德"的行为。律师职业的特殊性决定了律师拥有一种不同于其他人的道德规范,而且,这种道德规范与其他人的道德规范有时还会发生冲突。这种冲突集中反映在律师代理刑事案件和服务不受欢迎的当事人的问题上。

也正是因为律师职业操守与大众道德的诸多不同,使得律师在执业过程中可能会遇到来自社会各方面或褒或贬的评价,执业律师应该理性应对,保持职业姿态与平和心态,充分认识到律师职业在社会秩序的建构以及社会发展中的作用。同时,对于职业操守不完善的方面,律师在业务过程中,要在专业精神指引下,充分运用专业知识和技能维护委托人的合法利益,并怀着一颗促进律师职业发展的心,尽自己所能为完善律师职业操守贡献自己的力量。

三、律师职业操守规范的性质

对于律师职业操守规范的性质,我们可以从几个角度来认识和理解。

(一)律师职业操守规范是社会性规范

从分类来看,人类活动的行为规范主要有两类:一类是技术性规范,一类是社会性规范。技术性规范,也可以称之为认知规范,它是关于人们处理人与自然、人与社会、人与人之间关系的程序、方法和技巧的一些原则,是一种知识性的、智能型的行为规范,它涉及个人或社会的利益,但不直接涉及人与人之间的利害关系,因而是价值中性、无道德评价的。如中华全国律师协会制定的《律师办理刑事案件规范》就属于技术性规范。[①] 社会性规范,也可以称为道德性规范,它主要是人们处理与他人、与社会、与国家之间的关系时所遵守的行为准则,是一种涉及人们之间利害、涉及人们感情、良知和道德评价的一种价值非中性(即存在价值倾向性)的规范。法律规范是社会性规范,律师职业操守规范无疑也属于社会性规范。

(二)律师职业操守规范是社会客观要求和律师行业人员主观意志的统一

从内容来看,任何规范都是客观的社会要求和人们的主观意识相

---

① 这里说的技术性规范,不同于一般教科书上所说的技术规范和社会规范。技术规范仅指人在处理与天然自然和人工自然关系时所遵守的规则。社会规范是泛指由于人们的社会关系而产生的一切行为规范,既包括涉及人们之间利害关系和道德评价的规范,也包括那些更多地属于知识性、智能型的技术性社会规范。

统一的结果,道德规范同样具有这种主客观统一的特性。道德规范的主观性告诫我们,人们书面表达出来的道德规范,往往带有某些局限性,受规范制定时的经济、政治、文化等因素的影响,也受人们当时认识的影响。因此,即便是职业道德规范,如何才能够准确地反映职业的特点和社会对该职业的客观要求,也是一个不断发展和进步的过程。可以说,中国律师职业操守规范的不断修订、不断完善,也正反映了这一规律。

（三）律师职业操守规范的多数内容是律师的自律性规范

律师职业操守规范的特性除了在内容上表现为主客观统一外,在实施机制上,表现为自律性和他律性的结合,即律师职业操守规范的实施不仅依赖他律,更依赖自律,是不能够获得对等权利的义务。理解这句话,需要把握三点：

1. 律师职业操守规范具有利他性

所有的道德规范都具有利他性,律师职业操守规范也不例外。律师职业操守规范也是通过约束个体律师的行为保护整个行业的利益,以每一个直接的利他行为使这个行业集团内的每一个人间接受益。

在马克思主义伦理学中,一切道德规范都是依据集体主义原则引申出来的。集体主义一方面强调个人的正当利益,另一方面则更强调集体利益的至上性。在马克思主义伦理学中,道德规范的他律性,可以说就是集体利益对个人利益正当的节制与约束在道德规范上的反映。道德规范他律性在这里所起的作用,就是使那些意欲脱离集体利益价值目标的个人重新调整追求个人利益的行为,以使个人利益的目标同集体利益的目标相一致。律师职业操守规范也是如此。

2. 律师职业操守规范的他律性和自律性紧密相连

道德规范的他律性总是和其自律性紧密相连。没有道德规范的他律性就没有道德规范的自律性。同样,没有道德规范的自律性,也就没有道德规范的他律性。一切道德规范只有转化为自律性的规范,才具有道德的意义。这也是道德规范与其他种类规范的重要区别之一。由他律转换为自律的重要特征,就是道德规范外在的权威和外在的约束转化为道德主体内心的某种觉悟和信念,由服从外在力量逐渐变为服从内心的自觉意识或者自己内心的准则。这种转变来自于主体对道德规范的认同。认同是在认识、认知的基础上达到的，但是认同不同于认知和认识，它是由他律向自律转化的不同阶段，即"知道什么是对的"和"按照正确的去做"是两回事。而只有达到认同以后，主体才可能在行为选择上作出与价值判断相一致的决定。

就律师职业操守规范来讲，律师也是通过不断认识和感知律师职业操守规范中反映出来的职业性质和自身对于社会的价值，不断反思和体验因为遵守职业操守而获得尊重的快感，最后，从内心涌动出对律师职业的认同和对于操守规范的敬仰，发自内心地敬重自己所从事的职业。这也是为什么在通过司法考试之后还要在执业基础教育以及以后的执业继续教育中不断进行律师职业道德教育培训的理论根据。

3. 律师职业操守的义务是单纯的义务，不能够获得对等的权利

按照道德规范的要求去做，可以称之为道德义务。道德义务是道德规范他律性的集中表现，与之相对应，良心和责任是道德规范自律性的集中表现。法律义务与法律权利相对应，而道德义务则不与道德权利简单对应。履行法律义务的结果是获得法律上的权利，而履行道德义务的结果可能只是获得他人的尊重，但获得他人的尊重不是履行道德义务的条件，也不是履行道德义务的动机。对于职业道德来讲，这种义务，是对这个职业的从业人员最起码的要求。律师职业操守（职业道德），是一个律师对于这个职业最起码的认可和认同。遵守律师职业操守（职业道德）一旦升华为责任和使命，就会与律师自身的职业理想、行为选择、行为评价相结合，成为自觉的行动了。

另外，我们常说"律师对当事人的秘密有保守的权利"，这时似乎遵守或者维护律师职业道德，又可以理解为是一种权利。又如律师"在执业活动中有维护委托人合法利益的权利，有维护法律正确实施的权利"。而这些权利，在道德结构中是只求奉献不求索取的，所以所谓的道德权利，实际上仍然是道德义务的表现形式而已。

（四）律师职业操守规范是类法律规范

我们知道，规范和约束人们社会生活的规范，除了法律规范之外，

还有大量的类法律规范,如司法实践规范、社会组织规范等。职业道德规范也是类法律规范。类法律规范,与法律规范在形式上有很多相同的地方,如都具有很强的操作性和处罚功能,在某个领域得到人们的一致认可,与习惯相比都具有比较稳定的书面形式。在某种程度上,这些类法律规范发挥着比法律规范更大和更广泛的作用。律师职业操守规范也同样,约束范围广泛,虽然主要是约束律师和律师的执业行为,但又不限于律师本身,不限于律师执业行为本身。

律师职业操守规范作为类法律规范,具有与法律规范部分相同的特性,都具有可操作性和强制性。虽然律师职业操守规范的实行主要依赖广大律师的遵守,但如果违反它,也会受到惩戒,程度严重的,还会承担民事责任、行政责任甚至受到刑事处罚。在这一点上,不同于一般的道德规范,它具有一定的强制执行效力。

从与法律规范的比较来看,虽然职业操守规范和法律规范两者都具有操作性和强制性,但是,两者还是有区别的。这种区别主要体现在三个方面,其一是效力等级不同,其二是调整的范围不同,其三是处罚的严厉程度不同。职业道德的实施,主要依赖职业内部人员的自觉遵守,即主要靠自律。与法律规范相比,与其说道德规范是一种规范,毋宁说道德规范是一种诚挚的道德信念,一种道德主体发自内心的真诚渴望,其内容要远比法律规范宽泛得多。就职业道德规范来讲,它所要求职业成员履行的道德义务完全涵盖了法律为这一职业设定的义务,即在为律师设定义务这一点上,律师职业操守与法律规范相比,律师职业操守规范为律师设定的义务范围更宽泛一些,呈现出职业责任随规范效力等级的降低而扩大的情况。这从法学理论上讲,似乎有些矛盾。其实不然。虽然除法律之外,任何人不能为公民设定义务,但是律师自律和自治的职业属性决定了律师行业管理组织可以为自己协会的成员制定职业行为规范。制定行业行为规范有着较为严格的程序,这种程序可以保证行业行为规范的内容能够表达全体律师的意愿。因此,这种为律师设定了义务的行业行为规范,就如同合同当事人之间的约定,是全体律师的共同承诺。如果有人违反,实际上是对其他律师的违约,就要按照"约定"即按照"行业规范"的规定接受惩戒。

四、律师职业操守规范的效力

律师职业操守规范的效力问题，涉及效力等级和效力范围两个方面，其效力等级显然是和律师职业操守规范性质相关的一个问题。律师职业操守规范的效力范围，指律师职业操守规范所适用的对象、时间、空间范围。

（一）对象效力

律师职业操守规范的对象效力，就是指律师职业操守规范的义务主体。职业操守规范的义务主体与一般义务主体的区别，就在于不需要通过对等的权利主体去寻找义务主体，职业道德规范的义务主体就是从事该职业的所有人员和其组织机构。律师职业操守规范的义务主体，就是从事律师职业的所有人员和律师执业机构。

律师职业操守规范的义务，是所有律师从业人员和执业机构必须履行的最起码的职业义务。《律师执业行为规范》(2009年修订版)第4条规定："本规范适用于作为中华全国律师协会会员的律师和律师事务所，律师事务所其他从业人员参照本规范执行。"由此可见，律师职业操守规范的义务主体，包括执业律师、律师事务所的其他从业人员和律师执业机构。即律师职业操守规范的对象效力，不仅限于律师，还包括没有取得律师执业资格的实习学生以及律师事务所的事务管理人员，他们都是律师职业操守规范的义务主体。

另外，《律师执业行为规范》(2009年修订版)在业务推广、规范委托关系和行为、避免利益冲突、禁止不正当竞争、律师的管理和教育等方面加强了律师执业机构的义务。据统计，直接规定律师事务所责任的条款有53条之多，占其108条条文的49%，可见，律师事务所是律师职业操守规范的重要义务主体。

（二）时间效力

律师职业操守规范的时间效力和空间效力，是源于同样的原理。因此，关于律师职业操守规范的时间效力的分析一并见"（三）空间效力"部分。

这里有这样一个案例：

　　某律师在家里接待了朋友带来的一位咨询者，并接受了该咨询者带来的一些礼品，为其作了相关的法律咨询和分析。几个月后该咨询者委托该律师承办其咨询的法律事务，向法院提出起诉。

那么，这里就存在这样一个问题：该律师在与委托人建立委托代理关系前接受其礼品的行为是否违反律师的职业操守？

（三）空间效力

关于律师职业操守的空间效力，再看一个案例：

　　已有妻室的某律师在办理业务的过程中，与委托人某女认识，委托业务结束之后两人在一段时间内保持了不正当的两性关系并生一子。后因抚养问题发生纠纷，该女向律师协会投诉。

这里就存在这样一个问题：该律师的行为是否应该受到处分？

上述两例所涉及的理论问题，其实就是律师职业操守的时间效力和空间效力问题。在第一个例子中，该律师接受财物的行为虽然是发生在委托代理关系建立前，但其时委托人（严格地讲，接受财物的行为发生时，其只是准委托人）是把他当做律师才携带礼品到其家的，因此，律师接受礼品的行为就损害了其职业形象。而第二个例子中律师的行为虽然发生在委托关系结束之后，但是其行为损害了律师的职业形象。根据笔者了解的情况，在实践中，类似上述两例的投诉案例，当地律师协会都给予了相应的处分。这说明，虽然还没有成熟的关于律师职业操守规范效力的理论，但律师界已经普遍认为委托关系建立前后以及业外行为也要受律师职业操守规范的约束。

因为非执业状态下的言行，如果没有维护律师职业形象的意识约束，也会损害整个律师行业的利益，损害社会公众对律师行业的信任——这种信任是律师执业的基础，是律师职业存在和发展的基础。因此，无论执业内外的行为，只要以律师的名义出现就应该按照律师职业操守规范的要求约束自己的行为。

的确，律师职业操守规范所适用的时间和空间范围，是一个比较难以界定的问题。因为律师自由的职业性质和个体活动的分散方式，很难像法官、检察官以及公务员那样明确界定出上班、下班的时间以及工作场所与生活、娱乐空间的区别。律师经常会在休息日工作，也完全可以在家中，甚至在饭桌上、咖啡厅等休息或娱乐场所谈论工作上的事。比如，在一个朋友聚会的场合，当一个朋友向其中的一位律师咨询法律问题时，这个律师不能够因为是在所谓的下班时间、非工作环境，就不遵守律师职业操守规范；或者根本没有人咨询，是这个律师自己一时兴起，他这时也不能够把自己的从业经历中涉及国家秘密、商业秘密和个人隐私或当事人不愿让他人知晓的情况，作为谈资拿出来炫耀。因此，无论是在什么场合或者在什么时间，只要是以律师的身份出现，只要其他人知道了所处环境中有律师身份的人存在，那么这时律师职业操守规范就开始有约束力了，律师就有义务自觉遵守律师职业操守，维护律师职业形象。这种界定也许过于严格，但这是律师职业的特性和特殊使命决定的。在具体执行中，如何理解"以律师的身份出现"是一个比较困难的事。如果律师不严格要求自己，时时事事维护律师的职业形象，那么"以律师的身份出现"这句话，就可能成为一个非常难以界定的表达。

日本对律师的惩戒，是不问职务内外的，只要律师有丧失律师品格的行为就会受到惩戒处分。日本《律师法》第 56 条规定"无论是在职务内或职务外，有足以丧失律师品格的不当行为时，应当受到惩戒"。[①]

在这方面，中华全国律师协会的《律师执业行为规范》（2009 年修订版）还有待完善，可以借鉴最高人民检察院 2010 年 10 月 9 日发布的《检察官职业行为基本规范（试行）》，该规范将"职务外行为"单列，从社会交往、发表言论、社会公德、家庭美德、健康情趣等五个方面对检察官的职务外行为进行严格约束。一些地方律师协会在此方面的规定也可以作为完善《律师执业行为规范》（2009 年修订版）的参考。

---

① 引自日本《律师法》，载日本律师联合会编：《日本律师联合会关系法规集》，郑林根译，中国政法大学出版社 1989 年版，第 16 页。

如上海市律师协会第六届理事会第七次会议2003年3月21日通过并于2003年5月1日起试行的《上海市律师协会律师执业行为规范（试行）》第11条和第26条规定，"律师应当以法律法规以及社会公认的道德规范约束自己的业内外言行，确立自己信守法律、遵从社会公德的行为方式，并以此影响、加强公众对于法律权威的信服与遵守"，"律师应当珍惜职业声誉，杜绝和避免公众或社会道德认为不正当和可能不正当的行为，保证自己业外行为无损于律师职业形象"。其第54条还规定，"律师不得索要或收取除依照规定收取的法律服务费用之外的额外报酬"。

总之，律师职业操守要求每个律师，无论执业内外，应当共同珍视和维护律师职业形象，自觉约束规范自己的业内和业外行为，模范遵守律师职业操守和社会公德，注重陶冶品行和加强职业道德修养。这是每个律师的职业责任。

五、律师职业操守的功能与作用

（一）律师职业操守的功能

鉴于律师职业操守的特征和规范性质，律师职业操守具有多方面的功能，如规范和保护、指引和教育、评价和校正、约束和强制律师的执业行为，以及促进和激励律师自觉遵守律师职业操守等。

律师职业操守的规范、指引和教育、约束和强制的功能，是显而易见的。律师职业操守作为律师执业活动的行为准则，让律师知道应当做什么，不应当做什么，知道什么行为可以为，什么行为不可以为以及为与不为的后果，引导律师采取正确的执业行为。这样，一方面约束律师不为某些行为，指导律师必须如何为某些行为；另一方面，也激励律师为一些行为，让律师克制自己不为某些行为。在为与不为之间，表明了社会公众和律师的价值判断，也包含了一些人们对律师职业的憧憬——希望律师是天使，是正义的代身。这种憧憬不仅融合了部分公众理想，更融合了全体律师对律师职业的价值判断，构成了律师执业的理想境界。因此，基于律师职业的价值判断和共同理想而构建的律师职业操守规范，无疑对于提高律师自身的道德素养具有指引和教育的功能。

当律师个体将自己的行为与律师职业操守规范相比较,发现自己的行为偏离了规范的要求,重新按照规范要求调整自己的行为,这时规范就起到了校正作用。遵守和弘扬职业操守是律师个体实现职业价值和职业理想的重要内容,律师遵守职业操守的行为会得到同行或当事人、社会公众的正面评价,这对其本人继续遵守和其他律师遵守职业操守,无疑具有促进和激励作用。

需要强调的是,律师职业操守规范的保护功能,是基于律师职业的特点体现出来的。律师职业的特性使得律师不仅常常处于矛盾纠葛中,而且又总是站在一方利益的立场上,因此无论律师怎样行为,都有可能引起另一方的不满,职业风险很大。而按照律师职业操守规范的要求执业,就可以化解很多风险。

(二)律师职业操守的作用

法律科学和律师职业的特点以及律师职业操守上述各项功能相互影响,共同在法律实践、社会风尚方面起着重要作用。这种重要作用,可以从职业内部和外部两个方面来看。

对于律师职业内部而言,律师职业操守集中体现了律师职业的理想信念、行为规范、职业操守、精神风貌。它对于律师职业的作用,表现在:一是有效地保证了职业活动的有序进行;二是有助于保障律师独立执业(独立执业本是职业操守的一项具体要求,有着特别重要的意义,它是律师职业生存和发展的根本,是律师完成维护当事人合法权益、制衡国家权力和公民、法人权利滥用的制度保障);三是有助于维护司法秩序,维护司法的权威和实现司法公正;四是有助于避免律师职业风险;五是有助于树立律师的职业形象,提高律师的社会地位。

对于律师职业外部而言,律师职业操守规范不仅维系了律师职业的整体性和独立性,而且,对其他职业,对社会其他成员的思想和行为也有着重要的影响。由于律师职业活动的广泛性和特殊性,广大律师能否遵循职业操守,是否能够自觉抵制各种诱惑,抵制行业不正之风,对于整个社会环境状况的良莠,有着至关重要的影响。这种影响是通过律师职业活动传播的。律师在执业活动中,阐释、适用法律,处理与当事人的关系,处理同其他法律职业的关系,处理同行间的关系等,都在向所有和其直接或间接接触的人们诠释着律师这个职业的道德和操守。通过这种传播和影响,既可以使人们通过律师的执业活动,感受到法律的价值和功能,也可以通过律师的执业活动提升人们的道德认识,消除许多社会不安定因素。

我们应该认识到:当事人与律师接触的过程,其实也是当事人和社会公众了解律师职业性质和功能的过程。律师提供法律服务的过程,不仅仅是委托人接受法律服务的过程,还是律师向社会展示律师这个职业内部公认和推崇的工作态度、业务技能和职业形象的过程。因此,严格按照律师职业操守的要求执业,能够使社会公众正确地认识律师职业的性质和功能,在与律师接触的时候,既不产生非分的期望,不提非分的要求,也不歧视律师,不因对方的胜诉迁怒于对方律师、侵害对方律师的权益。在这个过程中,律师依靠专业知识、技能和职业操守赢得当事人的尊重,也就同时赢得了社会的尊重和认可。这也可以看做是学习和遵守律师职业操守的重要意义。

第二节 律师职业的基本定位

律师职业的基本定位,也即律师的职业属性。律师职业属性,就是关于律师职业在社会中所表现出来的与社会架构相吻合,符合职业特点和发展规律的那些与职业本身密不可分的性状总和,包括其自然属性和政治属性两个方面。它决定着律师职业操守的基本内容和发展趋势。因此,学习和理解律师职业属性,也是理解和遵守律师职业操守的出发点。

关于律师的职业属性,各国律师法有不同表述。这点在我国也尚未形成统一的或者权威的认识,无论是在学术界、政界还是在律师界,都存在不同的观点。从不同的理论旨趣和逻辑出发,用不同的话语,对律师职业属性可以有多种诠释。在不同的历史时期,国内学界曾出现过关于律师是"国家法律工作者""社会法律工作者""法律服务工作者""自由职业者"等多种界定。这些表述的变化,正表明了人们对律师职业性质以及职业定位认识上的变化,体现了人们在不同时期,或者基于不同的意识形态对律师职业的不同认识。由不同的认识基点出发,对于律师制度建构和行业发展规划也会产生不同的思考。

在此情形下,本书采取了比较中庸的做法,对于争论较大的属性暂不列入讨论。① 另外,律师的执业类型可以分为社会律师、公职律师和公司律师。政府律师是公职律师的一种。本书所论及的律师职业属性主要是以社会律师为对象的。

为了更好地理解和认识律师职业的基本定位,下面对律师职业的自然属性和政治属性分别进行介绍。

一、律师职业的自然属性

自然属性,就是指律师作为一个职业不因国度和政治环境的差别而共同存在的那些性质。在学习律师职业属性时,要认识到,律师是西方法治社会的产物,其自然属性是伴随着律师职业的产生和发展自然生成和发展变化的。而律师在中国这样引进法治和律师制度的国家,其属性的具体性质在很大程度上依赖于制度设计,并且其属性的具体表现形式,也是依政治环境的变化而变化的。关于律师职业的自然属性,存在很多观点,这里仅介绍那些已形成共识的属性。

(一) 法定性是律师职业存在的法律保证

法定性是律师职业当然和首要的属性。法律服务只有经过法律的确认才能成为制度,也只有经过法律的确认,制度中的这些从业者的活动才能称之为一个职业。律师制度以及律师职业也由法律的确认而产生。律师职业只有得到一国法律的认可,才能够成为一国法律制度的组成部分,律师职业的发展才有基本的保障。

律师职业的法定性,是指律师执业资格的获得,律师执业的范围,权利与义务都是由法律确定的。法定性是自律师职业产生时起就伴

---

① 笔者曾就律师职业属性问题,在 2006 年出版了《律师职业属性论》。本节关于"律师职业的自然属性"的表述,部分借用了《律师职业属性论》的研究成果,但是经过近几年的思考,又对有些观点进行了修改和补充。

随而生的属性。律师职业之所以能够成为法律职业中的典型职业,律师之所以能够成为法律职业共同体的重要成员,就是缘于法律的确认和授权。正是基于法律的确认和授权,才使得律师这种非权力组织拥有了与法官、检察官这些公职人员同样的阐释、适用法律的权利,尽管他们适用法律的方式和效力有所差别。至于律师职业的法定性及其执业要求,可以通过律师制度的整体运行,比如关于执业资格的法定性、执业活动范围的法定性、律师执业权利的法定性、律师执业义务的法定性等体现出来。

(二)社会性是律师职业最主要的属性

社会性是律师职业最主要、最突出和最根本的属性。律师职业的社会性是指:律师不是国家工作人员,不隶属于任何机构和组织;其业务活动是服务性的,不是公务性的;律师执业的权利完全来自当事人的授权,律师的业务来源完全依赖于律师自身的知识和能力从社会中获得,没有任何一个组织或者机构为律师的生存和发展提供经济上的帮助;律师的执业行为也没有强制力。也就是说,主体身份的社会性、业务活动的服务性、执业权利的当事人授予性、执业行为效力的非强制性,这四个方面构成了律师职业社会属性内涵的完整意义。

律师职业的社会性是最能够展现律师职业特征的性状,是律师与法官、检察官最有区别的性状。我们可以从律师职业的主体身份、业务活动性质、执业权利来源、执业行为效力等几方面来认识律师职业的社会性。其中,服务性是律师职业社会性的必然表现,也是律师职业社会性最突出的表现,集中表现在维护当事人的合法权益方面,并通过维护当事人合法权益,维护法律正确实施,维护社会公平和正义。

我国《律师法》第2条规定:"本法所称律师,是指依法取得律师执业证书,接受委托或者指定,为当事人提供法律服务的执业人员。律师应当维护当事人合法权益,维护法律正确实施,维护社会公平和正义。"这是我国律师职业主体具有社会性的法律依据。正是律师职业的社会性属性决定了当事人和律师之间的双向选择成为可能,同时,也正是律师职业的社会性属性决定了律师业必然存在竞争,客观上就需要在制度层面制定一系列的鼓励正当竞争和约束不正当竞争的制度和职业操守规范。

（三）专业性是律师职业生存的保证

律师职业的专业性，是指律师的执业活动是依靠专门的知识和技能进行的。律师为当事人提供服务，不是依赖国家或者政府运用权力进行运作，而是运用自己的法律知识和技能为当事人提供服务。律师职业属于典型的知识阶层，其专业性使得律师成为法律的专家，成为诉讼中当事人得以信赖的专家。当事人对律师专门知识的依赖程度越强，律师发挥作用的空间就越大。律师在执业活动中以其知识、技能和专业精神、社会声望影响当事人，在双方之间形成一种相互尊重、相互妥协和协调的关系，这在民事或者经济法律服务方面表现得尤为突出。

任何一个职业的专业性，都不仅包括专业知识、专业服务方式和专业技能，还包括专业精神。需要强调的是专业精神也是律师职业专业性的重要组成部分。专业精神，也可以称之为职业精神，包括职业理想、职业态度、职业责任、职业技能、职业纪律、职业良心、职业信誉、职业作风等方面。这一点在当下纷繁复杂、人心浮躁的社会环境下是更加重要和需要更加强调的。律师职业之所以被称为一个职业，就在于它有着一般人或者其他职业不具有的特殊知识、特殊技能和特殊的职业精神，并且这种特殊知识、技能和精神需要这个职业的从业人员共同认可和维持。专业技能是专业精神的基础，专业精神能够使专业知识和技能更好地服务于社会。律师应该时刻清醒地知道自己的身份、责任和职业定位，更好地服务社会，这也是律师职业生存的基础和保证。

我国《律师法》第13条规定："没有取得律师执业证书的人员，不得以律师名义从事法律服务业务；除法律另有规定外，不得从事诉讼代理或者辩护业务。"这是我国律师职业具有专业性的法律依据。这里，需要联系律师职业的法定性来理解律师职业的专业性。律师的资格和执业权利是由法律规定和授权的，冒充律师从事法律服务是要受到处罚的。我国《律师法》第55条还规定，"没有取得律师执业证书的人员以律师名义从事法律服务业务的，由所在地的县级以上地方人民政府司法行政部门责令停止非法执业,没收违法所得,处违法所得一倍以上五倍以下的罚款"。

对于冒充律师从事法律事务,各国法律都是绝对禁止的。英国律师法甚至规定,"任何不符合条件的人故意冒充律师,或者使用或利用任何表示他具备法律规定担任律师所需的条件或资格的称呼、称号、头衔或其他标志的,都属于刑事犯罪行为"。① 这实际上是一个涉及律师垄断法律事务的问题。我国的《律师法》虽然规定了律师的业务范围,但是没有禁止或限制非律师从事律师业务。相反,刑事、民事、行政三大诉讼法都允许普通公民充当诉讼代理人,这种规定实际上造成了律师对于法律规定的律师业务没有任何特殊的权利。没有哪个国家的公民能够像中国公民一样,不仅可以介入一般法律事务,而且实践中几乎还可以不受限制地进行诉讼代理和刑事辩护。这是中国法律服务市场比较混乱的主要原因。

从世界范围看,几乎没有哪个国家把所有法律事务的垄断权赋予律师职业,但是,很多国家法律赋予律师对部分业务的垄断权,即将一些特殊的法律业务交由律师垄断。从类别上看,或者是将一些特殊的非诉讼业务交由律师垄断,或者是将诉讼业务交由律师垄断,或者是将诉讼业务中的刑事辩护业务交由律师垄断,或者将某类业务中某些情况下法律事务交由律师垄断,如民事方面争讼的事项或达到特定数额以上的争讼事务、刑事方面或涉及某些罪名或可能判处某些刑期的案件。而且,有些国家还规定,如果违反了律师业务专门性的规定还会招致处罚。② 显然,在我国通过立法赋予律师在刑事辩护领域的法律服务垄断权利是必要的,是律师法律服务在特定领域中垄断的最低限度。

(四)独立性是律师职业的根本属性

对于律师职业存在独立性,学界和律师界是有共识的,并且,一致

---

① 参见《1974 年英国律师法》,第 21 条。
② 参见石毅主编:《中外律师制度综观》,群众出版社 2000 年版,第 266、267、263、264、301、339、388、408 页。

认为律师职业的独立性对于律师职业在整个宪政结构中的地位,对于保证律师独立地、不受干扰地执业,具有特别重要的意义。但是,无论是学界,还是律师界,对于独立性的内涵以及具体执业要求尚有不同认识。

笔者认为,律师职业的独立性有着比较丰富的内涵,不仅表现在制度设计上,还表现在职业行为特征和职业操守规范上;不仅包括律师在执业过程中的独立,还包括律师行业管理自治。律师在执业过程中的独立性又可以分为几个层次:独立于当事人(委托人),独立于司(执)法机关及其人员,独立于自己的执业机构,独立于行政机关干预,独立于媒体影响。

关于律师的职业独立,最重要的就是要求律师要"独立执业"。律师在执业活动中,要独立地进行辩护或代理,独立地提出意见或建议,不受非律师,包括委托人、自己的执业机构、行业的管理部门和管理组织以及承办此案的法官和其他人员左右。律师对于案件包括对所有专业问题的判断来自于自己对事实的掌握和对法律的理解,是完全依赖自己的意志独立作出的,律师自己对这种判断正确与否负责。

至于如何在执业过程中体现律师的职业独立性,将在第四章详细阐述。

(五)律师职业是否存在商业性尚存争议

近年来,关于律师职业是否具有商业性,尚存在争论。传统观点不承认律师职业具有商业性,但近20年来,情况在悄然发生着变化。无论是在律师业高度发达的美国、律师地位较低的德国,还是在律师职业初步发展的中国,总之在世界范围内[①],律师职业都表现出越来越多的商业倾向,尤为明显的一个现象就是似乎各个国家对律师的广告行为都逐渐采取了较宽容的态度。还有近二十多年来,世界各国所出

---

① 限于本书结构和篇幅,这里没有引用各国的规定,也没有介绍近年各国律师的实际做法,但是,"在世界范围内,律师职业都表现出越来越多的商业倾向"这个判断是有依据的。参见司莉:《律师职业属性论》,中国政法大学出版社2006年版,第168—178、241—255页。

现的巨额利润律师事务所和巨富律师现象,更是让人难以简单地否认律师职业商业性的存在。笔者认为,在市场经济环境下,律师职业存在商业性是必然的,一定程度的商业性也是律师职业社会性的必然体现。

令人扼腕痛惜的是,中国律师业的状况是在独立性尚未形成的情况下,商业气息已经过于浓厚,并已经影响到律师在公众中的社会形象。因此,如果简单地否定律师职业存在商业性,其结果必然是不仅律师职业的商业性在社会现实中依然存在,而且还得不到相应的监管,也无法产生相关的职业操守规范进行约束。

所以,只有先在理论上客观地承认律师职业存在商业性,有关立法和有关部门才能对律师职业的商业性进行限制、约束和规范,才真正有利于律师业的健康发展。但是,因为目前对于律师职业是否存在商业性还存在争议,因此,在我国现行律师职业操守中还缺乏相应的约束律师职业避免过度商业化的规范,这是一件比较遗憾的事情。

二、律师职业的政治属性

律师职业的政治属性,就是指律师职业因国家性质和时代背景所表现出的特性。虽然,律师在不同国度和不同的政治环境下都会存在一些共同的性状,如上述所述法定性、社会性、专业性、独立性等,但是应该承认,律师在不同国度,因政治制度和社会环境不同,或者即使在同一国度,因不同时代背景下的政治、经济、文化环境的差异,上文所述法定性、社会性、专业性、独立性等自然属性所表现出的性状也会有所差别,这就是律师职业的政治属性所决定的。

我国现阶段的律师职业政治属性可以概括为"中国特色社会主义法律工作者"。这种政治属性完整地表达在律师执业宣誓的誓词中。在司法部《关于印发〈关于建立律师宣誓制度的决定〉的通知》中规定律师执业宣誓誓词为:"我志愿成为一名中华人民共和国执业律师,我保证忠实履行中国特色社会主义法律工作者的神圣使命,忠于祖国,忠于人民,拥护中国共产党的领导,拥护社会主义制度,维护宪法和法律尊严,执业为民,勤勉敬业,诚信廉洁,维护当事人合法权益,维护法律正确实施,维护社会公平正义,为中国特色社会主义事业努力奋斗!"可见,誓词内容充分体现了律师是中国特色社会主义法律工作者的政治定位和职业定位,充分体现了修订后的律师法要求律师执业做到"三个维护"的执业精神和原则,充分体现了律师执业必须恪守"忠诚、为民、公正、廉洁"的核心价值观,有利于促进律师自执业之始即建立起正确的职业价值观,形成应有的社会责任感、使命感。因此,对于中国特色社会主义法律工作者这一中国律师的政治属性,可以从以下几个方面来理解。

(一)"四个维护"是律师的基本职责

我国《律师法》第2条规定:"本法所称律师,是指依法取得律师执业证书,接受委托或者指定,为当事人提供法律服务的执业人员。律师应当维护当事人合法权益,维护法律正确实施,维护社会公平和正义。"这不仅是我国律师职业主体具有社会性的法律依据,而且也可以说,这里的"三个维护",即"维护当事人合法权益,维护法律正确实施,维护社会公平和正义",是律师的基本职责和首要任务。我国《律师法》第3条第1款规定:"律师执业必须遵守宪法和法律,恪守律师职业道德和执业纪律。"因此,拥护宪法和法律,不仅是律师职业政治属性的内涵要义,也是律师职业的基本操守。

(二)当代律师应成为社会主义法治理念的实践者

社会主义法治理念,为我国律师工作改革和发展指明了方向,对于完善中国特色的社会主义律师制度,促进律师事业健康发展,具有重大意义。①

1. 牢固树立社会主义法治理念,是确保律师事业坚持正确政治方向的客观需要。社会主义法治理念,实质上就是政法工作的指导思想,它的主要内容之一就是要坚持党的领导,即要在党的领导下发展社会主义民主,建设社会主义法治国家。律师工作是我国政法工作的

---

① 参见全国人大常委会副委员长顾秀莲,2006年7月10日在司法部、全国律协在人民大会堂召开的"社会主义法治理念与中国律师业发展暨中华全国律师协会成立20周年座谈会"上的发言。

重要组成部分,坚持党对政法工作的领导,必然要求加强党对律师工作的领导。

2. 牢固树立社会主义法治理念,是充分发挥律师工作作用的重要保障。社会主义法治理念要求牢固树立依法治国的理念,即要树立宪法和法律权威,做到"有法可依,有法必依,执法必严,违法必究"。充分发挥律师在立法、执法、司法等各个环节的作用,对于实施依法治国基本方略将起到积极的推动作用。

3. 牢固树立社会主义法治理念,是坚持律师业服务为民宗旨的必然要求。牢固树立执法为民的社会主义法治理念,是执法、司法工作的出发点和落脚点,也是律师工作的宗旨所在。律师工作是服务国家、社会和人民群众的,广大律师应该自觉地始终把维护国家和人民群众根本利益放在第一位,积极为国家、社会和人民群众提供优质、高效的法律服务,让广大人民群众请得到律师,请得起律师和信得过律师。

4. 牢固树立社会主义法治理念,是实现律师职业目标的重要基础。公平正义是社会主义法治理念的价值追求,当然也是律师业的价值追求。广大律师应当严格依据法律和事实,切实维护当事人的合法权益,最大限度地促进社会公平正义的实现。

5. 牢固树立社会主义法治理念,对律师事业更好地服务大局具有重要指导作用。

(三)"五者"是中国律师新时期的时代特征

2008年10月25日,时任中央政法委员会书记的周永康同志在第七次全国律师代表大会上发表了重要讲话①,全面深刻地揭示了律师始终做中国特色社会主义事业的建设者、捍卫者的基本内涵,深刻阐释了在中国特色社会主义的国度里"律师是什么、怎么做律师"这一重大理论与实践问题。讲话鲜明提出了律师应该成为"五者",即:第一,做中国特色社会主义的法律工作者;第二,做经济社会又好又快发展

---

① 参见时任中央政法委书记周永康,2008年10月25日在第七次全国律师代表大会上的讲话。

的服务者;第三,做当事人合法权益的维护者;第四,做社会公平正义的保障者;第五,做社会和谐稳定的促进者。广大律师应该认识到"五者"是时代的要求,不仅是律师职业自然属性中社会性之服务性的突出表现,而且也是新时期律师的职业使命。社会公平正义,是社会主义法治的价值追求,是社会和谐的基本条件。维护社会公平主义,是中国特色社会主义制度的本质要求,也是我国律师肩负的职业使命。

需要说明的是,律师执业类型的分化,即公职律师和公司律师的产生以及发展并不影响上述对律师职业整体属性的界定。公职律师和公司律师只是在律师职业属性的某个方面有不同表现,依照法律(或政策)的规定发生某种变化,并不影响律师职业设立的根本目的——制约权力和权利滥用,保障权利实现,使社会达致理性和谐。

总之,无论是律师的自然属性,还是律师的政治属性,都不同程度地体现在《律师法》以及《律师执业行为规范》(2009年修订版)等相关律师职业操守规范之中。

第三节 律师职业的基本定位与职业操守的关系

律师职业的基本定位决定了律师执业操守的基本内容和律师职业价值的基本趋向,这也是将律师职业基本定位作为本书第一章的原因。全面认识律师的职业属性和职业定位,认真体会律师职业在社会秩序建构和社会发展以及文明示范和引导中的作用,将有助于更好地理解律师职业操守和执业行为规范的各项要求,也有助于律师在其执业实践和社会生活中更好地遵守执业行为规范。

一、律师职业的基本定位决定了律师职业操守的主要内容

通过前面的学习,我们已经了解到律师职业操守的建设是一个逐步发展的过程。律师职业操守的主要内容,反映了人们尤其是律师职业内部人员对律师职业的认识,其逐步完善的过程也正是人们认识逐步深化的过程。律师职业的各个属性即律师职业的基本定位决定了律师职业操守的主要内容。

（一）律师职业的法定性决定了拥护宪法、遵守法律是律师职业的基本操守

律师职业的法定性决定了律师职业是法律职业共同体的重要组成部分，决定了律师制度是一国法律制度的重要组成部分，这就要求广大律师要自觉维护律师职业的法定性，坚持合法执业。

首先，律师职业的法定性决定了拥护宪法、遵守法律是律师职业的基本操守。

其次，律师职业的法定性，还决定了律师在执业资格、业务来源、业务活动范围、业务过程、执业权利和义务等方面也必须合法，这些都是律师执业必须合法的操守内容。

1. 执业资格合法

为了保证执业资格的法定性，不仅是通过司法考试和相关法定程序，才能获得法律职业资格证书和律师执业证书，而且，还要在执业过程中遵守律师职业操守，接受律师协会的继续教育培训，接受司法行政管理等，通过每年的年检审核，获得每年的年检注册，才能够保证合法执业的连续性。这些操守在《律师执业行为规范》（2009年修订版）第八章律师与律师协会关系规范中都有所体现。

2. 业务来源合法

律师的业务是依赖于律师自身的知识和技能，通过赢得委托人以及社会公众的信任获得的。因此，律师不能私自接受委托，律师事务所以及律师个人不能为了获得业务来源进行不正当竞争，不能为了获得业务进行不适当的推广和宣传等。这些体现在《律师执业行为规范》（2009年修订版）第三章律师业务推广规范、第七章律师与所任职的律师事务所关系规范中。

3. 业务活动范围合法

律师执业活动范围，就是律师的业务范围。各个国家一般是通过法律和职业惯例确立律师的执业活动范围，同时也通过法律规定律师不能从事的事务。

我国2012年10月26日，第十一届全国人民代表大会常务委员会第二十九次会议通过了"关于修改《中华人民共和国律师法》的决

定。"新修订的《律师法》第28条对律师的业务范围规定了七项内容："(一)接受自然人、法人或者其他组织的委托,担任法律顾问;(二)接受民事案件、行政案件当事人的委托,担任代理人,参加诉讼;(三)接受刑事案件犯罪嫌疑人、被告人的委托或者依法接受法律援助机构的指派,担任辩护人,接受自诉案件自诉人、公诉案件被害人或者其近亲属的委托,担任代理人,参加诉讼;(四)接受委托,代理各类诉讼案件的申诉;(五)接受委托,参加调解、仲裁活动;(六)接受委托,提供非诉讼法律服务;(七)解答有关法律的询问、代写诉讼文书和有关法律事务的其他文书。"同时,《律师执业行为规范》(2009年修订版)第92条规定:"律师事务所不得从事法律服务以外的经营活动。"这些规定是律师业务活动范围必须合法的法律依据。

4. 办理业务的过程合法

律师办理业务的过程必须合法,如不能非法取证,不能向司法机关或者仲裁机构提交明知是虚假的证据,不能贿赂办案人员等。对此,《律师法》《刑事诉讼法》和《律师执业行为规范》(2009年修订版)等都有相关规定。

5. 社会行为必须合法性

律师不仅在执业活动的过程中要保证执业活动本身的合法性,在执业行为之外的社会行为,同样也要保证合法。对此,《律师执业行为规范》(2009年修订版)第14条规定:"律师不得为以下行为:(一)产生不良社会影响,有损律师行业声誉的行为;(二)妨碍国家司法、行政机关依法行使职权的行为;(三)参加法律所禁止的机构、组织或者社会团体;(四)其他违反法律、法规、律师协会行业规范及职业道德的行为;(五)其他违反社会公德,严重损害律师职业形象的行为。"

6. 律师执业权利合法

各国法律都对律师执业提供法律保护,尽管各国法律保护的范围和程度不同。我国法律除对律师权利事项如调查取证权、阅卷权、会见通信权等进行明确规定外,也有对律师执业活动进行保护的法律规定。如《律师法》第3条第4款规定:"律师依法执业受法律保护,任何组织和个人不得侵害律师的合法权益。"第36条规定:"律师担任诉讼代理人或者辩护人的,其辩论或者辩护的权利依法受到保障。"第37条规定:"律师在执业活动中的人身权利不受侵犯。律师在法庭上发表的代理、辩护意见不受法律追究。但是,发表危害国家安全、恶意诽谤他人、严重扰乱法庭秩序的言论除外。律师在参与诉讼活动中因涉嫌犯罪的,侦查机关应当及时通知其所在的律师事务所或者所属的律师协会;被依法拘留、逮捕的,侦查机关应当依照刑事诉讼法的规定通知该律师的家属。"尽管2012年新修订的《律师法》加强了对律师的执业保护,但是应该看到,我国法律对于律师权利的保护还是很不够的。

7. 律师执业义务合法

各国的律师法以及律师职业行为规则都规定了律师执业过程中必须遵守的规范,这些规范构成律师执业的法定义务。我国的律师义务也集中体现在《律师法》和《律师执业行为规范》(2009年修订版)中。

律师义务包括一般义务、对委托人的义务、对法院的义务和对同行的义务等几个方面。一般义务是律师义务中最基本的方面,是同律师资格密切相关的一种身份义务,包括认真执行职务、精通法律及法律事务、注重声誉、不断提高业务素质、保持职业尊严、保持职业独立等。对委托人的义务,要求律师做到忠诚和正直。关于忠诚,并非指完全服从于当事人的意见,而是指律师应提供称职的服务,如果不能胜任,应明确告知当事人让其另找其他人;应勤奋工作,讲究效率;应保守案件秘密,并且不得从事任何不利于委托人的活动。关于正直,主要是指律师不得接受与其正在办理的案件利害相关的另一案件,不得同时为诉讼利益不同的人服务,特别不能同时为利益相反的双方服务;收费应该合理;不得与当事人进行商业交易;不得就诉讼标的或有关的诉讼内容,向当事人索取财物等。对法院的义务集中表现为尊重法官、维护法庭的尊严等。对同行的义务,是要求同行之间要相互尊重,不怠慢、诽谤同行,避免以任何直接或间接的方式与同行抢生意,在诉讼进行的过程中,不得与对方当事人的代理人就案情进行交流,除非有法律的授权。还有交纳会费、服从管理等义务。本书自第二章开始对律师义务的要求进行详细论述,这里不赘述。

需要说明的是,关于拒绝辩护或代理的行为性质,我国《律师法》第32条是将律师拒绝辩护或代理作为律师权利事项进行规定的。但是,行使这项权利有严格的限制,除非"委托事项违法、委托人利用律师提供的服务从事违法活动或者委托人故意隐瞒与案件有关的重要事实的",律师才有权拒绝辩护或者代理。一般情况下,律师接受委托后,无正当理由的,不得拒绝辩护或者代理。即在我国,一般情况下,律师接受委托后,"不得拒绝辩护或者代理"是律师的法定义务。因此,《律师执业行为规范》(2009年修订版)第41条规定,在"委托事项违法、委托人利用律师提供的服务从事违法活动或者委托人故意隐瞒与案件有关的重要事实的"情况下,"律师有权告知委托人并要求其整改,有权拒绝辩护或者代理,或以其他方式终止委托,并有权就已经履行事务取得律师费"。所以,虽然法律将"拒绝辩护或代理"作为律师的权利进行规定,但是,律师在实施该项权利时,要首先履行查明事实、告之委托人、要求其整改等义务,否则如果律师不当履行该权利,就有可能引发与委托人的纠纷甚至危及到律师自身权利。所以,将此项权利放在义务中去学习和理解,也许更有利于维护委托人的利益,同时也更有利于维护律师自身的利益。

(二)律师职业的社会性决定了维护委托人利益是律师职业操守的重要内容

由前述关于律师职业社会性的内涵可知,律师职业主体身份的社会性,是指律师是以民而非以官的身份,是以社会人而非以国家人的身份向社会主体提供法律服务的。除了律师这一法律服务主体的社会性之外,律师职业的社会性,首先就表现为律师法律服务方式的社会性,即表现在业务来源的社会性、服务对价的有偿性和服务行为无强制力等方面。这一特点对于律师职业在社会制度建构中的地位以及律师制度建构至关重要。甚至可以说,律师职业的社会性决定了律师制度的主要方面和律师职业的发展方向,由此也决定了维护委托人利益是律师职业操守中最为重要和主要的内容。在律师职业的所有操守中,与委托人关系的内容占据了绝大部分,如《律师执业行为规范》(2009年修订版)共108条,其中,第四章律师与委托人关系规范就从第34条至第61条,用了7节28条来进行规范,占全文1/4强的内容。

1. 律师职业的社会性决定了律师对委托人要诚实守信、勤勉尽责

按照《律师法》的规定,律师的功能就是提供法律服务,并通过维护委托人的利益,达到维护法律正确实施和维护社会公平与正义的目的。

作为社会性的律师,律师和当事人之间关系的社会性表现为两者之间是合同关系。首先,合同双方可以自由选择,即律师的业务来源完全是社会需求的自然表现,是社会主体的自主选择,这样,就要求律师必须通过自身扎实的法律服务技能和优质的服务赢得业务来源。当社会主体有法律服务需求时,他可以通过比较多个律师事务所和多个律师来选择服务。律师有无业务或者有多少业务取决于社会的自然选择,即社会认可度。其次,律师和当事人之间关系的社会性表现为两者之间是合同关系,相互之间平等地受合同约定的制约,这就要求律师必须在服务过程中对委托人诚实守信、勤勉尽责,根据合约的规定,尽最大努力为当事人提供高效优质的服务。《律师执业行为规范》(2009年修订版)第四章在律师与委托人或当事人关系规范中关于禁止虚假承诺、利益冲突审查、转委托限制、委托关系解除和终止的善后处理等规定都是对委托人诚实守信的具体要求。

2. 律师职业的社会性决定了律师同行之间要相互尊重

律师职业社会性决定了律师业必然存在竞争,必然会在法律允许的最大限度内进行业务领域的扩张。一国律师职业的发展与竞争以及律师职业国际间的发展与竞争都成为必然,因此,为了律师行业的健康发展,在制度层面必然需要制定一系列的鼓励正当竞争和约束不正当竞争的制度和执业规范。

社会主体选择律师服务的自然性和自主性决定了律师办理业务必然与法院的法官、检察院检察官办理案件不同。法官、检察官作为国家权力机构的一员,其办理案件是由一定机构或者组织按照程序分配的案件,一旦成为法官或检察官,其能否办案或者办理多少案件与

社会信任度、法官的职业生存之间没有关系。而律师必须用自己的知识和技能赢得社会的信任,然后,才可能有业务办理,才可能在社会中获得生存的基本物质条件。因此,律师职业的社会性,一方面要求律师业必须具有高度的专业知识和技能,另一方面,也要求律师必须具有高度的自律精神,要求律师之间相互尊重,避免不正当竞争,共同谋求社会的认可。

3. 律师职业的社会性还决定了律师必须承担法律援助的义务

在所有法律职业中,律师职业因其自身的社会性,使它成为与社会联系最广泛、最密切的法律职业。律师职业的社会性,还表现为律师服务的领域和对象的社会性。这一方面为律师的生存和发展提供了无限广阔的空间,另一方面也就要求律师必须对社会公共利益承担一定的责任,要有为全社会提供服务的意识,除了做好自己的日常业务外,还要有社会的奉献精神,积极履行法律援助的义务,积极参与社会公益活动等。

要维护司法的公正无私,律师就不能考虑个人道德的偏好。律师职业的社会性决定了律师职业应给予所有社会成员同样的法律帮助,包括穷人和富人。这种要求集中反映在律师代理刑事案件和服务不受欢迎的当事人的问题上,尤其是在这些人不能交纳律师费用的时候。如果律师在这时不能提供法律服务,就会遭到社会的谴责,社会公众就会认为,法律和正义只是为富人服务的,而不是为穷人服务的。这也是法律援助制度出现的背景和意义。律师职业的社会性要求律师应该为社会上所有需要法律服务的人提供得到这种服务的机会。因此,律师应该把法律援助工作看成自己的职业责任和必须履行的社会义务,而不是社会救济的慈善事业。

(三)律师职业专业性决定了努力钻研业务,不断提高业务水平是律师职业操守的必需内容

1. 律师职业专业性要求律师要用专业知识和技能提供法律服务

律师职业的专业性是律师职业生存的保证,也是律师职业赢得社会尊重、提升职业地位的资本。正是律师以自己的专业知识、专业技能、专业精神为广大社会主体提供专业的法律服务,才使得律师成为

立足于社会的一个专门职业,才使得律师赢得了不断发展进步的社会基础。律师职业也只有持续地为社会主体提供专业的服务,持续地向社会展示专业的形象,才能够持续生存和不断发展。因此,要将"努力钻研业务、不断提高业务水平"作为律师职业操守的必需内容。《律师执业行为规范》(2009年修订版)不仅在第二章律师执业基本行为规范中规定"律师应当注重职业修养",还在其后的具体规范中规定"律师应当充分运用专业知识……维护委托人或者当事人的合法权益"。

对于"律师职业专业性要求律师要用专业知识和技能提供法律服务",要从两个方面理解。一方面,专业性的服务是律师生存的保证;另一方面,律师业必须向委托人提供专业的服务,即如果以非律师专业的知识和技能作为主要内容向委托人提供服务,则违背了律师的职业精神和职业操守。如2012年11月6日,国家工商行政管理总局、司法部以工商标字〔2012〕192号印发并自2013年1月1日起施行的《律师事务所从事商标代理业务管理办法》第13条规定:"律师事务所及其律师承办商标代理业务,不得委托其他单位或者个人代为办理,不得与非法律服务机构、非商标代理组织合作代理。"笔者认为,之所以如此规定,就是为了保证律师提供的服务是专业性的。

2. 律师职业专业性要求律师保持和不断提高专业水准

由于社会经济条件不断变化的缘故,律师职业所面对的立法环境和执业环境也是在不断变化的,而社会主体要求律师的法律知识储备和运用法律的技能必须始终处于法律专家的水平。为了使律师在执业的整个生涯中保持专业水准,《律师执业行为规范》(2009年修订版)还要求"律师应当参加、完成律师协会组织的律师业务学习及考核",要求"律师事务所应当定期组织律师开展时事政治、业务学习,总结交流执业经验,提高律师执业水平"。因此,作为一名律师,一定要意识到,律师职业不仅能够给律师提供生存的基础和生活的保障,而且,律师通过这个职业所实施的行为还影响着律师的服务对象乃至整个社会的文明和价值走向。因此,身为律师,必须以高度负责的专业精神,以专业的知识、技能全心全意地为社会公众服务。

实际上,社会主体对律师的服务水准的要求只会伴随着社会进步而不断提高。这就要求律师必须不断学习,要求律师执业机构和行业组织必须通过各种制度和培训来激励律师不断接受执业继续教育,以使执业律师始终能够使执业保持专业水准。这方面,各国都有相应的规定。我国律师行业管理要求律师每年必须接受40个课时以上的继续教育学习,并且司法行政部门将此作为年度检验注册的条件。这也是律师职业专业性要求的体现。

另外,也要意识到我国法律没有赋予律师职业垄断地位,三大诉讼法都允许公民代理或公民辩护,即我国法律服务呈现多元格局。正是律师职业高度的专业性使得律师在法律服务业的竞争的整体格局中处于优势地位。

(四) 律师职业独立性决定了律师要把保守职业秘密作为律师的职业操守,要关注社会公益事业,维护和提高律师的职业形象

在上节律师职业的基本定位中提到律师职业独立的内涵比较丰富,不仅表现在制度设计上,还表现在职业行为特征和职业操守规范上;不仅包括律师在执业过程中的独立,还包括律师行业自治。就律师在执业过程中的独立性来讲,可以分为几个层次:独立于当事人(委托人),独立于司(执)法机关及其人员,独立于自己的执业机构,独立于行政机关干预,独立于媒体影响。可以说,律师职业独立性的最主要内涵之一,就是律师执业独立。要求律师要"独立执业",就是律师在执业活动中,要独立地进行辩护或代理,以及独立地提出意见或建议,不受非律师左右,包括不受委托人、自己的执业机构、自己行业的管理部门和管理组织以及承办此案的法官和其他人员的影响。律师对于案件包括对所有专业问题的判断来自于自己对事实的掌握和对法律的理解,是完全依赖自己的意志独立做出的。律师自己对这种判断正确与否负责。

二、律师职业的基本定位决定了律师职业操守的主要原则

律师职业操守的自律性特征决定了律师行业在客观上需要大量的自律性规范进行自我约束和规范。律师职业的社会性等职业属性决定了律师的职业操守,应该不仅能够反映律师这个职业本身的职

追求和精神旨趣,表达这个职业内部绝大多数人对于这个职业的理想,也要能够反映社会公众对于这个职业的希冀。由此,可以将律师职业操守的基本内容概括为以下几个方面:

(一)忠实于宪法和法律的原则;

(二)执业为民、勤勉尽责、诚实守信的原则;

(三)注重职业修养、珍视职业声誉的原则;

(四)保守职业秘密的原则;

(五)努力钻研业务、不断提高业务水平的原则;

(六)尊重同行、公平竞争的原则;

(七)关注和积极参加社会公益事业的原则;

(八)遵守律师协会章程、履行会员义务的原则。

本书后续各章的结构和内容,基本上是按照这些原则搭建的。因后续各章将对上述原则的具体内容和具体要求进行详细阐述,故此处不再赘述。

第二章 忠于宪法和法律

"忠于宪法和法律"是律师执业活动的原则底线。律师只有充分体认这一原则底线的各项具体要求,才能实现体面、安全、有尊严的执业,才能积极防范律师执业风险,才能真正使自己成为一名适应时代要求的法律之师、正义之师和道德之师。本章讨论的主要问题包括律师尊重法庭和法官的义务,律师对法庭的真实义务,律师对法庭的真实义务与对委托人的忠诚义务发生冲突时的选择等。

第一节 忠于宪法和法律义务概述

诉讼业务是律师的传统法律实务工作。诉讼业务,与非诉讼业务相对应,是指律师接受公民、法人或者其他组织的委托,在其职权范围内为当事人处理与法院、仲裁委员会发生关联的法律事务。主要包括代理民商事诉讼、行政诉讼和参与刑事诉讼担任犯罪嫌疑人、被告人的辩护人,以及代理民商事仲裁等业务。诉讼业务的法律内容包括法律事实的确定和法律适用两大有机组成部分。律师接受委托在办理诉讼业务的过程中,需要依据专业的诉讼法律思维框架来确定具体的诉讼方案,以获得委托人认可的诉讼结果。

一般来说,诉讼业务的目标是获得委托人认可的诉讼结果。实现诉讼业务目标律师应当完成三方面的工作:一是制订出合理的诉讼方案,二是处理好与委托人的关系,三是实施好合理的诉讼方案。但是,律师还必须依据法律规定和法治标准,根据案件的具体情况,结合委托人的单方期待,采取适当方式化解或纠正委托人的某些不合乎法律规定或律师职业伦理要求的"非分之想",实现合法而合理的诉讼目标。律师所从事的诉讼业务的法律内容主要包括两个部分:法律事实的认定和法律适用。虽然法律适用是诉讼的落脚点,但法律事实的认定是大多数诉讼案件争议的焦点。法律适用是法律事实和法律规定之间的逻辑结合,是典型的法律性工作。概言之,律师代理诉讼或者担任辩护人并非一味迎合委托人的想法和要求,绝不可为了获得委托人认可而为所欲为。律师执业过程中,必须始终忠于宪法和法律,依据律师职业道德和律师执业行为要求规范行事。作为一名律师必须始终清醒地意识到:尊崇职业道德或执业规范,从来不是以此批判他人的,而是用来反省自己行为的。

一、"忠于宪法和法律"是律师的首要法定义务

我国《律师执业行为规范》(2009年修订版)明确规定,律师应当忠于宪法、法律,恪守律师职业道德和执业纪律。这一规范作为律师执业的基本行为规范,有着极其重大的现实意义和深远的职业价值。

"忠于宪法和法律",是律师职业最基本的规范标准,也是律师职业的灵魂。律师作为法律传播者,将法律规范传播给当事人,传播给社会,律师执业活动中的每一个行为都应当以实现公平正义为目标。概言之,"忠于宪法和法律"构成律师职业精神最为基本的要素。

"忠于宪法和法律"本应是特定法域内所有人均须履行的义务。正如洛克所指出的:"法律一经制定,任何人也不能凭自己的权威逃避法律的制裁。"卢梭亦说过:"尊重法律是第一条重要的法律,任何一个遵守法律、管理完善的政府,根据任何理由也不准许有人不遵守法律。"由此律师作为负有特殊使命的法律职业者更当如是,国内外均无例外。

中国律师,是我国法制体系和法治建设中的重要力量,在共和国的每个地方,都可以看到律师们诚信尽责、务实笃行的身影,感受到他们法不阿贵、绳不绕曲的气节。同时,律师们也应当而且必须成为"忠于宪法和法律"的社会典范和法治中国的忠诚的捍卫者、建设者。

从律师制度发展史和律师法律服务实践的角度考察,"忠于宪法和法律"是各国律师执业的通例。我国的律师制度同样是国家司法制度的组成部分之一。我国《律师法》强调指出:律师执业必须遵守宪法和法律,必须以事实为根据,以法律为准绳;律师要维护法律的正确实

施，维护社会公平与正义。由此可见，法律要求律师成为法律的精英和社会道德的精英。

律师的依法设立，主要是基于代表社会私权力的立场，以法律制度的形式，通过法定的程序实现对国家公权力的一种制约。它是一个社会、一个国家法治建设和法治活动中不可缺少的一个重要环节，是维系法律正确实施的手段，也是维护正义所必需。律师所追求和维系的是正义。律师和法治是和谐统一的整体，中国的法治进程不能离开律师和律师制度；同样，没有法治的保障，中国的律师制度也不可能健康有序地向前发展，中国律师的作用也不可能得到真正的发挥。没有律师就没有法治，没有强有力的律师制度，法治也不可能真正建立。概言之，律师是一个国家法治建设中不可或缺的重要力量。依照我国现行法律规定和社会主义法治理念内在精神的要求，中华人民共和国的律师必须以维护法律的正确实施，维护当事人的合法权益，维护社会的公平正义来正确定位自己的职业使命。

律师职业以法律为中心，而律师法律服务的目的，在于促进法律的正确实施，维护社会主体的合法权益，促进社会法律秩序的良性发展。"法律秩序是在严格遵守法律的基础上形成的一种社会秩序，它必须以实行法治为前提。"只有在法治型社会里才能建立起真正意义上的法律秩序，律师职业的法律作用也才可能得以发挥。律师通过开展刑事辩护、民事诉讼代理、行政诉讼代理，担任政府、企事业单位和公民个人的法律顾问，代理非诉讼法律事务等活动，向各类社会主体阐释法律精神和法治原则，展示法治思维和法治方式，以此不断提高广大社会主体的法律素养，改善全社会的法治环境，推动社会法治水平不断优化。

可见，法治社会离不开"忠于宪法和法律"，高素质、负责任的律师群体。律师制度的发育程度一定程度上标志着一个国家民主与法治建设的文明程度。正是基于这样的意义和价值，江平先生曾有这样的判断："律师兴，则民族兴；律师兴，则国家兴。"

二、"忠于宪法和法律"之于律师执业的现实意义

（一）实现体面、安全、有尊严执业的基本保证

1. 律师要想赢得法官、检察官和仲裁员的尊重，博得社会和当事人的信赖，首先须自身业务精熟，对法律有深度研究，同时还要敢于为当事人据实代理，依法辩护。当然，这一切的逻辑起点都是律师对宪法和法律的忠诚和敬畏。

从我国的立法内容和法治生态考察，我国律师的执业权利虽为法定权利，但基本上属于私权范畴，加之处于发展进程中的律师执业环境并不尽如人意，对于律师而言，牢固树立自我保护意识必须以"忠于宪法和法律"为执业的逻辑起点。因而自觉养成"忠于宪法和法律"的职业习惯，严格规范自身的执业行为，就具有了特殊而极其重要的意义。

部分律师对包括"忠于宪法和法律"等律己性执业规范的学习、历练和养成不够重视，不够认真，不够严肃，应当说，这是对自己极不负责任的一种不成熟的表现。

我国《律师执业行为规范》（2009年修订版）中明确规定，律师应当依法调查取证。律师不得向司法机关和仲裁机构提交明知是虚假的证据。这样的规范既是律师调查取证的专门规范，也是律师"忠于宪法和法律"的具体要求。然而，实践中有的律师依然置若罔闻，终究自酿悲剧。

> 例如，律师张某，原系某市某律师事务所主任。2003年1月，其因在某刑事案件辩护中涉嫌作伪证而被检察机关起诉，最终被人民法院判处有期徒刑两年。其教训沉痛而深刻。

可见，律师在执业过程中，每时每事每案均能自觉自主地保持"忠于宪法和法律"的职业习惯和生活方式，是其实现体面执业、安全执业、有尊严执业的最基本的保证。这比专业知识的学习和职业技能的研修更为重要。

2. 我国选择社会主义市场经济体制的模式，律师和律师业随之

也被卷入了市场体系的汪洋大海之中。律师制度设计以及从业律师个人的职业使命、职业定位和职业价值等核心要素，也随着市场取向的确立和演进，出现了许多明显的阶段性特征。

从律师业的外部视角看，在一个诉讼中，必然出现败诉的当事人，必然引发一方当事人对律师的不满。对于刑事辩护律师而言，他们常常处于为"坏"人辩护的地位；而社会公众对律师的非议中，又往往掺杂了对现行法律制度的不满。某些社会成员基于上述认识而对律师业作出的评价，一定程度上影响了律师业的社会美誉度。

从律师业的内部视角看，律师与委托人之间的关系，律师的独立地位越来越受到其他因素的制约；律师业内部存在着越来越激烈的竞争，律师职业充满着商业味。因而，律师和律师业时常要面对价值与利益的冲突，面对理想追求与现实利益的矛盾，面对律师自律的自我趋利与社会尊重的紧张关系。在当下残酷的市场竞争面前，在尚不完善的法治环境之中，在理想与现实之间，中国律师的职业使命、职业定位和核心价值等要素，存在着许多需要审慎面对的矛盾与冲突。

然而，在各种诱惑或挑战面前，律师自身能否始终如一地坚守住职业操守，对其职业形象的树立和职业理想的弘扬往往起着决定性的作用。

众所周知，基于律师的职业性质、工作方式和业务开展的特点，律师常常是单枪匹马地开展工作。因而行业的监管、组织的监督、纪律的约束均显得相对较少。这在客观上就必然要求律师自身要以职业道德准则和执业行为规范来实施有效的自我监督、自我约束。故而，自制自治、克己慎独就显得尤为重要。

我们必须指出，作为个体的律师，其无力改变社会的大环境，也无力扭转社会文化的大氛围，但有能力也有义务从自身做起、从点滴做起，营造属于律师自己的小环境和小氛围。在这一过程中，把持住自己，坚守住职业操守、职业道德、执业规范、执业纪律，始终忠于宪法和法律，就像筑起了三道强大而有力的主观见之于客观的屏障。它们既约束着每个人的行为，也保护着每个人的安全，甚至决定着每个人的命运。

(二)"忠于宪法和法律"是律师防范执业风险的根本保证

审视近年来国内所发生的律师在执业过程中被民事索赔的乃至被刑事追诉的极端个案,我们不难发现这样一些带有规律性的现象:有的律师的执业行为的确存在着履职不谨慎和明显的违反执业行为规范的瑕疵行为;有的律师甚至陷入了违法犯罪的泥潭之中,而涉及的罪名又往往与"伪证""贿赂""逃税""泄密"等紧密相连。

上述问题的出现以及所产生的危害结果,使得相关律师不仅不能维护国家法律的正确实施和当事人的权益,反而危及了其自身的执业安全和人身安全,也不同程度地损害了律师职业的整体形象。虽然这样的问题仅仅是发生在个别律师身上,对律师整体而言,它始终是瑕不掩瑜的;但就阶段性社会评价而言,这样的个别现象,其对整个律师业所产生的消极负面影响,却是绝不可小视的。

因此,律师执业必须始终"忠于宪法和法律",此乃执业的底线。这一底线,无形地存在于社会中和每一名律师心里。而守住底线,既是为了成全社会,也是为了成全每一名律师自己。律师每办一案,应该既能体现出法律权威和法律信仰,又能反映出法律魅力和职业水准,不图浮名,不取"非义",矢智矢勇,坚毅前行。无论处于任何时空范围,亦无论处于何种成长或发展阶段,律师在执业过程抑或整个职业生涯中,都要一以贯之地注重执业行为所有细节的规范化,要时刻坚守住具体法律规范所规定的原则底线。律师尤要始终做到"四不",即"不作伪""不行贿""不逃税""不泄密",始终远离"伪""贿""税""密"等法律陷阱和职业雷区。这不仅是"忠于宪法和法律"最为具体的表现,更是保证职业人生能够持久而稳健地立于不败之地的基本法宝,也基本构成了保障每一位律师在整个执业历程和人生里程中平安和谐、无畏无惧、笑对人生的基础性安全阀。这样的忠告绝非理念性和口号性的宣示。

以上系对律师"忠于宪法和法律"执业规范的宏观表达。律师在具体诉讼业务活动中,还应当尊重法庭和法官,忠诚于法庭,忠诚于具体的法律规范,忠诚于具体个案的事实真相;律师在非诉讼业务中,还应当忠实于相关法律的具体要求和具体的法律事实。唯此,才能将律师"忠于宪法和法律"这一基本执业规范落到实处。

第二节 尊重法庭和法官的义务

在我国,关于律师与法官之间关系的行为规范,集中规定于《律师法》《法官法》、最高人民法院颁布的《法官职业道德基本准则》、最高人民法院与司法部联合发布的《关于规范法官和律师相互关系维护司法公正的若干规定》,以及中华全国律师协会制定的《律师执业行为规范》(2009年修订版)等有关规范性文件之中。

律师职业的生存与发展,立基于诉讼与非诉讼业务的有效开展。诉讼业务,是律师业的传统业务。这就决定了律师在执业过程中,必然会与法院、法官进行法律上和业务上的正当而必要的接触,进行正当而有效的交流。由此,必然产生复杂而具体的法律关系和人际关系。因而,国家规范层面和行业规制层面也必须为律师执业建立起必要的制度体系和行为规则。

依法依规处理好律师与法官的关系,其法治意义在于:一方面,要切实保证法院和法官司法行为的独立性、公正性、效率性和廉洁性;另一方面,也要切实保障律师与司法人员交流互动的合法性和正当性,同时要依法维护律师自身的职业权益,降低和杜绝律师执业的潜在风险,最终通过律师与法官的良性互动来达致法律得以正确实施的终极目的。

律师依法参与诉讼,其本质上主要是依法充当着私权维护者的角色,律师作为私权在法律上的代理人和辩护人,所能为委托人提供的全部法律服务都最终归结为各种请求权,如请求会见、请求阅卷、请求复制案卷材料、请求调查取证、请求变更管辖、请求裁判、请求执行等。这些权利无疑构成律师履行职业使命的主要手段。这些诉讼业务的开展,客观上就决定了律师与法官发生职业上的联系是正常的,也是必需的。但是,如果律师以影响案件的公正处理或为自身或委托人谋求不正当、不合法的利益为目的,而利用这种工作关系上的便利与法官建立非法的、不正当的关系,则是法律和律师执业行为规范所严厉禁止的。

在整个国家的法制建设和法治进程中,如果处理不好律师与法官之间的正常关系,则势必会影响司法公正和社会法治环境,也势必损害律师界的整体信誉乃至整个律师事业。个别律师以陪吃、陪玩、陪游等手段拉拢法官,以谋求办理"关系案""人情案",或以支付介绍费、活动费等名义"勾兑"法官以寻求案源。例如,武汉市和深圳市法院系统曾发生过法官系列受贿案等大案要案,有的律师也深度地牵连其中。2004年在全国范围内大规模开展的律师队伍集中教育整顿活动,也就是在这样的社会背景下自上而下地进行的。

因此,我国《律师执业行为规范》(2009年修订版)明确规定,律师应当注重职业修养,自觉维护律师行业声誉。律师在执业活动中,不得实施产生不良社会影响,有损律师行业声誉的行为;不得实施妨碍国家司法、行政机关依法行使权力的行为;不得参加法律所禁止的机构、组织或者社会团体;不得在同一案件中为双方当事人担任代理人;不得代理与本人或者其近亲属有利益冲突的法律事务;不得以非律师身份从事法律服务;不得在受到停止执业处罚期间继续执业;不得在律所被停业整顿期间、注销后继续以原所名义执业;不得实施其他违反法律法规、行业规范及职业道德的行为;不得实施其他违反社会公德,严重损害律师职业形象的行为。

律师,作为专事为社会提供法律服务并以此为主要生存、生活、发展源泉的执业人群,应当也只能利用法律所赋予的合法方式和行为空间,通过向委托人提供合法而正当的法律服务来获得自己的利益。当然,律师与法官关系正常化必须建立在法治基础之上,而且应当是双向良性互动的,而绝不是单向被动的。律师与法官相互负有建设法律职业共同体的纯洁性、廉明性和正义性的道德义务和法律责任。这主要体现在以下几个主要的方面。

一、维护法庭和法官的公正与廉洁

我国《律师执业行为规范》(2009年修订版)专条规定:律师办案中与案件承办人接触和交换意见应当在司法机关内指定场所;不得与

所承办案件有关的司法、仲裁人员私下接触；不得贿赂司法机关和仲裁机构人员；不得以许诺回报或者提供其他利益（包括物质利益和非物质形态的利益）等方式，与承办案件的司法、仲裁人员进行交易；不得介绍贿赂或者指使、诱导当事人行贿。

律师与法官同属法律职业，各自依法担当着实现社会公平正义的神圣职责。职业使命和职责定位决定了律师与法官在发现真实和适用法律方面需要相互配合，相互容纳，相互促进，而律师与法官保持法治框架下的正常关系是保障诉讼功能实现的重要前提。反之，律师和法官之间如若产生了不正常的关系，则势必破坏司法制度的基础，妨害司法功能的实现。

律师能否养成严格守法履规的职业习惯和诚实守信的职业品格，其意义重大。可以肯定，遵守职业操守，恪守执业行为规范和执业纪律是律师执业的首要条件。实践证明，律师若既能通过合法而正当的执业行为来表达自己的意见，同时又能有效地对不合法和不正当的行为进行抵制，久而久之必将得到社会的认同与民众的尊重。

律师在处理与法官的关系过程中，应当始终严格遵守以下行为规范：

第一，律师在代理案件之前及其代理过程中，应当避免向当事人宣称自己与受理案件法院的法官具有亲朋、同学、师生、曾经同事等社会关系，并避免利用这种关系或者以法律禁止的其他形式干涉或者影响案件的审判或裁决。也就是说，律师在承办案件的整个过程中，均须避免采取明示或暗示的方式表达自身具有某种特殊的"能力"，能影响国家司法机关、行政机关或者仲裁机构改变既定意见；也须避免采取明示或暗示的方式协助或怂恿司法人员进行违反法律的行为。概言之，律师不能从事妨碍国家机关依法行使权力的行为。

第二，律师在办案过程中，不得与所承办案件有关的司法人员私下接触，与法官应当保持适当距离。所谓适当距离，即律师不得违反规定私下单独会见法官，实施意在影响法官对案件进行公正裁决的行为。对此，我国《律师执业行为规范》（2009年修订版）有专条规定。

曾供职于某律师事务所的张姓律师因涉嫌富士施乐实业发展(上海)有限公司(下称"富士施乐")在天津进行的合同争议仲裁案期间违规与该案仲裁员在仲裁庭外会面,被媒体曝光,继而招致了被其所在的律师事务所予以处分和惩戒的后果。大家清楚,仲裁员是指在仲裁案件中对当事人的财产权益纠纷进行评判并作出决定的居中裁判者。从对争议进行审理并作出裁决的角度看,仲裁员与法官很相近。仲裁代理人单独、私下与仲裁员接触的后果往往会影响或动摇仲裁员的中立性、独立性,案件裁判结果的公正性也将会失去保障。因此,从律师职业操守的要求看,无论以何种理由,张姓律师在代理仲裁案期间,与相关仲裁员于仲裁庭外私下会面的行为,已违反了《律师执业行为规范》(2009年修订版),属于严重违纪行为。因此,其所在的律师事务所给予其立即停止以该所名义执业、行政记大过、所内公开谴责,并责成其作出深刻反省与检讨等处分和惩戒,是完全正确的。

对此,全美律师协会的《律师职业行为示范规则》第3.5条也明确规定,律师不得通过法律禁止的行为影响法官、陪审团成员和其他司法官员,不得非法同上述人员进行庭外交流等。律师办案过程中不得与所承办案件有关的司法人员私下接触,乃国际通例。

当然,依照《律师执业行为规范》(2009年修订版)规定,若律师在执业过程中,因对案件事实真假、证据真伪及法律适用是否正确而与诉讼相对方意见不一的,或为了向案件承办人提交新证据的,需要与案件承办人接触和交换意见时,则应当在司法机关内指定场所来进行。

第三,律师不得贿赂司法机关和仲裁机构人员;不得以许诺回报或者提供其他利益(包括物质利益和非物质形态的利益)等方式,与承办案件的司法或仲裁人员进行交易;不得介绍贿赂或者指使、诱导当事人行贿。实践证明,律师在办案过程中,还应当特别注意以下问题:即避免借法官(包括仲裁员)或者其近亲属婚丧喜庆事宜馈赠礼品、金钱、有价证券等;避免向法官(包括仲裁员)请客送礼或者指使、诱导当事人送礼;避免为法官(包括仲裁员)装修住宅、购买商品或者出资邀请法官(包括仲裁员)进行娱乐、旅游活动;避免为法官(包括仲裁员)报销任何费用;避免向法官(仲裁员)出借交通工具、通讯工具或者其他物品。

我国律师队伍的整体素质是好的,他们以自己的积极工作为我国行进中的法治建设做出了艰苦卓著的贡献。但个别律师身上存在着严重损害律师职业形象和行业声誉的问题。例如,2004年期间,在我国的广东省、湖北省等地法院的刑事判决书之中,相继认定了四十多名律师曾向相关的法官行贿,最终他们的律师执业证书全部被吊销。

通过上述分析,可以看出,个别律师为了推广律师业务,采取不正当手段与某些司法机关的司法人员形成了不正当的利益共同体,严重玷污了法律的尊严,对此须引起高度警惕。

二、尊重法院和法庭的程序性规定

我国《律师执业行为规范》(2009年修订版)专条规定,律师在执业实践中,应当遵守法庭、仲裁庭纪律,遵守出庭时间、举证时限、提交法律文书期限及其他程序性规定。

上述规定充分体现了律师执业履职与实体公正和程序公正之间的关系。众所周知,"程序的公正性的实质是排除恣意因素,保证决定的客观正确"。"正义不仅要实现,还应当以看得见的方式实现。"民众不仅要求实体结果上的公正,而且还追求程序意义上的公正。在当代中国,强化程序意识,究其实质,乃是要尊重程序的独立价值。首先,程序公正是实体公正的基础。尽管实现程序正义不一定有利于真相的发现,但实体正义的实现却离不开程序正义。案件事实真相的发现和结论的正确性已经不是司法活动的唯一目标,司法还必须实现程序的正义,在追求"真"的同时,也在追求"善"。其次,程序公正有助于落实尊重和保障人权的原则要求。程序的一个重要功用就是划定权利与权力之间的界限,为权力的运作设定了相应的条件和程序。这对于防止权力的恣意妄为,尊重和保障人权具有重要的意义。再次,程序公正有助于化解纠纷。实践中,一些案件的处理之所以引起当事人上访,有的并不是因为实体上有什么问题,而是法定程序没有得到严格遵守。程序的本质是一种交涉过程,其提供了纠纷双方参与、对话以及对抗的平台。程序公正通过公开、公正、透明的程序安排,使得诉讼主体能够有效地参与到纠纷解决过程中来。可见程序公正本身就有助于化解社会纠纷。因此,律师作为诉讼活动的重要参与者理应严格遵循诉讼程序。

我国《律师执业行为规范》(2009年修订版)还规定,开庭审理过程中,律师应当尊重法庭、仲裁庭。

现代法制社会,审判被视为救治社会冲突的最终、最彻底的方式,社会成员间的任何冲突在其他方式难以解决的情形下均可诉诸法院通过审判裁决。"司法最终裁决"原则成为法治社会解决社会争端的一般原则。任何一个具有历史责任感的律师,在其具体执业活动中,都应当对司法和司法程序怀有尊重和敬畏之心。而任何诉讼当事人都会强调自身行为和要求的正当性,为了就两个对立的观点作出公正的判定,司法就必须确立真正公正的标准。这个标准只能是正当的诉讼程序。因此,在开庭审理过程中,律师应当尊重法庭依法主持的审判。

我国《律师法》规定,律师在法庭上发表的代理意见和辩护意见不受法律追究。但是,发表危害国家安全、恶意诽谤他人、严重扰乱法庭秩序的言论除外。可见,法律在确立律师特定职业豁免权的同时,也规定律师不能利用这种职业豁免权作为不尊重法庭的理由,如果律师有不尊重法庭的行为,依法将面临着纪律惩戒处分,甚至受到法律追究。当然,对于庭审中存在的问题,可以在休庭后向法官个人或其主管部门口头或书面提出。

在此需要强调指出的是,律师必须尊重法院和法庭的程序性规定,必须是依法进行的,是律师与法官之间的双向良性互动关系。其目的乃是为了建立起正常的司法秩序,保证司法诉讼的顺利进行,保障实现司法公正和社会正义,而绝非出于片面凸显法官的所谓权威之所需。否则,律师有依法据实主张职业尊严和人身自由的权利。

例如,云南省玉溪市澄江县人民法院曾发生过一起十分典型的法官滥用职权、违法侵害律师人身权益和职业权利的事件：

2009年7月10日，律师何某某在正常履行律师职务的过程中，因没有顺从法官的意愿和无理要求，坚持将其在庭审过程中所提出的不能遗漏当事人，要求如实记全法庭陈述和代理意见，要求补正笔录。此举本是作为诉讼代理人的基本职责，然而却引起了案件主审法官的极度反感。该法官在恼羞成怒、失去理智之下，竟然责令法警施用警械（手铐）把何律师非法拘束在法院的篮球架下晒太阳达40分钟之久。此违法事件中，法官施用警械非法拘束律师的恶性行为没有任何法律依据，纯属滥用职权。

该违法事件发生后，澄江县人民法院的院长、副院长等均已及时出面向何律师正式赔礼道歉，云南省律师协会有关人员也随即赶赴澄江县深入了解情况，云南省高级人民法院也随之责令玉溪市中级人民法院立即组成调查组对此事件进行专门调查和处理。

大家知道，法庭笔录必须完整地记载法庭各方的陈述，如果记录不完整，当事人及其律师完全有权利要求补正。此外，该法官非法拘束律师的行为也严重违反了法定程序，如若果真依法需要对当事人进行司法拘留的话，也必须由院长签字同意。而澄江县人民法院的这位主审法官却擅作主张，滥用职权，制造了一起法官专横违法侵害律师合法权利的典型事件。

实践证明，司法的全部权威和公信力始终需要来自于司法公正，来自于司法者对法律的尊崇、敬畏与敬仰，来自于司法者的高度自律。如果司法人员敢于肆意破坏法律，迷信威权，滥施暴力和信奉专横，其行为结果必然会极度损耗司法在社会和公众心中应有的威信，独立审判也就自然而然地会招致社会和民众的质疑。

一般认为，特定国度中律师的地位可以在一定程度上客观地体现民权的地位和发育程度。任何国家之中律师的职业权利都不是完全属于律师自己的，是庄严的宪法和法律所赋予的。律师在个案中的法律身份是代理人或是辩护人，其具体的权利义务内容也是法律所赋予的,它客观上体现了特定国家中的人民的基本权利及其保障水平。

三、庭审发言得体,仪表体态端庄

我国《律师执业行为规范》(2009年修订版)规定,律师担任辩护人、代理人参加法庭、仲裁庭审理,应当按照规定穿着律师出庭服装,佩戴律师出庭徽章,注重律师职业形象。律师在法庭或仲裁庭发言时应当举止庄重、大方,用词文明、得体。

上述要求说明,律师出庭参与诉讼抑或参与仲裁,要注重诉讼或仲裁过程,注重庭审举证质证,注重有效的辩论。律师在法庭(仲裁庭)上的发言,陈述事实必须真实准确,遣词造句要平和中正,观点证成务求逻辑严谨,陈词辩论须得大方得体。即律师在庭审中的发言与用词,应当文明、得体,表达意见应当选用规范语言,肢体语言应庄重大方,切忌咄咄逼人,也不要"得理不饶人"。任何时候都应当避免过于强烈和过分夸张的肢体动作;任何时候都不能使用无礼和失态的言词,杜绝哗众取宠、虚张声势的言辞,辩论要避免使用煽动性的措辞和鼓动性的用语。上述做法均无助于维护当事人的合法权益,只会有损于律师的职业形象。

实践中,律师代理民商事、行政诉讼案件,参与刑事辩护工作,代理仲裁争议案件,往往是应当事人之托,受命于危难之中,纵横于是非曲直之间。律师的执业责任决定了律师必须首先为委托人的合法权益和正当利益而进行有理、有利、有力的论辩,客观上必然会与对方当事人发生一定的冲突。法庭辩论(仲裁庭辩论)要以当事人的合法权益为重,而绝不能以辩护人或代理人的一时痛快为要。律师在法庭上一言一行,与律师本人没有直接的因果关系,最终结果将由当事人承受。因此,律师在为委托人提供法律服务时,应当具有平衡权利的潜意识,努力在和平和谐状态下解决纷争、化解矛盾。在是非已清、法理已明的情况下,言简意赅、点到为止,则更能凸显律师的儒雅学识,大度气质。律师若无分寸地追求委托人的单方面利益,而完全不顾及他人的感受及对方当事人的合理利益诉求,甚至蓄意阻碍其合法利益的实现,此举是不道德、不公正的,很容易激化矛盾甚至招致对自己和委托人均为不利的恶果。

律师出庭时,要注重有效的辩论,要处理好"敢辩"与"善辩"的关系。善辩,首先要讲究举证质证的策略,讲究庭审发问技术,善于发现问题、讲清问题、解决矛盾。律师在法庭上讲的话,应是经过深思熟虑的,而不是正在想的,更不是未经斟酌的。善辩的律师应能善于准确找出矛盾的主要方面和应对之策。善辩的律师辩论中总是能做到张弛有度,即使完全有理有据,也要思忖如何提出才方式得当、用词谨慎,做到论点定位适度,绝不能采取盛气凌人、强人所难之态,更不能施用横加指责、揭人所短之词,如此必然失却律师风范,影响庭审效果,顿增负面评价。

法官与公诉人是国家公权力和国家司法的象征,故而律师出庭应当给予他们必要的尊重。对法官尤需保持应有的礼貌,尊重法庭,服从法官所主持的庭审活动,切忌对法官谄媚逢迎,或者当庭任意评判、指责法官主持的庭审活动。律师要保持尊严,必须自尊、自重、自爱、自敬,必须保持正派平和的心态。孟轲说过:"爱人者,人恒爱之;敬人者,人恒敬之。"英国人丁尼生也说过:"自尊、自知、自制,只有这三者才能把生活引向最尊贵的王国。"律师要保持尊严,还必须制怒。美国19世纪发明家霍兰说过:"一阵愤怒对于尊严来说,正像一剂砒霜对于生命一样是致命的。"俄国大文豪列夫·尼古拉耶维奇·托尔斯泰说过:"愤怒使别人遭殃,但受害最大的却是自己。"愤怒不仅使人的尊严在一系列破坏性行动中损失殆尽,而且会遭受到法律和良心的无情惩罚。

经验表明,在法庭上,律师应始终保持以理性、平和的心态表达自己的观点,必须强调的观点和情事可以客观尖锐地指出,但应当坚持"对事不对人"的原则,激情的展示务求恰如其分。作为律师,要依法据实地行使意见表达权,而且律师职业本身也要求律师对于正确的、好的东西,应当给予肯定与支持,对于丑恶的、坏的东西,应当予以抵制和反对。从根本上讲,律师在法庭上发表的辩论意见,既不是讲自己随意想讲的话,也不是讲别人喜欢听的话,而是要讲他应该讲的话,而且应当用审判人员、公诉人员和法庭旁听者听得清楚,听得明白的方式来讲。

另外,律师参加庭审应当尽量按照规定穿着律师的出庭服装,保持服饰净洁平整,避免佩戴与律师职业不相称的饰物,始终在细节、气质上注重树立律师的职业形象。

四、谨慎评论司法

尊重法律,尊重证据,尊重依法确认的法律事实,不感情用事,以平和的心态接受由此而产生的裁决,这是对一个合格律师起码的要求,也是一个具有良好法律教育背景的律师所应当具备的职业修养。因此,律师在执业过程中宜谨慎评论司法。

无论业内业外,律师都应当谨慎评论司法,不宜公开发表有损司法公正的言论,不要利用媒体非法干预法官的独立审判,更不能当庭发表批评或颂扬法官的言论。

当然对于庭审中存在的问题,律师可以在休庭后向审判长个人或法官个人乃至其主管部门口头或书面提出,但不宜在公共场合或向传媒散布、提供与司法人员的任职资格和品行有关的轻率言论。总之,承办律师在诉讼案件终审前,不宜通过传媒或在公开场合发布可能被合理地认为损害司法公正的言论。律师利用合法的手段追求案件的胜诉结果无可非议,但不能与媒体串通,不恰当地宣传和报道案件情况以干扰法官独立审判案件。这种利用媒体干预司法的做法,超出了律师正常的法律服务活动范围。

经验告诉我们,律师既要学会依法维护委托人利益,又要善于保护好自己,营造良好的职业环境。最为基本的修炼策略就是"低调""专业"。所谓"低调",就是不张扬,不狂妄,无过无不及,谨慎评论司法,以专业知识和法律技能向当事人提供优质厚道的法律服务。所谓"专业",就是能够依法据实,得体适度。律师是一个讲究高度理性的职业,律师在自身成长和执业过程中,可以适当凸显个性,也可以适度张扬个性,但决不可张狂孤傲,温良恭俭让的传统美德和无过无不及的中庸之道,在律师执业活动中是不可丢弃的。

第三节 对法庭的真实义务

在现代法治国家中,律师作为独立的法律职业者决定了律师对法庭承担着法律上和职业上的真实义务。维护当事人的合法权益是律师的主要义务,真实义务也是律师执业过程中不可抛却的重要义务。但是,律师对法庭所担负的真实义务有其自身的特点。律师对法庭的真实义务的履行表现在如何对待有罪的被告人(委托人),如何对待虚假证据,如何对待职业秘密,以及在面对对法庭的真实义务与其他义务发生冲突时如何理性进行选择等方面。

一、对法庭的真实义务

我国《律师执业行为规范》(2009年修订版)专条规定,律师应当依法调查取证。律师不得向司法机关和仲裁机构提交明知是虚假的证据。我国《刑法》第306条第1款又规定,在刑事诉讼中,辩护人、诉讼代理人毁灭、伪造证据,帮助当事人毁灭、伪造证据,威胁、引诱证人违背事实改变证言或者作伪证的,应定罪处罚。可见,律师执业必须严格遵守调查取证的法律规范,坚决杜绝伪证,这是一条刚性的强制性规范,也是律师忠诚于法庭的具体体现。

律师尤其是刑事辩护律师对委托人负有忠诚的义务,但并不意味着辩护律师的忠诚义务可以绝对化,更不意味着辩护律师在维护被告人合法权益的过程中可以不择手段地行事。相反,律师的辩护行为必须遵循"正当程序",律师必须对法庭履行真实义务。这里的真实义务,泛指律师在刑事诉讼中,忠于案件的客观事实,依法维护犯罪嫌疑人、被告人的正当利益,协助司法机关查明案件中的事实真相,使犯罪嫌疑人、被告人依法据实获得应有的公正、公平的对待。

律师对法庭的真实义务,其基本内涵在于:律师参与诉讼活动,必须始终坚持忠实于法律和事实真相,正确地执行法律。这既是职业义务,也是执业原则。忠实于法律,就要求律师在执行职务过程中,必须时时事事做到坚持以法律为准绳,敬畏法律尊重法律,绝不故意曲解法律，决不能藐视玩弄法律；忠实于事实真相，就要求律师在执行职务中，必须以诚实的态度采取认真严肃的方法，查证核对证据，论证查明事实，按照事物本来面目去履行职责，任何时候、任何场合绝不歪曲事实，弄虚作假；正确地执行法律，就要求律师在执行职务活动中，要矢志追求案件或纠纷处理结果的正确性，努力实现法律效果和社会效果的有机统一，并在积极履行职业使命的过程中最大化地实现自身的价值。

经验告诉人们，一名优秀的律师，必定是一名严格遵守宪法和法律且道德高尚的人，始终善于做到古人所说的"慎独"（即使单独行动，也能谨慎地检查自己的行为，使之合乎道德准则），始终具有坚强的自我约束力，时时做到"濯清涟而不妖，出淤泥而不染"。而做律师的底线是办案依法调查取证，绝不向司法机关提交任何虚假证据。

实践还证明，一名始终忠于宪法和法律、严格执行律师执业行为规范、正确依法履行律师职责的律师，事实上也不会被所谓的"职业风险"和"法治环境"所困顿。

（一）律师执业中的主客观标准

将"忠实于法律""忠实于事实真相""正确地执行法律"等要素有机地统一于律师的法律服务实践之中，客观上需要律师对自己所承办的法律事务，在自己的心中（主观上）制定出一个自己的客观标准，这个标准就是"依法据实、处置恰当"。

律师担任具体刑事案件辩护人的时候，既要积极而充分地向法庭提供能够维护被告人合法权益的证据和法律依据，以防止对被告人可能出现的错判或重判，又不要刻意追求对被告人判处畸轻刑罚或甚至放纵犯罪的目标。律师担任民商事案件或者行政案件代理人的时候，既要努力维护委托人的合法权益和正当利益，又不要故意侵害或减损对方当事人的合法权益。律师为当事人提供非诉讼法律服务的时候，要根据具体情况，从依法维护当事人的利益同时兼顾社会利益的立场出发，作出于未然之时化解矛盾的积极努力，依法据实为当事人提供避免、减少、挽回损失的法律对策。

(二)律师执业中的刚性行为规范

我国曾将律师定位为国家的法律工作者,强调律师对国家、社会的责任。几经改革,虽然法律现在把律师定位为社会的法律工作者,但仍强调律师的社会义务。具体到我国律师对法庭的真实义务而言,根据我国《律师法》第3条、第32条、第40条和第49条规定的精神,我们可以清晰地作出这样的判断:在我国,律师执业必须以事实为根据,以法律为准绳。如若遇到委托人故意隐瞒与案件有关的重要事实的情形,律师有权拒绝辩护或者代理。而且,律师在执业活动中不得故意提供虚假证据或者威胁、利诱他人提供虚假证据,不得妨碍对方当事人合法取得证据;否则,将依法据实承担相应的法律责任。

律师办理的诉讼法律事务既包括刑事诉讼案件,也包括行政诉讼案件以及民商事诉讼案件,不仅涉及人的人身自由和生命权利等重大利益,而且关涉重大财产利益、经济社会政治权益,主体之间的利益冲突显著,因此,必须慎之又慎,规范自律。

由于社会法治环境的某些阶段性特征的客观存在,以及来自消极的历史文化传统观念的不利影响,现阶段律师执业环境并不理想,执业风险依然存在。特别是《刑法》第306条第1款规定的辩护人、诉讼代理人毁灭证据、伪造证据、妨害作证罪,一直被人们认为是"悬在刑辩律师头上的一把达摩克利斯之剑",事实上也确有律师因此受到处罚。客观而论,尽管这类问题的出现与委托人存在着密切的关联,但律师自身素质仍然是决定性的因素。

众所周知,任何一个法治国家都不会允许任何人毁灭、伪造证据,也不会允许任何人藐视法庭,无视法制,否则必然招致适当的法律处罚。因此,律师在执业过程中,必须严格遵守法律规范,防范瑕疵证据,杜绝伪证。律师千万不能因利益驱使或求胜心切而不择手段,更不能为委托人意志所左右,始终做到不向司法机关提交明知是虚假的证据;在已了解事实真相的情况下,不得为获得支持委托人的诉讼主张或否定对方诉讼主张的司法裁判而暗示委托人或有关人员出具无事实依据的证据。在收集证据过程中,必须以合法合规、客观严谨、求实求真的态度认真对待每一份证据材料,不得以自己的主观想象去改变证据原有的形态及内容;不得威胁、利诱他人提供虚假证据;不得利用他人的隐私及违法行为,胁迫他人提供与实际情况不符的证据材料;不得利用各种物质或非物质利益引诱他人提供虚假证据。

律师作为法律职业者,应当把尊重法律、崇尚法治、捍卫法制视为执业的崇高信念和天职,切实增强宪法、法律观念,增强维护法律权威、司法公正的自觉性和坚定性,始终坚持严格依法执业,带头严格守法,努力做"法律之师"。

法律赋予律师执业的法定权利,但同时也随之为之匹配了两项最为基本的义务,即维护当事人的正当利益和维护宪法与法律的尊严。律师与当事人之间是一种互信的职业关系,但并不是说可以利用这种互信,超越法律的底线,破坏法律的正确实施。律师执业需要恪尽职守,同时全面兼顾对当事人负责、对法律负责、对社会负责的复合性义务。律师只有坚持法律至上的信仰,才能从内心深处产生一种维护法律权威的精神动力和使命意识,凭借渊博的法律知识和精湛的专业技能维护公民的合法权利,追求社会的公平与正义,捍卫社会主义法治。

(三)律师对法庭的真实义务的域外理论、立法与实践

无论是大陆法系国家还是英美法系国家,都反对辩护律师为了当事人的利益而不择手段,都主张给予辩护律师一定的公共角色,赋予其一定的公共义务。大陆法系国家中的德国将律师定位为"独立的司法机关","辩护人并非单方面为被告人利益之代理人,其也是一类'辅助人',立于被告人之侧的'独立的司法机关'"。法国将律师定位为"司法辅助人员",法国1971年《关于改革若干司法职业和法律职业的第70—1130号法律》第3条规定:"律师属于司法辅助人员系列"。在法律上师承德国的日本也将律师视为"独立的司法机关","律师作为一种'自由职业'具有公法的性质,也就是说它意味着是一个在司法方面和法院协作的所谓'独立的司法机关'"。英美法系国家同样也强调律师的公共职能,习惯上将律师职业与法官等同,即所谓的"法院的职员或官员"。《美国律师执业标准行为规范》规定,律师是法庭的职员,同时也是对正义负有特殊责任的公民。英国传统上同样视律师为法官的一部分。美国全美律师协会颁布的《律师职业行为示范规

则》第 3.3 条规定了律师对法庭的真实义务,其中包括律师不能向法庭故意作虚假陈述,不能向法庭故意提供虚假证据,不能在明知的情况下向法庭隐瞒委托人在诉讼程序中将进行的违法犯罪活动。意大利《诉讼法典》第 89 条规定,律师在向法庭出示的文件或对法庭所作的陈述中,不得使用无根据的言词。上述规范集中反映了律师对法庭的真实义务。

可见,辩护律师对法庭的真实义务来源于辩护律师"独立的司法机关"的角色定位。即律师在刑事诉讼中具有双重角色。第一重角色是被告人的辩护人,依法帮助被告人获得无罪或罪轻的判决;第二重角色为"独立的司法机关",律师不得使用不正当手段来阻止真实的发现,律师负有协助司法程序公正进行的义务,必须努力争取获得正确、公正的判决。律师的第一重角色维护的是被告人的私人利益,第二重角色维护的是社会公共利益。正是对律师"独立的司法机关"的定位,要求辩护律师承担起公共职责,即对法庭负有真实义务。这也使得辩护律师不得无限制地维护客户的利益,必须独立于被告人。

因此,律师对当事人的忠诚义务和对法庭的真实义务之间存在着一定的冲突。

二、对法庭的真实义务与对委托人的忠诚义务冲突时的选择

从理论和实践的角度考察,律师职业伦理的核心精神体现为律师的忠诚义务,其基本含义有二:一是忠诚于法律,二是忠诚于委托人。律师以法律为上司,以委托人为首要合作伙伴,通过诉讼和非诉讼执业活动推动社会正义的实现。如前所述,忠诚于法律是律师职业最基本的规范标准,也是律师职业的灵魂所在。而忠诚于委托人也是律师职业精神的必然要素,其根本的目的是为了维护委托人与律师之间的信赖关系,这种信赖关系是辩护制度和律师自身存在与发展的基本依托。然而,刑事司法的基本使命是发现真实。这就决定了在刑事诉讼中,警察、检察官、法官、律师都负有真实的义务。因此,辩护律师具有为私和为公的双重角色,其辩护活动中始终存在一个永恒的矛盾:私人利益和社会利益的冲突。也就是说,辩护律师忠诚于法律和忠诚于

委托人这两个价值追求之间不完全契合,甚至会剧烈冲突,这必然催生律师执业过程中的价值抉择问题。例如,依照我国《刑事诉讼法》的规定,律师作为辩护人其法定义务是为被告人提出无罪、罪轻或者减轻、免除处罚的辩护意见。如果根据案件的具体事实和相关法律,辩护人认为被告人(委托人)应当依法被判处更为严厉的罪名、处以更为严重的刑罚,那么律师也不能以辩护人的身份在法庭上提出这样的看似更为实事求是的观点。律师作为辩护人不发表这种言论并不违背法律设立辩护人的目的,是否应当对被告人科以重罪的举证和论证应当由公诉诉机关来承担。可见,当律师面临忠诚于法律和忠诚于委托人的冲突选择时,势必会面临着价值抉择的问题。这就关涉到律师的职业身份和使命等根本性问题。

(一) 律师职业的价值取向和使命

西方国家律师职业伦理的核心价值是:忠诚和正义。忠诚,指的是律师为最大限度地确保委托人的合法权益而奋斗。忠诚义务的主要内容包括:一是忠实履行辩护职责,维护被追诉人的利益。即使辩护律师本人知道被追诉人有罪或鄙夷被追诉人可耻、卑劣的行为,也必须履行辩护职责,维护被追诉人的合法权益,防止国家权力在违反法定程序或实体法规定的情况下对被追诉人定罪科刑;二是保密义务,即律师对在辩护中知悉的委托人尚未被司法机关掌握的违法犯罪事实,应予保密(法定例外情形除外)。正义指的是律师通过保障个别正义来实现司法正义,通过保障程序正义来实现司法正义,通过监督和对抗促进司法正义的实现。正义是所有法律从业者的共有价值取向,它强调的是律师保障人权、维护社会正义的公益义务。

当律师通过成功的辩护而使一个实际上很有可能犯了罪的人逃脱了法律的制裁的话,这是否背离了律师的职业价值?回答这样的问题,对于一个追求高尚道德的人来说,有时是很痛苦的。它深深地触及了特定律师作为善良公民心中所崇尚的道德信仰,以及特定律师作为法律职业人心中所捍卫的法治体系及其价值。但是,当现实生活中的具体案件摆在律师面前的时候,他们不得不严肃而理性地作出价值的优先选择。

我国相关立法和执业规范中没有直接使用律师对委托人具有"忠诚义务"的术语，但忠诚义务的主要内容，在我国现行法律和执业规范的规定中仍有所体现。《刑事诉讼法》第35条规定，辩护人的责任是根据事实和法律，提出犯罪嫌疑人、被告人无罪、罪轻或者减轻、免除其刑事责任的材料和意见，维护犯罪嫌疑人、被告人的诉讼权利和其他合法权益。《律师法》第31条规定，律师担任辩护人的，应当根据事实和法律，提出犯罪嫌疑人、被告人无罪、罪轻或者减轻、免除其刑事责任的材料和意见，维护犯罪嫌疑人、被告人的合法权益。第38条规定，律师应当保守在执业活动中知悉的国家秘密、商业秘密，不得泄露当事人的隐私，对在执业活动中知悉的委托人和其他人不愿泄露的情况和信息，应当予以保密。《律师执业行为规范》(2009年修订版)第41条规定，律师接受委托后，无正当理由不得拒绝履行协议约定的职责，不得无故拒绝辩护或代理。第8条规定，律师应当保守在执业活动中知悉的国家机密、商业秘密，不得泄露当事人的隐私。律师对在执业活动中知悉的委托人和其他人不愿泄露的情况和信息，应当予以保密。但是，委托人或者其他人准备或者正在实施的危害国家安全、公共安全以及其他严重危害他人人身、财产安全的犯罪事实和信息除外。

通过上列法条和执业规范的列举，可以看出，忠诚与正义的核心价值决定了辩护律师的双重角色。如果律师将对委托人的忠诚义务绝对化，那么辩护律师所担负的正义和公益的使命将会丧失；如果过分强调辩护律师的正义使命，那么又会将辩护律师地位沦为国家公诉人的角色，终使辩护律师失去自身存在的理由。这也就意味着律师必须在忠诚与正义之间寻求法律上的平衡，这也意味着律师对于委托人的忠诚义务不是绝对的、无限度的，律师竭力维护被追诉人权益的辩护活动必须受到法律的限制，律师不能以违背法律法规和律师执业行为规范为代价去一味迎合委托人不正当不合法的要求。因此，各国在构建律师制度和辩护制度时，都要寻求在忠诚与正义之间找到平衡点，以确保辩护律师参与刑事诉讼，忠诚地维护被告人的合法权益，更重要的是通过自己的辩护活动维护国家的整个法治体系的完整性和公正性。这就是刑事辩护制度的出发点，也是刑事辩护制度的根本目的所在。

总之，律师忠诚于委托人，绝不意味着律师是委托人的奴仆。在法律上，律师的诉讼地位具有独立性；在职业伦理上，律师是法律的忠诚信奉者；在职业品格上，律师不畏权势，仗义执言，坚持自己认为正确的辩护立场和辩护意见。正是基于此，美国哈佛大学法学院教授、著名律师艾伦·德肖维茨断言："在我看来，没有一个头衔能比辩护律师更崇高可敬的了。"一言以蔽之，律师之所以能够获得崇高可敬的评价，概源于其维护法律正确实施的崇高责任和追求公平正义的神圣使命。

在我国，"打击犯罪、保护人民"是法律的主导思想，且保护人民是目的，打击犯罪是手段，手段是为目的服务的。同样，在打击犯罪和维护公民权利方面，不能为了打击犯罪而不惜伤及无辜，不能为了不使一个有罪之人逃脱法网而甘冒使无辜者蒙受不白之冤的风险。

现代法治国家为了确保无辜者不受错误追究，优先选择"疑罪从无"和"无罪推定"的刑事法治原则，这也是一个刑事辩护律师在辩护工作中的价值取向和选择依据。

律师参与刑事诉讼，一方面是维护被告人的合法权益，另一方面则是通过自己的辩护活动来维护国家整个法治体系的完整性和权威性。这就是法治的出发点，也是法治的根本目的，同时也构成了律师在刑事辩护工作中的基本职业使命。

律师作为民主社会的产物，是制约公权力滥用的一种社会力量。律师从维护国家法治的基点出发，维护宪法赋予被告人的合法辩护权，并促使被告人的这一权利在被追诉的过程中得到充分实现，使被告人在充分运用辩护权之后获得公正的审判。辩护律师的作用在于：通过依法维护被告人的合法权益，制衡司法机关在追诉犯罪过程中可能出现的恣意侵害被告人合法权益的行为，进而通过个案的公正审理来达到维护国家法治的终极目的。可见，从本质上讲，律师职业本身乃是一种真正追求公正和自由的社会存在，并且也是一种为社会、为他人寻求公正和自由的力量。

（二）律师真实义务的特点

从哲学上讲，一个事物的特质是该事物与他事物相比较的不同之处。律师的真实义务与法官、检察官、警察的真实义务相比较有其自身的显著特点。

第一，律师的真实义务与职能具有片面性。法官是纠纷的裁判者，独立、中立是法官应有的基本品质。因此法官在诉讼中追求的真实是客观真实，法官要兼顾不利于和有利于被告人的所有事实。警察、检察官虽然承担控诉职能，有追诉犯罪的职业倾向，但由于他们行使的是国家公权力，故而法律规定审判人员、检察人员、侦查人员必须依照法定程序，收集能够证实犯罪嫌疑人、被告人有罪或者无罪、犯罪情节轻重的各种证据。这样的规定就是公、检、法人员负有客观真实义务的集中体现。辩护律师在诉讼中对被告人负有忠诚义务。律师职业伦理的核心内容是为最大限度地确保委托人的合法权益而奋斗。其工作中心注重于有利于被告人的事实和证据的搜集、举证和辩论。因而决定了律师的真实义务只能是在有利于委托人范围内做到片面有限的真实。

第二，律师的真实义务与权利不得滥用。与警察、检察官、法官的客观真实义务相比，辩护律师的真实义务不仅仅是义务，还有权利的属性。刑事诉讼中，由于公诉人承担举证责任，故证明案件事实主要是公诉人的义务。被告人、辩护律师对案件事实的证明不是义务，而是权利。对不利于被告的案件事实，辩护律师有权回避；对有利于被告人的案件事实，被告人有权举证；在自己举证能力有限时，有权利申请警察、检察官、法官运用国家权力加以收集。辩护律师的真实义务，主要表现在履行辩护职能的过程中，不得采取积极伪造、毁灭证据，教唆他人作伪证等方式以欺骗法庭。这种真实义务是律师不得滥用权利原则的要求。

第三，律师的真实义务具有消极性。刑事诉讼中，公诉方必须积极地承担起举证责任。被告人具有无罪推定权、抵御自证其罪权等，且无需自证清白。公诉方承担举证责任决定了被告人的真实义务具有消极性。辩护律师作为被告人的辩护人，承担着被告人辩护权利自然延伸的职责,必然享有被告人对不利事实消极抵抗的权利。在对抗制诉讼模式下,控诉方始终承担着积极的真实义务,辩护律师承担的是消极的真实义务。

更为重要的是,预设辩护制度的精神所在系制约国家追诉权,以保护受刑事追诉者的人权。故而辩护律师在刑事诉讼中始终处于抑强扶弱的地位,这也决定了其对法庭真实义务的消极性,具体体现为:律师不得向法庭提交明知是虚假的证据,不得在法庭上作虚假陈述,不得帮助犯罪嫌疑人、被告人隐匿、毁灭、伪造证据或者串供,不得威胁、引诱证人改变证言或者作伪证以及进行其他干扰司法机关诉讼活动。这种真实义务本质上是个案中特定的私人利益和公共利益的平衡,是律师履行辩护职责行使辩护权利的原则底线。

(三) 律师的执业风险及其防范要略

实践中,个别律师陷入了涉嫌伪证或妨害作证案的泥潭,这虽然与法律规定不完善有关,但其中个别案件确实存在着律师涉嫌伪证或指使有关当事人作伪证的问题。因此,加强律师的自我保护意识和规范律师的调查取证方式,显得十分必要。

众所周知,律师特别是刑事辩护律师从事刑事诉讼法律服务工作,基于法律服务业务关系和司法体制机制的需要,必须与关系人打交道。这决定了刑辩律师的执业风险及其根源有某些规律性的趋向和范畴。

刑辩律师的执业风险往往来自于下列五个方面的关系人:一是刑事案件的当事人(犯罪嫌疑人、被告人),二是犯罪嫌疑人、被告人的家属与亲朋,三是刑事案件的被害人及其亲属,四是刑事诉讼的专门机关及其办案人员(侦查人员、公诉人、审判人员),五是关键性证人。刑辩律师在与上述五个方面的任何人员的交往过程中,如若出现违反法律或律师职业操守和行为规范的情形,均有招致执业风险的可能,任何时候均不可掉以轻心。

刑辩律师执业风险的根源除了上面谈及的现行《刑法》第306条之外,主要有三个方面:

其一,案件性质。刑事案件尤其是大案要案往往涉及自由甚至生死攸关,这就决定了刑辩律师在办理这类案件的过程中必然会面临着诸多复杂而严峻的现实关系和重大利益的考验。

其二,刑事诉讼专门机关及其办案人员的利益。律师的辩护工作与公安、检察人员的工作带有一定的对抗性,许多案件的最终处理结果往往会直接影响到侦查和检察人员的立功嘉奖、业务考核、政绩评价乃至政治评价。

其三,律师取证难。我国《刑事诉讼法》明确规定,对一切案件的判处都要重证据,重调查研究,不轻信口供。尽管我国法律也规定了律师依法享有一定的取证权,但是缺乏有效的取证程序规范,使得律师们对调查取证权顾虑重重。为了规避执业风险,许多律师往往采取明哲保身、尽量不取证的做法,一般立足于在侦查机关和公诉机关提供的证据材料,努力地寻找事实与法律漏洞。这必然会使得依法帮助法庭查明案件事实的职业使命和良好愿望大打折扣,而且律师不调查取证,尽力挖掘出对当事人有利的证据也有违律师职业道德。虽然法律规定律师依法可以向人民检察院、人民法院申请收集和调取证据,但实践中这样的申请几乎很难落实。

正是在这样的背景下,负责任的律师们从职业操守出发,从维护正义和保护当事人免受不法侵害的大局出发,往往只能顶住压力去努力寻找控方的证人或者其他证人,以求进一步查证案件事实,稍有不慎执业风险就会随之变现。

律师(特别是刑事辩护律师)有效防范执业风险的基本要略,盖在于以下四个基本方面:

第一,律师要时刻保持风险意识;严格依法办案,对自己提出高水准的要求;正确处理与嫌疑人、被告人的关系,与其保持适当距离,在独立依法办案方面绝不受其意志的影响;正确处理与被害人的关系;提高刑辩技能和技巧;始终坚守住尊重法律、尊重事实、尊重证据的执业底线。

第二,律师必须做到"三个绝不"和"八项注意"。即指辩护律师绝不私下收费,绝不承诺公关,绝不承诺案件裁判结果;注意规范收费,注意防范受犯罪嫌疑人、被告人家属的可能影响而误入"证人陷阱"的情形，注意正确圈定自行调查证人的范围和调查取证的方式方法以及储备必要的技术手段和信息资料，注意与司法人员的交流方式和沟通渠道，注意将阅卷的情况和证据材料对犯罪嫌疑人或被告人的家属保密，注意适当处理与同案共犯的辩护律师的相互关系，注意与犯罪嫌疑人、被告人制定辩护策略时的沟通方式和交流内容，注意与媒体以及其他案外人士的关系与处理。

第三，律师调查取证必须秉持慎之又慎的行事风格，始终坚守住遵守法律法规、敬畏客观证据、尊重法律事实的安全执业底线。实践中，对于那些必要且必须调取的关键证据，最好告知证人自行到公安机关、检察机关或者审判机关直接提供证据，或者由律师自行采取笔录与录音、录像同步进行的方式取证。必要且必须由律师调取的民商事性关键证据，或者行政案件的关键证据，必须由两名律师共同提取，必要时最好商请公证部门的公证员到场现场公证取证过程和内容。

第四，优秀的律师往往善于尊重，长于沟通。在执业活动中，律师对公检法等公权机关和相关人员要给予必要的尊重，要善于与他们沟通。实践证明：有理，不在言高；有力，不在咄咄逼人；有利，不在突然袭击。刑辩的成败得失往往取决于是否学会尊重和善于沟通。比如，律师对于在调查取证过程中所获取的足以改变原有定性或出入人罪的重要信息或关键证据，应当采取适当的方式及时与办案人员适时沟通情况，并争取以真诚合作的方式保护当事人的合法利益。毕竟司法机关与律师在保证法律的正确实施这一大方向和终极目的上是一致的。作为刑事辩护律师，切不可以褊狭猎奇的心态和争强好胜的方式，刻意在法庭上制造某种所谓的"突然袭击"和"轰动效应"。很多时候，具体落实到某个律师身上，他（她）之所以不被司法机关相关人员所尊重和体谅，恰恰是对方觉得他（她）不够尊重和体谅自己。这样只会与公检法等专门办案机关及其相关人员加深误解，积累矛盾，绝不利于律师事业的长远发展。高素质的律师，须避免执业过程中的不尊重、少沟通行为。唯此才能最大限度地保护当事人的合法权益，同时又能有效地保护律师自身，力争双赢的局面。

总之，遵守宪法和法律，敬畏客观证据，尊重法律事实，遵守职业操守,是律师执业活动起码的限制机制,但也是最基本、最重要、最有效的保护机制。

第四节 非诉讼业务忠于法律的要求

我国目前处于社会转型时期,各社会阶层的利益调整存在不平衡,由此衍生的社会矛盾和纠纷比较多。化解社会矛盾,调处社会纠纷,使整个社会处于相对平稳的发展态势,是整个社会所面临的主要任务。而律师作为矛盾和纠纷处理的专家,通过依法参与诉讼或非诉讼业务,利用法律职业技能和专业知识对社会生活中各种突出矛盾提出法律上的解决办法,对于平抑社会冲突、稳定社会秩序发挥着日益重要的作用。

法治社会需要律师职业,律师的活动能够促进法治社会的发展。虽然一个国家法治的实现是社会中多个方面因素共同作用的结果,但律师职业对社会法治化水平的提高具有不可忽视的作用。律师通过开展刑事辩护、民事代理,担任政府企事业单位和公民个人的法律顾问,代理非诉讼法律事务等活动,向社会主体阐释法律精神和法治原则,无疑有助于提高广大社会主体的法律素养,营造全社会的法治环境,推动社会法治水平不断优化。

一、"忠于法律"是律师办理非诉讼事务的思维方式

非诉讼业务,与诉讼业务相对应,是指律师接受公民、法人或者其他组织的委托,在其职权范围内为委托人处理不与法院、仲裁委员会发生关联的法律事务。非诉讼业务由法律咨询、代书服务、专项法律服务和法律顾问服务及其他法律服务业务组成,主要包括民商事、经济、行政方面所发生的各种非诉讼法律事务和涉外的非诉讼法律事务。

律师办理非诉讼业务的大致分类:

1. 法律咨询及法律文书代书服务

(1)解答法律咨询及代写诉讼文书。律师代书的诉讼文书,包括

起诉状、答辩状、上诉状、申诉状等；有关法律事务文书，包括委托书、遗嘱等。

（2）出具法律意见书和律师函。法律意见书是指律师应当事人之委托，以律师事务所的名义，根据委托人所提供的事实材料，正确运用法律进行分析和阐述，对相关事实及行为提出的书面法律意见。律师函是指律师应当事人之委托，以律师事务所或律师的名义，就相关事务向委托人指定的当事人发送的具有法律声明意义的专门化函件。

2. 专项法律服务

（1）公司专项法律服务，包括企业的设立和解散的相关事务，公司日常经营管理中的一般法律事务，投资及项目开发、金融融资、公司证券业务、收购与兼并、企业的租赁、承包、托管、知识产权、劳动人事等特别法律事务。

（2）建筑与房地产专项法律服务，包括创设公司阶段中的计划拟定、谈判参与、报审文书准备、代为报批等事务，土地使用权取得阶段土地征用、国有土地出让、转让中的涉法事务，拆迁阶段的文书处理、纠纷解决、文件报送等事务，工程建设阶段中招投标文书的准备、起草、审核及工程和设备合同履行的监督等事务，房地产经营阶段中的销售、出租、抵押融资等环节的事务，物业管理阶段中的相关事务等。

（3）金融、证券、保险专项法律服务，包括金融机构法律顾问服务，存、贷款法律服务，票据、信托、外汇法律服务，期货、债券法律服务，租赁法律服务，国际结算、国际融资法律服务，保险法律服务，以及涉及信用卡、电子银行、网上支付、外资金融保险机构的设立等领域的法律服务。

（4）知识产权专项法律事务，包括知识产权申报代理，产权管理协助，产权转让代理，专项知识产权代理，权属代理，侵权代理，纠纷代理，提供以著作权法、专利法、商标法、技术合同法、信息网络法、商业秘密法、反不正当竞争法、反倾销法等为主要内容的全方位知识产权法律服务。

3. 法律顾问业务

律师受聘担任个人、法人和其他组织的法律顾问，主要负责对顾问单位的生产、经营提供法律建议,协助顾问单位完善法制化管理和风险防范的相关管理。

4．其他非诉讼法律业务

(1) 代理合同、协议的谈判、协商、草拟、审查、修改等。

(2) 商务资信调查,包括自然人户籍证明、婚姻状况、房产登记、船舶登记、抵押登记、工商登记、工商年检、分支机构、投资方、债权、债务、投资、资产等情况的调查。

(3) 律师见证,即接受当事人委托或经各方当事人同意,以律师事务所和经办律师的名义,对当事人申请的强制公证以外事项的真实性、合法性进行审查并予以证明。

(4) 律师代办公证,即律师接受当事人的委托,代为办理有关公证事宜的一种非诉讼法律事务。

(5) 律师陪购。审验商品房的开发、销售资格,包括对开发商、销售代理商、建筑承包商的主体资格,立项、土地、规划、施工、销售等政府批复,开发商资信证明、银行担保等资金状况方面进行审查,为购房人决策提供法律意见;审查签订购房合同,协助购房人尽可能地从文字上完善合同条款,针对面积差异、交付时间、交付质量、保修期限、产权过户、违约责任等重要条款,依法据理提出合理方案,并与开发商洽谈,争取最大限度维护购房人的合法利益;监督购房合同履行,预售合同签订后,进行经常、谨慎的跟踪服务,关注开发进度、预售资金的使用、预售房屋的权属、工程质量等级的核定等情况。对可能产生影响合同履行的事实情况,第一时间通知购房人,及时做出应对;审查房屋交付情况,对照合同验收商品房的交付时间、面积、质量、规格等方面是否与约定相符,审查水电、通讯网络、公共配套设施、环境配套等附属内容的到位时间、质量是否与约定相符,确定保修期的起止日期,签订保修合同;督促开发商办理产权登记事宜等;对全过程存在的签约、履约纠纷,代表购房人与开发商进行民间发生的切磋、谈判,对于合同的根本性违约与重大变更事项,在恰当的时候,代理购房人依法提起仲裁或诉讼。

(6) 法律法规不禁止的其他新型法律服务。如,接受企业(委托人)的委托,对其下属公司及管理人员进行监督。此项业务在发达国家已非常普遍,但在中国内地,仅有大型外资公司聘请外国或中国香港地区律师事务所办理此项业务。再如,就委托人委托的事项进行调查取证。与诉讼中的调查取证不同的是:这种调查取证不仅仅限于法律赋予的查阅档案和询问证人的权利,而是律师凭借其广泛的社会关系和专业知识为委托人收集、整理有利的信息,并不是专为诉讼而收集的。

综上可见,律师承办的非诉讼业务主要是依靠受托律师自身的法律素养和法律技巧来自主独立完成的相关法律事务。正是基于自主独立的特点,律师在办理非诉讼业务的过程中,始终做到自觉自主地"忠于法律"的要求就显得十分重要。

目前我国已有的近20万的律师中,不乏经验丰富、法律知识扎实、职业伦理素养高、为人儒雅高尚的律师,但也存在着一些不具备律师素质的人员。个别律师在执行执业行为规范方面漠视法律法规规定,片面追求经济效益,忽视社会效益。这些问题虽发生在少数人身上,但严重影响了律师职业的社会形象。

经验告诉我们,律师的执业技能和职业道德越好,其自治自律程度即越高,自治自律效果也越好。若律师自治自律能力低下,则法律和政府等外在的控制和干预就会增强。故律师在办理非诉讼业务的过程中,应该不断加强对自身职业道德的养成和执业规范的遵守。

发展着的法治实践不断地提示我们:律师除了必须具备扎实的法律知识功底和高超的法律技能外,还必须是法律信仰和律师职业道德的坚强捍卫者以及律师执业规范的模范执行者。

忠于宪法和法律、忠于事实真相、忠于人民利益,以事实为根据、以法律为准绳,既是律师执业的法律原则,也是律师执业的思维方式。它们当之无愧地构成律师执业的绝对真理。律师辩护或代理,必须讲事实,讲法律,讲实体正义,讲程序正义,这构成律师执业的法宝。律师无论从事诉讼或非诉讼业务都必须坚持上述原则。

二、"忠于法律"是律师办理非诉讼事务的逻辑起点

随着我国经济社会发展和民主法制事业的进步,我国律师事业也获得了长足的发展。律师业务范围正在不断扩大,服务形式不断创新,广大律师依靠自己的积极作为和发展着的法治环境,已广泛参与到了经济事务、政治事务、社会事务、文化事务、公共管理事务和生态文明建设等方方面面,并在实践中不断地作出积极的贡献。然而,个别律师不遵守职业道德和执业行为规范的行为时有发生,在群众中造成了不好的影响。因此,加强律师职业伦理养成要成为律师职业发展的一条重要主线。

(一)律师是法律之师、正义之师、道德之师

在社会各职业道德规范中,律师的职业伦理与教师、医师的一样,居于道德的最高层面。这是由其职业要求的特殊性所决定的。律师,为何以"师"冠之?这至少说明两个方面的问题:一方面,律师自身要要求自己能够成为法律之师、道德之师、正义之师;另一方面,整个社会也期待律师能够成为真正意义上的法律之师、正义之师、道德之师。

一般说来,律师的职业道德和执业规范均与法律原则无条件地保持高度的一致,而且律师职业内在地要求律师应当也必须充满对法律的崇尚与信仰,应当天然地成为尊重法律、遵守规则的典范与楷模。诚如是,律师必能赢得社会和民众的广泛尊重和真诚拥戴。

广大律师秉持良好职业道德,依法积极地开展非诉讼法律服务,对维护人民群众合法权益、维护法律正确实施、维护社会公平正义、维护社会和谐稳定具有十分重要的意义。随着国家依法治国方略的推进,我国律师制度日益完善,律师队伍日益壮大,律师的职能作用日益明显。

(二)律师与政治经济社会文化生态的发展

为国家和社会的政治、经济、社会、文化、生态的可持续的科学发展提供良好的法律服务,是律师的职责所在、价值所在。在中国改革开放的伟大实践中,广大律师始终善于把握国家改革发展的大局,不断提高着法律服务的前瞻性、实效性,积极投入了金融、证券、商贸、房

地产等领域的非诉讼法律事务,较好地维护了社会主义市场经济秩序;积极提供了涉农法律服务,较好地维护了农民的合法权益,促进了农村社会的改革发展;积极服务国家知识产权发展战略,通过依法维护知识产权,促进了创新型国家建设;积极服务国家生态发展战略,通过有效代理个案诉讼和公益诉讼,依法保护环境,促进了环境友好型、资源节约型社会的日渐生成,提升了国家生态文明建设的水平;积极办理了大量涉外法律事务,帮助国内企业有效参与了国际经济合作与竞争,维护了国家利益和公民、法人的合法权益;积极参与了法治中国和平安中国的建设进程,促进了我国依法治国方略的贯彻实施,促使依法行政渐成风尚。

(三) 律师是社会和谐稳定的积极促进者

维护社会和谐稳定是推进改革发展的前提条件,也是律师义不容辞的社会责任。广大律师已经把促进社会和谐稳定作为检验自身职业道德水准和执业能力的重要标准,积极化解矛盾纠纷,努力实现法律效果与社会效果、政治效果有机统一,为构建社会主义和谐社会贡献智慧和力量。广大律师依法积极开展了非诉讼法律事务,提供法律咨询,进行法制宣传,预防和减少矛盾纠纷;积极参与人民调解、行政调解、司法调解,引导当事人更多地通过调解方式消除纷争;在党和政府的组织下,积极参与了信访相关工作,通过释法析理,引导信访群众依法表达诉求,为维护信访群众合法权益、促进息诉罢访发挥了积极的作用。

当然,律师在从事非诉讼业务的过程中,遭遇关涉法律原则和社会公共道德的问题上,要守住理念、职业操守、生活准则和现行法律框架的底线。律师为当事人所提供的服务绝不是无道德原则和政治原则的,更不可脱离相关法律的基本要求。

第三章 规范律师与委托人的关系

规范律师与委托人的关系是律师执业必须面对的核心问题。律师须在深刻理解职业定位的基础上,准确把握其本质、内在规律及其动态变化等要素,并以职业化行为模式来具体践行其职业操守,自主自在地使自身的道德价值观化之于内而形之于外,实现职业操守内化与外化的高度和谐统一。本章讨论的主要问题包括:律师与委托人关系的核心内容,律师与委托人关系的本质,正确处理律师与委托人关系的实体行为准则和程序技术规范等。

第一节 律师与委托人的关系概述

委托人是与律师事务所订立委托合同,并将特定事项委托给律师办理,与律师建立委托关系的自然人、法人或其他组织。律师的职业生涯基本上始终处于与委托人的交往之中。

一、律师与委托人的关系是律师执业行为规范的核心内容

在我国,律师被定义为依法取得执业资格,为委托人提供法律服务的专业人员。律师的执业权利源于法律的规定和委托人的授权。律师遵循法律的规定和律师执业规范,依委托人授予的权限,合法地为委托人提供法律服务。

一名称职的律师,当然需要具备仗义执言的职业品格和维护社会公平正义的职业价值追求,但是要实现这样的职业理想必须以崇高坚实的职业操守为支撑。其中一个极为重要的方面,即在于如何正确界定律师与委托人的关系,以及怎样依法依规来规范地建立、维系和发展律师与委托人的关系。这既是重要的执业技术问题,也是重要的职业操守问题。这种关系能否合法、恰当、有效地建立起来并稳健可持续地发展下去,不仅能反映出律师职业能力如何,也将在某种程度上预示着律师职业前景。

每一位律师在执业的整个过程中,始终面临着许多选择。选择的关键不仅在于律师自身,还取决于与之最终建立起委托关系的委托人。这是律师成长和发展中最重要的资源。律师要成为一名成功的律师,必定要基于律师职业行为规则和职业操守,与委托人建立起稳定、健康、相互信任的委托关系。律师如若忘却了自身的职业操守和执业起点,不能准确识别自己的委托人,怠于维护委托人的利益,那么他一定不会成为称职的律师。

律师和委托人之间的关系是通过法律指导下的委托合同而建立起来的。不论这种合同是律师还是当事人首先提出了要约,只有双方最终达成了具体的可操守的委托协议,律师才会具备实践意义上的从业根据、理由和责任。

可见,依法建立并全面履行委托合同就是律师的具体从业方式。律师职业追求的直接目的是通过合法履行合同上的服务义务,而实现委托人和律师双方通过合同的应得权利。当然在合同签订和履行过程中,律师必须忠于宪法与法律,弘扬法治精神,唯此其从业活动的直接目的才能与其追求的实现社会正义的终极目的相匹配。在此基础上,律师从业的基本态度就是通过对客观证据、法律事实和相关法律进行严谨而妥当的论证,以寻求对委托人有利的法律和事实结果。这就决定了律师与委托人的关系始终是律师职业行为规范中的核心内容,这也必然成为律师执业行为规范建设的重中之重。

总之,没有律师与委托人关系,也就不会产生律师的具体职责问题。律师的任务是维持法律的正确实施,维护国家、集体的利益和公民的合法权益。律师应当根据职业特点,按照法律规定尽职尽责地为委托人提供优质的法律服务。这是一般社会公德和职业道德在律师职业生活中的特有体现。律师以自己对于法律的理性感知和实务操作为生存与发展的资本,律师制度也成为公民权利的必然延伸,并与国家权力相连接,通过律师的执业活动来实现民众的福祉。这也是律师执业的真正价值所在。

基于上述原理，我国《律师执业行为规范》（2009年修订版）中专条规定，律师应当诚实守信，勤勉尽责，依照事实和法律，维护当事人合法权益，维护法律正确实施，维护社会公平和正义。

二、律师与委托人关系的本质

在我国，依据《律师法》规定，律师不得私自接受委托，不得私自向委托人收取费用或私自收受委托人财务，否则应当承担法律责任。由此可见，律师与委托人之间的关系表现为律师事务所与委托人之间的合同关系。但合同关系并不能揭示律师与委托人关系的本质，其在本质上是超越合同关系和合同文本意义的。

实践证明，构成律师与委托人关系的核心要素是信任、合法、合作、诚信、独立。在这几项要素中，信任，是建立、维系和发展律师与委托人良好关系的前提。合法，是律师提供法律服务所须遵循的底线和原则。合作，是达致委托人委托目标的先决条件。诚信，是律师职业价值标准的基本定位。独立，是律师维护自身社会地位和实现职业使命的基本保证。

从理论上讲，律师从业的方式既说不上被动，也说不上主动。严格说来，律师是根据委托合同而具体从业的。律师作为委托人的代理人，始终遵循为委托人依法据实辩护和委托人合法利益至上的原则，抑或说负有竭力维护委托人合法权利的义务。这也是律师职业道德最为本质的内涵。

然而，当律师所代理的委托人的利益与社会公共利益发生矛盾与冲突时，律师应该怎样选择，如何恰当处理职业道德与社会责任的关系呢？

任何一位律师，在具体的从业活动中，只要接受了委托人的委托（标志是你执业所在的律师事务所与委托人订立了委托代理合同或协议），无论在法律上抑或事实上，均不能实施不利于委托人的行为，应当全身心地根据事实和法律寻求有利于委托人的方案。律师，既不能在执业技术上因为自己的失误而对委托人一方反打"乌龙球"，也不能在道德情感上基于个人好恶而在事实上"倒戈"。故而，在不习惯于律师这一职业态度的法律文化中,律师制度的引进和实施,特别是刑事辩护律师的职业活动,常常被不明就里的人们讥讽为"为坏人辩护",不被常人所理解。

委托人基于诉讼业务或非诉讼业务之专业需要而聘请律师,期待通过其执业活动使自身利益最大化。委托人的目标几乎是唯一的,而律师在努力实现委托人合法权益和追求自我发展的同时,还要注重社会正义和法律公正,故而律师和委托人的利益取舍和价值标准有时差异颇大。律师必须依据事实和法律来开展业务,必须始终做到依据法律和法治标准来断善恶、明是非、辨正邪、知荣辱,从来不应当被委托人的意志所左右,或被其不正当利益所绑架。

总之,律师为委托人代理法律事务的目标在于,以合法而和平的方式预防、解决纠纷,争取委托人的合法权益,同时使自己的职业使命和合法权益得以和谐的实现。

正是基于上述基本原理,我国《律师执业行为规范》(2009年修订版)在"律师与委托人或当事人的关系规范"中作出了以下诸节所述之规定。这些规范的内涵,既正确体现了律师与委托人关系的合同属性,又准确反映了律师与委托人关系的法律本质。

第二节　提供积极合理的服务

从律师职业操守的宏观视角出发,结合律师执业行为的微观需求,律师执业基本行为规范要求律师诚实守信、勤勉尽责,依据事实和法律,维护当事人合法权益,维护法律正确实施,维护社会公平和正义。对此,中华全国律师协会在"律师与委托人或当事人的关系规范"中,专门对诸如委托代理关系,禁止虚假承诺,禁止非法牟取委托人利益,利益冲突审查,保管委托人财产,转委托,委托关系的解除与终止等重大问题作出了较为详尽的制度性安排。这些律师执业的具体行为规范,对于正确处理"律师与委托人或当事人的关系"问题,无论在职业操守层面,还是在执业技术层面,均具有重大的现实意义和深远的指引价值。

一、禁止虚假承诺

我国《律师执业行为规范》(2009年修订版)明确规定,律师在承办受托业务时,对已经出现的和可能出现的不可克服的困难、风险,应当及时通知委托人,并向律师事务所报告。律师应当根据委托人提供的事实和证据,依据法律规定进行法律专业化分析,向委托人提出分析性意见。但是律师的辩护、代理意见未被采纳的,不属于虚假承诺。

上述规范要求律师执业活动中,不能出于与委托人建立委托代理关系的狭隘目的而对委托人进行故意误导,也不得为了谋取代理或辩护业务而向委托人作虚假承诺,即使接受委托后也不得违背事实和法律规定做出关于案件最终裁判结果的承诺。特别是在接受刑事辩护委托而担任辩护人的案件中,律师的职责在于依据事实和法律提出被告人无罪、罪轻或减轻、免除其刑事责任的辩护意见,决不能承诺经过其辩护必然获得无罪的结果。在任何时候、任何情况下,律师只能谨慎地根据委托人提供的事实和证据,紧密结合相应的法律规定对案件进行分析后,然后向委托人提出预见性、分析性的意见,要坚决避免虚假承诺。法律服务实践中,有时会出现这样的情况,即律师依法辩护、代理案件中所提出的正确意见未被司法机关采纳,或因司法人员枉法裁判,使得律师预先分析的意见和诉讼目标没有实现,对此不能认为律师预先分析的意见是虚假承诺。

通过以上归纳不难看出,客观承诺是建立律师与委托人关系的规则,而良好的互信关系则是建立、维系和发展律师与委托人良好关系的前提。

(一)客观承诺是建立律师与委托人关系的基本规则

律师基于自身的学识和技能,适度地在委托人面前表现出对案件一定的把握度,可以增强委托人对律师的信心,这本无可厚非。但过分承诺甚至虚假承诺,则是完全错误的,也是十分危险的。实践中,委托人往往对律师满怀希望且要求很高,有的委托人在急难之中会把律师看做是法律和正义的化身,甚至把律师当做上帝。正是由于他们的期望值过高,如若案件败诉或未能达到委托人的预期结果,任何事情都有可能发生。

对此,我国《律师执业行为规范》(2009年修订版)专条规定,律师根据委托人提供的事实和证据,依据法律规定进行分析,向委托人提出分析性意见。也就是说,律师在依据事实和法律对某一案件作出某种判断时,应向委托人表明作出的判断仅系个人意见,决不能向委托人就某一案件的判决结果作出承诺。然而,现实法律服务实践中,个别律师严重违反诚实守信原则,实施了严重破坏现有法治秩序和严重损害律师行业形象的行为。有的律师为了开展业务,通过媒体及其他途径,进行直接或间接的虚假宣传误导当事人;有的律师为了接受案件,而对自身的业务能力进行夸大宣传,向当事人进行不现实、不适当的过分承诺。这些做法严重违背了客观诚信的基本职业操守,应予处分或惩戒。

总之,律师在向委托人提出分析性意见时,应当谨慎、诚实,客观告知委托人拟委托事项可能出现的法律风险和未来前景。这是建立、维系和发展律师与委托人良好关系的基本规则。

律师应当铭记:对于案件的处理律师没有决定权,律师只能理性地提出解决问题的方案,或者根据事实与法律向司法人员提出处理问题的建议。案件的胜败得失是由多种因素决定的,审理过程中也充满了各种意想不到的变数,最后结果往往受法律、社会乃至政治等多种因素影响或制约。所以,律师在任何情况下均不能做虚假承诺,更不能包打官司。

(二)互信是维系和发展律师与委托人良好关系的先决性条件

美国作家戴维·威斯格特说过这样一段让人记忆犹新的名言:"信任是一种有生命的感觉,信任也是一种高尚的情感,信任更是一种连接人与人之间的纽带。你有义务去信任另一个人,除非你能证实那个人不值得你信任;你也有权受到另一个人的信任,除非你已被证实不值得那个人信任。"[1]从中我们可体悟到这样的人生哲理:信任乃是一种人与人之间的情感,它是连接人心的纽带和通往成功事业的桥

---

[1] 转引自竹青:《信任的真谛》,载2011年3月14日《羊城晚报》。

梁。信任，既是人的一种自然权利，也是人的一种自然义务，且客观地存在于交互作用的相对人之间，其核心要素盖在于平等、真诚与正直。人和人之间的关系，如果失却了平等、真诚和正直这样本质性要素，将无所谓信任可言，剩下的只能是虚伪诈欺和威权功利。

如前所述，在现代法治社会里，法律服务产品供给者和需求者的关系是生成律师与委托人关系的基础性关系。从社会与律师业的供求关系层面分析，这样的认识和判断是成立的。然而，就宏观层面而论，社会和民众虽对律师业所提供的法律服务确有需求，但这并不意味着对每一位律师均存在着必然的、均等的法律服务需求，也更不意味着客观上会给每一位律师均等的生存和发展机会。就微观层次而论，律师事业开展得成功与否，并不取决于单纯的法律知识和执业技能等因素。法律服务供需关系的牢固确立和持久保有，往往取决于能否在律师和委托人彼此之间建立起平等正派、健康持久的信任关系。这才是律师个体乃至整体事业发展进程中至关重要的条件。

当我们深入到国内外成功律师的职业经验中考察时，则不难看出，信任乃是建立律师与委托人合作关系的前提条件，更是维系和发展合作关系的坚实基础。

英国前首相丘吉尔有过这样的论断："法律乃我所爱，律师却难以让我信赖（The laws I love, the lawyers I suspect）。"丘吉尔的这一说法，似乎有些尖刻，或包含着个人偏见，然而若能平心静气地对待，并从律师职业发展的忧患意识和责任意识出发，则从中可以获得些许积极的启示：客户的信赖，无疑是律师职业赖以生存发展的本质性要素。就律师个体而言，如果离开了委托人的信赖，失却了客户的信任，该律师就难以生存，更无从奢谈发展了；就整个律师业而论，如若不能取得社会公众的信赖，则整个律师业将面临着生存的危机，如若不能取得社会公众的敬重，则整个律师业将无法健康可持续地发展。

中国律师业体制全面转换，律师队伍规模急剧膨胀，业务竞争压力和生活保障压力与日俱增，而民族法律传统长期缺失，国家法治文化尚显幼稚——我国律师的执业环境远非理想。加之某些人性缺点的客观存在，中国律师业面临着诸多方面的挑战和考验，有的甚至十分严峻。择其要者而言,有的律师忘却了"受人之托,忠人之事"的古训,违反了执业行为规范,背离了律师职业的"受信义务"①,为了个人的蝇头小利而牺牲尊严和荣誉,甚至祸及整个行业。

若从这样的高度和深度来考量,则上述戴维·威斯格特和丘吉尔的说法,于我国律师的生存和发展,则立显振聋发聩和茅塞顿开之效。摆在中国律师业面前最为紧迫的任务,是通过律师共同而持久的努力,建立起国家和社会对中国律师的信任,塑造起广大民众对中国律师的信赖和爱戴。

二、在委托权限内尽力维护委托人的合法权益

基于上述基本原理,我国《律师执业行为规范》(2009年修订版)在"律师与委托人或当事人的关系规范"中作出了以下明确的规定,律师应与委托人就委托事项范围、内容、权限、费用、期限等进行协商,协商一致后,由律师事务所与委托人签署委托协议。律师应当充分运用专业知识,依照法律和委托协议完成委托事项,维护委托人或者当事人的合法权益;严格按照法律规定的期间、时效以及与委托人约定的时间办理委托事项。对委托人了解委托事项办理情况的要求,应当及时给予答复。建立律师业务档案,保存完整的工作记录;谨慎保管委托人或当事人提供的证据原件、原物、音像资料底版以及其他材料。接受委托后,应在委托权限内开展执业,不得超越委托权限。

一般认为,律师应当在授权范围内从事代理。如需特别授权,应事先取得委托人的书面确认。律师在进行受托的法律事务时,如发现委托人所授权限不能适应需要时,应及时告知委托人,在未经委托人同意变更有关的授权委托手续之前,律师只能在授权范围内办理法律事务。这里所说的委托权限包括程序法和实体法两方面的委托权限。

根据以上执业行为规范的规定和有关法理,律师在履行代理职责时应当注意以下问题:

---

① 律师的受信义务,是指律师对委托人的忠诚义务、对法律的尊重义务以及弘扬法治的义务。

(一)委托权限是律师行使代理权的契约根据

在此需要特别强调代理权限问题。因为这个问题关系到律师是否具有处分当事人的实体权利和特别的程序上权利问题。律师如果处理不当,很容易产生职业风险。故而律师与委托人签订的委托代理合同中应当载明授权范围。除此之外,还应当由当事人签署的正式的授权委托书载明授权范围。代理权限分为特别授权与一般授权。我国现行《民事诉讼法》第59条第1、2款规定:"委托他人代为诉讼,必须向人民法院提交由委托人签名或者盖章的授权委托书。授权委托书必须记明委托事项和权限。诉讼代理人代为承认、放弃、变更诉讼请求,进行和解,提起反诉或者上诉,必须有委托人的特别授权。"第60条规定:"诉讼代理人的权限如果变更或者解除,当事人应当书面告知人民法院,并由人民法院通知对方当事人。"

律师职业的存在价值,在于律师始终面对社会矛盾、冲突和纠纷,及其面对不完美、不平衡的社会状态时所做出的法律框架下的职业性努力。

律师与当事人之间是一种民事契约关系,律师职业追求的直接目的是通过履行合同上的服务义务,而实现合同上的应得权利。可见,实现合同上规定的内容是律师职业的直接目的。当然,在合同签订和履行中,律师必须尊重法律,弘扬法律精神,只有如此,律师在从业活动中的直接目的才能与其所追求的实现社会正义这一最终目的相呼应。

承办律师,作为委托人法律上的代理人,其基本职责是在授权范围内从事代理或辩护活动,并运用自身的专业技能,通过具体的法律行为最大限度地维护委托人的合法权益。任何情况下律师均不能利用职业上的优势,故意设计不平等条款限制当事人正当的法律权利。

(二)勤勉尽责是律师履职的基本执业态度

我国《律师执业行为规范》(2009年修订版)明确规定,律师应当诚实守信,勤勉尽责,依照事实和法律,维护当事人合法权益,维护法律正确实施,维护社会公平和正义。律师应当严格按照法律规定的期间、时效以及与委托人约定的时间办理委托事项。对委托人了解委托事项情况的要求,应当及时给予答复。律师应当建立律师业务档案,保存完整的业务工作记录。律师应当谨慎保管委托人或者当事人提供的证据原件、原物、音像资料底版以及其他材料。

由此可见,勤勉尽责是律师处理与委托人关系的又一原则性要求。律师在向委托人提供法律服务和代表委托人处理法律事务的过程中,必须立足于维护委托人的合法权益,讲究质量,追求效率,采取一切合法的且合乎道德的方式,努力为委托人的合法利益提供法律服务,力戒迟延懈怠,杜绝失职。如果代理的是非诉讼案件,就应当按照委托人约定的时间和委托办理的事项合理地加快进度,当然这种加速应当与其委托人的利益保持一致。如果代理的是诉讼案件,就应当严格按照法律规定的期间和时效高效率地办理委托事项。而且对委托人了解委托事项情况的要求,也应当及时给予答复,并在健康真诚的合作过程中,加深彼此信任感。这都预示着,律师需要在法律允许的范围内,为委托人的利益进行最大化的努力。

然而,在法律服务实践中,有的律师不能自始至终忠于职守,工作质量与效率低下。如对当事人的咨询不耐心听取,不认真分析,不为人解除困惑,一推了之。代书诉状不细致地审查案情环节和证据,不认真考虑诉讼理由是否成立,把代书变成"代笔";有的避开复杂但属必要的案情叙述,贪图省时省力。在办理刑辩业务中,浮光掠影地了解一下案情,从"通用件"中挑拣若干条"组装"成辩护词敷衍塞责,个别人甚至不写辩词而"临阵发挥",言不及义;有的怕担风险,当辩而不辩的;有的甚至迎合附和公诉人的意见。这实际上是放弃了律师的职责,背离了律师仗义执言、不畏权势、刚直不阿、据理力辩的职业道德和执业规范。还有的律师在办理证券业务的律师法律意见书中,靠文书"标准件"行事;在代理民事诉讼时,对案情不疏理,对证据不充分收集、调查,庭审无笔录,出庭无发言提纲,草率应诉。有的律师收取了顾问单位的法律顾问费却不认真履职。凡此种种,均属失职。

例如,国内曾发生过由于律师缺乏熟练的辩护技能和严谨的职业定位而刑辩"倒戈"的事件。①

2008年7月1日,北京某律师事务所律师赵某在为被告人李某涉嫌以办理经济适用房房号为名,诈骗35名被害人250万元财产一案辩护时,出人意料地提出本案应定比诈骗罪更重的罪名,"类似于非法集资罪或合同诈骗"。事后赵某辩解这只是他的一个"另辟蹊径"的辩护思路,意图将此案认定为一种新的犯罪形态而适用无罪推定原则。由于这种意图并未在法庭上清晰地表达,这种说法显然不被外界所理解和认可,以致酿成不但被告人李某当庭要求更换律师,而且业内有人认为应当取消赵某的律师资格的严重后果。对于律师来说,刑事辩护业务绝不是低端业务,律师或律师事务所应当设立必要的专业化门槛,使刑辩律师成为更加值得追求、更为民众认可、更加崇高的职业。

当然,衡量律师是否"勤勉尽责"不能以诉讼胜败为标准,而应当是看律师是否发现了所有应当发现的事实依据及法律适用问题,是否很好地表达出有利于当事人的辩护意见或代理意见,是否能审时度势地采用恰当的方式让法庭接受律师的意见。

综上,立足于律师事业和律师个体的长远发展考虑,勤勉服务,不仅是为了当事人的利益,更是为了律师自身的利益。实践表明,特定律师的服务质量高低、案源的多寡和社会美誉度的高低,与其勤勉度呈正相关关系。

三、合法而适当地提供法律服务

(一)服务的内容和范围必须合法正当

在我国,律师的服务范围严格控制在法律规定的范围内。律师接受代理的一个基本前提,即律师的代理活动不能违反道德规范和法律规范。近年来,律师非法代理的事件时有发生,有的为当事人出具虚

---

① 参见晏向华:《刑事辩护:还需多方检视》,载2008年10月22日《检察日报》。

假的法律意见书,有的帮助当事人进行非法融资等。由于进行非法代理活动,个别律师受到了刑事法律追究。

律师执业实践中,到底是应当站在委托人的立场上,还是站在法律或道德的立场上,律师是否有义务对委托人所提出的具体诉求进行法律或道德意义上的审查?

许多国家的律师执业规范或职业操守都规定,当律师发现委托人所提出的要求违反了法律,或者说委托人所提出的要求已经超越了一个律师道德范围所能接受的限度时,律师可以解除合同,或者是拒绝代理。因此,律师的代理活动必须严格控制在法律和道德范围内,否则相关律师将要承担相应的法律责任和道德责任。对此,我国《律师执业行为规范》(2009年修订版)作出了刚性的强制性规定:委托事项违法、委托人利用律师提供的服务从事违法活动或者委托人故意隐瞒与案件有关的重要事实的,律师有权告知委托人并要求其整改,有权拒绝辩护或者代理,或者以其他方式终止委托,并有权就已经履行事务取得律师费。

上述规定说明,律师在正式接受委托前,都必须审慎地对具体案件和待提供服务的事项进行初步审查,符合法律规定条件的才可以接受代理或提供法律服务。对于不属于律师法律服务范围的事项和问题,律师则应当耐心地向当事人解释清楚不能接受代理的原因。如果非法事实与行为发生于代理关系确定之后,则一经律师发现,律师有权随时终止代理关系。概言之,无论何时何地,面对任何利益诱惑,律师所能提供和拟采取的法律服务,均须坚守住合法的底线。

(二)服务的方式应当合法适当

由于服务对象和内容的不同,解决问题的方式也多种多样,因此律师在为委托人提供法律服务的过程中,需要对委托人面临的法律问题进行综合分析,从而作出有利于其的判断和对策。总体上,律师提供法律服务的主要内容包括以下方面:

1. 法律咨询服务

咨询服务贯穿律师法律服务活动的始终,是律师的主要工作方式。咨询有口头咨询和书面咨询。书面咨询表现为正式的法律意见书。律师应当对自己的咨询意见承担法律责任。

2. 案件调研调查

律师法律服务质量的高低很大程度上体现在案件调查水平方面。案件调查,包括法律政策调查和事实证据调查。法律政策调查针对代理案件的情况进行相关的法律政策的调查分析和研究,全面把握案件的法律性质和法律导向。事实证据调查主要针对案件事实进行调查,取得相关证据,支持当事人的法律主张。

3. 出庭代理诉讼

法庭活动是大多数律师法律服务活动的重要内容。律师接受诉讼、仲裁案件大都需要出庭。律师在庭审中的表现对于当事人权益的维护至关重要。

4. 参与谈判

参与谈判在诉讼和非诉讼活动中都可能存在。在实践中,律师参与谈判更多地发生在非诉讼活动中,如作为代理人的律师参与商事谈判。

5. 草拟法律文书

律师法律服务中大量的工作与草拟法律文书有关,所涉及文书包括辩护词、代理词、各种诉状、法律意见书、律师函等。起草法律文书是律师职业技能的重要方面。

6. 代为保管财物

律师可以接受当事人的委托代为保管财物。在实践中,有的当事人委托律师事务所进行财产执行,必要时需事务所按照约定进行财物保管。

(三) 与委托人的关系必须适当

1. 及时有效的信息沟通

合作是达致委托人委托目标的先决条件。从专业角度而言,律师与委托人之间的关系是法律服务的供需关系,双方只有本着真诚合作的精神才能达致目标。在这种意义上,律师和委托人之间又不仅仅是合同关系,更是一种真诚的合作关系。这就决定了律师在接受委托后,应当在遵守职业道德和执业纪律的前提下,以合作伙伴看待委托人,依法据实维护委托人的最大权益,为委托人提供优质的专业服务。具体包括:律师应当尽量满足当事人对有关材料进行了解的合理要求;应在适当和必要的限度内,就事件向当事人进行解释,以使其能够对相关事项作出恰当决定;应本着认真负责的态度研究案情,并为维护委托人利益而进行出庭或其他活动,及时告知委托人案件进展情况;非经委托人同意,不得让别人替他办理受托案件。

善于与委托人沟通是律师从业的基本功。律师绝不能凭借自己法律知识技能和诉讼地位上的优势而藐视和慢待委托人。实践中,委托人寻求律师帮助时往往正陷入困境,律师应从职业精神出发,得体地对委托人给予同情、理解、体谅和包容,应充分地征求其意见,倾听其倾诉,耐心解答其询问,平等地与其商讨。

委托人和律师的目的是一致的。律师在办理法律事务的过程中,对于那些非常规性的问题,应当征求委托人的意见;对于影响委托人切身利益的重大问题,应当在向其阐明利弊得失后由委托人自行决定。

实践证明,律师与委托人关系的质量在一定程度上取决于双方沟通的效果。及时而适当的信息沟通是律师处理与委托人关系的原则性要求。委托人有权随时知道案件和律师工作的进展情况,律师与之交流信息既是律师的权利也是律师的义务。当然信息交流的形式是灵活多样的,可采取面谈、电话、书信、电子邮件等方式。

2. 依法据实,独立执业

合法是律师向委托人提供法律服务时所需遵循的底线和原则。律师以维护委托人利益为首要目的,但须以维护法律尊严为底线,两者共同统一于实现社会的公平与正义。在执业过程中,律师应当在守住"法律人"底线的前提下,借鉴亚当·斯密的经济人与道德人动态结合的思想,努力塑造自身为具有追求自我利益的合法动机、社会公正和法制意识、同情心和仁爱精神、良好社会责任感的"经济人"。

律师的职业使命决定了律师只能维护委托人的合法权益,而绝不是非法利益的庇护者;执业所采取的行动只能是合法的举措,而绝不能实施任何非法手段。律师并不仅须维护委托人的合法权益,同时也应说服委托人履行法定义务,放弃非法或不合理的主张和要求。在特殊情况下,为了依法维护委托人的根本和核心法益,即使委托人一时不理解、不愿意听,律师也必须通过适当而柔和的方式对委托人讲清利害得失。

独立性是律师维护自身社会地位和实现职业使命的基本保证。独立提供法律服务是律师职业的重要特点。律师与委托人交往应当保持一定的距离,这样才能使自己保持理智而淡定的状态,从而正确地作出专业性判断。虽然律师是受托从事专门的法律服务,但这绝不意味着其行动须全然服从于委托人的意愿。比如,律师接受刑事案件被告人的委托担任辩护人,经过调查研究,发现被告人确实有罪且确已构成公诉机关所指控的罪名,则律师只能依法据实进行有罪辩护。若被告人不顾事实与法律而执意要求律师作无罪辩护,此种情况下律师应当坚持自己的正确观点,而不应无原则地迁就委托人的意见。

刑辩实践中,有的律师不忠实于事实与法律,办事不公正。如辩护时,偏信被告人的口供,为被告人开脱罪责;有的忽视案情的基本事实和法律规定,不适当地夸大细枝末节,哗众取宠;有的对细节纠缠不休,引起审判人员、旁听群众的厌烦,辩护效果不好。

在办理民事案件的过程中,有的律师过分强调委托人的权益而忽视合法性,甚至强词夺理,帮助其用侵害对方当事人合法权益的手段,牟取不合法不正当的利益。

由此我国《律师执业行为规范》(2009年修订版)中规定,律师与所任职的律师事务所有权根据法律规定、公平正义及律师职业道德标准,选择实现委托人或者当事人目的的方案。《美国律师协会职业行为标准规则》中也有理念类似的规定:"律师代理客户,包括被指定代理,并不意味着建立起一种对客户的政治、经济、社会道德观点和活动的认可。"

上述律师执业行为规范或职业伦理要求,虽然出自不同的国度,受不同的意识形态影响,但都集中体现了律师职业活动应当依法据实和独立执业的职业风范和价值理念。

四、谨慎行使拒绝辩护或代理的权利

我国《律师执业行为规范》(2009年修订版)明确规定,律师接受委托后,无正当理由不得拒绝辩护或者代理、或以其他方式终止委托。但是,委托事项违法、委托人利用律师提供的服务从事违法活动或委托人故意隐瞒与案件有关的重要事实的,律师有权告知委托人并要求其整改,有权拒绝辩护或者代理,并有权就已经履行事务取得律师费。

(一)谨慎行使拒绝辩护权或代理权的必要性

为什么我们对于律师行使"拒绝辩护或代理的权利"时,要特别附加"谨慎"这样的限定词来加以提醒呢?原因在于,根据法律的一般规定,律师一旦接受当事人的委托,就应当尽职尽责为当事人提供服务,不得拒绝辩护和代理,不应当中途退出。这是基于维护当事人基本利益的角度考虑的。当一名律师在与委托人建立委托关系后,除非出现法律上或道义上的重大障碍,否则,作为一名律师是不可以擅自行使"拒绝辩护或代理的权利"的。这不仅涉及律师自身经济利益和职业操守,而且关涉到律师行使"拒绝辩护或代理的权利"是否会面临着违反委托代理合同的风险问题。因此,当律师行使"拒绝辩护或代理的权利"时,必须事先经过全面的评估,然后再谨慎地做出决断。

(二)行使拒绝辩护权或代理权的法定事由

虽然国际上一般均坚持"无正当理由,律师不得拒绝为当事人提供法律服务"的原则,但相关法律和执业规范所规定的例外情形出现时,律师有权终止委托代理关系,否则将构成对职业操守的违反并招致相应的法律责任。《美国律师协会职业行为示范规则》第1.16条也规定了律师不得代理委托人或者虽已开始代理但必须退出的几种情形,其中第一种情况就是"律师对该委托人的代理将会导致违反职业行为规则或者其他法律"。

我国《律师法》第32条第2款规定了"例外情形":"委托事项违法,委托人利用律师提供的法律服务从事违法活动或者委托人故意隐瞒与案件有关的重要事实的,律师有权拒绝辩护或者代理。"

我国《律师执业行为规范》(2009年修订版)对此也作出了较为细

致的规定。律师接受委托后,无正当理由不得拒绝辩护或者代理、或者以其他方式终止委托。但委托事项违法、委托人利用律师提供的服务从事违法活动或者委托人故意隐瞒与案件有关的重要事实的,律师有权告知委托人并要求其整改,有权拒绝辩护或者代理,或者以其他方式终止委托,并有权就已经履行事务取得律师费。

对此,《律师事务所从事商标代理业务管理办法》第10条规定:"律师承办商标代理业务,应当按照委托合同约定,严格履行代理职责,及时向委托人通报委托事项办理进展情况,无正当理由不得拖延、拒绝代理。委托事项违法,委托人利用律师提供的服务从事违法活动,委托人故意隐瞒重要事实、隐匿证据或者提供虚假、伪造证据的,律师有权拒绝代理。"总之,如果委托人要求属于法律或者律师执业规范所刚性禁止的,相关事项经律师向委托人释明后委托人仍固执己见时,律师均有权拒绝辩护或拒绝代理。

2007年6月,甲公司在美国加州的洛杉矶高等法院对其非法竞争者提起了诉讼。原告为甲公司,被告方乙公司。诉讼进行了5个多月后乙公司的代理律师突然正式退出对该起诉讼的代理。据悉,乙公司的代理律师谢克特在调查取证过程中,发现乙公司的证人的陈述多次出现前后严重矛盾的情况,已涉嫌作伪证,代理律师谢克特遂即主动向法官提出退出诉讼代理的请求并获同意。

本实例中,代理律师所遇到的问题,实际上反映了律师职业道德中的一个核心命题,即如何谨慎地权衡律师对委托人的忠诚与律师对法律的忠诚这两种义务之间的冲突。《美国律师协会职业行为示范规则》第1.16条关于律师不得代理委托人或者虽已开始代理但必须退出的规定,其中第一种情况"律师对该委托人的代理将会导致违反职业行为规则或者其他法律",此时退出必须得到法庭的许可,否则必须继续代理。那么,律师这种退出情形是否将导致其面临违反委托代理合同的风险呢?的确,律师与委托人之间的关系,除了可以从律师职业道德层面分析外,在英美法中还是一种代理法和合同法上的关系。

单从合同法角度来看,如果律师遵照合同约定将导致从事违法行为,如明知委托人提供的证人作伪证仍予以协助,则该约定属于违法。按照合同法的规定,合同因违法而归于无效,律师退出代理当然不存在违约的问题。事实上,基于美国严格的律师职业道德,若律师对委托人的代理将导致违法行为,律师不退出代理则有可能受到职业纪律上的严厉惩戒,所以律师退出代理实属正常情况。①

某当事人到律师事务所请求律师为其代理追索债权的案件,并出示一份欠条。律师在接受代理后,经过反复询问有关欠条的背景,发现该欠款是当事人参与赌博时朋友欠下的赌资。于是,律师依法拒绝为其提供法律服务,并明确指出法律不保护非法的债权。

本例是典型的当事人拟利用律师为其提供法律服务,达到非法目的的案例。律师拒绝代理完全符合法律规定和律师职业行为规范的要求。

某律师接受被告人的委托担任辩护人,经过阅卷和调研,认为该当事人确实构成公诉机关所指控的犯罪,拟为被告人进行罪轻辩护。然而会见被告人时,被告人坚持要求辩护律师为其进行无罪辩护。经律师耐心解释后,被告人仍然坚持自己的意见,认为他花钱聘请的律师,就应当为他服务并按照他的意思进行辩护。沟通无果后,辩护律师最终向当事人提出拒绝辩护,终止了双方的委托辩护关系。当事人坚持要求律师追求无法实现的目的,律师可以提出终止委托辩护关系或委托代理关系。

透过上述规范和真实示例,可以作出这样的基本判断:遭遇特定情形时,律师有权基于合法性和职业独立性的基本原则,审慎地依法行使拒绝辩护或代理的权利。因为律师不仅要为当事人服务,而且要为国家的法制服务,尊重法律、尊重事实是基本价值底线。当然,代理

---

① 参见孙继斌:《关注娃哈哈美国诉讼案 律师应忠于法律还是委托人》,载 2007 年 11 月 18 日《法制日报》。

律师依法退出代理活动或者辩护律师依法终止辩护的,应当及时履行对委托人的告知义务,同时依法律规定或合同约定据实结清相关的费用。

第三节 诚实守信

诚信是律师职业价值标准的基本定位。对于律师个人而言,诚实守信始终是安身立命之本,是职业良心和灵魂所在,也是最好、最直接、最有说服力的广告标识。诚信的律师才能创造出持久的优秀的品牌效应。对于行业整体而言,诚信应当是律师队伍应有的群体品质,也是律师业健康发展的行业品格和基础性保证。

一个时期以来,从整个社会来看,诚信匮乏几成公害,律师身在其中,所受负面影响也不容忽视。从全国发生的律师合法权益被侵害的案件来看,部分案件是律师不诚信行为所致。如果律师在执业中都能认真践行诚信二字,那么避险的能力将大大加强。越来越多的律师已经开始反思诚信对律师意味着什么,也有更多的律师正在以实际行动铸造诚信。

恪守诚信,是对律师的职业道德要求。律师是法律中人,其所作所为都是依据法律规定,通过对当事人提供法律服务,达到维护社会正常运行的目的。从这一意义上,律师也是社会经济秩序的建设者和捍卫者,并为社会诚信建设做出积极贡献。世界各国对律师诚信的要求均高于其他人群,这是行业特点使然。如果律师缺乏诚信,被破坏的不仅是个人的名誉,而是公众对法律的信任。

律师在为委托人提供法律服务的过程中,无论大小客户均应一视同仁,实事求是地全面分析案情,谨慎、诚实、客观地告知委托人拟委托事项可能出现的法律风险;充分运用自己的专业知识,在法律允许的范围内尽职尽责完成委托事项,尽量避免和减少当事人的损失,维护委托人的合法权益和正当利益。

当然诚信需要双方(委托方与受托律师)维系。律师必须将诚信贯穿法律服务的全过程,同时委托人也应当以诚信原则对待律师。律师与委托人只有在诚信合作的基础上,才能避免矛盾与猜疑,实现委托人利益最大化,最终实现法律效果和社会效果的良好统一。

一、避免利益冲突

所谓利益冲突,是指同一律师事务所代理的委托事项或委托人之间有利益上的冲突,继续代理会直接影响到相关委托人的利益的情形。

律师职业过程中,时常会面临利益冲突问题。故而我国《律师执业行为规范》(2009修订版)规定,律师事务所应当建立利益冲突审查制度。即律师事务所在接受委托之前,应当进行利益冲突审查并作出是否接受委托的决定。办理委托事务的律师与委托人之间存在利害关系或者利益冲突的,不得承办该业务并应当主动提出回避。此类规范具有强制性,律师事务所必须严格执行。

为了追求程序正义,实现社会公平,律师要努力做到既严格执行利益冲突回避规则,同时又能因地制宜,方便群众尽可能多地获得律师法律服务。本着实事求是的原则,结合利益冲突的程度差异,我国《律师执业行为规范》(2009年修订版)将利益冲突事由的严重性和律师回避的刚性度作出科学的划分:一类是存在利益冲突的明显事由,致使律师及律师事务所不得与当事人建立或维持委托关系而必须回避的情形;一类是存在利益冲突的可能事由,且律师已经将利益冲突可能事由如实告知了委托人并主动提出了回避,但委托人同意其代理或继续承办的除外情形。

以下分别就上述两类利益冲突情形的认定和处理作出具体的说明。

第一,存在利益冲突的明显事由,致使律师及律师事务所不得与当事人建立或维持委托关系而必须回避的情形。主要包括以下方面:(1)律师在同一案件中为双方当事人担任代理人,或代理与本人或者其近亲属有利益冲突的法律事务的;(2)律师办理诉讼或非诉讼业务,其近亲属是对方当事人的法定代表人或者代理人的;(3)曾经亲自处理或者审理过某一事项或者案件的行政机关工作人员、审判人员、检察人员、仲裁员,成为律师后又办理该事项或者案件的;(4)同一律师事务所的不同律师同时担任同一刑事案件的被害人的代理人和犯罪嫌疑人、被告人的辩护人,但在该县区域内只有一家律师事务所且事先征得当事人同意的除外;(5)在民事诉讼、行政诉讼、仲裁案件中,同一律师事务所的不同律师同时担任争议双方当事人的代理人,或者本所或其工作人员为一方当事人,本所其他律师担任对方当事人的代理人的;(6)在非诉讼业务中,除各方当事人共同委托外,同一律师事务所的律师同时担任彼此有利害关系的各方当事人的代理人的;(7)在委托关系终止后,同一律师事务所或同一律师在同一案件后续审理或者处理中又接受对方当事人委托的;(8)其他与上述第(1)至第(7)项情形相似,且依据律师执业经验和行业常识能够判断为应当主动回避且不得办理的利益冲突情形。

为解释和说明问题,在此试举二例详加论证:

2010年1月1日晚,四川省通江县实验中学学生赵鑫因故被赵洪、李某、熊某、刘某等人殴打。混战中,赵洪挥刀刺向赵鑫,致其死亡。案发后,赵鑫父亲赵健找到四川某某律师事务所的段律师。2010年1月10日,双方签订委托合同书,由段律师代理一审的刑事附带民事诉讼。赵健认为:除主犯赵洪外,其余5名被告在整个殴打过程中积极参与配合,是造成悲剧的根本原因,应负连带责任,请求人民法院判令全体被告承担死亡赔偿金、丧葬费等共计276 395元。2010年5月24日下午,在某某律师事务所会议室内,委托人赵健与其代理人段律师、被告赵洪的父亲赵秀建与其代理人贺律师就刑事附带民事损害赔偿事宜进行协商。段、贺两位律师组织双方进行了调解,并要求赵健写了一份谅解书,继而二位律师促成双方达成协议,约定被告赵洪的父亲赵秀建共赔付各种费用125 000元。协议达成后,委托人赵健发现段律师与贺律师二人系供职于同一家法律事务所的律师。赵健顿时产生疑虑,后经咨询其他律师得知:同一律师事务所代理同一案件利益冲突的双方,属于违法违规行为。赵健认为,两位律师组织起草签订的协议书,未能充分维护原告的权益。随后赵健提出解除与段律师的委托关系,另聘他所律师代理诉讼。从这起案例来看,律师事务所没有尽到审查的职责和义务。2004年颁行的《律师执业行为规范(试行)》第77条规定,在接受委托之前,律师及其所属律师事务所应当进行利益冲突查证,只有在委托人之间没有利益冲突的情况下才可以建立委托代理关系。第79条规定,律师在接受委托后知道诉讼相对方或利益冲突方已委聘同一律师事务所其他律师的,应由双方律师协商解除一方的委托关系,协商不成的,应与后签订委托合同的一方或尚没有支付律师费的一方解除委托关系。因此,同一家律师事务所的两名律师同时为刑事附带民事诉讼原告和被告担任辩护律师,是违反执业规范规定的。因此也会招致司法行政部门依据《律师法》和《律师执业行为规范(试行)》给予处罚。①

自2011年3月以来,某律师事务所主任律师舒某某,先后代理了多起多名失地农民的维权案件,先后向征占农地的相关地方政府主张非诉讼索赔。然而,在这些案件的代理过程中,律师舒某某一方面依照其与失地农民之间委托代理合同的约定收取了委托人(失地农民)的代理费;另一方面,在接受失地农民委托后,又背着委托人(失地农民)暗地里与索赔对象(地方政府)签订了多起法律顾问合同并收取了金额较大的所谓"顾问费"。舒某某的行为违反了律师执业规范,违背了当事人利益第一的职业底线,理应受到严肃处罚。②

第二,存在利益冲突的可能事由,且律师应当将利益冲突可能事由如实告知委托人并主动提出回避,但委托人同意其代理或者继续承办的除外:(1)接受民事诉讼、仲裁案件一方当事人的委托,而同所的其他律师是该案件中对方当事人的近亲属的;(2)担任刑事案件犯罪

---

① 参见谢颖:《同一事务所的律师帮了原告帮被告》,载2010年6月4日《华西都市报》。

② 参见叶飙:《双面"民告官"律师》,载2012年11月30日《南方周末》。

嫌疑人、被告人的辩护人，而同所的其他律师是该案件被害人的近亲属的；(3) 同一律师事务所接受正在代理的诉讼案件或者非诉讼业务当事人的对方当事人所委托的其他法律业务的；(4) 律师事务所与委托人存在法律服务关系，在某一诉讼或仲裁案件中该委托人未要求该律师事务所律师担任其代理人，而该律师事务所律师担任该委托人对方当事人的代理人的；(5) 在委托关系终止后一年内，律师又就同一法律事务接受与原委托人有利害关系的对方当事人的委托的；(6) 其他与上述第(1)至第(5)项情况相似，且依据律师执业经验和行业常识能够判断的其他情形。律师和律师事务所发现存在上述情形的，应当告知委托人利益冲突的事实和可能产生的后果，由委托人决定是否建立或维持委托关系。委托人决定建立或维持委托关系的，应当签署知情同意书，表明当事人已经知悉存在利益冲突的基本事实和可能产生的法律后果，以及当事人明确同意与律师事务所及律师建立或维持委托关系。委托人知情并签署知情同意书以示豁免的，承办律师在办理案件的过程中应对各自委托人的案件信息予以保密，不得将与案件有关的信息披露给相对人的承办律师。

为解释和说明问题，在此试举一例详加论证。

> 曾轰动全国的杨佳袭警案中，杨佳的亲属聘请了上海某律师事务所律师谢某某担任辩护人。舆论认为谢某某应以有利益冲突为由回避，理由是：杨佳袭击的是闸北公安分局及其民警，而谢律师是闸北分局所在闸北区政府的常年法律顾问。

显然，该案件构成了利益冲突。该案例反映了目前还有律师和律师事务所并未准确把握刑事辩护的法律精髓和辩护律师应当担负的法律职责。鉴于本节内容在本书第六章有详尽论述，在此不再赘述。

二、客观告知风险

我国《律师执业行为规范》(2009年修订版)明确规定，律师在承办受托业务时，对已经出现的或者可能出现的不可克服的困难、风险，应当及时通知委托人，并向律师事务所报告。

上述规定既反映了律师工作的价值,同时也体现出律师执业中客观告知风险的责任。

律师工作的价值集中体现在:律师透过特定的法律事实构成,通过严谨的法律逻辑推理,能够为委托人提出对特定事物的法律效果预判,从而满足委托人的利益诉求。律师在依据事实和法律对某一案件作出某种判断时,应向委托人如实地表明所作出的判断仅是个人意见,而且应当根据案件的具体情况和发展进程作出客观科学的判断,并及时地将实际情况通报给委托人,以供委托人作出全面准确的决策。

在执业实践中,律师对于拟受托的事项可能出现的法律风险应当有足够的认识和判断,而且应当将经过理性分析所形成的基本认识适时、谨慎、诚实、客观地告知委托人。这既是对委托人负责,也对自己负责。律师的职责就是代表一方当事人为其主张权利,作为一名称职的律师他应该有能力预见,并有义务也有责任在接受案件之初就告知当事人诉讼中存在的风险。这一方面是律师职业道德的要求,也是委托代理人的基本义务,有利于减少当事人与委托代理人之间的不必要的矛盾和冲突。

"打官司有风险"这是人所共知的事情。对于执业律师来说,在办理诉讼业务过程中,尤需具有高度的风险意识。当然,所谓风险,仅是可能存在,最终需经司法裁判才能确定。

为便于青年律师掌握和理解,现依据法律规定和司法解释并结合司法实践,将诉讼中可能遇到和应当预见到的风险及责任作一归纳,以资引导。

总的来说,在我国现有体制下诉讼风险主要存在以下三大类:

第一类是起诉和应诉中的风险。一是诉讼时效的风险。诉讼时效从知道或应当知道权利被侵害时起计算。提起诉讼应当在法定的诉讼时效内提起,超过诉讼时效的保护期间,将承担败诉的风险,即丧失胜诉权。二是一方下落不明的诉讼风险。一方下落不明,将会导致审理时间过长,不能尽快结案,承担诉讼成本过高、难以执行等风险。由于当事人下落不明,诉讼文书就不能通过正常送达途径送达,而只能通过公告送达,基于公告送达时间较长,会耗费大量的人力、物力和财力,且执行较难,因此风险较高。三是诉讼请求不当或不完全的风险。诉讼请求不当,主要指因诉讼主体不当,将可能承担被人民法院依法驳回起诉的风险;诉讼请求不完全,指将承担不完全部分被人民法院依法认定为放弃权利的风险。四是超越举证期限增加、变更诉讼请求或提出反诉的风险。当事人为上述诉讼行为应当在法定的举证期限内提出,逾期人民法院将不予审理,当事人则需承担被人民法院依法认定为放弃权利的风险。五是不按法律法规规定交纳诉讼费用的风险。原告起诉、增加诉讼请求或被告反诉及申请保全,不按时交纳案件受理费、财产保全费用及其他诉讼费用或不按照法律规定提供担保的,将承担人民法院依法作出不予立案、不予审理和不进行财产保全的风险。依照法律规定,诉讼费用一般由败诉方负担,但由原告于起诉时7日内预交。当事人应当合法合理地确定诉讼标的,涉及财产部分,如果金额过高,则将承担超过裁判支持部分(即败诉部分)的诉讼费用的风险。比如,在离婚案件审理过程中,如涉及房屋等共同财产的分割,则需交财产分割费,如果未交,法院将不予分割。如果所述共同财产不属实,超过实际数量,则应当承担未支持部分的诉讼费。六是未按时到庭或中途退庭的风险。未能按时到庭参加法庭审理活动或未经准许中途退庭的当事人,应当及时向法院说明理由。未能及时说明的,原告将承担被视为自动撤诉的风险,被告将承担被人民法院依法拘传或缺席审理的风险。

原告甲公司与被告乙公司于2000年8月9日签订一份买卖专用设备合同,合同约定乙公司的一套面粉设备以60 000元的价格卖给甲公司,当年8月底交货付款,甲公司给付定金5 000元。合同没有违约金条款。合同签订后,原告给付定金5 000元。8月26日,被告擅自将该套面粉设备卖与他人。原告无奈,诉至法院,要求被告支付违约金12 000元。法院审理认为,原、被告所签合同有效,被告未经原告同意,擅自将设备卖与他人,属违约行为。但由于双方未约定违约金,原告的请求无法支持,法院遂判决驳回原告的诉讼请求。

本案中,原告甲公司本属有理,但因没有提出合理的诉讼请求而败诉。本来,被告违约,作为受害方的原告可以要求被告双倍返还定金,并可以要求被告赔偿因合同不能履行而造成的损失。但原告这两项请求都没有提出,而是提出要求支付违约金 12 000 元。违约金分为法定违约金和约定违约金,买卖专用设备合同并没有法定违约金的相关规定,原、被告双方又未约定违约金,所以原告提出此项诉讼请求理所当然得不到支持。

第二类是举证的风险。一是举证不能或证据不足的风险。原告起诉或被告提出反诉,负有对自己的主张在法院指定的期限内提供证据加以证明的责任,如未能及时提供证据或提供的证据不足以证明其主张,将承担法律上的不利后果甚至败诉的风险。二是逾期提供证据的风险。超过举证期限提供的证据,不得在法庭上出示,不予质证(对方同意质证的除外),将不作为定案的证据使用,由举证方承担举证不能甚至败诉风险。三是不能提供原始证据的风险。向法院提供证据,应当提供原件或原物(不能提供原件或原物时应予说明)。若证据系在境外形成的,还应办理相应的证明手续,否则将导致该证据材料无效的法律后果。提供证人证言的,证人必须亲自到庭作证(除非有符合法律规定的特殊情况),否则将承担证人证言不被采信的风险。四是申请评估、鉴定的风险。申请评估鉴定的当事人,不在规定的举证期限内提出申请或不预交评估鉴定费用或不提供相关评估鉴定对象的,将承担不利的法律后果甚至败诉的风险。五是申请法院调查收集证据的风险。申请法院调查收集证据的当事人,不在规定举证期限内提出申请,法院将不予调查收集,将承担不利的法律后果甚至败诉的风险。

1996 年至 2000 年间,陈某与表兄刘某合伙做生意,相互的经济往来均无书面证据。后来,他们之间发生了纠纷,陈某说表兄刘某欠他 5 000 元钱,表兄刘某说不欠。官司打到法院,由于没有借条,又没有其他人可以证实此事,结果,法院判陈某败诉。陈某觉得满身的"理"讲不出,转而上访投诉法院裁判不公,竟然反复缠诉达十年之久。

本案中,说到底是当事人对两种"事实"没分明白。法院审判案件须"以事实为根据,以法律为准绳",但事实分为"客观事实"和"法律事实"。客观事实即案件的真实事实,法律事实即通过法庭庭审认定的事实。应该说,现实中,绝大多数案件客观事实与法律事实是能够相统一的。但有些案件由于时过境迁、缺乏直接证据、无目击证人等原因,无法再现案件的客观事实,而法官又不是案件事实的亲历者,是事后对纠纷进行裁判,那么只能依据法定的规则,依照当事人各方提供的各种证据来认定案件事实,即只能根据法律事实来定案。由此,当事人提起诉讼不但要有理还要有证据,有理而没有证据的,最终要承担败诉的结果。本案法院之所以判决原告陈某败诉,原因正在于此。

第三类是上诉、申诉和执行不能的风险。对一审判决、裁定不服的当事人,可在法定期间内向上一级法院提起上诉,逾期不上诉的,一旦一审判决、裁定生效,该当事人将承担丧失上诉权的风险。对已生效的判决、裁定不服,可以在法定期间内提出申诉,逾期不提出申诉,将承担丧失申诉权的风险。即使胜诉,进入执行程序后,并不是所有执行内容都能得到执行,当事人可能面临对方无财产可供执行的风险。

综上,诉讼中存在着诸多风险,律师要在诉讼前就将所有困难与风险考虑清楚,并适时、客观、全面地告知当事人,以期在诉讼中能够合理合法地规避、化解风险,以达到有效保护当事人合法权益和正确履行诉讼代理人职责的目的。因此,客观告知诉讼风险是代理人在实施诉讼行为之前的首要任务,同时也是提起诉讼行为之后的重要职责所在。

三、绝不非法牟取委托人的利益

俗语道:君子爱财,取之有道。律师接受案件收取服务费应当坚持标准与原则。任何情况下，律师均不能与当事人进行商业交易，也不能有意获取某种与当事人利益相抵触的不正当的利益。如果律师在此问题上丧失立场，不仅会腐蚀自己的心灵，玷污自己的形象，而且真理、正义原则必然会遭到践踏，最终必然背离自己的职业使命。

对此，我国《律师执业行为规范》（2009年修订版）规定，律师和律师事务所不得利用提供法律服务的便利，牟取当事人争议的权益；不得违法与委托人就争议的权益产生经济上的联系，不得与委托人约定将争议标的物出售给自己，不得委托他人为自己或为自己的近亲属收购、租赁委托人与他人发生争议的标的物。但是根据具体业务需要，律师事务所可以依法与当事人或者委托人签订以回收款项或标的物为前提按照一定比例收取货币或实物作为律师费用的协议。

透过以上规定可以看出，除依照相关规定收取法律服务费用之外，律师或律师事务所是不能非法牟取委托人任何利益的。然而，法律服务实践中，有的律师违反律师职业操守实施侵害委托人的利益的行为，招致了委托人的诟病，因而也受到了行业组织的严厉处分。

> 2005年7月11日，北京市律协接到北京某商贸公司的投诉，称原北京市某律师事务所律师柳某某存在违反执业纪律和职业道德的私自收取代理费和非法牟取委托人利益的行为。后经北京市律协深入调查，有证据证实律师柳某某在履职过程中，不仅私自收取了当事人的案件代理费，而且还在代理案件期间，个人向委托人随意借款。为此，2006年8月11日，北京市律师协会作出决定给予柳某某取消会员资格的行业纪律处分。

考察国外律师界执业规范可知，律师"不得非法牟取委托人的利益，也不得从事对委托人不利的活动"这一规则，是世界各国基于律师职业的性质和工作特点所普遍确认的律师所必须遵守的重要规则之一。律师与委托人的关系，往往是基于委托人一定时期内特定的利益诉求而建立起来的法律服务上的供给和需求关系，客观上存在着律师与委托人之间在法律知识和专业技能方面的不对称性，这就决定了委托人基于利益而对律师在一定程度上形成了阶段性的专业依赖和"命运寄托",而律师亦存在"寻租"的可能。故律师执业规范对"律师不能利用自身的优势牟取正常的法律服务费用以外的利益"作出规范就显得尤为必要。这对于维护和保障律师业健康发展具有重要价值。

实践不断地表明这样一个简单而至真的道理:"不要追求炫耀的财富,仅寻求你可以用正当手段得来、庄重地使用、愉快地施予、安然地遗留的那种财富。"①

四、妥善保管委托人的财产

我国《律师执业行为规范》(2009年修订版)规定,律师事务所可以与委托人签订书面保管协议,妥善保管委托人财产,严格履行保管协议。律师事务所受委托保管委托人财产时,应当将委托人财产与律师事务所的财产、律师个人财产严格分离。

律师基于业务关系可能会通过保管协议保管委托人的财产,但必须坚持以下原则。

第一,不损益。即律师在保管委托人财产时,不能以此便利而损害委托人的财产利益。

第二,不挪占。即律师应当妥善保管与委托事项有关的财物,不得挪用或者侵占。

第三,严格分离。即律师事务所在受委托保管委托人财物的过程中,应当将委托人财产与律师事务所的财产严格分离。

第四,方式得当。如果委托人委托保管的财产系资金,则律师事务所应当将委托人的资金专户保存在律师事务所所在地信用良好的金融机构的独立账号内,或保存在委托人指定的独立开设的银行账号内,以确保资金存放的绝对安全,切实保障委托人的经济利益。如果委托人委托保管的财产系其他财物,则律师事务所应当将所确定的保管方法,经由委托人书面认可。届时委托人要求律师事务所交还受委托保管的财物,则律师事务所应向委托人据实索取书面接收财物的证明,并将委托保管协议及委托人提交的接收财物证明一同存档。如果

---

① 参见刘燕敏:《寻找金钱的阴谋》,载《报刊精萃》2013年第6期。

律师事务所受委托保管委托人或第三人资金或其他财物系不断交付的,则律师应当逐笔依次及时书面告知委托人,即使委托人出具书面声明免除律师的及时告知义务,律师仍应定期向委托人发出保管财物的清单,以供双方核对委托保管协议履行情况时查对和验证之用。

五、遵循转委托规则

我国《律师执业行为规范》(2009年修订版)规定,未经委托人同意,律师事务所不得将委托人委托的法律事务转委托其他律师事务所办理。但在紧急情况下,为维护委托人的利益可以转委托,但应当及时告知委托人。受委托律师遇有突患疾病、工作调动等紧急情况不能履行委托协议时,应当及时报告律师事务所,由律师事务所另行指定其他律师继续承办,并及时告知委托人。非经委托人的同意,不能因转委托而增加委托人的费用支出。

律师事务所在实行转委托的过程中,应当坚持以下原则和程序。

第一,紧急情由确已发生。即原承办律师接受委托后,确因出现突患疾病、工作调动等特殊情况,已经无法正确履行受托职责,难以保证工作质量和业务时限要求而确需更换律师。对此,《律师事务所从事商标代理业务管理办法》第18条明确规定:"律师事务所在终止事由发生后,有未办结的商标代理业务的,应当及时与委托人协商终止委托代理关系,或者告知委托人办理变更委托代理手续;委托人为外国人或者外国企业的,应当协助其办理变更委托代理手续。律师变更执业机构、终止执业或者受到停止执业处罚的,应当在律师事务所安排下,及时办妥其承办但尚未办结的商标代理业务的交接手续。"

第二,出于维护委托人的利益考量。即更换律师的目的系维护委托人之利益所必需。

第三,及时告知委托人。

第四,不增加委托人的经济负担。委托人同意更换律师的,非经委托人的同意,原则上律师或律师事务所不能因为转委托而增加委托人的经济负担。

第五,完整交接与适时续约。原承办律师与转委托受托律师之间要及时移交相关业务材料,并通过律师事务所适时办理相关转委托法律手续。

六、保守委托人的商业秘密和隐私

基于律师职业本身的特殊性以及法律赋予律师的特殊权利,律师在执业过程中可能会接触各种秘密。委托人的商业秘密以及隐私事涉其切身利益,律师应予保守,对委托人忠诚。

保守职业秘密在西方律师职业中甚至被认为是律师行为的最基本准则。我国现行《律师执业行为规范》(2009年修订版)重申了我国《律师法》的有关规定,律师应当保守在执业活动中知悉的国家机密、商业秘密,不得泄露当事人的隐私。律师对在执业活动中知悉的委托人和其他人不愿泄露的情况和信息,应当予以保密。但是,委托人或者其他人准备或者正在实施的危害国家安全、公共安全以及其他严重危害他人人身、财产安全的犯罪事实和信息除外。

总之,律师对在执业过程中所获得的委托人的商业秘密以及未公开的商业信息,负有保密义务。即使代理工作结束后,律师仍有保密的义务。另外对"潜在委托人"[①]的信息和隐私,律师也应当保密,即律师不得披露与其磋商中所知悉的信息与隐私。本节内容在第五章有详尽的阐述,在此不再赘述。

七、终止委托关系及其善后处理规则

(一)终止委托关系的规则

法律服务实践中,律师与当事人委托关系的终止需要注意两个基本问题:一是委托代理关系终止的情形;二是委托代理关系解除或终止后所产生的律师附属义务。

委托代理关系终止的情形主要包括五个方面:一是因委托人主动行使解除权而解除委托代理关系;二是委托关系出于信守利益冲突规

---

① "潜在的委托人",是指那些已就特定法律事项与律师进行了实质性探讨和咨询,有可能形成但尚未实际形成委托人与律师关系的人。

则而终止;三是委托关系基于律师行使拒绝辩护和代理权而终止;四是因律师存在特定事由而解除委托代理关系;五是因委托代理事项办理终结,合同自然终止。

第一,委托人解除辩护或代理关系。从理论和实践的角度看,在委托人与律师的委托关系中,委托人作为授权方具有绝对的主动权。委托人可以随时行使合同解除权来解除委托代理关系。对此,我国《律师法》规定:"委托人可以拒绝已委托律师为其继续辩护或者代理,同时可以另行委托律师担任辩护人或者代理人。"我国《律师执业行为规范》(2009年修订版)中也规定,委托人提出终止委托协议的,律师事务所应当终止委托关系。可见,委托人解除律师的辩护权或代理权是绝对性的,这是由委托权利的性质所决定的。然则,对于委托人单方任意解除律师的辩护和代理关系也有一定的限制,即如果律师已经提供了相应的法律服务,委托人应当支付相应的对价,这既是代理律师享有的基本权利,也是出于防止委托人滥用解除权考虑。

第二,委托关系出于信守利益冲突规则而终止。鉴于利益冲突规则的刚性限制,发生规定事由后,律师及律师事务所不得与当事人建立或维持委托关系,详情参见本节第一部分的论述。

第三,委托关系基于律师行使拒绝辩护和代理权而终止。我国《律师执业行为规范》(2009年修订版)规定,如果实践中出现下列情形之一,经律师提示委托人不予纠正的,律师事务所可以解除委托协议:(1)委托人利用律师提供的法律服务从事违法犯罪活动的;(2)委托人要求律师完成无法实现或者不合理的目标的;(3)委托人没有履行委托合同义务的;(4)在事先无法预见的前提下,律师向委托人提供法律服务将会给律师带来不合理的费用负担,或给律师造成难以承受的、不合理的困难的;(5)律师若"继续履行委托协议将违反法律、法规、规章或者本规范的";(6)其他合法的理由的。

在此需要说明的是,接受委托后,若事实上发生了律师可以拒绝辩护或代理的情况,对此律师应当向委托人细致地说明理由,促使委托人接受律师的劝告,纠正导致律师拒绝辩护或代理的事由。如若沟通无果,最终导致律师不得不依法依规行使拒绝辩护和拒绝代理权的,则律师事务所应当与委托人终止委托代理或委托辩护协议关系。

第四,因律师存在特定事由而解除委托代理关系。我国《律师执业行为规范》(2009年修订版)规定,有下列情形之一的,律师事务所应当终止委托关系:(1)律师受到吊销执业证书或停止执业处罚的,经过协商,委托人不同意更换律师的;(2)受委托律师因健康状况不适合继续履行委托协议的,经过协商,委托人不同意更换律师的。实践中如若出现这样的情形,当属协商解除之列。

第五,委托合同因办理终结而自然终止。委托人的委托事项已经办理完毕,根据委托代理合同,则双方的委托代理关系即行自然终止。

以诉讼为例,律师代理事项为案件一审,一审判决下达后,代理事项即告结束。但是实践中,往往会出现代理事项的延续,比如上诉、执行申请等。如果处理不当,也会影响委托人与律师之间正常的信任关系和律师事业的整体形象。

> 律师在民事诉讼一审案件中接受委托人的委托担任诉讼代理人,一审判决下达,委托人败诉。委托人希望上诉,又无意继续聘请该律师作为二审诉讼代理人,但是还没有找到其他合适的代理律师。由于上诉期限的限制,委托人要求一审代理律师帮助起草上诉状,原代理律师以代理合同终结为由,拒绝代为撰写上诉状。

本例中,单纯地从委托代理合同本身的规定看,一审代理律师拒绝代为撰写上诉状的行为未尝不可。但是从律师法律服务对委托人利益的维护角度看,律师的拒绝行为显然破坏了委托人对律师的基本信任。按照律师执业的一般惯例,律师即使解除或终止了委托代理关系,在当事人后续的其他法律服务的中间环节上,需要律师提供必要服务的,仍应当满足当事人的需要。本例中,律师拒绝原当事人代拟法律文书的做法,显然是不妥的。

(二)终止委托关系的善后处理规则

我国《律师执业行为规范》(2009年修订版)规定,律师事务所依规终止代理或解除委托的,委托人与律师事务所协商解除协议的,委托人单方终止委托代理协议的,律师事务所有权收取已提供服务的部分的费用。律师事务所与委托人解除委托关系后,应当退还当事人提供的资料原件、物证原物、视听资料底版等证据,并可以保留复印件存档。

上述规定的指向是终止委托关系的善后处理问题,实际上就是终止过程中的律师附属义务问题。在解除委托代理关系前,律师必须采取合理可行的措施保护委托人的利益,如及时通知委托人,使其有充分的时间再聘请其他律师,收回文件的原件以及返还提前支付的费用。

在清结有关费用和物品时一般坚持以下原则:律师事务所或者委托人因合理原因终止委托代理协议的,律师事务所有权收取已完成部分的费用;委托人单方终止委托代理协议的,应当按照约定支付律师费。委托代理关系终止时,律师事务所如保管有委托人财产的,应当及时归还,并向委托人索取接收财物的书面证明,连同委托保管协议一同存档。另外,委托代理关系终止后,律师仍然负有基于委托关系产生的保密义务以及相应的利益冲突避免义务。

实践中为慎重起见,律师解除委托代理关系时,往往会向委托人发出终止代理的律师函,作为解除委托代理关系的正式法律文件。如果律师代理的是法律援助案件,还应当征得法律援助机构的同意。应当注意的是,无论基于何种原因导致委托合同终止,律师均不得扣押当事人的诉讼证据等资料的原件、原物和原始介质。

实践中,有的律师因为当事人拖欠律师费等原因,而采取扣押当事人的证据原件、原物和原始介质等做法以应对。这种做法既不利于当事人利益的维护,也有损律师职业形象。法律上并未明文赋予律师扣押当事人证据资料的权利,在这样的问题上,法理上"法不禁止即自由"原则是不适用的。如果因为律师的扣押行为而使得当事人的利益受到实际性减损,律师有可能因此而负担法律责任。这显然会破坏律师与委托人的基本信任关系。

综上所述,律师是法治建设和精神文明建设的中坚力量之一。律师职业操守水准的提高,对全社会公共道德水准的提高有着重大影响。律师职业操守的水准,不仅体现着现有律师队伍的素质,更会关系到今后律师队伍的素质。在人民群众的心目中,它会演化成为律师的形象、律师制度的信誉。律师德高望重,群众必然会信赖,事业就易兴旺发达,律师的社会地位自会日渐提高;反之,律师事业的发展就会受到限制。总之,律师职业操守建设是关涉律师队伍健康成长和事业可持续发展的百年大计。

第四节 常见业务中律师与委托人关系的处理

在律师与委托人关系的处理上,不同种类的业务对律师职业操守的要求,存在着一定的差异。现分别作简要的分析与说明。

一、刑事诉讼辩护律师与委托人关系的处理

需要首先说明的是,刑事诉讼分为刑事公诉案件和刑事自诉案件两种。律师参与刑事公诉案件,担任犯罪嫌疑人、被告人的辩护人时,鉴于犯罪嫌疑人、被告人往往已被公权机关采取强制措施,因而委托人也往往是犯罪嫌疑人、被告人的近亲属,当然有关辩护委托书必须经由当事人(犯罪嫌疑人、被告人)本人确认。而在刑事自诉案件中,委托人一般是刑事自诉案件的被告人本人。在刑事诉讼中,辩护律师与当事人(犯罪嫌疑人、被告人)关系是理解辩护律师诉讼地位和角色的关键之所在。辩护律师与当事人在法律上的关系,本质上就是双方之间的权利和义务关系。

(一)权利代理是辩护律师与当事人之间最先产生的关系,是辩护律师权利的基础

辩护律师与当事人的首要关系便是权利代理关系。因为有了当事人的委托授权,律师才真正成为了辩护人,也才由此而延伸出其他关系。辩护人的存在是以当事人辩护权的存在为前提的,因此,权利代理关系便是当事人将自己的辩护权通过委托授权给辩护人,让律师代为行使。但这里的委托授权并不同于一般的委托,当事人虽然将自己的辩护权委托给了律师,他自己仍然有自我辩护的权利,律师只是

帮助其行使。

从本质上讲,当事人的辩护权是第一性的,而律师辩护权则是第二性的。律师辩护权是依附于当事人的辩护权而存在,前者是实现后者的手段,后者的实现有赖于前者的落实。

应当注意的是,刑事辩护委托关系中,委托人的授权仅使得律师取得辩护人资格,而具体权限则完全决定于相关法律,而一般代理中代理人的代理权限则完全取决于被代理人。

(二) 辩护律师与当事人之间是一种服务与被服务的关系

现代辩护制度的出现是法律的专业性、诉讼职业化的必然结果。辩护律师从一开始就注定其是为了给当事人提供法律服务,使其能够接近法律和诉讼程序,实现法律救济的愿望。在刑事诉讼中,律师是独立的诉讼参与人,享有法定的诉讼权利,履行法定的诉讼义务。其中,最大限度地维护委托人的利益是辩护律师的主要义务。一言一蔽之,维护被告人(委托人)的合法权益是辩护律师的天职,当事人的合法权益高于一切。此乃律师的基本职业伦理。

在中国,辩护人并非完全遵从被告人的意志,而是进行"独立辩护"。我国《律师法》第31条规定:"律师担任辩护人的,应当根据事实和法律,提出犯罪嫌疑人、被告人无罪、罪轻或者减轻、免除其刑事责任的材料和意见,维护犯罪嫌疑人、被告人的诉讼权利和其他合法权益。"中华全国律师协会制定的《律师办理刑事案件指引》第5条规定:"律师担任辩护人或为犯罪嫌疑人提供法律帮助,依法独立进行诉讼活动,不受委托人的意志限制。"

可以看出,所谓独立辩护,是指辩护人辩护时,作为一种"独立的社会力量"参与诉讼活动,向司法机关提出独立的法律观点,不受被告人的意志控制,只要依据法律和事实进行辩护即可。换言之,即便是为了最大限度地维护委托人的利益,律师也不必听从委托人的意思,而可以有自己独立的判断。作为案件亲历者的被告人,可以提供案件事实的基本情况,律师可以从中获得有用的信息来源。至于律师究竟选择怎样的辩护思路,则不是委托人所能左右的。尤其是对案件的法律评价和法律适用问题,律师作为专业人士,当然可以有自己的独立见解,而不必受制于委托人。否则自己失去专业判断,也损害委托人的合法权益。

辩护律师之所以具有独立辩护人的地位,除了有委托人无力自行维护其诉讼利益的原因以外,还有法律和职业伦理方面的原因。在刑事诉讼中,辩护律师不可能完全站在当事人的立场上,成为其"代言人"或"喉舌"。律师的辩护活动有一系列限制。例如,律师不能为了达到辩护目的,而从事伪造证据,威胁、引诱证人作伪证等有违司法公正的活动;也不能一味地听从委托人的意见,动辄与司法人员单方面接触、贿买司法人员;也不能为了与被告人保持步调一致,而对侦查人员、公诉人和法官采取一味对抗的策略,应当遵守法庭纪律,并与公诉方、裁判者进行最低限度的对话与合作。一言以蔽之,律师的辩护不能逾越法律、执业纪律和职业操守所设定的行为界限,而唯当事人之命是从,为委托人提供法律帮助必须以事实为根据,以法律为准绳。

(三)辩护律师与当事人之间具有基本的信赖与合作关系

辩护律师以其专业知识、技能为其当事人进行辩护,委托人也愿意让辩护人作为其权利的保护者,这样的一个事实建立在辩护律师与委托人之间信赖关系的基础之上。

按照公认的律师职业伦理准则,律师要承担忠诚于委托人利益的法律义务,不能将其所了解的委托人的秘密向外界泄露,更不得向侦查机关揭发、检举在辩护活动中所获悉的委托人的"犯罪事实";即便对委托人的犯罪事实产生了内心确信,也不能在法庭上成为变相的"公诉人"或者"控方证人",否则会造成基本人身信任关系的解体和辩护制度的瓦解。

(四)"辩护律师拒证特权"的确立是维系双方信赖关系的重要措施

律师拒证权,意指在刑事诉讼中,律师虽然具有证人的适格性,但就其在提供法律服务过程中所知悉的当事人秘密事项具有拒绝提供证言的诉讼权利。这项权利表面上是辩护律师履行辩护职能的一种诉讼权利,实际上具有双向性,被追诉者与律师拒证权同样也是被追诉者最基本的诉讼权利。

律师这一职业的存在，是以从业者和其服务对象之间的信任和合作为基础的。如果为了查明一个具体的刑事案件，而要求这些行业的从业者去充当指控其服务对象犯罪的证人，那么，这种信任和合作必将荡然无存。因此，确立辩护律师在刑事诉讼中的拒证特权，无疑有助于保障律师与其当事人的信赖关系，保证犯罪嫌疑人、被告人这一诉讼程序中的弱势者的辩护权最终实现。

现行《律师法》第38条规定，律师应当保守在执业活动中知悉的国家秘密、商业秘密，不得泄露当事人的隐私。律师对在执业活动中知悉的委托人和其他人不愿泄露的情况和信息，应当予以保密。但是，委托人或者其他人准备或者正在实施的危害国家安全、公共安全以及严重危害他人人身、财产安全的犯罪事实和信息除外。这一规定被认为确立了律师免证制度，但在实际操作中还存在很多问题，有待立法实践进一步明确和完善。

（五）辩护律师刑事豁免权的确立是维护委托人利益的重要保证

在庭审中赋予律师言论豁免权，是保证辩护律师在庭审过程中最大限度地维护被告人合法权益的前提条件。这样可以使辩护律师在庭上直率发表辩护意见，与公诉人平等直接对抗，厘清法律事实，明晰法律责任，最终达到公正审判的目的。言论豁免的范围主要包括与公诉机关发表对立意见，发表无罪辩护以及对法律适用发表反对意见。

客观地看，基于我国刑事辩护领域相关立法不完善和整个社会法治发展某些阶段性特征的制约，以及受传统的法律文化尤其是司法文化的牵制和影响，一个时期以来，我国律师界刑事辩护业务开展得并不尽如人意，事业发展举步维艰。律师处理不慎就会面临职业风险，以至于相当一部分律师事实上已远离了传统上被认为可以为律师生涯奠基立名、彰显个性的刑事辩护业务。这不能不说是很遗憾的。尽管如此，多年来，全国各地仍有一批律师坚持致力于刑事辩护业务，他们成功的执业经验和有效规避职业风险的方式，恰恰在于他们都能够在现有法治环境中恰当处理"刑事辩护律师与委托人关系"的问题。

有的资深律师根据多年执业经验，总结出处理与委托人关系的几条通俗的基本准则：不多拿律师服务费用，不超越法律和执业规范的红线；对当事人及其亲属给予必要的理解和尊重，但坚持独立品格，绝不被当事人的意志所左右，也绝不为家属向当事人传有违法律原则和执业规范的话。① 这些基于经验所总结的准则，值得年轻的律师们斟酌、领悟和借鉴。

二、民事诉讼代理律师与委托人关系的处理

（一）民事诉讼代理的基本特点

民事诉讼代理律师与委托人之间的关系，从内部关系而言，乃是一种委托合同关系，对外则是代理关系。内部关系解决的是律师与委托人之间的权利义务安排，外部关系解决的是律师代理行为的效力归属。由于法律服务合同中律师不能承诺交付工作成果，该合同不能适用合同法中的承揽合同规范，而只能适用合同法中的委托合同规范，比如忠实义务、报告义务、人身信赖原则、转委托限制等。另外，依据《合同法》第123条"其他法律对合同另有规定的，依照其规定"，该种委托合同还要适用《律师法》等特别法。

法律服务合同不同于一般委托合同之处在于：

第一，委托合同主体是律师事务所而不是律师，导致委托合同不能直接成为当事人对律师进行授权的依据，这一点与普通代理不同。普通委托合同与授权行为具有内在紧密联系，而律师执行职务除了当事人授权之外，实质上还需要律师事务所的授权（实践中称之为委派），只有得到授权才能使得委托合同与代理权的取得发生内在联系。

第二，普通委托合同双方皆有无条件的合同解除权，而法律服务合同律师的解除权（《律师法》第32条规定了律师的拒绝代理权和拒绝辩护权，实质上是律师事务所的合同解除权）受到了严格限制。

第三，普通委托合同中，风险全部由委托人承担；而在法律服务合同中，律师执行职务中的风险由律师事务所承担，而律师事务所无权向委托人主张，这一点与承揽合同相似。

---

① 参见马军：《守住底线，30年没出事》，载2010年2月1日《云南信息报》。

第四，普通委托合同中，无偿委托，受托人仅对自己的故意和重大过失给委托人造成的损害承担赔偿责任；而法律服务合同无论有偿无偿，对律师的一般过失给当事人造成的损害，律师事务所也要承担责任。

第五，民事诉讼代理律师的代理行为除了适用《民法通则》中"代理"一节的规定外，还要适用《民事诉讼法》。民事诉讼律师代理区别于一般民事代理之处在于，律师代理中当事人的授权内容实际上受到了法律的严格限制，当事人的授权仅使得律师取得代理人资格，而具体权限则来自于《民事诉讼法》，而一般代理中代理人的代理权限则完全取决于被代理人。

（二）律师代理民事诉讼的职业操守要素

鉴于民商事诉讼系平等主体之间基于财产关系和人身关系的争讼，因此为了保障律师依法履行职责，规范律师的执业行为，正确处理律师与委托人的关系，律师凡在中华人民共和国境内参与民商事诉讼活动，均应当遵循我国民诉法、律师法和律师执业规范的一般性规定。

在此需要强调指出的是，"以当事人合法权益为本"应当成为民事代理律师职业操守的核心理念。这是因为法的本质在于权利，人类法治的进程就是私权不断得到尊重和保障的进程。司法权主要是为了给私权利以法律救济，给公权力以法律上的制约。失去司法救济，私权利最终难以实现，公权力必将无限扩张。律师应该成为私权的伸张者和捍卫者，律师和律师制度的存在价值即在于：以一种特有的方式强化权利义务观念、保障权利实现的制度和秩序。律师必须树立"以当事人合法权益为本"的理念，并将其融入法律服务实践之中。唯此律师工作才能得到社会的广泛认可，才能不断提高律师职业的社会形象和社会信赖度，才能使律师事业真正融入并服务于和谐中国建设之中。

三、行政诉讼代理律师与委托人关系的处理

（一）行政诉讼代理的一般特征

行政诉讼代理律师是指以当事人、第三人的名义，在代理权限内代理当事人参加诉讼活动的律师。理论上,行政诉讼由当事人、第三人本人亲自参加。但是,当他们客观上不能或难以亲自参加时,即需要他人代替或者帮助他们进行诉讼活动。为了把这种代理需求纳入法律规范的范围,行政诉讼法设立了诉讼代理制度。

行政诉讼代理律师具有以下法律特征。

1. 行政诉讼代理律师必须以被代理人名义进行诉讼活动

这是由被代理人与代理人之间的关系和诉讼当事人制度决定的。代理律师只有以当事人、第三人等被代理人的名义才能取得为保护和实现其利益所需要的诉讼地位和诉讼权利,不能以自己的名义参加诉讼活动。这是与其他非诉讼代理制度的重要区别。

2. 行政诉讼代理律师必须在代理权限内活动,其法律后果归属于被代理人

这是由代理权的性质决定的。由于代理诉讼是基于代理权而产生,只有在代理权限以内的行为才能产生法律后果,越权代理则属无效行为。只要代理律师的诉讼行为是在代理权限以内,就要产生法律后果,这一有效代理的法律后果归属于被代理人。

应当注意的是,行政诉讼代理中,当事人的授权仅使得律师取得代理人资格,而具体权限则完全来自于《行政诉讼法》,而一般代理中代理人的代理权限则完全取决于被代理人。

3. 行政诉讼代理律师以自己独立的身份参加诉讼

代理律师以被代理人的名义进行诉讼,并不说明自己没有独立的诉讼地位。相反,行政诉讼代理律师只有具备独立的诉讼地位,才能最大限度地维护被代理人的利益。

(二) 行政诉讼代理的特殊特征

1. 作为原告代理的特殊性

第一,身份上的特殊性。行政诉讼中原告与被告具有恒定性。在诉讼当事人双方中,被告一方是有行政权力的国家行政机关,而原告一方往往是国家行政机关行使管理权的对象,因此行政诉讼代理律师要树立"法律面前人人平等"的观念,更要向被代理人阐明这一观念。

第二,案由上的复杂性。行政诉讼代理律师首先要弄清案件的事

实,查清被代理人实施过何种行为,这种行为是否违法,该负何种法律责任。行政诉讼的案由复杂,包括行政许可、行政处罚、行政确认、行政强制等,理论上还包括非常模糊的行政事实行为。这些行为是否可诉、是合法之争还是合理之争,都需要代理律师深入研究。

第三,法律依据的广泛性。行政诉讼案件的处理依据,大都是行政性法规,随着我国依法治国进程的推进,这方面的法规会越来越多。行政诉讼代理律师要代理好行政诉讼案件,必须要具备扎实的法律基础,掌握丰富的行政法律知识,才能维护好当事人的合法权益。

第四,诉讼结果的不调解性。我国《行政诉讼法》第 50 条规定:"人民法院审理行政案件,不适用调解。"不适用调解原则,又称不得调解原则,是指人民法院在审理行政案件中,不得以调解作为审理程序和结案方式,而应该在查明事实、分清是非的基础上,以判决的方式解决行政纠纷,结束行政案件。民事权利在法律范围内具有可自由处分的性质,因而民事诉讼具备调解的基础。与民事诉讼不同,行政案件所反映的法律关系是一种管理与被管理的关系,行政机关行使职权作出具体行政行为,是法律赋予的一项重要权力,任何机关或公务员都不能转让、放弃和随意处分。这意味着行政诉讼代理律师在行政诉讼中是没有申请调解的权利的。

第五,收集证据的主动性和复杂性。有些情况下,行政诉讼代理律师简单地理解行政诉讼举证责任的分配规则,认为行政诉讼由被告承担举证责任,在代理原告的过程中忽视了证据的收集工作,这经常为代理工作造成被动。根据目前的证据规则,行政诉讼的原告在某些类型的案件中承担举证责任,并且即使原告依法并不承担举证责任,收集对原告有利的证据,仍然有助于原告诉讼请求的成立和被支持。无论在何种行政案件的代理中,原告的代理律师均应当主动收集证据。这是一项非常重要的代理职责,应当给予足够的、充分的重视。

2. 作为被告代理的特殊性

第一,提出证据的时限性。被告依法应当在答辩期内进行答辩(送达起诉状之日起 10 日内),并提交行政机关作出行政行为的证据和依据。如果被告在这一时限内不提供证据,视为原行政行为没有证据,那么可能直接导致原行政行为撤销。这一时间要求对被告而言是非常紧张的期限,对代理工作提出了很高的要求。

第二,提供证据的多样性。与原告代理特征相同,行政诉讼证据不仅要有事实依据,而且还要有法律依据,代理律师应当清楚这些证据尤其是依据的法律法规。

第三,收集证据的限制性。这一特征是其与民事诉讼代理的重要区别。根据《行政诉讼法》的规定,未经法庭同意,被告不得自行向原告和证人收集证据,因此作为被告方的行政诉讼代理律师自然也不能自行收集证据。当然,这里要注意收集和整理证据的区分。有些行政行为的案件证据材料散落在该机关的各个部门,或者由上下级行政机关分别持有,而这些均是行政机关行为的依据。律师应当主动汇集、整理这些案件证据并作为行政机关行为的依据。这些在行政行为作出前已经被作为依据的证据材料的整理不属于收集证据。

(三)律师代理行政诉讼的职业操守要点

行政诉讼的特殊性,决定律师除了应当坚持一般职业操守要求以外,更要坚持不受行政机关、其他组织和个人的干涉。

公权力如若失去有效制约必将趋向无限扩张,私权利必将难以保障和实现。"依法保护私权,依法制约公权力之滥用"是行政诉讼代理律师职业操守中最为核心的价值追求。律师要树立这一理念,并将其融入诉讼实践之中。诚如是,其工作和付出必能获得社会的认可,亦可使律师事业真正根植于中国法治建设之中!

另外,我国现行行政诉讼的受案范围有严格的限制,律师必须对行政诉讼案件的可诉与不可诉性有一个清晰而准确的把握,才能依法切实维护行政相对人的合法权益,避免其不必要损失的扩大。这不仅是一个业务水平的问题,也关乎一个律师的职业操守。

四、非诉讼业务中律师与委托人关系的处理

(一)律师参与非诉讼业务的职业操守要义

律师接受当事人委托参与代理非诉讼业务,应当由律师事务所与当事人签订委托代理合同或者法律顾问合同,并指定律师办理具体法

律事宜(当然律师事务所应当尽可能满足委托人的指名委托要求),委托人还应当签署授权委托书。律师接受委托后,应当独立拟定非诉讼事项代理思路,并适时将代理思路客观告之委托人,与其形成统一意见。

承办律师在履职过程中,若发现委托人的委托事项无法完成,委托事项违法,委托人隐瞒重要证据及出现委托合同中约定其他应终止委托代理合同情形的,应当提请其所在的律师事务所主任批准终止委托合同。

律师依法依约完成委托事项后,应以所在律师事务所的名义向委托人出具书面的法律意见书,拟订书面办案小结,并由委托当事人出具书面的委托代理意见反馈表,装卷存档。

(二) 律师参与非诉讼业务中的风险及防范

1. 非诉讼业务的主要风险

这类风险包括:承办律师的服务不到位,或法律适用不当,或工作方法不当而致使委托人蒙受经济损失或者担负新的法律责任。

2. 防范风险的主要措施

这类措施包括:加强律师自身的素质建设;强化工作作风及履职责任心;项目责任化,责任明确化;拒绝委托人的违法要求并阐明拒绝办理的法律依据;对提供法律服务过程中所掌握的秘密或隐私严守保密义务,且将其视为后合同义务予以保密;严格执行利益冲突规则,遏止同行之间的不正当竞争,恪守职业道德和行业规范。

第四章　保持职业独立

世界各国的律师制度都极力强调和保障律师职业的独立性。一方面宏观上通过律师协会保障律师个人执业权利来保障整个律师队伍的独立性,通过立法确立律师在法律上的独立地位,即律师行业自治;另一方面,立法和律师协会也在微观层面作出规定,要求律师在具体的执业中保持职业的独立性。

简单地说,律师职业独立就是要求律师职业应该在制度上与国家权力和拥有权力的人员分离,与其他社会组织和人员分离,保证律师的职业判断和执业行为仅仅来自律师个人,即基于事实、法律规定和职业经验、技能,不受任何组织和个人的干预或影响。

职业独立,是律师职业的特殊属性,也是律师的一种职业精神。律师职业的特殊性要求律师担负起维护法律秩序的责任,在必要的时候对公务行为的正当性提出质疑。这两个方面都是律师职业存在价值之所在。

需要说明的是,律师职业的独立是在律师具体执业的过程中体现出来的,即体现在执业判断、经济事务处理、情感处理以及对法律制度的关注中,其要求与其他执业规范不可分离,本书只是为了强调其重要性和研究以及表述的方便而独立成章,需要结合其他章节内容来学习和理解。

第一节　独　立　执　业

律师独立执业是律师职业道德的重要内容之一。律师"独立执业",就是指律师在执业活动中,要独立地进行辩护或代理以及独立地提出意见或建议,不受非律师左右,不受包括委托人、自己的执业机构、自己行业的管理部门和管理组织以及承办此案的法官和其他人员的非正常影响。律师对于案件包括对所有专业问题的判断来自于自己对于事实的掌握和对于法律的理解,是完全依赖自己的意志独立做出的,律师自己对这种判断正确与否负责。对于律师的"独立执业",可以从以下几个方面来理解。

一、判断独立

律师拥有工作的自决权:(1)接受哪个业务委托由自己决定;(2)时间分配由自己决定;(3)工作策略和方法由自己决定;(4)案件讨论意见,包括同事及律师事务所内设组织如疑难案件专家委员会的意见,以及其他任何个人或组织的讨论意见,仅供承办律师参考。

律师对其所承办的法律事务的判断和行为,仅仅来自于法律和事实,来自于律师行业的技术规范和行为道德规范,来自于自身的知识和经验。律师对于案件的判断,是律师自己独立做出的。并且,律师自己要对这一判断负责,即使是律师自己的执业机构也不对律师的判断负责。

(一)独立于当事人

关于独立于当事人,我国香港特别行政区有关法律以及律师管理组织的规章、守则和指令就律师与当事人之间的关系做了详细规定,很有借鉴意义。它要求律师在执业中要"始终保持职业上的独立性,必须忠实于事实和法律,既要尽心尽力为当事人的最佳利益服务,不得将自己放置在与当事人利益冲突的位置上,又不能允许自己的判断力被当事人的意志所左右,对当事人指令唯命是从,更不能因为某种利益或为了当事人的利益而违反法律、法令以及律师执业行为规范"。① 如《香港大律师执业行为守则》规定"大律师不得在其委托人的公司或机构办事或担任董事、合伙人、成员或雇员之职","大律师不得向委托人的公司或机构或委托人担任董事、合伙人、成员或雇员的

---

① 张富强主编:《香港律师制度与实务》,法律出版社1999年版,第319页。

公司或机构提供任何贷款以给予经济支援或用于其他业务目的"。①有些国家甚至规定不允许律师做其客户的薪金雇员（即在客户领取工资的雇员）。② 之所以做如此严格的限制是认为这样会损害律师的独立性。

关于独立于当事人，看似很简单，在具体的业务关系中却有着复杂和具体的要求，本章第二节将进行专门阐述。这里仅仅从判断的角度，说明四点。

1. 律师的意见和建议应该真实反映律师作为代理人的判断和评价

《律师执业行为规范》（2009 年修订版）第 35 条规定，律师应当依照法律和委托协议，并运用专业知识维护委托人或者当事人的合法权益。第 36 条规定，律师有权根据法律规定、公平正义及律师执业道德标准，选择实现委托人或者当事人目的的方案。第 41 条规定，在委托事项违法、委托人利用律师提供的服务从事违法活动或者委托人故意隐瞒与案件有关的重要事实的情况下，律师有权拒绝辩护或者代理、或以其他方式终止委托的规定。这些规定都是律师为委托人提供服务的原则和依据，都要求律师要独立做出对于案件的判断，即律师对其所承办的法律事务的判断和行为，仅仅来自于法律和事实，来自于律师行业的技术规范和行为道德规范，来自于自身的知识和经验。

从理解能力来看，律师用纯法律的术语与委托人交流，很难得到委托人的理解和认可；从个人感受来讲，因为委托人处于矛盾纠葛当中，对事实和他人的意见的理解，很容易偏情绪化。所以，律师在提供建议和对事实进行评价时，尤其是对将要采取的措施和可能出现的后果进行评估时，应尽可能地考虑当事人的立场、情感和个人感受以及理解能力，但不能够为了迎合委托人，迁就其情绪和立场，提供不诚实

---

① 《香港大律师执业行为守则》第 90、93 条。引自许世芬主编：《香港律师执业行为规范》，法律出版社 1999 年版，第 17 页。

② 参见宋冰编：《读本：美国与德国的司法制度及司法程序》，中国政法大学出版社 1998 年版，第 205 页。

的意见和建议。这里所说的"不诚实",是指律师没有诚实地说出自己内心的真实判断和评价。

2. 律师的意见和建议的范围和依据可以不限于法律。

通常来说当事人所遇到的问题,都是包含有政治、经济、文化、社会以及家庭甚至情感等多种因素,律师如果仅仅提供纯粹法律方面的建议,对当事人的帮助意义可能不大。因此,律师除法律意见之外,还可以依据政治、经济和社会背景以及道德、伦理、情感处理等因素,综合提出意见和建议。对此,《上海市律师协会律师执业行为规范(试行)》第22条就明确规定,"律师提供法律建议时,不仅应当考虑法律,还可以以适当方式考虑道德、经济、社会、政治以及其他与当事人的状况相关的因素"。

另一方面,若当事人的问题可能涉及审计、会计、医学、心理学或者建筑学等专业领域,律师应该建议委托人向这些领域的专业人员咨询。这也是律师职业的专业精神和独立精神的体现。

3. 禁止律师为犯罪、欺诈和禁止性交易提供服务

"禁止为犯罪、欺诈和禁止性交易提供服务"是律师当然的义务,前引《律师执业行为规范》(2009年修订版)第41条已有详细规定。

对此,《美国律师协会职业行为示范规则(2004)》规则1.2(d)作出了规定:"如果明知委托人的行为构成犯罪或欺诈,则律师不得为委托人从事上述行为提供咨询或帮助。但是,律师可以就委托人意图进行的行为的法律后果同其进行探讨,可以为帮助委托人善意地确定法律的效力、范围、含义及其适用问题而提供咨询或者帮助。"该条的解释对此亦有强调。"当委托人的行为已经开始并且正在进行时,律师的职责特别微妙。律师需要避免帮助委托人,如为其起草或者传递律师明知为欺诈的文件,或者是为委托人如何隐瞒其违法行为提供建议。在律师开始认为委托人的行为在法律上是适当的,但后来发现其行为是犯罪或欺诈性的情况下,律师不得继续帮助委托人。因此,律师必须退出在该事项中对委托人的代理。"规则4.1(b)规定了一个具体适用情形,即在代理委托人的过程中,律师不得如此从事"当公开某重要事实为避免帮助委托人从事犯罪或者欺诈行为所必需时,没有向

第三人披露该事实,除非这种披露为规则 1.6 所禁止"。[①]（注:规则 1.6 内容为信息的保密）

我国现行《律师执业行为规范》(2009 年修订版)虽然不比《美国律师协会职业行为示范规则(2004)》的规定具体明确,但其第 41 条的规定可视为已确定了"禁止律师为犯罪、欺诈和禁止性交易等违法、犯罪活动提供服务"的原则。

4. 不受当事人的胁迫

这条似乎已经被上条"禁止律师为犯罪、欺诈和禁止性交易提供服务"的原则所涵盖,但其实它们是从不同方面分别强调律师必须保持执业的独立性。

在美国,"不受非律师的左右"是律师执业的一个原则。在我国,虽然还没有明确确立这样的原则,但是,鉴于目前律师执业环境不甚良好,更有必要强调律师要能够独立地表达自己对于案件的法律判断,要不受当事人包括委托人的左右,尤其是不受其胁迫。当胁迫发生时,律师应采取说明、说服甚至拒绝代理或辩护等措施。

（二）独立于司(执)法机关及其人员

律师工作的交往对象有很多,其中法官、检察官、警察等法律职业人员以及其他政府部门的执法人员是律师比较经常接触的,在目前复杂的执业环境下,强调律师独立于司(执)法机关及其人员是至关重要的。对于这部分内容,《律师执业行为规范》(2009 年修订版)和《关于规范法官和律师相互关系维护司法公正的若干规定》中对律师业务承揽、回避以及业务前后工作接触的注意事项等方面,都作出了限制性规定,可以结合其他章节内容一起来理解。

《民主与法制》2010 年第 21 期第 20 页《近年来发生的法官腐败窝案》中有这样一组信息:

  2004 年初,武汉中院的法官窝案,牵涉法官 13 人、律师

[①] 《美国律师协会职业行为示范规则(2004)》,王进喜译,中国人民公安大学出版社 2005 年版,第 15、80 页。

44 人。

2005 年,阜阳中院的窝案,被调查的律师有三、四十名,后来被阜阳律协处理的有 7 人。

2006 年,湖南省高级法院原院长吴振汉受贿 600 余万元。这个案件展示出的司法腐败,也是当事人、律师、法官的三方模式。

2008 年广东司法界的"11·13"系列案件,也是号称两名律师放倒几十名法官。

2009 年底辽宁多个中院的多名法官因为审理驰名商标案件,与律师联手,涉嫌通过虚假诉讼认定"驰名商标",有数十名律师被调查……

2010 年年初,原最高人民法院副院长黄松有腐败案,也是涉及广东的 5 名律师……

在上述案件中,律师沦为当事人行贿法官的中介甚至是直接行贿者,这种现象被一业内学者称之为"当事人—律师—法官腐败模式"。这些人也许只是律师中很少的一部分,但是,对律师职业的危害是很大的。深入分析这种模式,也促使人们思考如下一系列问题:律师与委托人、执法机关及其人员应该保持一种怎样的关系?律师在与法官的关系中如何保持独立?律师对法官的尊重应该如何体现?

最高人民法院、司法部 2004 年联合发布了《关于规范法官和律师相互关系维护司法公正的若干规定》,对律师与法官的关系进行全面规范,这些内容也适用于其他司(执)法机关及其人员。这里仅从程序方面,结合上述规定和《律师执业行为规范》(2009 年修订版),对律师与司(执)法机关及其人员的关系,概括如下:

1. 关于律师业务承揽

律师应该凭借自己的业务能力和执业信誉及其影响,而不是与法官等司(执)法机关及其人员的特殊关系承揽业务。《律师执业行为规范》(2009 年修订版)第 78 条第 4 款和《关于规范法官和律师相互关系维护司法公正的若干规定》第 6 条第 2 款分别规定,律师不得"向委托人明示或者暗示自己或者其属的律师事务所与司法机关、政府机关、社会团体及其工作人员具有特殊关系"，"不得明示或者暗示法官为其介绍代理、辩护等法律服务业务"。

2. 关于回避的注意事项

《关于规范法官和律师相互关系维护司法公正的若干规定》第4条规定，"法官应当严格执行回避制度，如果与本案当事人委托的律师有亲朋、同学、师生、曾经同事等关系，可能影响案件公正处理的，应当自行申请回避，是否回避由本院院长或者审判委员会决定"。律师也应自觉遵守此规定。

3. 关于业务前后工作的注意事项

（1）不得因为与司（执）法机关及其人员存在某种关系而对其施加影响

律师办理具体业务的过程中，在与司（执）法机关及其人员时，应该保持自己的独立，应该以专业知识对业务情况进行独立的判断，就像《关于规范法官和律师相互关系维护司法公正的若干规定》第2条第2款规定的那样，"律师在代理案件之前及其代理过程中，不得向当事人宣称自己与受理案件法院的法官具有亲朋、同学、师生、曾经同事等关系，并不得利用这种关系或者以法律禁止的其他形式干涉或者影响案件的审判"。律师在与其他司（执）法机关及其人员接触时也应该参照此规定。

同时，律师也应该尊重法官保密的规定，不得以各种非法手段打听案情，不得违法误导当事人的诉讼行为和对自己实体权利以及程序权利作出处分。

（2）不得与司（执）法机关及其人员有不正当的物质交往

律师在与司（执）法机关及其人员交往过程中，要保持自己的独立品质，不能够有不正当的物质交往。《律师执业行为规范》（2009年修订版）第69条规定："律师不得贿赂司法机关和仲裁机构人员，不得以许诺回报或者提供其他利益（包括物质利益和非物质形态的利益）等方式，与承办案件的司法、仲裁人员进行交易。律师不得介绍贿赂或者指使、诱导当事人行贿。"

《关于规范法官和律师相互关系维护司法公正的若干规定》第7

条第 1 款规定:"法官不得向当事人及其委托律师索取或者收取礼品、金钱、有价证券等;不得借婚丧喜庆事宜向律师索取或者收取礼品、礼金;不得接受当事人及其委托律师的宴请;不得要求或者接受当事人及其委托律师出资装修住宅、购买商品或者进行各种娱乐、旅游活动;不得要求当事人及其委托的律师报销任何费用;不得向当事人及其委托的律师借用交通工具、通讯工具或者其他物品。"这些规定看似是对法官的要求,其实也是对律师的要求,律师也应遵守这些规定,在与司(执)法机关及其人员交往中,保持自己的独立品质。

(3) 不得违反规定会见司(执)法机关人员

《关于规范法官和律师相互关系维护司法公正的若干规定》第 3 条规定,"法官不得私自单方面会见当事人及其委托的律师。律师不得违反规定单方面会见法官"。《律师执业行为规范》(2009 年修订版)第 67 条和第 68 条规定分别规定"与案件承办人接触和交换意见应当在司法机关内指定场所","律师在办案过程中,不得与所承办案件有关的司法、仲裁人员私下接触"。之所以作出这样的规定,就是要求法官和律师的交往行为公开,以保证审判的公正。同样,律师在与其他司(执)法机关及其人员接触时也应遵守此规定。

禁止法官与一方当事人委托的律师单方接触,是世界各国的通行做法,不仅是法官应有的道德,也应该是律师应有的职业行为规范。

(4) 关于律师的执业限制

为了保持律师的执业独立,各国都有关于律师执业的禁止性规定,即在某些情况下律师不能执业或者不能办理某些业务。我国也有类似的规定。我国《律师法》第 11 条规定,"公务员不得兼任执业律师。律师担任各级人民代表大会常务委员会组成人员的,任职期间不得从事诉讼代理或者辩护业务"。《律师法》第 41 条还规定,"曾经担任法官、检察官的律师,从人民法院、人民检察院离任后二年内,不得担任诉讼代理人或者辩护人"。这就是执业限制的规定。实际上,我国在实际执行中,比规定的内容更加严格些,即使是一般的公务员或者现役警察都不能执行律师职务,在年检注册的时候,司法行政部门不会给予其办理年检注册。

从上文提到的相关规范建设来看,法院系统近年来一直致力于在法官和律师之间建立一道"防火墙"。但就实践情况看,落实情况不理想,使得民间对法官与律师的关系也颇有微词。这种状况不仅损害了法官和律师的形象,也损害了我国司法制度的威信。

(三)独立于自己的执业机构

按照我国《律师法》的规定,律师只能在律师事务所执业,即律师不能够以律师个人名义执业,而只能以某个"律师事务所的律师"的身份执业。这样,就存在着律师个人与律师执业机构的关系问题。在这种关系中,律师事务所统一接受委托,通过建立健全执业管理、利益冲突审查、收费与财务管理、投诉查处、年度考核、档案管理等制度,对律师在执业活动中遵守职业道德、执业纪律的情况进行监督,并对每位律师办理年度考核手续。但是,律师只是在业务工作关系上归属于律师事务所,律师在具体的执业过程中,对具体业务的判断是独立的,即使是律师自身的执业机构也不对律师自身的判断负责。

这一点,我们可以从律师职业赔偿制度中感受到。律师执业机构在律师存在过错情况下的赔偿,只是为了使服务对象的损失得到及时救济,最终的赔偿责任仍然在律师本人。反之,律师个体遵守其执业机构的规章制度,并不意味着律师对其承办的法律事务的判断和行为要对其执业机构负责,律师执业机构也不得通过制度使律师个体接受其所谓组织或机构的判断。律师对其所承办的法律事务的判断,仅仅来自于法律和事实,来自于律师行业的技术规范和行为道德规范,来自于自身的知识和经验。

二、不受不良影响

先看这样一个案例:

某律师在一起种子繁育纠纷的集团诉讼中代理种子技术推广公司,开庭时力陈种子技术推广公司如何尽全力履约,说明种子繁育没有达到预期效果是异常天气和管理不善等原因造成的。庭后,该律师遭到数百农民原告的围攻、谩骂,指责其坏了良心……

我们在律师业务中常常可以见到类似的例子。在民事案件中，常常会出现律师为大众伦理道德的对立方，或者某个范围内与多数人情感对立的一方代理的情形。这种情形在刑事业务中就更为常见，如律师为刑事案件的犯罪嫌疑人甚至是罪大恶极的被告人辩护等。这些情形在理论上都也可以归纳称之为"代理不受欢迎的当事人"。由此，也常常听到这样的疑问："律师是天使的代言人？还是魔鬼的代言人？"

这样的案件，有时会形成很大的社会影响，甚至引发社会舆论的高度关注。这些关注和影响有时是正面的、积极的，有些则可能对案件的处理过程与结果产生负面影响，即下文中所称的"不良影响"。

由此也促使人们思考：律师在代理不受欢迎的当事人或者案由时，如何坚持独立判断，不受不良影响？

（一）何谓"不良影响"

"不良影响"一词，来源于美国律师职业道德规范研究。[①] 一个法治社会，应该尊重每个人的尊严和权利，这是律师代理"不受欢迎当事人"的理论依据。当律师代理一个不受社会公众欢迎的当事人时，这个当事人以及代理这个当事人的律师都可能受到批评或谴责。这时，律师职业独立性和专业性则要求律师依然要全心全意为了当事人的利益服务，不能够向这种批评或谴责（"不良影响"）妥协，仍然要忠于自己内心对这个案件的职业判断。

所谓不受欢迎，是指律师代理的当事人的行为与大众伦理道德相悖，这也使得律师的代理或辩护行为与大众的立场和情感相背离。

由此可推知"不良影响"的定义。所谓不良影响，是指律师代理了不受欢迎的当事人，并且这个案件受到了社会的关注，但这种关注以批评、指责甚至谩骂、围攻等极其情绪化的形式表现出来，又如某领导

---

① 参见〔美〕蒙罗·H.弗里德曼、阿贝·史密斯：《律师职业道德的底线》，王卫东译，北京大学出版社2009年版，第7—10页。

以直接或间接的方式对某案中的过问或批示,这些都有可能对律师的执业判断形成干扰。

（二）不良影响的常见情形

"不良影响"具体、直接的来源,可能是分散的或者集合的社会公众,也可能是媒体,也可能是政府官员。其共同特点是针对某个具体的案中、具体的当事人或具体的律师,而不是通常情形下的议论和道德论判。从理论和实践的情况看,常见的不良影响有以下几种情形:

1. 公众批评、谴责有可能构成不良影响

有时,公众批评、谴责可能代表着一些人的立场和情绪,但这些立场和情绪却未必与法律规定一致,如果这种批评、谴责过于广泛或形式过于激烈,就有可能影响到律师的执业判断。

2. 媒体声讨有可能构成不良影响

媒体言论是公民言论自由的体现,但是,其产生的影响却远远大于以口头传播的公众言论。当多个媒体的意见过于倾向于某一方时,就有可能对律师的判断造成影响。尤其是当媒体倾向与律师所代理的当事人的立场相反时,对律师的判断产生不良影响的可能性就更大。

3. 行政权力干预有可能构成不良影响

目前中国的法治化程度不高,行政干预司（执）法的情况时有发生,但一般不会直接干预到律师。如果律师得知存在行政干预司（执）法,则可能会影响其判断。这时,就更要强调律师要对案件做出独立的法律判断。

（三）对不良影响的处理

当上述不良影响发生时,律师应该保持自己的独立判断,在实际工作中也需要有一些具体的可以行得通的操作方法。需要注意两点:

1. 不受社会舆论左右

社会舆论往往以公众议论、媒体报道评论的方式出现。当其达到一定强度时,就可能对承办律师以及司（执）法机关及其人员产生一定影响。这时,律师要能够坚持自己依据事实和法律做出的判断。

2. 对社会公众的不适当关注,给予尊重和理解

社会公众对某个案件形成某种关注,往往是有一定道理的。无论法律的规定如何,律师作为法律专业人士的判断如何,这些关注之所以能够发表出来,就表明它代表着一部分人的立场、情感。面对此种情形,律师所要做的,并非反驳,而是要从人性的角度,以适当的方式表示理解或者同情,但又要同时表明这种理解和同情不代表自己作为法律专业人士的法律判断和自己在案件中的代理意见。"尽管我能够理解社会公众对于此件事情的情绪化反应,但我仍然会忠诚于委托人的利益,坚持我的代理意见",这句话可以成为律师在法庭发言时表明自己情感、立场和法律意见的参考。

简洁地表达"不受不良影响"这一律师职业操守,就是"律师被授权独立地维护当事人的利益,而不论这个当事人是谁,也不论这个当事人做了什么"。正像医生救死扶伤,不论对象是谁,也不论对象做了什么事情一样,此时的言行,仅仅是他们作为专业人士的言行,与他们作为普通人的情感、立场与道德水准无关。

所以,律师既不是天使,也不是魔鬼。"律师对委托人的代理,包括指定代理,并不构成律师对委托人政治、经济、社会或者道德观点或行为的赞同。"①这是《美国律师协会职业行为示范规则(2004)》规则12"代理的范围和律师与委托人之间权力的分配"中(b)所确定的。

三、收入来源于律师业务的执业

强调律师执业独立,还有另外一层含义,就是律师执业取得的收入应该是独立来自于执业本身,而不是其他方面,即不依赖政府或社会团体的拨款,不依赖于其他经营性活动。换句话说,律师从委托人处取得的费用,只能是委托人以律师报酬的形式交给律师事务所的费用中获得的报酬。按照《律师协会会员违规行为处分规则(试行)》第11条第9项的规定,"私自接受委托,私自向委托人收取费用,或者收

---

① 《美国律师协会职业行为示范规则(2004)》,王进喜译,中国人民公安大学出版社2005年版,第13页。

取规定、约定之外的费用或者财物的;违反律师服务收费管理规定或者收费协议约定,擅自提高收费的","由省、自治区、直辖市及设区的市律师协会给予训诫、通报批评、公开谴责"。可见,在委托协议约定的服务项目之外"收取规定、约定之外的费用或者财物的"也属于违反职业操守。

通常律师在规定或者约定的执业收入之外,从委托人处获取费用的情况会有几种可能,一是办案经费,二是关系打点费用,三是对律师的酬谢费用。严格地讲,除了实际发生的办案经费外,律师向委托人收取其他费用都是违反律师职业操守甚至违法、犯罪的行为。办案经费,包括交通费、赴外地调查、出庭的食宿费、复印材料的资料费等费用,一般是委托人提前预付,代理结束后结算。律师应当合理、节俭地支出办案经费。

同时,律师也不得为了获得业务与非律师人员分享律师执业收入。在这方面,目前国内律师所存在的律师为了承揽业务向案件介绍人支付费用的做法,就是有违律师的职业操守。因此,我国《律师法》第50条第1款中第(3)(4)项分别规定,"从事法律服务以外的经营活动的","以诋毁其他律师事务所、律师或者支付介绍费等不正当手段承揽业务的","由设区的市级或者直辖市的区人民政府司法行政部门视其情节给予警告、停业整顿一个月以上六个月以下的处罚,可以处十万元以下的罚款;有违法所得的,没收违法所得;情节特别严重的,由省、自治区、直辖市人民政府司法行政部门吊销律师事务所执业证书"。

为了保障律师的执业独立,很多国家还对律师与非律师的关系,做出了严格的限制甚至用刑事法律规范进行调节,不仅律师不能够与非律师进行业务合作,也不能与非律师分享律师费用。如英国《1936—1972年初级律师章程》第3条明确规定,初级律师不得与他人分享或同意与他人分享其律师费,除非是与其他初级律师分享或与可在英格兰及威尔士以外的国家以律师身份执业,且其主要办事处设于该国的人分享。又如1992年我国台湾地区"律师法"新增加了第49条第1款和第50条第1款,规定"律师非亲自执行职务,而将事务所、章证或标识提供与未取得律师资格之人使用者,处一年以下有期徒刑,得并科新台币三万元以上十五万元以下罚金","未取得律师资格,意图营利,设立事务所而雇佣律师执行职务者,处一年以下有期徒刑,得科三千元以上一万元以下罚金"。之所以各国家及地区都对律师与非律师的关系做出严格限制,目的就是为了避免律师的判断或行为受到非律师人员的左右,保证律师自身判断的独立性。

我国关于律师执业的行为规范虽然没有对律师与非律师的关系作出明确规定,但《律师事务所从事商标代理业务管理办法》第13条关于"律师事务所及其律师承办商标代理业务,不得委托其他单位或者个人代为办理,不得与非法律服务机构、非商标代理组织合作代理"的规定,说明有关部门已经开始注意到律师与非律师的关系问题。这也可以视为律师职业操守规范建设方向的进步。笔者认为,如果不对律师与非律师的关系进行限制,将有可能出现损害律师职业形象的现象。

四、保守职业秘密

保守职业秘密,是律师职业独立性的重要体现。因设置专章对其进行论述,此处只标明保守职业秘密的职业操守来源于律师职业独立的属性。

五、谨慎评论司法

作为一名律师,无论业内业外,都应当谨慎评论司法,不宜公开发表有损司法公正的言论,不要利用媒体非法干预法官的独立审判,更不能当庭发表批评或颂扬法官的言论。这不仅是维护司法独立的需要,也是律师职业独立性的需要。

鉴于这项操守已在本书第二章第二节进行了论述,此处只是作为保持律师职业独立的一项重要内容在结构上列出,内容方面不再赘述。

六、遵守从业禁止规定

从业禁止也是律师保持独立的重要方面。为了保持律师的执业独立,各国都有关于律师执业的禁止性规定,即在某些情况下律师不能办理某些业务。如法国除了规定律师不得担任公职外,还规定不得在政府机关或企业内部担任专职法律顾问,不得担任公共审计员,不能从事政府的行政管理工作以及除学校以外的其他任何公共机构的工作。在德国,律师不能为一个与其订有雇佣合同,要求他把主要的时间与精力用于处理他的事务的当事人代理诉讼或者出席仲裁程序。我国澳门特别行政区还规定律师不得兼任居间人或拍卖人。① 本节论述"独立于司(执)法机关及其人员"时引用《律师法》第11、41条之内容也是对律师执业限制的规定。"公务员不得兼任执业律师。律师担任各级人民代表大会常务委员会组成人员的,任职期间不得从事诉讼代理或者辩护业务。""曾经担任法官、检察官的律师,从人民法院、人民检察院离任后二年内,不得担任诉讼代理人或者辩护人。"

第二节 独立于当事人

强调律师独立于当事人,就有这样一个问题不能回避:律师是受委托人的委托办理具体业务的,在什么情况服从委托人,又在什么情况下服从自己的专业判断?"收人钱财,替人消灾"的说法是否适用于律师职业?

如果采取描述的方法列举哪些情况下服从委托人,哪些情况下服从律师自己的专业判断,也许是一件非常困难的事情。因为律师执业所面临的情形异常复杂,不仅要面对真假难辨的事实甄别、错综复杂的法律论证和选择,还要经常面对左右为难的道德冲突。这些所有的复杂情形,有些情况客观存在,有些则是当事人主观制造。而作为职

---

① 参见石毅主编:《中外律师制度综观》,群众出版社2000年版,第172、261、299页。

业律师必须清醒意识到,这些复杂局面中,不能够排除有委托人无意造成的假象或者有意制造的陷阱。因此,独立于当事人,不仅仅是律师职业操守的要求,也是律师保护自身权益所必需的。

一、独立于委托人

律师独立于当事人的首要要求就是要独立于自己的委托人。

从服务对象的组织性质角度,可以把委托人分为两类,一类是个体性的委托人,包括公民个人以及小型的商业个体户等,还有一类是组织。显而易见,律师在与个体性的委托人交流时,更容易表达或者坚持自己的独立见解,而在面对组织性的委托人,尤其是规模较大或者委托标的数额较大的组织性委托人时,在执业中保持独立的做法就会受到较大的挑战。

除了极其个别代为支付费用的情况外,一般是委托人向律师事务所支付律师费用,有些律师就会产生"收人钱财,替人消灾"的想法,不仅想方设法地去实现委托人委托的事务,甚至对于委托人的任何请求,不论是否是委托事务范围内的事情,一概应承。这可能会背离律师职业操守的要求,甚至给自身带来风险。因此,律师在执业过程中,在尽心尽意为委托人提供法律服务的同时,也要在自己和委托人之间立下界限,保证律师的思考和判断处于审慎的状态,要在个人事务、道德与情感等各个方面与委托人保持距离。

(一)律师个人事务独立

律师在执业过程中,尤其是在与委托人的接触过程中,要求律师将自身的个人事务与委托事务分离,不从当事人处谋取任何利益,不得与当事人进行商业交易。

《律师执业行为规范》(2009年修订版)第45条规定:"律师和律师事务所不得利用提供法律服务的便利,牟取当事人争议的权益。"第46条规定:"律师和律师事务所不得违法与委托人就争议的权益产生经济上的联系,不得与委托人约定将争议标的物出售给自己;不得委托他人为自己或为自己的近亲属收购、租赁委托人与他人发生争议的标的物。"这些都是要求律师要将自己的事务或利益与委托人或者当事人的利益或事务分离开。

如果允许律师任意收取规定或者约定之外的费用或者财务,就会助长律师牟取委托人利益的不正当行为,就可能出现各种各样的打着为委托人谋利的旗号而实际上为自己牟利的行为,出现更严重的违法甚至犯罪行为,最终严重损害律师的职业信誉。

(二) 律师个人道德和精神独立

上节提到的某律师代理种子繁育纠纷的集团诉讼案件而遭到数百农民原告的围攻、谩骂的例子,实践中并非罕见。律师"代理不受欢迎的当事人",尤其是在刑事案件的辩护业务中,常常会遇到这种情形。

在这些业务中,律师的执业行为不代表律师的道德水准和精神境界。在此前提下,对律师的执业独立的进一步要求是,律师自身也要有意识地保持道德和精神独立,保证自身的执业行为不受当事人(委托人)的道德和精神影响。

有这样一个案例①:

> 某厂因涉及重大债务导致所有财产和账号被法院查封、冻结。这时该厂厂长找到该厂的常年法律顾问某律师,说客户有一笔款项要向其支付,希望能够通过该律师所在的所转账。该律师多次拒绝,但在该厂长的一再请求下,该律师难却情面,答应提供方便。之后,该客户公司将30万元汇至该所,该律师将上述款项提出交给该厂长。后来公安机关因其他事由介入,以涉嫌挪用资金罪将该律师刑事拘留……

此事,公安局最后的结论是"证据不足,不构成犯罪"。该地律协经过调查认为该律师违反了职业纪律,给予"公开谴责"的纪律处分,后经过听证,减轻为"通报批评"。

在该案件中,该律师尽管也多次拒绝委托人的非法请求,但终因

---

① 该案是根据某地方律师协会提供的实际案例编写的,以该所维权请求发案,后转为纪律处分程序。

碍于情面,迎合了委托人。这在某种意义上也可以说律师没有摆脱委托人的精神影响。无论律师与委托人有多长时间的交往,建立了多么好的友谊,律师作为法律职业人员,要始终能够在精神上保持独立,要有能力抵抗委托人的不当(非法)请求。

(三) 律师个人情感独立

律师职业道德要求律师要尽心尽责地为当事人服务,但是,不能被当事人的情感或意志左右。

电视连续剧《拿什么拯救你,我的爱人》中有一段这样的剧情:

> 罗晶晶的前男友龙小羽因为涉嫌故意杀人罪被公诉,年轻律师韩丁经不住其女友罗晶晶的哭求,担任龙小羽的辩护律师。在韩丁与罗晶晶交流案件情况时,罗晶晶对韩丁的法律判断提出质疑,怀疑韩丁希望龙小羽死。韩丁为此非常生气,两人发生激烈争吵……

剧中韩丁律师既是龙小羽的辩护人,又是委托人罗晶晶的男朋友,这种双重身份是造成其情感困惑的原因,也是其与委托人发生信任危机的根源。即使韩丁内心认为自己是客观的,认为自己的判断是根据事实和法律做出的,但双重身份的客观存在,还是会让委托人产生担心,也使其他社会公众(观众)对韩丁律师的立场和情感产生怀疑。

关于什么是当事人,张勇在他的《远见》一书中的描写非常形象。他写道:"有人突然闯进你的世界,他甚至来自一个你没有去过甚至没有听说过的地方,说着一口你很不习惯的方言,告诉你连他的父母或配偶都不知道的秘密,那无法掩饰的表情向你发出清晰的信号:Help me! 经验老到的律师们马上就会本能地反应:当事人来了。"① 当事人是活生生的人,他们在遇到法律困扰的时候,不仅需要法律知识、技能和策略上的帮助,还需要情感的交流和支撑。所以,律师在为当事人提供法律服务的时候,也必然会与当事人产生情感联系,而律师自身,

---

① 张勇:《远见》,机械工业出版社 2007 年版,第 55 页。

除了是一个专业人士之外,也是活生生的人,也会有自己的情感。如何在执业过程中,控制自己的情感,以保证判断的独立,就成为需要注意和处理好的问题。

1. 与当事人(委托人)保持职业距离

律师不是当事人,律师和当事人的关系,就是律师和当事人的关系。这样的界定看起来好像是犯了逻辑学上循环定义的错误,之所以用这样的句式表达,是要强调律师和当事人之间的关系,就是一个专业人士和一个需要专业人士帮助的人之间的关系。当然,这个需要专业人士帮助的人,可以是自然人个人,也可能是法人或者其他社会组织等任何法律意义上的主体。

尽管律师作为一个有道德的人,也会像其他社会上的普通人一样,也有爱恨情仇,但是,律师帮助当事人,却不是或者主要不是基于爱恨情仇,而是因为合同关系的存在(无论是否有偿)。律师的帮助行为是履行合同义务的体现。

强调律师和当事人关系是"一个专业人士和一个需要专业人士帮助的人之间的关系",就是要强调"律师必须和当事人保持职业距离"。所谓职业距离,就是保证律师能够做出理性职业判断的距离。无论律师与当事人有多少以及多长时间的接触,只要他们相互之间没有结束律师和当事人的关系,就必须在情感上把握好分寸,保持超然的专业地位,始终清醒地知道"当事人是当事人,律师是律师"。如果律师逾越了这个界限,就有可能造成律师以当事人的立场和情感来思考和判断问题,那也就背离了当事人希望寻求法律专业人士帮助的初衷,最后遭受损失的还是当事人的利益。要始终与委托人保持职业距离,这是保证律师能够自己独立做出判断的重要前提。

2. 将普通的人类感情与职业理性区分开来

在当事人需要感情的支撑时,可以采取如下方法:

(1) 对于当事人的处境,表示关注。律师要设法了解到他的真实处境,这样做不仅仅是为了给予关怀,更是对于他在那样处境下的权利处分给予更多的理解和法律支持。

(2) 对于当事人的情绪表示理解和尊重。这不代表完全赞同当事人的做法,律师也不要完全在感情上顺应当事人。

总之,律师不仅不能与委托人有财产上的联系,也不能被当事人的情感或意志左右。

二、不从当事人处谋取任何利益[①]

《律师执业行为规范》(2009年修订版)第45条和第46条将禁止律师谋取当事人利益的范围限制在争议标的,显然,这个范围过于狭窄。

《上海市律师协会律师执业行为规范(试行)》第60条明确规定,"律师不得与正在接受其所提供法律服务的当事人有商业往来"。其禁止行为的范围要大于中华全国律师协会颁布的规范。

因此,除了争议标的之外,在委托关系存续期间,律师与当事人之间在其他方面的物质联系也要尽可能地避免。如向当事人(委托人)借用钱物,向委托人的企业入股,包括将自己的法律服务作为干股入股委托人的企业,这些行为都在一定程度上有损于律师的职业形象,也会破坏律师和委托人之间的信任关系。同时,律师将自己的利益和当事人的利益联系在一起后,就难以独立地就当事人的法律事项作出客观的法律判断。

三、避免利益冲突

避免利益冲突,是世界各国律师业的普遍原则,我国《律师执业行为规范》以及相关规章也有明确规定,可以认为是律师保持独立品质所必需的道德操守。鉴于此问题在第六章有专门阐述,这里不再赘述。

第三节 关注法律制度的合理性

律师常常以一方利益代理人的身份出现,表面上看其行为是在追

---

① 律师与委托人的关系,在第三章已有专门论述。这里,笔者只做简要说明。

求一方胜诉或者有利的结果。其实在这背后，律师还有一个身份，就是具有专业法律素养的公民。起码，社会公众会对律师有这样的期待。律师作为法律职业整体的一员，负有追求法律制度完善的责任，负有促进公众建立对法治的信心和对法律制度的理解和信任的责任。

因此，律师作为社会的一支独立力量，不应该成为权力的附庸，也不应该成为富人的工具，而应该以独立的姿态关注法律制度的合理性，致力于法律制度的改革和完善，帮助公众建立对法治的信心和对法律制度的理解和信任。

一、关注法律制度改革

虽然中国的法制建设已经走过了三十多年的路程，也取得了令世人瞩目的成绩，但是，我们的法律制度中仍然存在很多缺陷。律师不能只是关注自己办理的案件的输赢，而应以积极的姿态投身于法律制度的改革与完善的工作中。

二、关注法律服务平等

虽然中国的改革开放和社会主义市场经济建设取得了卓越的成绩，国民生活水平也有了大幅度的提高，但毕竟还处在社会转型期，各种社会矛盾还很多，贫富不均的社会现象以及社会弱势群体还存在。这都需要律师有一种积极为中低收入人群提供法律服务，积极参与法律援助、义务法律咨询等活动，将追求法律服务平等、追求社会公平正义作为律师自身职业操守的崇高境界。

三、关注公众法治信仰

我们知道，公众的法律信仰是法治社会的重要基础。律师是法律职业中与社会公众有着最为广泛和深刻接触的群体之一，对社会公众的法律意识、法律信仰状况有着最为深刻的了解。因此，律师应该在办理具体案件之余，关注公众对法律的信念，积极参与法律教育和法律宣传活动，如法律咨询、法律下乡等，以此推动社会文明和法治进步。

四、追求社会公平正义

律师作为法律职业整体的一员,有责任在自己的整个职业生涯中,在自己执业的具体过程中,追求社会的公平正义。律师一定要意识到如果与当事人过分地保持一致,那么在别的案件中,为相反的情况辩护或者代理时,就不可信了,甚至把自己陷入道德困难的境地,从而丧失客观分析和处理问题的能力。

"律师所提供的服务和技能可以有偿,但他们的人格和政治信念则不然。……当事人用金钱换来的忠诚是有限的,因为,律师的职业人格中还有为公共事业作贡献的成分。"[1]常常听到有些律师说,"收人钱财,替人消灾"。这种说法是不适合律师职业的。一定要明白,虽然付钱的是委托人,但是,律师在为当事人谋利和为社会公共利益服务之间有一个平衡。如果把握不好这个平衡,就可能出现风险。律师必须谨小慎微的处理与当事人的关系,不能以损害社会公共利益为代价来为自己的当事人谋利益。这里需要提示一点,即律师所进行的所有关注法律制度改革、关注法律服务平等、关注公众法治信仰的活动,其目的应该是出于公益,出于完善法律制度。如果律师发现自己直接参与的某项决策或某项活动可能使自己的某个委托人大大受益时,就应该在该组织或活动中适当(不必指明委托人的姓名或者名称)公开这一事实。

另外,需要说明的是,本节关于"关注法律制度改革、关注法律服务平等、关注公众法治信仰、追求社会公平正义"的要求,不是律师职业操守的强制性规范,是对律师职业操守比较高的要求,只是提倡律师在职业精神和操守方面有更高的追求,是律师职业操守的崇高境界。

---

[1] 〔美〕罗伯特·戈登:《律师独立论——律师独立于当事人》,周潞嘉等译,中国政法大学出版社1992年版,第17页。

本章小结

虽然律师制度在我国已经恢复三十多年,但我国以国家为本位的传统文化,必然对律师制度、律师权利产生种种的排异反应。伴随着人们对于律师职业价值认识的加深,伴随着中国律师制度建设的进步,人们对于律师职业的独立品质需求必将越来越强烈。

如此看来,本章的意义也许在于,引起人们对律师职业独立性这一问题的关注,并由此研究如何进一步将律师的独立品质具体化为律师的职业操守,并通过规范建设,使其体现在律师的执业行为规范上。如此,才能够扭转"中国律师独立性尚未显现,商业性渐浓"的趋势①,才能够使中国律师事业健康发展。

---

① 参见司莉:《律师职业属性论》,中国政法大学出版社2006年版,第393—431页。

第五章 保守职业秘密

律师的保密责任,被世界各国普遍视为律师职业首要的和基本的权利和义务。尽管律师保密义务的责任存在刑事责任、行业责任、民事赔偿责任等责任形式,但在更多的场合是一种基于律师和当事人之间的特殊关系而产生的道德义务。

对律师设定保密义务的依据就在于律师和当事人之间的信任是律师和当事人关系的基础,甚至可以说,律师和当事人间的信任关系是律师制度存在的重要基础。[①] 如果律师失去了当事人的信任,就不可能正常地开展业务。如果当事人、进而社会大众甚至社会整体失去了对律师职业整体的信任,那么,律师职业整体的生存根基就不存在了。

从理论上看,律师保守执业秘密的职业操守要求甚为严格,稍有不慎就可能造成违纪甚至违法。但在我国,无论是《律师法》还是《律师执业行为规范》(2009 年修订版),对于律师保守秘密的义务却规定得极为简单。《律师法》中与律师保密义务规定相关的只有 4 条,即第 38 条规定了律师保密义务的范围和例外情形,第 48 条和第 49 条分别规定了律师违反保密义务泄露商业秘密或者个人隐私的和泄露国家秘密的法律责任,第 23 条关于"律师事务所应当建立健全……档案管理制度",并有义务"对律师在执业活动中遵守职业道德、执业纪律的情况进行监督"的规定,也可以认为是对律师保密义务的间接规定。而《律师执业行为规范》(2009 年修订版)直接规定律师保密义务的只有第 8 条,即使从广义上理解此规范的相关规定,与律师保密义务相关条款也只有第 4 条、第 52 条、第 86 条、第 95 条、第 96 条等共计 5

[①] 律师和当事人间的关系,在学界通常会用"律师—当事人关系"这样的公式表达。

条。总之，无论是《律师法》，还是《律师执业行为规范》（2009年修订版），上述这些规定既不能对律师的执业行为形成有效指引，提示广大律师谨守此项操守，也不能为律师职业群体提供必要的保护。

因此，鉴于目前中国律师职业道德的学科理论研究相对落后、法律职业伦理学的学科建设还处于起步阶段、律师执业行为规范也会不断地修改完善的情况，本章除了阐释《律师执业行为规范》（2009年修订版）关于律师保密义务的相关规定外，也会融合学界对此问题的最新研究成果，结合国外关于律师保密义务的相关规定和中外律师同行的做法，对在执业过程中需要高度注意的环节进行提示，以期最大限度地为律师的执业提供指引，使律师能够在最大限度地保护委托人的利益的同时，也能够最大限度地保护律师自身。

在内容结构上，本章将按照律师保密义务的要素进行架构安排，重点阐述保密义务的内容及对象范围，简要介绍中外律师保守职业秘密的规定，并重点介绍保守职业秘密的具体做法。

第一节 律师保密义务的基本理论

对抗制的诉讼制度架构是律师保密义务存在的基础，律师履行保密义务是有效保护当事人利益的需要，也是维护律师职业整体利益的需要，更体现出法治社会对个人尊严的尊重。对于律师个体来讲，保密义务不仅是一项职业道德，而且是一项法定义务，如果违反，可能导致承担民事、行政甚至刑事责任，因此被律师界看成是继《刑法》第306条之后又一把悬在律师头上的利剑。

十几年前，律师界曾经发生过这样一起在全国引起极大反响的案件：

> 某律师办理一起贪污案件刑事辩护业务，在检察院向法院提出公诉后，到法院复印了案卷材料。后该检察院指控该律师涉嫌泄露国家秘密罪，指控的犯罪事实主要有二：一是指控该律师应被告人家属请求，让其助手将复印后的卷宗材料留给了被告人家

属；二是该律师将复印的部分卷宗交给了被告人的家属。该案在审理期间，控辩双方曾就指控事实的真实性展开过激烈争论。该案一审以泄露国家秘密罪判处此律师有期徒刑一年，二审改判无罪。

从该律师被捕至二审改判无罪，历时两年多，在律师界引起强烈反响。①

此案例引发了人们对律师保密义务的主体、范围、对象、措施等诸多问题的深入思考。② 当事人对律师的信赖，是律师履行职责的前提和基础，只有当事人信赖律师，才会把事实真相告诉律师，律师也才可能全面、真实地了解情况；只有充分地了解情况，才有可能施展其业务技能，运用法律保护当事人的合法权益。所以，律师对于基于信任而得知的情况，应该绝对地保守秘密。

一、律师保密义务产生的理论依据

（一）对抗制的诉讼制度架构是律师保密义务存在的基础

我国目前的对抗制庭审诉讼模式，既不同于大陆法系的职权主义诉讼模式，也不同于英美法系的当事人主义诉讼模式，也与我国法制恢复之初的 20 世纪 90 年代以前的诉讼模式有很大区别。经过 1996 年《刑事诉讼法》的重大修改和近十几年的司法改革，可以说，中国的诉讼模式，尤其是刑事诉讼模式已经"完成了被理论界称之为审问式审判向控辩式审判的转变"。③ 而控辩式审判方式的特点之一，就是要求双方的平等武装为前提的对抗，双方要有同等的机会和权利，这正是律师保密义务存在的诉讼基础。因此，很多国家在普遍规定律

---

① 示例参见银建章：《泄露国家秘密罪：悬在律师头上的又一把剑？——全国首例律师涉嫌泄露国家秘密案庭审记实》，载《中国律师》2001 年第 7 期。

② 参见司莉：《律师保密：是权利还是义务——关于重构我国律师保密义务的思考》，载《中国律师》2003 年第 12 期。

③ 顾永忠：《我们需要什么样的刑事审判程序》，载顾永忠、苏凌主编：《中国式对抗制庭审方式的理论与探索》，中国检察出版社 2008 年版，第 1 页。

保密义务的同时,还赋予律师拒绝作证的特权。令人可喜的是,2012年3月14日第十一届全国人民代表大会第五次会议对《中华人民共和国刑事诉讼法》进行了第二次修正,修正后的《刑事诉讼法》的第46条规定,"辩护律师对在执业活动中知悉的委托人的有关情况和信息,有权予以保密。但是,辩护律师在执业活动中知悉委托人或者其他人,准备或者正在实施危害国家安全、公共安全以及严重危害他人人身安全的犯罪的,应当及时告知司法机关。"这标志着律师职业秘密特权制度在我国刑事诉讼领域的正式确立,具有划时代意义,既对辩护律师的保密权予以肯定,又对该特权作出限制性规定。但是,该法对律师保密特权的具体内容及行使程序均缺乏具体规定,如对权利主体、受保护信息的范围以及操作程序等诸多问题还待明确。

(二)律师履行保密义务是有效保护当事人利益的需要

在以当事人为中心的服务理念中,需要律师倾力为当事人服务,而为了使律师能够更有效地为当事人提供服务,在当事人—律师关系中,律师必须取得一种能够提供建议的地位,即建议者的地位。而律师取得建议者地位的前提必须是律师与当事人之间建立了成功的信赖关系,当事人愿意将那些可能使自己陷于不利局面的信息告诉给律师,并且相信律师能够保密。只有这样,律师才能够为当事人提供有效的帮助,尤其是能够有效地劝阻当事人进行某些不必要、不道德甚至是不法的行为。

很多律师都有过劝阻当事人的经历,尽管这样的工作很难被公开,也不容易产生成效,但就这些工作本身而言实际上促进了法律的遵守和执行。

(三)律师履行保密义务体现的是对个人尊严的尊重

在当事人向律师披露的信息中,很多内容都涉及当事人的自尊心,如果被其他人知道,也许就会产生不利于其尊严的效果。因此要求律师保密,实际上是在维护当事人的尊严。虽然每一个当事人只是一个个体,但在一个自由、民主的法治社会中,如果每一个人的尊严都能够得到尊重,那么社会的整体就会处于一种有序状态中。律师这一法律职业群体作为法治社会的精英,应该成为维护人性尊严的典范。

因此,可以说律师履行保密义务是人性需要在律师业务中的体现。

(四)律师履行保密义务是维护律师职业整体利益的需要

一般情况下,当事人与所接触的律师不熟悉,对其品质并不了解,之所以能够向其披露最隐秘的信息,在很大程度上是出于对律师这个职业的信任,就像患者对医生一样。很多情况下,患者并不了解医生个人品质,却会将自己的健康甚至生命交付给医生。这种职业信任的例子还有很多,如学生对教师,公众对警察。正像患者对医生职业的信任是依靠千百年来千千万万的医生救死扶伤的行动建立起来的一样,当事人对律师职业的信任,也是靠几百年来律师们严格遵守职业操守的行为建立起来的。也就是说,可以信赖、可以托付的职业形象的建立和维护,需要所有从业者共同努力。反之,某个从业者违反职业操守损害的也不仅仅是其个人的形象,而是对整个职业形象的损害,是对整个职业利益的损害。如某个律师在某个当事人面前讲述了另一个当事人的事情,这个当事人就会很敏感地想到"他会不会在别的场合把我的事情也说给别人听",就会因此对这个律师"是否值得信任"产生怀疑。而一旦律师失去了当事人的信任,律师和当事人之间的合同基础就没有了,不仅会影响律师与当事人的沟通与合作,影响律师业务办理的质量,进而会影响到委托人的利益,也很容易在律师和当事人之间产生纠纷,从而使律师本人和律师职业整体的利益受到损害,威胁到律师整体的生存基础。

(五)律师履行保密义务是价值冲突选择的需要,彰显着律师制度存在的意义

美国法学院的教科书《法律之门》提供了一个这样的案例,可以让我们从另外一个角度考察律师制度存在的意义。

在纽约的"快乐湖"(Lake Pleasant)有这样一起案件:两位律师被指定为一个被指控谋杀罪的男人辩护,当事人告诉这两位律师,他还犯有两起不为警方所知的谋杀案。两位律师依照当事人的指点,在一个废弃的矿井中发现了两具尸体,并拍了照片。然而,直到他们的当事人在几个月后坦白了这些罪行,他们才告知

警方。不仅如此,一名被害人的家长曾经向其中一位律师询问过有关他们失踪女儿的信息,这位律师否认掌握了任何信息。①

显然,此例不适合在中国律师的执业环境下思考和讨论,但是,为了更清晰地阐释律师保密义务的理论基础,权且借用此例来分析相关问题。

《律师法》第 38 条第 2 款规定了律师保密义务的例外情形:"律师对在执业活动中知悉的委托人和其他人不愿泄露的情况和信息,应当予以保密。但是,委托人或者其他人准备或者正在实施的危害国家安全、公共安全以及严重危害他人人身、财产安全的犯罪事实和信息除外"。显然,案例中显示的情形不是"准备或者正在实施的犯罪",不属于保密义务的例外情形,也就是说,律师不能够将"他还犯有两起不为警方所知的谋杀案"的情况向警方透露。这里就存在着诸多利益冲突,一是被害人的利益保护与被告人的利益保护的冲突,二是被害人利益所代表的社会公众的安全利益与律师职业团体利益的冲突,三是社会公众的安全利益与律师制度存在意义之间的冲突。

通过此案例我们会发现,在律师履行保密义务的时候,在有些情形下会遇到道德困境,或者说遇到利益或价值冲突,需要律师作出选择。当然,从完善立法的角度思考,这个案例中的情形是否应该放在律师保密义务的例外情形之中,是可以再讨论和再研究的。

目前,世界各国关于律师保密义务例外情形的规定都不包括此案例的情形,即对已经发生的犯罪不属于律师保密义务的例外情形。这样的立法状况说明在上述利益冲突、价值冲突的情形下,很多国家的立法选择了制度价值,即选择优先保护律师制度的存在价值。

笔者认为,"找到律师"与"能够得到律师的有效帮助"是两个层面的问题。律师制度存在的意义,就是使每一个需要法律帮助的人,在他需要帮助的时候,能够找到律师而且能够得到没有顾虑的、有效

---

① 参见〔美〕博西格诺等著:《法律之门》,邓子滨译,华夏出版社 2002 年版,第 448 页。

的帮助。我们试想,如果律师不能够保守秘密,就如上面的案例,如果律师将"他还犯有两起不为警方所知的谋杀案"的情况向警方透露,那么,这个被告人今后还会相信律师吗?如果律师向警方透露"不为警方所知的谋杀案"情况的事情被媒体公开,被大众知道,那么所有知道这件事情的人,今后如果遇到困境需要律师帮助的时候,是否会心存疑虑?当社会公众不信任律师的时候,律师制度存在的基础就受到了挑战,受害的将不仅仅是整个律师职业群体。回想建国之初,律师制度夭折后的情形——律师制度不存在了,每一个人无法在其需要律师的时候找到律师,或者,又如我国20世纪80年代初,律师制度恢复之初社会公众还普遍不信任律师的情形,即律师职业整体不能够被信赖的时候,受害最深的其实是社会大众。这也就是世界各国的立法都严格控制律师保密义务例外情形的原因。正是通过律师履行保守当事人秘密的义务,才推进了司法的有效进行。

因此,当事人对律师的信赖,是律师履行职责的前提和基础。只有当事人信赖律师,它才会把事实真相告诉律师,也才可能使律师全面、真实地了解情况;只有充分地了解情况,才有可能施展其业务技能,运用法律保护当事人的合法权益。

二、律师保密义务的含义

(一)律师保密义务的概念

《律师法》第38条规定,"律师应当保守在执业活动中知悉的国家秘密、商业秘密,不得泄露当事人的隐私。律师对在执业活动中知悉的委托人和其他人不愿泄露的情况和信息,应当予以保密。但是,委托人或者其他人准备或者正在实施的危害国家安全、公共安全以及严重危害他人人身、财产安全的犯罪事实和信息除外。"《律师执业行为规范》(2009年修订版)第8条也作出了与《律师法》几乎完全相同的规定。这是产生律师保密义务的法律依据和职业操守依据,但是根据这些规定,并不能简单地提炼出律师保密义务概念性的定义。

任何一种保密义务都应该包括保密主体、保密客体、保密期间、保密对象等这些履行保密义务必须涉及的最基本要素。从这样的思维模式出发,来界定律师保密义务才是完整和科学的。

因此,所谓律师保密义务,就是律师一方对在一定期间内知悉的有关信息负有保密的义务,除非得到当事人明示的授权或默示的认可,律师的保密义务始终存在。如果违反此义务,将会受到惩戒。

认真体会此概念的含义,又会产生一系列的问题:如何理解"律师一方"?"律师一方"包括哪些人?"在一定期间内知悉的"是指什么样的时间范围?"有关信息"包括哪些?对哪些人保密?保密对象是否包括委托人?这一系列问题,涉及律师保密义务的主体、客体、对象、期间、例外情形等构成要素。

(二)律师保密义务的构成要素

1. 律师保密义务主体

律师保密义务主体是指什么人负有保密责任。无论是《律师法》,还是《律师执业行为规范》(2009年修订版),关于律师保密义务主体的规定是不明确的。

从《律师法》第38条和《律师执业行为规范》(2009年修订版)第8条的规定看,保守秘密的主体似乎只是律师。但是,《律师法》第23条和《律师执业行为规范》第86条都规定,"律师事务所应当建立健全执业管理、利益冲突审查、收费与财务管理、投诉查处、年度考核、档案管理等制度,对律师在执业活动中遵守职业道德、执业纪律的情况进行监督"。档案管理制度,就包括档案的保密管理。同时,《律师执业行为规范》第95条、第96条又规定"律师事务所对受其指派办理事务的律师辅助人员出现的错误,应当采取制止或者补救措施,并承担责任","律师事务所有义务对律师、申请律师执业实习人员在业务及职业道德等方面进行管理"。虽然这里在规定律师事务所的义务时,只是将对象限定在"受其指派办理事务的律师辅助人员",并且也没有责任形式的具体规定。但笔者认为,第95条提到的"办理事务出现的错误"应该包括律师辅助人员在履行保密义务方面可能出现的疏忽或者错误,而第96条的"职业道德等方面进行管理",也应该包括保密义务方面的职业道德管理。因此,从这些规定中,可以推导认为律师助理、律师事务所也是律师保密义务的当然主体。

对于律师事务所的保密义务主体问题,《律师事务所从事商标代理业务管理办法》第15条明确规定,"律师事务所及其律师承办商标代理业务,应当遵守律师执业保密规定。未经委托人同意,不得将代理事项及相关信息泄露给其他单位或者个人"。显然,该规章对于律师保密义务的规定比《律师法》和《律师执业行为规范》(2009年修订版)更进了一步。

同时,《律师执业行为规范》(2009年修订版)第4条规定,"本规范适用于作为中华全国律师协会会员的律师和律师事务所,律师事务所其他从业人员参照本规范执行"。这就意味着不仅律师和律师事务所,在律师事务所其他从业人员,如合伙律师、实习律师、律师助理、法律实习生、行政人员等,都有可能成为律师保密义务的主体。

笔者对于律师这一保密义务主体作出这样的界定,是充分考虑到律师职业的特殊性和律师执业过程的特点的。在律师执业的过程中,存在一个律师执业的群体,如合伙律师、实习律师、律师助理、法律实习生、行政人员等,在这个群体里有很多人都有可能知悉有关当事人的信息,都有可能成为律师保密义务的主体。从严格履行律师保密义务的角度考虑,应该对律师保密义务的主体做广义的理解,即业务承办律师以外人员的保密义务是律师保密义务的延伸义务,是在该律师负有保密义务的基础上产生的。所以,律师、合伙律师,要经常给予实习律师、律师助理、法律实习生、行政人员进行保密知识和道德纪律的指导和监督。只有业务承办律师本人以及作为律师事务所所有人或管理人的合伙律师最清楚保密信息的重要性,他们负有教育、监督其他人员的责任,有时还要承担其他人员泄露秘密的责任。在本书开头所引案件中,就是由于该律师的助手把复印的案卷材料交给被告人家属,使该案产生了"律师助手的行为应该由谁承担责任"的争议。

显然,律师对其助手的行为应该承担一定的责任,这是没有争议的,只是律师对于助手的行为如何承担责任以及在什么情况下承担什么样的责任,则是需要深入研究的。北京市律师协会制定的《北京律师执业行为规范》在第26条关于合伙律师、律师对辅助人员的责任中规定,"合伙律师、律师有义务对实习律师、律师助理、法律实习生、行政人员等辅助人员,在律师业务及职业道德方面给予指导和监督,特别是要求辅助人员保守当事人的信息秘密。律师对受其指派办理事务的辅助人员出现的错误,应当采取制止或者补救的措施,并承担责任。"《北京律师执业行为规范》第65条还规定"律师事务所的其他律师及辅助人员,对于了解到的委托事项的保密信息负有保密义务"。可见,《北京律师执业行为规范》把保密义务主体扩大到承办业务律师所在的律师事务所内可能了解到当事人信息的所有人员。《北京律师执业行为规范》的这些规定,对于中华全国律师协会将来修订和完善《律师执业行为规范》具有借鉴意义。因此,读者在阅读本章以及律师在执业过程中,也应该注意到《律师执业行为规范》将不断发展完善,自己理解和执行时也要有前瞻性。这样不仅有利于保护当事人的利益,也有利于律师自身防范风险。

2. 律师保密义务客体

律师保密义务客体就是指律师对哪些信息负有保密责任,也可以理解为律师保密义务的内容范围。

3. 律师保密义务期间

保密期间就是指保密义务何时产生,又何时终止。律师的责任通常是与委托期间一致的,但律师的保密义务则不同,它的开始和终止时间与委托关系成立与否以及委托期间没有必然的关系。

4. 律师保密义务的对象

保密对象,即向什么人保密的问题。如果简单的理解,可以认为律师保密义务的对象是向所有的人保密。而在律师执业的具体过程中,情况比较复杂,很难一概而论。

律师保密义务客体、期间、对象,也可以分别理解为律师保密义务的保密内容范围、保密效力范围和对象范围,这三个问题将在第二节"律师保密义务的范围"中做详细分析。

总之,律师保密义务,就是律师以及有可能知悉案情或当事人信息的律师一方的其他人员,对在建立委托关系的准备阶段或委托关系建立后知悉的有关当事人的信息,负有保密的义务。除非得到当事人明示的授权或默示的认可,律师的保密义务始终存在。如果违反此义务,将会受到惩戒。这一定义是从律师保密义务的主体、客体、对象、期间、例外等各个方面进行总结的,这才是律师保密义务的完整含义。

需要说明的是,对于律师保密义务做如此扩大的解释,可能会引起律师们的误解或者反感。因为在目前律师执业环境欠佳的情况下,如果对律师保密义务主体做扩大解释,也许对于律师职业整体发展是不利的。因此,就目前来讲,在律师职业内部要达成共识,一方面,律师事务所要进行更加严格的责任管理,律师要更加自律;另一方面,就行业整体发展来看,律师协会以及律师自身、学者们还是要通过各种努力为律师执业争取更加宽松和宽容的执业环境。

从律师职业整体长远利益看,这种扩大解释,也许可以提示广大律师更加谨慎地执业,更加谨慎地规范自己的业内和业外言行,不仅使当事人的利益得到更谨慎地保护,也更有助于律师自身的保护。

三、保密是律师的义务,也是权利

无论是法律,还是律师职业规范,都要求律师保守职业秘密。因此,保守职业秘密当然地成为律师必须履行的义务。但是,律师业务实践中会遇到各种各样的情形,处理起来并不那么简单。

保密,在多数情况下是律师应该履行的义务,但在特殊情况下,又是律师的权利。这就是律师拒绝作证的特权,即所谓职业秘密特权。职业秘密就是指从事某种职业的人,因为执行业务或者身份而得知他人的秘密。而职业秘密特权,就是指为了保护和促进职业信任关系,法律尊重基于职业关系得知的机密,而赋予职业人员就其知晓的职业秘密可拒绝向法庭或者其他机构作证的特权。[①]

律师—当事人特权,就像医生—病人特权一样,是最普遍的一种职业秘密特权,为多数国家的法律所确认。详情请参见本节"国外关于律师保密义务的简要介绍"。但我国的立法在这方面还不完善,因此,在执业过程中,还要依据现行法律规定行事,以免发生执业风险。

---

① 参见冉井富、王旭东:《刑事诉讼中的拒绝作证特权》,载《中国律师》2000年第10期。

我国法学工作者应该加强这方面的研究。

例如,法官基于被告人没有前科的供述(侦查和起诉部门没有前科的认定也是基于供述),将要作出判决,有可能是会考虑这一情况,酌定从轻判处。此时,辩护律师从被告处得知他曾经有过犯罪记录。这里就存在这样一个问题:律师获悉司法机关不掌握的犯罪信息应该怎么办?

这个问题涉及律师维护当事人秘密的义务与律师对法庭的忠诚义务,两个义务相互冲突时,律师应该如何选择?如果选择对法庭忠诚,其结果就是在法庭上公开当事人欺诈行为。有人认为,律师获悉司法机关不掌握的犯罪事实或情节应该检举揭发,或者在担任辩护人工作结束以后揭发。这实际上是要求律师与警察、检察官一样去揭露犯罪,显然与律师的职责是不相符的。一旦律师这样做,就会使当事人对律师整体失去信任,从而破坏了国家的法制。对于被告人尚未交代的罪行,只能依赖侦查来解决,而不能依靠律师揭发来解决。笔者认为,律师与当事人之间建立充分的、无保留的交流,是律师发挥作用的基础。只有让委托人感到,不论他有多么可耻的勾当都可以毫无保留地与律师交谈,律师才可能很好地维护其权益。在这种情形下,律师所能做的义务是鼓励当事人公开事实真相。当然,这不仅需要相关法律更加完备,更需要律师职业整体高度的自律,即需要律师职业整体更加严格、全面地履行律师职业规范。显然,以目前中国的环境和法律职业队伍尤其是律师职业整体的道德状况看,进行这样的立法条件还不成熟。

四、律师保密义务的例外情形

律师保密义务的例外情形,是指律师公开案情不视为违反律师保密义务的情形。对此,《律师法》第38条第2款规定,"律师对在执业活动中知悉的委托人和其他人不愿泄露的情况和信息,应当予以保密。但是,委托人或者其他人准备或者正在实施的危害国家安全、公共安全以及严重危害他人人身、财产安全的犯罪事实和信息除外"。《律师执业行为规范》(2009年修订版)第8条也作出了基本相同的规定。据此,可以将我国律师保密义务的例外情形总结为两种:一是委托人或者其他人准备或者正在实施的危害国家安全、公共安全以及严重危害他人人身、财产安全的犯罪事实和信息,二是依据法律规定或者得到当事人明示、默示许可等可以公开的信息。

除此之外,律师保密义务主体都必须严格遵守保密义务。而且就是出现了这两种例外情形,也应该从严格义务的角度,尽可能履行内部手续,如就已经出现的情形和律师自己将要采取的措施以及可能导致的后果,向律师事务所汇报并及时做出工作记录,以备后查。

另外,律师在代理过程中可能会被无辜地牵涉到委托人的犯罪行为中,那么在这种情形下,律师能否为保护自己的合法权益而公开委托人的相关信息呢?《律师法》和《律师执业行为规范》没有相应的规定。而《北京市律师执业规范》第63条规定:"律师在代理过程中可能无辜地被牵涉到委托人的犯罪行为时,律师可以为保护自己的合法权益而公开委托人的相关信息。"可见,《北京市律师执业规范》关于律师保密义务的规定比中华全国律师协会制定的《律师执业行为规范》(2009年修订版)要完善些,对今后修订《律师执业行为规范》具有借鉴意义。

《北京市律师执业规范》第62条规定:"律师可以公开委托人授权同意披露的信息和已经他人公开的信息。"总结一下,《北京市律师执业规范》规定了律师保密义务的三种例外情形:一是委托人授权同意律师公开披露的信息,律师公开不视为违反律师职业道德。比如,有些情况下委托人想通过律师向媒体公开案情,以求获得舆论的支持。二是委托人的信息已经他人公开的,律师无法律上的保密义务。但是,从职业形象的角度考虑,律师还是不要去传播为好。三是律师可能被无辜地牵涉到委托人的犯罪行为时,律师为保护自己合法权益的需要而公开代理过程中知悉的委托人相关信息的,不视为违反律师职业道德。一定要注意,这个范围是要界定在为了保护自己合法权益的需要这一动机上,并且披露的内容只限于为满足这一需要的相关信息。律师千万不能头脑不冷静,为了保全自己什么都说。这里,也可以再参考一下其他国家和地区的规定(参见下述第六部分的内容)。

五、违反律师保密义务的责任

违反律师保密义务的责任,首先,就要涉及律师保密义务主体和客体的问题。而对此问题,学界既未形成权威的理论,各种规范建设也不完善,所以只能是按照现行规范对于律师保密义务的规定来论述。

鉴于第九章对律师的职业责任进行了全面论述,且分别在律师的行政责任和刑事责任中对违反律师保密义务的责任进行了论述,此处只是出于本章结构完整性保留此项标题。

六、其他国家和地区关于律师保密义务的简要介绍[①]

世界各国都将保守职务秘密作为律师职业操守的基本内容,在法律中加以详细规定,既注重保护委托人的权利,又注重保护律师的权利,在这两个权利间求得平衡。

(一)关于律师保密的理念

对于律师保守职务秘密这一职业道德,日本律师界是从以下几方面认识的:

1. 律师履行保守秘密的义务是为了保护委托人。委托人与律师商谈时,不论有多么可耻的勾当,都应完全地讲明真实情况。但如果律师将其秘密告诉别人,显然会使委托人处于困境。

2. 履行保守秘密的义务在于保护律师职业本身及其全体律师的利益。委托人对律师讲了自己的秘密,而律师将其秘密告诉别人,那以后谁也不想委托律师了,或者很可能出现假委托,隐瞒秘密的委托等情况。在这种情况下,律师职业也就不能成为一种职业了。因为假委托,不告之真实情况的委托,则律师与委托人之间最为重要的信赖

---

① 此部分内容是在参考如下文献资料基础上进行分类概括的:冉井富、王旭东:《刑事诉讼中的拒绝作证特权》,载《中国律师》2000年第10期;〔日〕河合弘之:《律师职业》,康树华译,法律出版社1987年版;陶髦、宋英辉、肖胜喜:《律师制度比较研究》,中国政法大学出版社1995年版。

关系没有建立起来。既然如此,那么律师怎么可能真正起到保护委托人的作用呢？律师界认为,对律师来说,被称为是一个"嘴不严"的人,那比什么都耻辱。

3. 律师保守秘密的义务是强制性的。如日本《刑法》第134条规定："律师或担任过这些职务的人,无故泄露由于处理业务而知悉的他人秘密的,处六个月以下惩役或两万日元以下的罚金。"这方面,日本的规定比我国严厉得多,我国刑法只是将泄露国家秘密界定为犯罪,对于律师泄露其他秘密只是作为违反律师职业道德和执业纪律来处理。

4. 保守秘密既是律师的义务,同时也是一种权利。这种权利主要体现在拒绝就受业务上委托而得知的有关他人秘密事实作出证言的权利和拒绝扣押的权利等方面。

（二）关于律师保密的范围

关于律师保密的范围,各个国家和地区的规定不尽相同,但都要比我国的律师义务范围要宽,其描述也更详细。

在大陆法系各国,律师保守职务秘密的权利和义务,通常是由法律直接和明确地赋予的。与职务秘密有关的法律不只涉及律师和客户之间的关系,它们对任何由于他的身份或专业,或者由于他的临时或固定的职业而成为秘密接受者的人都适用。法律根据通常是国内刑法典的一条,任何不遵守职业秘密规则的人都属犯罪,应受刑罚惩罚。

在法国,遵守职务秘密规则的义务是一种普遍和绝对的义务,甚至适用于众所周知的事实。这个义务产生于刑法。作为现行法律的1972年6月9日的第468号法令第89条规定："律师绝对不得泄露任何职业秘密的事项。他尤其必须做到不传播从案件中获得的情况,或者不发表与正在进行的预审程序有关的案卷材料、文件或信件,保守与刑事侦查有关的秘密。"否则,这种违法行为无论结果如何,都是"即时发生的"。不过法律如果免除保密义务,就不违法。目前没有规范律师泄露职务秘密的法律,但是如果一名律师被传在诉讼中作证,他就是"何为秘密"的唯一仲裁者,并按照他自己的良心决定他可以泄露什么。

在英国和爱尔兰,由于他们的体制完全不同于欧洲大陆法系各国,首先必须区分职务秘密中的两种情况,"国家机密"(即对执行公务者提供的秘密)和"合法的职业权利"(即保护客户告诉他的律师、或关于客户的事情由律师告诉其客户的秘密情况的职业上的特权)。前一种情况下,秘密按与大陆法系国家同样的方法,即通过法律规定的保护方进行保护,比如《1911年国家机密法》。但是在后一种情况下,保护来自判例法,并构成证据法规则的一个部分。

在日本,律师应该保守的秘密绝不限于国家秘密、商业秘密和当事人隐私这三类。日本《律师法》第23条规定:"律师或曾任律师的人,有权利和义务保守由其职务上所得知的秘密。但法律另有规定时,不在此限。"日本《律师道德》第26条规定:"律师应严守因接受案件委托而得知的委托人的秘密。"通过引述这两条的规定,应该可以注意到,日本的律师职务秘密的范围比我国律师法的界定要宽得多。

《香港事务律师执业行为操守指引》第八章保密,用了3条共39款的篇幅对律师的保密义务进行了详细规定。该指引规定:"事务律师有义务对当事人所要求的在建立委托关系过程中的所有商业和事业信息,保持绝对的秘密,不得有任何的透露,除非得到当事人明示或默示的授权,或法律上的要求,或除非当事人已明示或默示放弃保密的义务。"上述指引还规定:"事务律师不得利用其在执业过程中所获得的当事人商务或事务保密信息而从中获取个人利益。"例如,律师在写传记、回忆录等著作,应当避免披露这些保密信息。而且,在香港律师界,还把保守秘密的义务看成是一种诚实守信义务。因此在该指引第七章诚实守信义务中也有关于信守秘密的规定。

(三)关于律师履行保密义务的例外情形

在律师履行保密义务的例外情形方面,《美国律师职业行为标准规则》规定"在律师认为有理由的情况下,可公开案情",并对这些理由进行了列举:"(1)为了防止委托人实施犯罪或欺诈行为,且律师有理由认为这种行为可能导致他人的死亡或身体伤害,或给他人的经济利益或财产造成损失;(2)为了纠正委托人犯罪及欺诈行为所引起的后果;(3)在律师同委托人发生争议时,律师为了自身利益,准备起诉;或者,律师因代理当事人而受到刑事指控、民事起诉、纪律指控时,律师为了替自己辩解;(4)为了遵守其他纪律。"

《香港事务律师执业行为操守指引》将例外情形称之为"正当披露"。"在某些特殊情况下,事务律师可以违反保密的义务,在一定程度上披露当事人的资料,只要他确信这样做将有可能制止当事人或其他人的犯罪或继续犯罪行为,即事务律师有充分理由相信该行为确实涉及或可能导致对某人的劫持或严重暴力(包括对孩子的暴力)。事务律师甚至应该运用其专业的判断,决定是否存在着其他制止犯罪的方式,如果不存在其他方式的话,则要看保护人们不受严重伤害的公共利益的重要性,是否超过了事务律师对当事人所负的义务。"①

(四)关于律师保密的期间

律师应当与当事人之间建立一种充分和无保留的交流,他必须使当事人产生十分可靠的感觉。要想达到这种效果,就必须毫无例外地对与每一个当事人都负有保密的义务。在香港,这种义务因委托关系产生而产生,在终止委托后继续存在,而不论这期间律师是否与当事人产生了任何分歧。如果未经授权披露当事人的保密信息,会导致受到纪律处分。在某些情况下,该律师还可能被当事人以滥用保密信息为由,提起民事诉讼。

《美国律师职业行为标准规则》1.6规定:"除非委托人在同律师磋商后表示认可,律师不得公开同代理有关的案情。"在此要求律师及律师助手除了当事人同意外,不得泄露当事人的秘密情况;律师应当尽量避免他的雇员、合伙人,以及其他为他服务的人泄露或者使用当事人的秘密和隐私;律师必须避免在不受免于作证的特权保护的人面前谈论业务。②

---

① 许世芬主编:《香港律师执业行为规范》,法律出版社1999年版,第171页。

② 参见中国律师资格考试中心审定:《律师职业道德和执业纪律》,中国政法大学出版社1996年版,第29页。

(五) 关于律师的职业特权

律师—当事人特权,已为多数国家的法律所确认,但是,我国的立法在这方面还不完善,我国《律师法》不仅没有赋予律师这种特权,而且,根据我国刑事诉讼法的有关规定,任何知晓案件情况的公民都有如实作证的义务,任何人没有拒绝作证的特权,律师也不例外。因此,在律师具体的执业过程中,一方面,要依据现行法律规定行事,另一方面,也要自觉地以更加谨慎的态度对待律师保密义务,自觉地扩大保密的范围和对象,以免发生执业风险。

就作证的情形,日本《刑事诉讼法》第149条和《民事诉讼法》第281条都有同样的规定,即对由于受业务上的委托而得知的有关他人秘密事实,可以拒绝作证。[1] 因此,律师由于受业务上的委托而得知的秘密,就不负有作证的义务。反之也可以说有拒绝作证的权利。因作证而泄露秘密的,按日本《律师法》第23条的解释,也属违法,也应为惩戒的对象。

德国《刑事诉讼法》第53条规定,被告人的辩护人对因执行职务经他人告知的秘密事项或因执行辩护职务而知道的事项有拒绝作证的权利。[2] 意大利《律师和检察官法》第13条规定:"律师和检察官不得被要求在任何类型的审判中交代他们因职务原因而被告知或了解到的情况。"[3]而且,联合国1990年批准的《关于律师作用的基本原则》第22条也有类似的规定:"各国政府应当确认和尊重律师及其委托人之间在其专业关系内所有联系和磋商均属保密性的。"

同时,就扣押事项而言,日本《刑事诉讼法》第105条规定:"律师或担任过这些职务的人,对由于业务上的委托而保管或持有有关他人秘密事项的物品,可以拒绝扣押。但本人已经承诺时和拒绝扣押被认

---

[1] 参见冉井富、王旭东:《刑事诉讼中的拒绝作证特权》,载《中国律师》2000年第10期。

[2] 同上注。

[3] 陶髦、宋英辉、肖胜喜:《律师制度比较研究》,中国政法大学出版社1995年版,第91页。

为只是为了被告人的利益而滥用权利时（被告人为本人时除外）以及其他只是裁判所规则中有新规定时，不在此限。"①委托人将文书存放于律师处，如果警察想要扣押，而委托人否认将文书委托于律师保管，在这种情况下，按照日本《刑事诉讼法》第 105 条的规定，律师被赋予拒绝扣押权。同样，反过来，如果委托人本人承诺扣押（即同意扣押），则应视为不赋予律师拒绝扣押权。

总之，国外关于律师保守其职务秘密的规定还有很多，综合起来有三点值得关注和借鉴：明确律师职务秘密的范围，确定律师的义务，规定律师免于作证的权利。

第二节 律师保密义务的范围

律师保密义务的客体，即律师保密义务的范围，包括律师保密义务的内容范围、对象范围和效力范围三个方面。

从保密义务的内容范围看，按照我国《律师法》和《律师执业行为规范》（2009 年修订版）的规定，似乎律师只对国家秘密、商业秘密和当事人的隐私、委托人和其他人不愿泄露的其他信息等四类信息保密，并且，都有一个前提限制，即都是要求对"在执业活动中知悉的"信息保密。但实际上，除了国家秘密、商业秘密和隐私之外，在律师执业过程中，还会接触到很多不能公开或不宜公开的信息，律师保守秘密的义务，不仅是律师应该履行的法律责任，而且是极其严格的道德责任。应该意识到，伴随着律师行业的发展和逐渐成熟，作为律师自律性规范的《律师执业行为规范》以及《律师法》肯定也会不断完善，因此，理解律师保密义务范围时应从宽掌握，并且在律师业务实践中谨慎对待。

而对于律师保密义务的对象范围和效力范围，《律师法》和《律师执业行为规范》（2009 年修订版）并没有相应的规定。很显然，这两个

---

① 〔日〕河合弘之：《律师职业》，康树华译，法律出版社 1987 年版，第 107—109 页。

方面涉及律师保密义务的履行状况和责任承担,因此有必要进行探讨。

一、律师保密义务的内容范围

关于律师的保密义务,学界和律师界有不同的称谓,有的称之为"律师保守职务秘密",有的则称之为"律师保守职业秘密"。不同的称谓,表明了学界和律师界对于律师保密义务的不同认识,尤其是对于保密范围,有不同认识。

我们知道,职务和职业是有区别的。职务是对行业职位的称呼,或者是指职位规定应该担任的工作,也指机关或团体中执行一定职务的位置。而职业是指人们在社会中所从事的作为主要生活来源的合法工作。显然,界定律师的保密义务,用"职业"比用"职务"的范围更合适,其范围更宽泛些。本书采用了后一种表述方法,即职业秘密。那么,律师的职业秘密是什么呢?显然与律师的执业活动有关。

通过上节介绍,可以看到世界各国关于律师保密义务的规定,其保密义务范围是存在区别的,但通常都比我国《律师执业行为规范》(2009年修订版)确定的"在执业活动中知悉的"秘密范围要宽,是延展至以律师职业身份知悉的秘密。从律师执业的实际情况来看,律师知悉的秘密绝不限于"在执业活动中知悉的"。①

无论是《律师法》第38条,还是《律师执业行为规范》(2009年修订版)第8条,关于保密客体上作出了几乎完全相同的规定。即律师应当保守在执业活动中知悉的国家秘密、商业秘密,不得泄露当事人的隐私。律师对在执业活动中知悉的委托人和其他人不愿泄露的情

---

① 因此,本章章名显然以"保守职业秘密"更为妥当。在本书创作的整个过程中,对于本章章名一直存在争议。如果只是从《律师法》和《律师执业行为规范》现行规定来看,似乎是以"律师执业秘密"命名比较妥当,但是,笔者仍然坚持认为以"保守职业秘密"命名较为能够全面反映笔者对于律师保密义务的理解,即能够更好地反映出笔者所主张的"律师的保密义务不应限于执业活动过程中知悉的秘密"这一基本观点,而这一基本观点几乎贯穿本章始终。

况和信息,应当予以保密。但是,委托人或者其他人准备或者正在实施的危害国家安全、公共安全以及严重危害他人人身、财产安全的犯罪事实和信息除外。由此可见,律师保密义务的客体可以分为四类,国家秘密、商业秘密、当事人的隐私、委托人和其他人不愿泄露的其他信息,但都有一个前提,即都是要求对"在执业活动中知悉的"信息保密。这样就必须首先对"律师执业活动"作出界定,才能够进一步分析"在执业活动中知悉的国家秘密、商业秘密、当事人的隐私以及律师在执业活动中知悉的委托人和其他人不愿泄露的情况和信息"这四类信息的具体情况。

(一)律师执业活动的界定

先看下面这个示例。

> 某律师与朋友一起吃饭,朋友们各自谈起自己经历的奇闻趣事。该律师也是酒后兴浓,就谈起自己某次案件中的经历,把当事人的案件情况像说故事一样绘声绘色地描述给朋友听,朋友们也都听得津津有味……

在这个示例中,该律师的做法是否合适?为什么?他的行为对律师职业形象有什么影响?显然,"律师的执业活动",并不是一个活动时间和活动范围十分清晰的概念,"知悉"也不是一个十分准确的限定词语。因此要准确地界定律师保密义务,需要回答这样几个问题:律师的执业活动从什么时间开始的?律师的执业活动是以什么样的方式展现的?信息又是以怎样的方式传达到律师的?要回答这些问题,就需要进一步思考,需要律师保密的信息是来源于当事人、委托人、还是准委托人或者其他任何渠道?还是不论信息来源于哪里,只要是与委托人相关的信息都需要保密?

对于这些问题,学界尚缺乏深入的研究,律师界也没有统一的认识,《律师法》和《律师执业行为规范》(2009年修订版)也没有给出具体的指引,在理解本章相关问题时,在律师执业中遇到相关情形的处理,还需要律师自身做出善意的理解和谨慎的处理。

在《北京市律师执业规范》的序言中有一段声明:"律师的执业活

动有可能产生与委托人、其他律师、律师事务所、司法机关、行政机关、律师协会以及其他主体之间的冲突。律师执业规范的制订,旨在以本行业公认的职业道德为准则,确定解决这些冲突的规则。但即使如此,律师执业规范也不可能穷尽执业过程中可能出现的全部问题,需要律师以良好的职业道德善意地予以理解、判断、处理。"这说明北京市律师协会制定的《北京市律师执业规范》对律师提出了比较高的要求。我们认为,构成律师执业活动中知悉的秘密信息,要从信息来源的对象、时间、渠道三个方面考量,即构成律师执业活动中知悉的秘密信息其信息来源对象不能够只是局限于委托人,信息来源时间也不能够只是局限于委托关系存续期间,信息来源渠道也不能够只是局限于委托人正式提供或者正式展示的渠道。

律师与当事人的关系是一种合同关系,而这种合同关系的基础就是相互信赖,尤其是委托人对律师的信赖。基于这种信赖的基础和承办案件的需要,委托人会把很多与案件有关或无关的信息都透露或者展示给律师。在律师的业务实践中,委托人有时会把律师看成心理医生或者贴心朋友,什么都不隐瞒,这样律师在与委托人交往的过程中就有可能了解到"办理业务需要的"和"超过办理业务需要的"很多信息。这些信息中有些内容就会涉及国家秘密、商业秘密或当事人的隐私,甚至所了解到的信息范围可能还大于国家秘密、商业秘密或当事人的隐私所能够界定的范围。所以,对"执业活动"和"职业秘密"都应作广义的理解。

因此,对于"执业活动"的界定,可以这样理解:只要是以律师的身份出现,以律师的身份与当事人及其亲属、朋友或当事人单位的职工交往,以及在当事人的生产、经营场所与当事人的业务往来户交往,这一切都应该理解为"在执业过程中",如果律师对自己获悉的情况不能够保密,那么,当事人对律师的信任就会降低。不能把律师的执业活动只理解为看卷、调查、开庭、与当事人谈话等。即对律师保密义务范围的理解要宁大勿小,即对"执业活动"和"职业秘密"都作广义的理解。这样,既有助于律师自己提高警惕性,更严格地约束自己,也有助于更好地保护委托人或当事人的利益,树立"律师是可以信赖"的职业形象。

有鉴于此,对《律师法》和《律师执业行为规范》(2009年修订版)规定的"在执业活动中知悉的国家秘密、委托人的商业秘密和个人隐私"的含义,可以这样理解:它是指律师在执业过程中接触和了解到的国家秘密、当事人的商业秘密和当事人的隐私,其来源既包括在刑事、民事、经济案件的辩护或代理过程,也包括法律顾问业务、咨询、代书和非诉讼业务。

(二)律师保密义务的内容范围

关于律师保密义务的内容范围,《律师法》第38条和《律师执业行为规范》对国家秘密、商业秘密、隐私和其他信息这四个方面的内容作出了不同的限定。下面分别分析。

1. 律师对在执业活动中知悉的国家秘密负有保密义务

按照《律师法》和《律师执业行为规范》的要求,律师对在执业活动中知悉的国家秘密负有保密义务。

(1)国家秘密的概念

《中华人民共和国保守国家秘密法》第2条规定,"国家秘密是关系国家的安全和利益,依照法定程序确定,在一定时间内只限一定范围的人员知悉的事项。"该法第3条第2款还规定:"一切国家机关、武装力量、政党、社会团体、企业事业单位和公民都有保守国家秘密的义务。"既然一切人都有保守国家秘密的义务,律师当然也不例外。

(2)国家秘密的范围

国家秘密的范围,要依照法定程序确定。《保守国家秘密法》第9条对国家秘密的范围进行了列举。"下列涉及国家安全和利益的事项,泄露后可能损害国家在政治、经济、国防、外交等领域的安全和利益的,应当确定为国家秘密:(一)国家事务的重大决策中的秘密事项;(二)国防建设和武装力量活动中的秘密事项;(三)外交和外事活动中的秘密事项以及对外承担保密义务的事项;(四)国民经济和社会发展中的秘密事项;(五)科学技术中的秘密事项;(六)维护国家安全活动和追查刑事犯罪中的秘密事项;(七)经国家保密行政管理部门确定的其他秘密事项。政党的秘密事项中符合前款规定的,属于国家秘密。"

（3）国家秘密的等级

根据该《保守国家秘密法》第10条的规定，国家秘密的密级分为"绝密""机密"和"秘密"三级。绝密级国家秘密是最重要的国家秘密，泄露会使国家的安全和利益遭受特别严重的损害；机密级国家秘密是重要的国家秘密，泄露会使国家的安全和利益遭受严重损害，秘密级国家秘密是一般的国家秘密，泄露会使国家安全和利益遭受损害。可见，对于国家秘密的秘级是从两个方面界定的，一个是内容，一个是泄露后果。因此，对绝密、机密、秘密分别使用的是"最重要的""重要的""一般的"国家秘密的词，泄露后果分别使用的是"遭受特别严重的损害""遭受严重的损害"和"遭受损害"这样不同程度的词汇。

（4）国家秘密的确定

按照《保守国家秘密法》第11条规定，"国家秘密及其密级的具体范围，由国家保密行政管理部门分别会同外交、公安、国家安全局和其他中央有关机关规定"，还"应当在有关范围内公布"。"机关、单位对所产生的国家秘密事项"，《保守国家秘密法》第14条规定，"应当按照国家秘密及其密级的具体范围的规定确定密级"。

（5）律师保守国家秘密的保密义务

依《律师法》和《律师执业行为规范》（2009年修订版）规定，只要是"在执业活动中知悉的"国家秘密，律师就对此负有保密义务。

在本章第一节提到的案件中，国家保密局有关部门将卷宗材料鉴定为机密级的国家秘密。一审法院也是据此判定该律师构成泄露国家秘密罪。这里，一项信息是否被确定为国家秘密以及被确定为哪一个级别的秘级的国家秘密，将直接涉及行为人是否负有保密责任和负有什么样的保密责任，以及违反保密义务的法律后果的轻重。该案是否构成犯罪的关键也在于此。当然，对于该案来讲，还要考察法院在该律师及其助理律师接触卷宗材料前是否进行了密级确定的工作。此案也提醒广大律师，虽然从理论上讲，国家秘密的权利主体是国家，但是，在律师执业的过程中，却可能是从某个具体机关或者具体人处接触到国家秘密的具体信息。对于哪些信息有可能构成国家秘密，律师自身要有一定的警惕性,除了对国家秘密负责之外,还要有一种风险防范意识。

2. 律师对在执业活动中知悉的商业秘密负有保密义务

并非所有的商业信息都是商业秘密,律师要想很好地履行这项义务,必须首先明白对什么样的商业信息负有保密义务。

(1) 商业秘密的范围

1993 年 9 月 2 日,第八届全国人大常委会第三次会议通过的《中华人民共和国反不正当竞争法》第 10 条第 3 款对商业秘密的概念作如下界定:商业秘密是指不为公众所知悉,能为权利人带来经济利益、具有实用性并经权利人采取保密措施的技术信息和经营信息。可见,商业秘密是技术或经营信息,但并非所有技术或经营信息都是商业秘密。《反不正当竞争法》对于其传播范围、经济价值、实用价值和权利人态度等方面作出了"不为公众所知悉""能为权利人来经济利益""具有实用性""并经权利人采取保密措施"的限定。这些限定往往是某个或者某些信息是否构成商业秘密的争议焦点。这也是界定一个人或单位的行为是否构成侵犯或泄露商业秘密所必须厘定清楚的界限。

1995 年 11 月 23 日国家工商行政管理局令第 41 号发布,1998 年 12 月 3 日国家工商行政管理局令第 86 号修订的《关于禁止侵犯商业秘密行为的若干规定》中对"不为公众所知悉""能为权利人来经济利益、具有实用性""权利人""采取保密措施"这四个定语的含义以及"技术信息和经营信息"的范围进行了界定。不为公众所知悉是指该信息是不能从公开渠道直接获取的。能为权利人带来经济利益、具有实用性,是指该信息具有确定的可应用性,能为权利人带来现实的或者潜在的经济利益或者竞争优势。权利人采取保密措施,包括订立保密协议,建立保密制度及采取其他合理的保密措施。权利人,是指依法对商业秘密享有所有权或者使用权的公民、法人或者其他组织。技术信息和经营信息,包括设计、程序、产品配方、制作工艺、制作方法、管理诀窍、客户名单、货源情报、产销策略、招投标中的标底及标书内容等信息。可见,"技术信息和经营信息"的范围是很宽的,尤其是客户、货源、产销和招投标的情况,律师作为案件代理人或常年法律顾问都很有可能接触到,都有可能产生保守秘密的义务。

之所以将"权利人采取保密措施"作为构成商业秘密的必要条件,是因为只有权利人重视它,才能说明它对于权利人具有价值,他人才有保密的义务,如果权利人自己随处公开,对自己的员工没有任何保密要求,就不能要求他人承担保密义务。

(2)律师保守商业秘密的保密义务

根据上述对商业秘密范围的界定,可以对"律师保守商业秘密的保密义务"进行一下概括。律师保守商业秘密的保密义务,就是律师对自己在执业活动中知悉,权利人享有所有权或使用权,不能从公开渠道直接获得,具有确定的可应用性,能为权利人带来现实的或者潜在的经济利益或者竞争优势的关于设计、程序、产品配方、制作工艺、制作方法、管理诀窍、客户名单、货源情报、产销策略、招投标标的及标书内容等权利人采取了诸如订立保密协议、建立保密制度及其他合理保密措施的信息,都负有保密义务。这里的权利人,可以是委托人或当事人或其他人,按照《律师法》第 38 条和《律师执业行为规范》(2009 年修订版)第 8 条的规定,只要是"律师在执业活动中知悉的"任何人的商业秘密,都负有应当保守秘密的义务。

因为律师在业务活动中比较容易接触到商业秘密,律师对商业秘密的保密义务是一个责任范围非常宽泛的义务,需要律师始终保持高度警醒状态,任何情况下都对上述信息守口如瓶,稍有疏忽就有可能违反此义务。

3. 律师不得泄露当事人的隐私

公民隐私权属于人格权的范畴。人格权是指主体依法固有的,以人格利益为客体的,为维护主体的独立人格所必备的权利。我国《民法通则》虽然没有直接涉及隐私权保护的规定,但是,却有许多有关保护个人隐私的其他法律规定和司法解释。

《宪法》第 38 条规定公民的人格尊严不受侵犯,是隐私权受保护的立法依据。此外,《宪法》关于公民身体不受非法搜查(第 37 条)、公民住宅不受侵犯(第 39 条)、公民的通讯自由和通讯秘密受法律保护(第40条)等规定,也都直接体现了对个人隐私的保护。这些规定对隐私的内容进行了一个大致范围的框定。实体法中的《刑法》关于非法拘禁罪、非法搜查罪和非法侵入他人住宅罪以及关于侵犯公民通信自由权利罪的规定也都涉及对公民隐私权的保护。我国现行的《刑事诉讼法》《民事诉讼法》《行政诉讼法》中,都有在诉讼过程中保护公民隐私权的规定,其具体内容和完备程度甚至超过实体法。其他法律、法规中也有关于保护公民隐私权的规定。如《律师法》,还有《统计法》(第25条)规定统计调查中获得的能够识别或推断单个统计调查对象身份的资料不得对外提供、泄露,不得用于统计以外的目的,还有银行管理方面为储户保密的规定等,都是关于保护公民隐私权的规定。

要清晰地描述律师对当事人信息的保密义务范围,首先也要对隐私权的内涵和范围进行界定。

(1)隐私的含义

隐私是一种与公共利益、群体利益无关的,当事人不愿他人知道或他人不便知道的个人信息,当事人不愿他人干涉或他人不便干涉的个人私事和当事人不愿他人侵入或他人不便侵入的个人领域。即隐私有三种基本状态:个人私事、个人信息、个人领域。

(2)隐私的范围

包括个人私事、个人信息、个人领域,其范围十分广泛,这些内容在民法学中都有阐述,此处不细述。

(3)保密范围不限于委托人的隐私,而是当事人的隐私

隐私的内容是一个很大的范围,律师在与当事人交往中,基于当事人的信任,有可能知悉很多当事人的隐私,对此律师都负有保密的义务。这是一个很重大、很广泛的义务。需要特别注意的是,律师的这项保密义务不限于委托人的隐私,而是案件所有当事人的隐私。这是必须注意的。

4. 律师对其他信息的保密义务

《律师法》第38条和《律师执业行为规范》(2009年修订版)第8条都规定"律师对在执业活动中知悉的委托人和其他人不愿泄露的情

况和信息,应当予以保密"。即律师除了要保守在执业活动中知悉的国家秘密、商业秘密和当事人的隐私外,对于其他人的其他信息也负有一定的保密义务。

对于此项义务,要注意两点：
(1)"情况和信息"

其范围大于上述国家秘密、商业秘密、隐私的范畴。对于委托人不愿意泄露的情况和信息,无论是否属于国家秘密、商业秘密、隐私范畴,都应当保密。

(2)"其他人"

其范围大于委托人,甚至不限于当事人。对于在执业活动中知悉的其他人的情况和信息,这些"其他人"可能是证人,也可能是委托人或者当事人单位的一般工作人员,即可能是任何人。只要其表示"不愿泄露"这些"情况和信息",律师就负有保密义务。

5. 律师对于办理业务过程中接触到的其他信息是否负有保密义务

上述关于律师保密义务范围的描述,都是按照从秘密的类别角度来划分的。而笔者认为,律师保密义务的客体不应该从秘密类别的角度采取一般主体保密义务范围的划分方法将律师保密义务的客体也划分为国家秘密、商业秘密、当事人隐私和其他信息,而应该从当事人的立场出发来界定在当事人—律师关系中"律师"这一特殊主体的保密义务的客体。对此,国内有些律师事务所就在所务管理规则中提出了比《律师法》第38条和《律师执业行为规范》(2009年修订版)第8条更宽泛的保密内容要求,如有的律师事务所将"除经客户同意或另有约定,不向任何政府机关、团体和个人以及新闻媒体透露客户情报和隐私"作为本所的"律师保守秘密原则",显然,这个保密范围更宽,律师相应保密责任也更严格。这是律师事务所严格管理和律师自身严格自我约束的体现。

总之,关于律师保密义务的内容范围,从完善《律师执业行为规范》和严格自律的角度,可以参考美国、日本和我国香港特别行政区的规定。《美国律师职业行为标准规则》将律师保密的范围界定为"同代理有关的案情"。①《香港事务律师执业行为操守指引》将事务律师的保密义务界定为"在建立委托关系过程中的所有商业和事业信息"。② 日本《律师法》把律师保密义务的范围界定为"由其职务上所得知的秘密"。③ 可见,无论是"同代理有关的案情",还是"在建立委托关系过程中的所有商业和事业信息",抑或"由其职务上所得知的秘密",其范围都比我国《律师法》界定的"在执业活动中知悉的国家秘密、商业秘密""当事人的隐私"以及律师对在执业活动中知悉的"委托人和其他人不愿泄露的情况和信息"这个范围要宽泛许多。

当然,尽管我国法律和职业行为规范与许多国家和地区相比,规定的律师保密义务的内容范围相对较窄,但通过上述论述已经发现,在具体业务进行过程中,尤其是在我国律师执业环境相对欠佳的情况下,律师的保密义务已经是责任或风险很大的一项义务。所以需要广大律师谨慎遵守相关规范,才能既保护信息相对方的利益,也才能使律师自身免受风险。

二、律师保密义务的对象范围

律师保密义务的保密对象,即向什么人保密的问题。从字面理解,律师保密义务的保密对象,似乎可以简单理解为是向所有的人保

---

① 参见《美国律师职业行为标准规则》第一节"律师与委托人的关系"1.6案情的保密:"除非委托人在同律师磋商后表示认可,律师不得公开同代理有关的案情。"引自美国律师协会:《美国律师职业行为标准规则——释义与评论》,俞兆平、姜付丛译,中国政法大学出版社1992年版,第21—22页。

② 参见《香港事务律师执业行为操守指引》第八章"保密":"事务律师有义务对当事人所要求的在建立委托关系过程中的所有商业和事业信息,保持绝对的秘密,不得有任何的透露,除非得到当事人明示或默示的授权,或法律上的要求,或除非当事人自己明示或默示放弃保密义务。"引自《香港事务律师执业行为操守指引》8.01评析15,许世芬主编《香港律师执业行为规范》,法律出版社1999年版,第169、171页。

③ 日本《律师法》第23条规定:"律师或曾任律师的人,对保守由其职务上所得知的秘密,享有权利,负有义务。"引自《日本律师法》,参见日本律师联合会编:《日本律师联合会关系法规集》,中国政法大学出版社1989年版,第8页。

密，但是在律师执业的具体过程中，情况往往比较复杂，很难一概而论。有两种人在律师执业中是不可回避的：一是委托人及其家属，二是同一律师事务所的其他律师和工作人员。如何处理对这两种人保密的问题，是妥善履行律师保密义务的重要环节。

（一）对委托人及其家属的保密问题

对委托人的保密问题，涉及诉讼的具体环节。不同的诉讼程序和不同的诉讼阶段，对委托人的保密范围和程度要求也有所区别。对于律师了解到的案情或业务是委托人自己的信息时，无所谓对其保密的问题，但对于不完全来源于委托人案情或业务的信息，就存在一个是否应该向委托人及其家属保密的问题。这里，分为两类情况来探讨。

1. 在顾问业务、一般的非诉讼业务和多数民事案件中对委托人及其家属的保密问题

在顾问业务、一般的非诉讼业务和多数民事案件中，委托人往往就是事件的亲历者，或者事件与其本人的权利有着密切关系，委托人自身就是相关信息的制造者，律师了解到的情况也多数来源于委托人。这时，对于委托人已经知道的信息就不存在向其保密的问题，往往是律师需要把自己阅卷或调查了解到的情况向委托人通报、核实，以便于委托人决定权利的取舍或程序方式的选择。但是，这里也要区分或者注意两种情况：

一是如果委托人是法人或者组织的，其中某个人知道的信息不代表该法人或组织的其他人也知道，在没有得到其法人代表或者负责人授权的情况下，也不应向该法人或组织中的其他成员扩散。

二是即使信息来源于委托人，而且委托人的家属也在积极地协助律师工作，在没有得到委托人的授权之前，也不能将来源于不同信息源的信息在委托人和委托人家属之间传递。

2. 在刑事业务中对委托人及其家属的保密问题

律师业务实践中对委托人是否应当保密的问题，主要存在于刑事案件中。关键就是律师查阅的案卷材料、调查取证的情况能不能向委托人透露？这也是本章第一节提到的泄露国家秘密案件中遇到的关

键性问题。① 在探讨该案件所涉及的法律问题时,绝大多数律师都认为,该律师将案卷材料留给犯罪嫌疑人家属的行为不妥。但是,遍查《国家秘密法》《律师法》和当时的律师职业道德规范《律师职业道德和执业纪律》以及中华全国律师协会制定的《律师办理刑事案件规范》(共计189条),却没有找到律师不能把案卷材料、调查取证情况向委托人透露的直接规定。因此,对委托人的保密问题,确实应该引起学界以及实务界的关注和研究。就律师个体来讲,在学界以及实务界没有达成权威或者比较统一的认识之前,从严格义务的角度讲,也是从保护律师免受不必要的风险角度看,律师在执业过程中,尤其是在刑事辩护业务中,应谨慎掌握为妥。

在刑事业务中,尤其是在绝大多数公诉案件中,案情以及相关信息往往不是或不全来源于委托人、犯罪嫌疑人或被告人,犯罪嫌疑人或被告人往往只能提供部分案情以及相关信息,而且案情也不完全是委托人或被告人的隐私,其信息来源情况往往比较复杂,哪些可以与委托人或被告人或者其家属、亲友交流,应该视辩护工作需要而定。

在刑事辩护业务中,律师没有必要把阅卷、调查了解到的情况向委托人、犯罪嫌疑人或者被告人以及其家属或者亲友通报,与他们交谈的内容应该限定在核实案情的限度内。因为律师是辩护工作的专家,不需要得到委托人或被告人及其家属的指导,交流过多信息对于辩护工作并无益处。因此,一定要有一种对委托人保密的意识,才能根据情况,谨慎处理各种信息。

有人认为,按照《刑事诉讼法》的规定,律师以外的其他辩护人如人民团体或者犯罪嫌疑人、被告人所在单位推荐的人以及犯罪嫌疑人、被告人的监护人、亲友等,也可以成为辩护人,并且委托人本人理论上也可以成为辩护人,也可以阅卷,所以没有必要对委托人及其家

---

① 尽管此案二审改判无罪,但还是引起了包括笔者在内的业内人士的深深思索。关于此件的案情,参见银建章:《泄露国家秘密罪:悬在律师头上的又一把剑?——全国首例律师涉嫌泄露国家秘密案庭审记实》,载《中国律师》2001年第7期。

属、亲友保密。笔者认为,这种认识是不正确的。因为其他人作为辩护人与律师作为辩护人权利是有差别的,这也导致其他人作为辩护人与律师作为辩护人在获悉案情以及相关信息的渠道和能力以及信息量等方面也是有差别的。首先,按照2012年修订的《刑事诉讼法》第33条第1款的规定,虽然"犯罪嫌疑人自被侦查机关第一次讯问或者采取强制措施之日起,有权委托辩护人",但是"在侦查期间,只能委托律师作为辩护人"。其次,该法第37条第1款和第38条规定,辩护律师可以同在押的犯罪嫌疑人、被告人会见和通信,辩护律师自人民检察院对案件审查起诉之日起,可以无障碍地查阅、摘抄、复制本案的案卷材料;而其他辩护人同在押的犯罪嫌疑人、被告人会见和通信以及查阅、摘抄、复制案卷材料,需要经人民法院、人民检察院许可。因此法院和检察院都可以通过行使许可权来控制委托人知悉案情的时间和范围。由此可见,律师对委托人、犯罪嫌疑人或被告人及其亲属,除核实案情外,保守案情以及相关信息是必要的,也是有法律依据的。

无论是从理论还是实际看,委托人及其家属是最有可能造成干扰侦查、审判的因素。律师受委托人之委托,却无法控制委托人、犯罪嫌疑人及其家属的行为。因此,在这一点上,律师保持职业的独立性尤为重要。若因通过律师事务所接受委托人的委托获得了律师酬金后,就以"收人钱财,替人消灾"的想法为基础,而把自己的立场和情感完全等同委托人,不加选择地与委托人、犯罪嫌疑人或被告人以及家属、亲友交流,那样是非常危险的。在这一点上,也许理解了律师职业的独立性,就能够更好地理解律师职业保守职业秘密对于维系一个国家的律师制度的重要性(参见第四章"保持职业独立")。

总之,对于委托人的保密问题,《律师法》和《律师执业行为规范》(2009年修订版)没有作出具体规定,学界可以进一步研究探讨,但是,从严格义务的角度,律师从业中,尤其是在刑事辩护业务中,应谨慎掌握。

(二)对同所人员的保密问题

先看下面的情形:

某律师事务所召开疑难案件研讨会。会议期间,某律师将自己承办的案件材料分发给参加会议的人员,并在会上详细介绍了案件情况。

在这种情形下,就存在这样的问题:该律师事务所的做法和该律师的行为是否构成违反律师保密义务?其他非案件承办律师得到案件材料或知悉案件情况后是否负有保密义务?

从具体规范来看,无论是《律师法》,还是《律师执业行为规范》(2009年修订版),对保密对象的规定都不是很清晰。《律师执业行为规范(试行)》2004年公布后,2007年开始修订工作。在修订过程中,曾经出现过"律师履行保密义务的对象包括律师事务所人员"和"在获得当事人的豁免后,相关代理律师之间仍不得交流、披露与经办案件的相关信息"的意见。但是,出于多种考虑,2011年底正式颁布的《律师执业行为规范》(2009年修订版)中却没有这样的具体规定。尽管如此,在实践中,仍然存在对同所人员的保密问题。如在上面的情形中,由于案件讨论的需要,或者由于工作场所相邻或者案卷归档等情况,使得除案件或业务承办律师以外其他人员存在着知悉当事人信息的可能性,则其他人员因得知相关信息也负有保密义务。因此,不仅律师之间,而且律师与同所的其他人员之间,也应该保守律师执业中知悉的秘密。同所律师以及其他人员之间如何采取措施履行保密义务的问题,将在本章第三节详细论述。

从保密的要求来讲,对于同所人员当然也要履行律师保密义务,一般情况下,案件承办律师没有必要将案情透露给其他律师。但在实际业务工作中,出于业务探讨、请示领导、寻求帮助或指导实习律师的需要,可以向同所律师介绍案情。通常有以下情形:

1. 承办律师与助手和实习律师之间的保密问题

比如律师助手,并不是案件的代理人,他(她)没有权利单独直接接触案卷材料,也没有权利直接接触委托人,但因为是承办律师的助手,却常常有机会按照承办律师的旨意接触到案件信息。这种情况下,律师不仅自身负有保密义务,同时对于助手的工作也负有责任,有义务教导助手采取保密措施,保守秘密。

承办律师对于不是明确的、固定的助手,只是跟随自己学习的实习律师,也负有同样的教育、指导义务。如果助手违反律师保密义务,承办律师也有责任。

2. 律师事务所案件研讨制度中的保密问题

目前,很多律师事务所为了提高全所律师的办案质量,都建立了一系列制度,其中之一便是疑难案件的集体讨论制度。在这种集体讨论中,承办律师往往要介绍案件的相关情况,甚至会把案件的相关材料印发给参会人员。这种集体讨论的制度,的确有利于提高办理案件的质量,但同时也存在保密问题。所以,在这种会议场合,承办律师或者会议主持人就要强调参加会议的人员要对会议内容保密。

3. 同一办公室工作的律师(此处泛指律所同事)之间的保密问题

关于同一办公室工作的律师(此处泛指律所同事)之间的保密问题,一方面需要律师事务所建立相应的制度,另一方面,也需要律师自身加强自律。

关于对同所人员的保密问题,还存在一种特殊情形需要注意,即存在利益冲突的情况,即出现《律师执业行为规范》(2009年修订版)第51条第1款规定的"(一)接受民事诉讼、仲裁案件一方当事人的委托,而同所的其他律师是该案件中对方当事人的近亲属的;(二)担任刑事案件犯罪嫌疑人、被告人的辩护人,而同所的其他律师是该案件被害人的近亲属的;(三)同一律师事务所接受正在代理的诉讼案件或者非诉讼业务当事人的对方当事人所委托的其他法律业务的;(四)律师事务所与委托人存在法律服务关系,在某一诉讼或仲裁案件中该委托人未要求该律师事务所律师担任其代理人,而该律师事务所律师担任该委托人对方当事人的代理人的;(五)在委托关系终止后一年内,律师又就同一法律事务接受与原委托人有利害关系的对方当事人的委托的;(六)其他与本条第(一)至第(五)项情况相似,且依据律师执业经验和行业常识能够判断的其他情形"时,依该规范第52条规定,"委托人知情并签署知情同意书以示豁免,承办律师在办理案件的过程中应对各自委托人的案件信息予以保密,不得将与案件有关的信息披露给相对人的承办律师"。

三、律师保密义务的效力范围

媒体曾经报道过这样的事例:

> 某日某律师接待了一起侵权纠纷的受害方王某,王某向该律师谈了案件情况,并将案件材料的部分复印件留给了该律师。但是后来双方没有建立委托关系。

从律师保密义务的角度看,这里就存在这样的问题:该律师能否将接待中了解到的信息传播出去?该律师能否接受对方当事人的委托?实践中发生的一些对于律师的投诉,其争议焦点也在于此。而笔者认为,律师保密,既然是一项义务,就应该存在履行义务的期间,应该有义务开始和终止的时间,即保密期间。在这个事例中,其根本的问题就是律师的保密义务什么时间开始以及到什么时间结束。

律师保密义务的保密期间,也可以称之为律师保密义务的效力范围,就是指律师对自己"在执业过程中知悉的国家秘密、商业秘密和当事人的隐私以及委托人和其他人不愿泄露的情况和信息"在一个什么样的期间内负有保密义务的问题。对此,《律师法》和《律师执业行为规范》(2009年修订版)没有相应的规定,而这样的问题在实践中直接关系到律师如何履行保密义务和保密责任的大小,即使没有相关规范,在律师职业内部也必须有一个清晰的认识。

虽然《律师法》和《律师执业行为规范》(2009年修订版)都规定"律师应当保守在执业活动中知悉的国家秘密、商业秘密,不得泄露当事人的隐私",但显然,律师的保密义务不可能伴随业务活动的结束而终止。所以,不能因为保密信息是在"执业活动中知悉的"就理解为保密义务期间也仅仅是"在执业活动"的过程中。那么,究竟律师的保密义务从何时开始,又在何时才能够结束呢?

(一)关于律师保密义务开始的时间

律师代理中的义务,通常都是从签订委托协议之后产生的,但律师保密义务不同，律师保密义务的开始，也许与委托关系建立不是同步发生的。根据律师的职业性质、功能和执业情况，很多时候，律师保密义务不是开始于建立委托关系之时或之后，也不是在当事人提出保密要求之时才产生。

如当一个人在律师执业机构以其律师执业机构工作人员的身份出现接受咨询时，或者以律师身份或律师一方的人员出现在当事人的谈判场所或者其他场所时，通过交谈或观察，了解到了相关人（可能是当事人，也可能不是当事人）的相关信息，此种情形下，则无论该人是否取得律师执业资格，也无论这种交谈或观察之前或之后是否建立委托关系，都应当开始担负保密义务。如果因为此时没有建立委托关系而不承认律师或者律师一方的人员已经开始担负保密义务，试想，还有谁敢于在建立委托关系之前与律师交谈呢？甚至可以断言，如果因为此时没有建立委托关系而不承认律师或者律师一方的人员已经开始担负保密义务，那么，社会公众对律师的信任度就会大大减低，甚至威胁到律师生存的基础。

对此，美国律师协会制定的职业行为规范指出，"（律师的）许多责任，源于委托人要求律师提供法律服务且律师同意为其提供服务之后建立的委托人—律师关系。但是，有些责任，如规则1.6规定的保密责任，在律师同意考虑是否建立委托人—律师关系时就已经产生"。我国《律师执业行为规范》也应在今后的修订工作中完善此方面的规定，以使律师履行保密义务能够有章可循。

这里需要提示的是：上例中律师的行为，尽管没有相关规范能够认定其行为违法或者违反律师执业规范，但是，却有可能在社会上产生了不利于律师职业形象的影响。因此，从严格责任的角度，在没有相应的规范明确规定律师保密义务开始的时间之前，广大律师应该站在权利人或利益相对人的角度，严格约束自己的业内外言行，自觉地保守权利人或利益相对人相关信息。这样做，一方面维护了律师的职业形象，另一方面也避免了律师与相关权利人或利益相对人不必要的纠纷。

（二）关于律师保密义务终止的时间

对于律师保密义务的终止时间，《律师法》和《律师执业行为规范》（2009年修订版）都没有明确规定。《北京市律师执业规范》第64条关于保密义务的延伸也只有一个模糊的规定："律师代理工作结束后，仍有保密义务。"尽管如此，律师界对于"委托代理关系终止，保密义务并非终止"还是有共识的。但是，由于学界对此尚缺乏深入研究，也由于《律师法》和《律师执业行为规范》（2009年修订版）都没有明确规定，更由于律师保密义务是一个与律师的个人权利保护状况以及执法环境有很大关系的问题，笔者只能在此谨慎表达个人观点如下：

为了律师能够更加充分地保护委托人和当事人的利益，也更好地保护自身安全和尊严，对于律师保密义务终止的时间，应该区别不同情形。希望律师在执业过程中，能够谨慎地履行律师保密义务，尽可能自觉地从严掌握。

综观本节所论述的三个问题，关于律师保密义务的范围问题，实际上涉及律师保密责任轻重以及如何履行律师保密义务等问题。在《律师执业行为规范》（2009年修订版）对律师保密义务期间做出完善性修订之前，在律师业务实践中应注意建立以下三点意识：

一是律师在辩护或代理期间及其工作结束后都负有保密义务。

二是国家秘密和商业秘密都有很强的时效性，对于其中已经成为公开信息的内容，律师不再负有保密义务。

三是对于当事人的隐私与委托人和其他人不愿泄露的情况和信息，不论当事人、委托人和其他人自己是否向自己的亲友公开，律师无论在辩护或代理期间，还是辩护或代理工作结束后，都负有保密的义务。这是基于当事人对律师的信任和维护律师的执业形象所必需的。

第三节 律师履行保密义务的措施

回顾本章所提到的事例，可以发现，履行律师保密义务，需要一定的措施，需要每一个律师将履行保密义务贯穿在业务工作的各个环节以及日常生活中。而且，不仅律师要采取一定的措施履行保密义务，律师事务所作为保密义务主体,也必须建立相应的制度和采取相应的措施。

一、对律师的教育

（一）律师事务所对所全体人员的教育义务

《律师法》第23条和《律师执业行为规范》(2009年修订版)第86条都规定,"律师事务所应当建立健全执业管理、利益冲突审查、收费与财务管理、投诉查处、年度考核、档案管理等制度,对律师在执业活动中遵守职业道德、执业纪律的情况进行监督"。这就意味着律师事务所是律师保密义务的主体。所以,律师事务所作为律师执业机构,不仅要在档案管理方面采取相应的措施,提供专门的场所,建立档案管理制度,安排专人妥善保管卷宗等档案资料,还有义务教育本所律师认真履行保密义务。

（二）具有管理义务的律师对所内其他律师或工作人员的教育义务

《律师执业行为规范》(2009年修订版)第96条规定:"律师事务所有义务对律师、申请律师执业实习人员在业务及职业道德等方面进行管理。"这里的主语虽然是律师事务所,其实,其具体管理责任是由合伙律师承担的。因此,在律师事务所的律师中,如果从管理责任的角度区分,存在两个群体,即担负管理责任的律师和被管理的律师。

在律师事务所的管理结构中,合伙律师对非合伙律师以及律师助理、法律实习生、行政等辅助人员具有教育和管理的义务;案件承办律师对所指导的律师助理、法律实习生具有教育和管理的义务。合伙律师、承办律师有义务要求实习律师、律师助理、法律实习生、行政等辅助人员保守秘密,并且,合伙律师、律师要经常给予实习律师、律师助理、法律实习生、行政人员关于保密知识和道德纪律的指导和监督,也有义务要求和提醒参与案件研讨的其他律师履行保密义务。

二、建立保密制度

律师事务所作为保密义务主体之一,应保证律师有相对安全的工作环境和卷宗保管环境;应购置和使用材料粉碎机器等设备;对归档后的案卷材料,要配备专人管理和保管,并采取适当的案卷管理保密措施;要建立会议保密措施等相应的保密制度。保密问题具体请参见上一节的相关论述。

三、谨言慎行

律师职业与社会有着广泛的联系,多数律师的社会关系也比较多,除了工作之外,各种与工作有关的应酬或朋友交往也比较多,所以,律师在这些活动中,应该注意自己的言行,不能将自己的从业经历当成炫耀的资本或饭后谈资,也不能将案件信息向亲友传播。

（一）与媒体接触的注意事项

看下面的情形:

某律师办理了一件轰动全国的案件,一位很有来头的记者找该律师了解被告人的情况,想写一篇关于被告人走上犯罪道路原因的文章。

这也是社会常见情形。从律师履行保密义务的角度看,这位律师能够接受采访吗？或者,该律师接受采访时应该注意些什么,怎样处理比较妥当？

媒体在监督司法公正、弘扬社会正气方面的确起到了巨大的作用,但是,媒体的影响也是一把双刃剑,如果注意不够,也会伤及其他人的合法利益。因此,律师在与媒体接触时就要克制扩大律师自身名声的私欲,有节制地与媒体接触,有选择地提供信息,某些情况下需要拒绝向媒体透露相关信息。

律师在与记者和媒体接触的时候,涉及案件信息,要注意把握分寸,严格履行律师保密义务。与媒体的接触,一种情况是投稿,一种情况是接受采访。不论哪种情况,律师都应时刻意识到保密责任的存在。如在写论文、案例分析时,要把当事人姓名、单位、案件发生的城市、相关人员的姓名和其所在单位这些识别因素用假名或甲乙丙丁、ABCD 等不具有识别性的词替代。律师接受采访的时候更要注意履行保密义务。有时,因为案件本身的轰动效应或者律师自身的影响,往往有的律师只注意到媒体报道对案件和对自身的益处,而对保密义务较易放松警惕,不经意把不该告诉记者的情况告诉了记者,从而引起纠纷。因此,跟记者谈话,谈什么,给记者什么材料,事先都要有一个判断,要谨慎取舍。一定要认识到,有时记者的目的与律师的目的并不完全一样。有的记者采访或者报道某个案件,其动机中还包含有其个人工作成效的考虑,如为了增加其供职媒体的可视性或发行量,并不是每个记者的每次采访报道都是为了帮助律师和当事人伸张正义。律师无论在什么情况下,都要注意履行保密义务,不能为了自己的私利,也不能为了记者的面子泄露当事人的隐私。

(二) 教学与学术活动的注意事项

伴随着律师自身业务影响的扩大和其自身学术旨趣以及自治管理的不断增强,越来越多的律师开始参加学术活动、公益活动,如举办讲座、到学校讲学、参加研讨会、发表论文、法律普及宣讲等。在这些活动中,难免将自己曾经的业务活动作为研究或者交流对象,这时就要注意采取一定的保密措施。这些措施包括:

1. 使用无指向性的符号替换具体案件或者业务中的时间、地点、人物等可识别要素。

2. 注意将信息发布控制在一定范围之内,即控制了解信息的人员数量、范围和发布信息的详略程度。

3. 在相关材料及其相关地方标注保密字样或者做相应的保密提示。

四、妥善管理案卷

卷宗承载着案件、业务事项以及相关权利人或相关利益人的主要信息,因此,妥善保管卷宗材料将是律师履行保密义务的重要措施。律师保管卷宗的工作伴随整个业务过程,通常分为几个环节:办公室工作环节、出差途中、开庭环节或者办理业务的现场环节。这就要求律师要养成良好的工作习惯,材料原件不要随身携带,注意保存和保管好案卷材料,对办理完结的案件或业务材料要及时装订归档。

要特别注意的是律师办公环境的保密问题。办公室工作环节,通常会被认为是最安全的环境,但如果没有保密意识,也可能会出现泄露秘密的情况。在同一环境下工作的律师,相互之间应该尊重对方的工作,应该有保密的意识,不要随便翻阅其他律师的案卷材料,对于看到和听到的其他律师承办的案件信息也要保密。

另外,在保密措施方面,需要特别强调三点:

1. 在刑事案件的审判阶段,律师作为辩护人通过阅卷发现一些问题,需要向委托人及其亲朋核查时,要注意策略,既达到核查目的,又不要泄露案情。

这就需要在核查前制定询问提纲,不要向委托人及其亲朋谈及调查的目的,也不要在被调查者之间相互透露调查的内容。另外,在与犯罪嫌疑人或被告人通信时,不得提及可能妨碍侦查的情况,并保留信函副本及犯罪嫌疑人或被告人来信的原件,附卷备查。

2. 在对某一委托人谈论自己的辩护或代理意见及承办的步骤时,如果需要适当举例说明问题的,如果举的例子是自己或同事承办过的案件,一定要隐去姓名、地点等足以判断具体人、具体事件的因素。

3. 在办理涉外业务中,不论是担任外方当事人代理人参加诉讼或非诉讼活动,还是受聘于外商企业担任法律顾问,既要维护当事人的合法权益,又要注意保守国家秘密。

在涉外业务中保守国家秘密就是维护国家主权和国家利益。如果律师不能履行保守国家秘密的义务,而是片面理解和强调"忠实于当事人",或一味地讨好外国当事人以谋取个人私利,把自己了解到的诸如国家产业调整的计划、招标标底甚至政治文件内容透露出去,则不可避免地会给国家造成严重损失。如果律师在承办涉外业务中发生了泄密事件,不仅损害了国家利益,也会严重影响律师行业的声誉,这是绝对不能容忍的。

履行律师保守职务秘密义务的保密措施,远不止上述所提示的几点。在律师业务实践中,概括起来就是两句话——管好自己的嘴巴,不乱讲;管好案卷材料,不丢失。

本 章 小 结

　　本章介绍了律师职业道德规范关于律师保密义务的要求，并结合律师实践介绍了一些防范职业风险的方法，也介绍了国外关于律师保密义务的一些规定，并对律师保密义务的相关问题进行了探讨。需要说明的是，本章的许多表述是作者本人个性化的观点，既无法代表任何学界或实务界的权威，甚至也无法反映律师职业行为规范的发展趋向。作者将这些问题提出来，只是希望引起学界和实务界的关注，而律师们尽可以在自己执业过程中，按照现行规范去规范自己的行为。但是我们必须意识到，律师执业规范不可能穷尽执业过程中可能出现的所有情形或全部问题，尤其是对我国这样一个律师制度恢复发展时间不长的国家更是如此。尤其律师保密义务这样一个不仅涉及律师道德自律，更涉及一个国家的诉讼制度的问题，律师行业的自律性规范更不可能穷尽执业中的所有情形。

　　律师保密义务规范还有许多需要完善的地方。一方面，我们期待《律师法》与《律师执业行为规范》的不断完善；另一方面，更需要律师在业务实践中能够以良好的职业道德修养善意地理解行业规范，对各种情形做出准确的判断和理性的处理，以高度的自律精神，审慎履行保密义务。

第六章 规范委托和收费

如果将律师业务划分为几个环节的话,第一个环节就是与委托人建立委托关系,而在这个环节中最容易发生的职业道德困惑情形就是利益冲突和违反规范收费。因此,本章着重对这两个方面的问题进行探讨,以使律师在代理之前就开始规范自己的行为。

第一节 律师利益冲突的常见情形

2010年11月30日的《解放日报》曾经报道过这样一起案件:

> 2003年5月,某服装公司与某律师事务所签订聘请律师合同,委托某律师代理其与某装潢公司欠款纠纷一案。然而法院开庭时,某律师未出庭应诉,服装公司败诉,被判令给付欠款二千余万元。令人意想不到的是,2007年此案进入执行阶段后,某律师摇身一变,成了装潢公司的代理人。由于某律师作为服装公司代理人期间掌握了财产线索,造成了服装公司的不动产被法院拍卖。2009年8月,服装公司将这家律师事务所告上法庭,理由是某律师在这起案件中扮演了"卧底"角色,其行为是为案件的原、被告双方代理,要求被告律师事务所赔偿原告律师费六十余万元及利息。法院判决律师事务所返还原告律师费用60万元及利息损失。

这种情形,被社会公众戏称为律师"吃完被告吃原告"。显然,这种情形不仅损害了当事人的利益,也严重损害了律师职业整体的形象,危害了律师职业整体的利益,是律师职业操守严厉禁止的行为。

回顾我国律师制度三十多年的发展历程,律师职业从无到有,律师职业队伍从小到大,律师事务所和律师人数成几何数增加。目前,全国律师事务所已近2万家,律师人数已近23万人,涌现出一大批大型的、提供综合性服务的规模化律师事务所。

由于律师事务所规模扩大、律师服务领域拓宽、律师业务量增大、律师事务所合并重组及分所的大量建立、律师转所频繁等情形,律师执业过程中的利益冲突问题不断出现,而且日益复杂化。利益冲突已经影响到了律师业务的正常开展和行业的健康发展,无论是律师个人还是律师事务所都面临着这一问题。因此,研究、处理律师行业利益冲突迫在眉睫。本章将对我国现行的律师利益冲突规范进行阐释,以期有助于律师、律师事务所对利益冲突风险的防范,有益于我国律师行业的健康发展。

一、利益冲突概述

(一)律师利益冲突的概念

由于律师利益冲突的表现形式多样,情况复杂,很难对其下一个准确的定义。我国相关法律规范提出了利益冲突的术语,但没有具体规定律师利益冲突的概念。中华全国律师协会制定的行业规范和一些地方律师协会制定的律师利益冲突的专门规范,对律师利益冲突的定义作出了规定。2004年3月20日第五届全国律协第九次常务理事会通过的《律师执业行为规范(试行)》第76条曾经对利益冲突的概念作出过界定,即"利益冲突是指同一律师事务所代理的委托事项与该所其他委托事项的委托人之间有利益上的冲突,继续代理会直接影响到相关委托人的利益的情形。但是,《律师执业行为规范》(2009年修订版)却没有对利益冲突的定义作出规定。

笔者认为,《律师执业行为规范(试行)》的定义基本反映了律师利益冲突的核心内容,但其外延显然比较狭窄,不能囊括现实中存在的各种利益冲突情形。律师利益冲突种类繁杂、范围较广,要结合实践中真正存在的利益冲突的表现形式作更为广泛的理解,不能局限于此。

(二)律师利益冲突的主体

利益冲突的主体,就是在利益冲突情形中可能涉及的各方关系

人。根据利益冲突的相关法律法规及行业规范的规定,可以分析看出,律师行业利益冲突所涉及的主体范围非常广泛,主要有:

1. 律师事务所,包括律师事务所及其分支机构,也包括律师调动前后执业的律师事务所

律师转所频繁,容易发生律师调动后在新律师事务所接受的业务与原律师事务所办理的业务的委托人发生利益冲突的情形。

如第一章所述,律师事务所也是律师职业操守的义务主体。除了《律师执业行为规范》(2009年修订版)的规定以外,《律师事务所从事商标代理业务管理办法》第9条第2款就规定:"律师事务所受理商标代理业务,应该依照有关规定进行利益冲突审查,不得违反规定受理与本所承办的法律事务及其委托人有利益冲突的商标代理业务。"

2. 律师个人,除专职律师外,还包括公职律师、公司律师、实习律师、律师助理以及律师事务所聘用的其他人员

实习律师、律师助理协助律师事务所合伙人或主办律师办理业务,可以直接接触案件,也属于律师利益冲突的主体范围。同时对于律师事务所聘用的人员,如会计师、税务师、工程师、专家顾问等,鉴于他们也有可能接触案件,所以应该将律师事务所聘用的人员也纳入利益冲突的主体范围。对此,《律师执业行为规范》(2009年修订版)第4条规定:"本规范适用于作为中华全国律师协会会员的律师和律师事务所,律师事务所其他从业人员参照本规范执行。"因此,除专职律师外,实习律师、律师助理、文秘等律师事务所的其他从业人员也应当遵守《律师执业行为规范》(2009年修订版)关于律师利益冲突的相关规定。

3. 委托人,包括诉讼案件和非诉讼案件的委托人

显然,委托人本人的利益和与其相关的利益都可能对委托人产生利益影响。因此,在理解委托人这一利益冲突主体时,也不能机械地理解为就是指委托人本人。但是,如果解释范围过大,又有操作和执行方面的困难。对此,《律师执业行为规范》(2009年修订版)并没有作出界定,这方面可以参照一些地方律师协会的规定理解和执行。

北京市律师协会制定的《北京市律师协会规范执业指引(第7

号)》(2010年1月20日)规定:"对于委托人的利益范围的理解,不应局限于委托人本人的利益。委托人是自然人的,其共同生活的家庭成员的利益应视为是委托人的利益;委托人是法人或者其他组织的,与委托人互相参股的其他法人的利益,应视为该委托人的利益;在同一控制人控制下的不同法人的利益应视为一个整体性的利益。在判断《利益冲突规则》[①]中所规定的利益冲突时,应当将利益的范围按此原则理解判断,但争议发生在上述人员之间的案件除外。"该指引对委托人利益的范围做了扩大规定,尤其是关于法人或者其他组织的利益的界定,对律师和律师事务所而言过于苛刻和严格。指引出台后,有律师事务所和律师提出了异议,建议予以修改,北京市律师协会已经开始进行相关调研工作,修改的可能性很大。但无论如何修改,委托人的利益,都不可能仅仅理解为委托人本人的利益。

4. 前工作机构,主要针对曾担任法官、检察官、仲裁员的律师

我国《律师法》第41条规定:"曾经担任法官、检察官的律师,从人民法院、人民检察院离任后二年内,不得担任诉讼代理人或者辩护人。"根据2010年4月8日司法部令第122号《律师和律师事务所违法行为处罚办法》第7条第(4)(5)项规定,"曾担任法官、检察官的律师,以代理人、辩护人的身份承办原任职法院、检察院办理过的案件的","曾经担任仲裁员或者仍在担任仲裁员的律师,以代理人身份承办本人原任职或者现任职的仲裁机构办理的案件的",属于《律师法》第47条第(3)项规定的律师"在同一案件中为双方当事人担任代理人,或者代理与本人及其近亲属有利益冲突的法律事务的"违法行为。同时,该办法第8条规定:"曾经担任法官、检察官的律师,从人民法院、人民检察院离任后二年内,担任诉讼代理人、辩护人或者以其他方式参与所在律师事务所承办的诉讼法律事务的,属于《律师法》第47条第(4)项规定的'从人民法院、人民检察院离任后二年内担任诉讼代理人或者辩护人的'违法行为。"因此,曾经在公检法机关、公司法务

---

① 此处的《利益冲突规则》,是指2001年6月16日北京市律师协会第五届理事会第八次会议通过的《北京市律师业避免利益冲突的规则(试行)》。

部门、法律援助中心、仲裁机构、政府法制机构等承办过同一案件后又在律师事务所执业的律师,因为以前的工作机构和现在的执业机构的牵连关系,应当按照利益冲突的规定做出合理安排。

5. 人民法院领导干部和审判、执行岗位法官的配偶、子女,包括各级人民法院的领导班子成员及审判委员会专职委员、未担任院级领导职务的审判委员会委员以及在立案、审判、执行、审判监督、国家赔偿等部门从事审判、执行工作的法官和执行员的配偶、子女

为维护司法公正和司法廉洁,防止法院领导干部及法官私人利益与公共利益发生冲突,最高人民法院于2011年2月10日发布了《最高人民法院关于对配偶子女从事律师职业的法院领导干部和审判执行岗位法官实行任职回避的规定(试行)》,规定"人民法院领导干部和审判、执行岗位法官,其配偶、子女在其任职法院辖区内从事律师职业的,应当实行任职回避"。也就是说,人民法院领导干部和审判、执行岗位法官的配偶、子女不得在其任职法院辖区内从事律师职业。

6. 委托人的竞争对手

委托人的竞争对手,是指与委托人或潜在委托人有利益竞争关系的,委托人要求律师事务所不再另行代理的自然人、法人或者其他组织。

7. 潜在委托人

潜在委托人,是指准备委托律师事务所进行业务代理,但还没有签订委托合同的自然人、法人或者其他组织。

(三) 我国关于律师利益冲突的主要规范

关于律师利益冲突的规范有很多,现行有关律师行业利益冲突的规定主要分布于《律师法》、司法解释、司法部的部门规章及中华全国律师协会和各地方律师协会的规范性文件中。主要分为如下几个方面:

1. 法律中关于律师利益冲突的规定

有关律师利益冲突的法律,就是指《律师法》。《律师法》第23条、第39条、第40条、第41条、第47条、第48条、第49条和第50条等条款规定了律师利益冲突的内容,涉及利益冲突审查、利益冲突的

情形、违反利益冲突规范的处罚等。

2. 司法解释中关于律师利益冲突的规定

司法解释,包括最高人民法院作出的关于适用法律的有关解释和最高人民检察院的解释。如《最高人民法院关于适用〈中华人民共和国刑事诉讼法〉的解释》(法释〔2012〕21号)第35条第2款第(6)项规定,"与本案审理结果有利害关系的人"不得担任辩护人。该解释第36条规定:"审判人员和人民法院其他工作人员从人民法院离任后二年内,不得以律师身份担任辩护人。审判人员和人民法院其他工作人员从人民法院离任后,不得担任原任职法院所审理案件的辩护人,但作为被告人的监护人、近亲属进行辩护的除外。审判人员和人民法院其他工作人员的配偶、子女或者父母不得担任其任职法院所审理案件的辩护人,但作为被告人的监护人、近亲属进行辩护的除外。"该解释第38条第2款规定:"一名辩护人不得为两名以上的同案被告人,或者未同案处理但犯罪事实存在关联的被告人辩护。"《人民检察院刑事诉讼规则(试行)》(高检发释字〔2012〕2号)第38条、第39条也作了相同或类似规定。该《规则》第40条第2款还规定:"律师担任诉讼代理人的,不得同时接受同一案件二名以上被害人的委托,参与刑事诉讼活动。"

3. 司法行政规章和相关解释中关于律师利益冲突的规定

这方面的规定比较多,对律师的执业活动规定的更为具体、操作性更强,故详细列举于下。

(1) 2012年11月6日,国家工商行政管理总局、司法部以工商标字〔2012〕192号印发《律师事务所从事商标代理业务管理办法》。该《办法》分总则、业务范围及备案、业务规则、监督管理、附则5章25条,自2013年1月1日起施行。

(2) 2010年4月8日司法部第122号令《律师和律师事务所违法行为处罚办法》。该《办法》第7条、第8条、第12条、第18条、第27条等条款对《律师法》规定的律师利益冲突违法行为的情形作了具体解释,列举了若干行为,并明确规定了相应的行政处罚措施。

(3) 2008年7月18日司法部第112号令《律师执业管理办法》。

该《办法》第 26 条、第 27 条第 1 款和第 33 条第 2 款分别规定"律师承办业务,应当由律师事务所统一接受委托,与委托人签订书面委托合同,并服从律师事务所对受理业务进行的利益冲突审查及其决定","律师不得在同一案件中为双方当事人担任代理人,不得代理与本人及其近亲属有利益冲突的法律事务"以及"律师不得利用提供法律服务的便利牟取当事人争议的权益,不得接受对方当事人的财物或者其他利益,不得与对方当事人或者第三人恶意串通,侵害委托人权益"。

(4) 2008 年 7 月 18 日司法部第 111 号令《律师事务所管理办法》(根据 2012 年 11 月 30 日司法部令第 125 号修正)。该《办法》第 39 条第 2 款规定:"律师事务所受理业务,应当进行利益冲突审查,不得违反规定受理与本所承办业务及其委托人有利益冲突的业务。"

(5) 1992 年 6 月 15 日司法部第 20 号令《关于律师担任企业法律顾问的若干规定》。该《规定》第 13 条规定:"担任企业法律顾问的律师,不得从事有损于聘请单位合法权益的活动,不得在民事、经济、行政诉讼或仲裁活动中担任对立一方当事人的代理人。"第 14 条规定:"担任企业法律顾问的律师在其受聘的两个(或两个以上)的企业之间发生争议时,应当进行调解,但律师不得代理任何一方参加诉讼或仲裁。"

(6) 司法部司复〔2001〕1 号《关于同一律师事务所的律师不宜担任同一案件原被告代理人的批复》。该批复指出,同一律师事务所的律师分别担任同一案件原被告双方代理人的行为,属于双重代理,应予处罚。对目前一些经济欠发达的边远地区的县(市)只有一家律师事务所的除外,但必须事前告知双方当事人,征得双方当事人的书面同意,并指派不同的律师进行代理。

(7) 司法部司法函〔1991〕052 号《关于一个律师可否为同一案件两个以上被告人辩护等问题给湖南省司法厅的批复》。关于一个律师可否为同一案件两个以上被告人担任辩护人的问题,该函指出,在同一案件中,几个被告人在案件中所处的地位和所起的作用不同,他们之间的利害关系有相互一致的一面,但在同一案件中,一个律师同时为几个被告人辩护,就可能使辩护人处于自相矛盾的境地,难以同时维护几个被告人的合法权益。因此，一个律师不能同时为同一案件中的两个或两个以上的被告人担任辩护人。

关于同一律师事务所的两个律师可否分别担任同一经济、民事案件或非诉讼事件双方当事人的代理人和同一律师事务所可否为自诉案件中的自诉人、被告人分别指派律师担任代理人参加诉讼。该函指出，鉴于我国大多数县目前一般只设有一个律师事务所的实际情况，我们认为在地处偏远、交通不便且只设一个律师事务所的县，在当事人分别聘请不同律师事务所确有困难的情况下，如当事人一方已请律师作为代理人，而另一方亦请同一律师事务所的律师作为代理人时，该律师事务所应当向当事人说明已指派律师为对方当事人担任代理人时，该律师事务所可以接受其委托，为其指派另一律师作为代理人。在交通方便且设有两个以上律师事务所的县和大中城市中，双方当事人聘请不同律师事务所的律师并无困难，且不会增加负担的情况下，如双方当事人欲同时聘请同一律师事务所两个律师作为代理人时，该律师事务所则应建议另一方当事人聘请其他律师事务所律师作为代理人。

4. 中华全国律师协会制定的规范中关于律师利益冲突的规定

《律师执业行为规范》(2009年修订版)第4章第4节"利益冲突审查"专门用1节共5个条款(第48条至第52条)对利益冲突问题进行了规定。其中对律师利益冲突审查、利益冲突的情形、利益冲突回避和利益冲突豁免等问题进行了比较全面详细的规定，需要认真学习掌握。

此外，还有《律师职业道德和执业纪律规范》(2001年11月26日中华全国律师协会修订)《律师事务所内部管理规则(试行)》(2004年3月20日试行，中华全国律师协会)《律师协会会员违规行为处分规则(试行)》(1999年12月18日四届全国律协第五次常务理事会通过，2004年3月20日五届全国律协第九次常务理事会修订)都有关于律师利益冲突的相关规范。其中，《律师协会会员违规行为处分规则(试行)》第11条第(2)(3)(4)(11)(22)项规定了以下个人会员利益冲突的情形：在同一案件中为双方当事人代理的，或在同一案件中同时为委托人及与委托人有利益冲突的第三人代理、辩护的;在两个或两个以上有利害关系的案件中,分别为有利益冲突的当事人代理、辩护的;担任法律顾问期间,为顾问单位的对方当事人或者有利益冲突的当事人代理、辩护的;利用提供法律服务的便利牟取当事人利益;接受委托后,故意损害委托人利益的,或者与对方当事人、第三人恶意串通侵害委托人利益的;妨碍对方当事人合法取得证据的;曾任法官、检察官的律师,离任后未满两年,担任诉讼代理人或者辩护人的,或者担任其任职期间承办案件的代理人或者辩护人的。该《规则》规定,上述情形,由省、自治区、直辖市及设区的市律师协会给予训诫、通报批评、公开谴责。同时,该《规则》第14条第15项还规定,团体会员在同一案件中,委派本所律师为双方当事人或者有利益冲突的当事人代理、辩护的,由省、自治区、直辖市及设区的市律师协会给予训诫、通报批评、公开谴责,但本县(市)内只有一家律师事务所,并经双方当事人同意的除外。

5. 各地律师协会制定的有关避免利益冲突的规定

近年来,各地律师协会陆续制定发布了在本行政区内适用的避免利益冲突的专门规则,如《北京市律师业避免利益冲突的规则(试行)》《上海市律师协会律师执业利益冲突认定和处理规则(试行)》《重庆市律师协会律师执业利益冲突认定处理规范(试行)》《广东省律师防止利益冲突的规则》《河南省律师协会律师执业避免利益冲突规则(试行)》《湖南省律师协会律师执业利益冲突认定和处理规则(试行)》等。

除了上述各地律师协会专门制定的避免利益冲突的规则外,有些地方律师协会制定的其他执业规范也包含了避免利益冲突的条款,如《北京市律师执业规范(试行)》第45条、第46条和第47条。

二、利益冲突的常见类型

律师执业活动是复杂多样的,因此其利益冲突所呈现的形态也是不同的,这里仅将律师执业中常见的利益冲突情形总结于下。

(一) 同时性利益冲突

1. 同时性利益冲突的概念

同时性利益冲突是最常见的利益冲突类型，通常也叫双重代理，主要是指律师在同一案件中为双方当事人担任代理人，或者代理与本人及其近亲属有利益冲突的法律事务的行为。基于律师对委托人的忠诚义务，如果律师在同一业务中或在有实质关联的法律事务中代理利益发生冲突的双方，例如在同一民事诉讼中律师既代理原告，又代理被告，律师的忠诚不可避免地会受到影响，实际上不可能对双方委托人都充分尽到自己的义务。

北京市律师协会在其2010年8月编写的《执业警示录》中曾经披露过这样一个同一刑事案件中同时为两名以上被告人辩护的案例：

> 2003年11月3日，某律师事务所与重大责任事故案件的两名委托人签订了委托协议，指派某律师担任两人的辩护人，该律师作为辩护人为这两名委托人提供了法律服务。这个示例属于典型的同时性利益冲突，因为该律师在同一个刑事案件中同时为两名被告人担任了辩护人。

2. 同时性利益冲突的情形

根据《律师和律师事务所违法行为处罚办法》第7条规定，律师在同一案件中为双方当事人担任代理人，或者代理与本人及其近亲属有利益冲突的法律事务的行为包括下列5种：

（1）在同一民事诉讼、行政诉讼或者非诉讼法律事务中同时为有利益冲突的当事人担任代理人或者提供相关法律服务的；

（2）在同一刑事案件中同时为被告人和被害人担任辩护人、代理人，或者同时为二名以上的犯罪嫌疑人、被告人担任辩护人的；

（3）担任法律顾问期间，为与顾问单位有利益冲突的当事人提供法律服务的；

（4）曾担任法官、检察官的律师，以代理人、辩护人的身份承办原任职法院、检察院办理过的案件的；

（5）曾经担任仲裁员或者仍在担任仲裁员的律师，以代理人身份承办本人原任职或者现任职的仲裁机构办理的案件的。

另外,根据《律师和律师事务所违法行为处罚办法》第 27 条规定,指派本所律师担任同一诉讼案件的原告、被告代理人,或者同一刑事案件被告人辩护人、被害人代理人的,属于律师事务所违反规定接受有利益冲突的案件的违法行为。

需要指出的是,在刑事诉讼领域,虽然上述《律师和律师事务所违法行为处罚办法》和最高人民法院的司法解释都规定同一律师不得为两名以上的同案犯罪嫌疑人、被告人辩护,但没有禁止同一律师事务所不同律师为同案不同犯罪嫌疑人、被告人辩护的情形。据此,有法律界人士基于同一案件的犯罪嫌疑人、被告人之间存在利益冲突,同一律师事务所的律师之间也存在着利益冲突的理由,建议明确规定除偏远地区只有一个律师事务所的特殊情况外,同一律师事务所不得接受同案两名以上犯罪嫌疑人、被告人委托为其指派本所律师。

3. 对同时性利益冲突的处罚

我国《律师法》第 39 条规定:"律师不得在同一案件中为双方当事人担任代理人,不得代理与本人或者其近亲属有利益冲突的法律事务。"律师违反这一规定的,根据《律师法》第 47 条规定,由设区的市级或者直辖市的区人民政府司法行政部门给予警告,可以处 5 000 元以下的罚款;有违法所得的,没收违法所得;情节严重的,给予停止执业 3 个月以下的处罚。根据《律师法》第 50 条第 1 款规定,律师事务所违反规定接受有利益冲突的案件的,由设区的市级或者直辖市的区人民政府司法行政部门视其情节给予警告、停业整顿 1 个月以上 6 个月以下的处罚,可以处 10 万元以下的罚款;有违法所得的,没收违法所得;情节特别严重的,由省、自治区、直辖市人民政府司法行政部门吊销律师事务所执业证书。

(二)连续性利益冲突

1. 连续性利益冲突的概念

连续性利益冲突,主要表现为律师代理的委托人或潜在的委托人与前委托人或利害关系人之间产生利益上的冲突。连续性利益冲突反映的利益关系主要是职业秘密上的冲突,因为当前的代理可能造成原代理的职业秘密泄露或被不当利用。律师在执业中有可能直接或间接地获得有关前委托人的信息,然后利用这些秘密信息来损害前委托人的利益。前委托人也有可能怀疑律师利用自己的秘密信息。

2. 关于连续性利益冲突的规定

连续性利益冲突不仅破坏了律师对原委托人的忠诚关系,同时也会使现委托人对律师的忠诚产生合理的怀疑。因此,禁止和避免连续代理中出现的利益冲突,逐渐成为律师义务。《律师法》第38条规定:"律师应当保守在执业活动中知悉的国家秘密、商业秘密,不得泄露当事人的隐私。律师对在执业活动中知悉的委托人和其他人不愿泄露的情况和信息,应当予以保密。但是,委托人或者其他人准备或者正在实施的危害国家安全、公共安全以及其他严重危害他人人身、财产安全的犯罪事实和信息除外。"

《律师执业行为规范》(2009年修订版)第50条第(7)项规定,在委托关系终止后,同一律师事务所或同一律师在同一案件后续审理或者处理中又接受对方当事人委托的,律师及律师事务所不得与当事人建立或维持委托关系。

在本章开篇的事例中,就是同一个律师先是在一审程序中担任被告服装公司的代理律师,后又在执行程序中担任原告方某装潢公司的律师申请强制执行,违反了上述有关利益冲突的规范,属于典型的连续性利益冲突。

(三)律师与潜在委托人的利益冲突

执业过程中,当潜在委托人对某些事项进行咨询时,为了对有关案件进行必要的了解,或者为了确定律师事务所是否愿意办理有关业务,律师常常必须获得委托人的某些信息。如果潜在委托人和律师事务所签约,律师事务所及律师自然承担相应保密义务。但如果双方未签约,这些信息的潜在价值,就有引发利益冲突的可能。由于潜在委托人并未与律师事务所签约,在发生利益冲突时也很难保持有利地位,因此律师与潜在委托人间的利益冲突主要依靠律师事务所的内部管理和律师的职业道德来自我规范。《北京市律师协会规范执业指引(第7号)》规定了不属于律师与潜在委托人利益冲突的例外情况:

"律师事务所与委托人虽然曾建立委托关系,但是并未实际展开工作,未获取该委托人相关信息,也未收取费用的,不受《利益冲突规则》中所规定的在合同终止后一年内不得在诉讼或仲裁案件中接受该委托人的对立方委托的限制。"①

(四)律师与现时委托人的利益冲突

律师事务所及律师在执业过程中,经常会和委托人频繁交往,会了解到委托人的很多信息,或因委托人迫切求助的心情取得某种优势,便有了利用这种地位与委托人进行不公平交易的可能。如果律师利用提供法律服务的便利牟取当事人的利益,就直接和当事人发生了利益冲突。从忠实维护委托人的合法权益和律师的执业信誉角度出发,此行为违背律师执业宗旨,应予避免。我国《律师法》等法律和行业规范明确规定律师不得和当事人之间进行法律服务之外的交易活动,禁止非法牟取委托人的利益。根据《律师法》第40条规定,律师在执业活动中不得利用提供法律服务的便利牟取当事人争议的权益;不得接受对方当事人的财物或者其他利益,与对方当事人或者第三人恶意串通,侵害委托人的权益。《律师执业行为规范》(2009年修订版)在第4章第3节"禁止非法牟取委托人权益"中规定,律师和律师事务所不得利用提供法律服务的便利,牟取当事人争议的权益;不得违法与委托人就争议的权益产生经济上的联系,不得与委托人约定将争议标的物出售给自己;不得委托他人为自己或为自己的近亲属收购、租赁委托人与他人发生争议的标的物;律师事务所可以依法与当事人或委托人签订以回收款项或标的物为前提按照一定比例收取货币或实物作为律师费用的协议。此外,该《规范》还在第49条规定:"办理委托事务的律师与委托人之间存在利害关系或利益冲突的,不得承办该业务并应当主动提出回避。"

---

① 此处的《利益冲突规则》,是指2001年6月16日北京市律师协会第五届理事会第八次会议通过的《北京市律师业避免利益冲突的规则(试行)》。

第二节 利益冲突的预防与处理

律师的职责是维护当事人的合法权益,维护社会公平正义。当律师的利益与当事人的利益相反或不一致时,就产生了利益冲突。由于利益冲突的客观存在,在律师与当事人之间产生一种利益上的矛盾,如果放任这种矛盾关系的存在,就会破坏律师与当事人之间的信任关系,对整个律师行业产生侵蚀。因此必须通过包括利益冲突检索在内的措施和机制加强利益冲突的预防和处理。本节结合《律师法》《律师执业管理办法》《律师协会章程》《律师执业行为规范》(2009年修订版)和地方律师协会制定的有关规定,就利益冲突的预防和处理进行阐述。

利益冲突的预防和处理,除了律师要加强预防利益冲突的意识,还需要律师事务所在制度和管理等各个方面做很多工作。律师师事务所的管理意识和管理水平,对于利益冲突的预防和处理效果有至关重要的作用。

在下面的示例中,我们会看到律师事务所通过利益冲突检索系统有效地避免了总所与分所之间的冲突:

>   某律师事务所在上海、成都、天津、武汉、石家庄、太原、伦敦、巴黎、利雅得设立了分所。该所在接受新的委托之前,都必须登录事务所内部管理软件,填写委托人和相对人信息,进行自动利益冲突检索。同时,事务所要求律师将利益冲突检索的邮件发送至包括各分所在内的全体律师邮箱,进行人工利益冲突检索。2009年底,该所律师在接受一起原告在浙江,被告在山西,在浙江法院审理的民间借贷纠纷案件被告委托之前,通过邮件进行利益冲突检索,当天即有天津分所的同事回复称该案原告与天津分所有其他案件的初步接触但尚未签约。后经承办律师电话沟通,作出了妥善安排,避免了利益冲突。

一、律师利益冲突的预防

经济的蓬勃发展,使得律师事务所的业务范围扩大,涉及利益冲突的范围也随着扩大。实践中存在的利益冲突,大部分是律师和律师事务所在提供法律服务过程中不谨慎而引起的,很多情况下是完全可以避免和预防的。对于律师利益冲突,需要通过司法行政机关、律师协会、律师事务所、律师本人等各有关方面共同努力加以预防。

(一)司法行政机关和律师协会在律师利益冲突预防中的责任

1. 司法行政机关和律师协会应当制定有关律师利益冲突预防和处理的规范性文件

根据《律师法》《律师执业管理办法》《律师协会章程》等规定,司法行政部门依法对律师、律师事务所和律师协会进行监督、指导,省、自治区、直辖市司法行政机关制定加强律师执业管理的规范性文件;律师协会应当制定律师执业规范、惩戒规则和律师行业管理制度等。所以,司法行政机关和律师协会应当制定有关律师利益冲突预防和处理的规范性文件,作为各地律师协会、律师事务所和律师预防和处理利益冲突的依据。北京市、上海市、重庆市、广东省、河南省、湖南省等地方律师协会都制定了专门的预防和处理律师利益冲突的行业规则。

2. 司法行政机关和律师协会建立健全投诉查处机制

根据《律师法》《律师执业管理办法》《律师协会章程》《律师执业行为规范》(2009年修订版)等规定,司法行政机关对律师和律师事务所的违法行为进行行政处罚,律师协会对律师、律师事务所实施奖励和惩戒,受理对律师和律师事务所的投诉或者举报,调处律师和律师事务所在执业活动中发生的纠纷。司法行政机关和律师协会根据有关组织和个人的投诉进行调查,对明知存在利益冲突而仍然接受委托代理的相关律师事务所及其律师,应视情节分别给予警告、训诫、业内通报批评、公开谴责、暂停或停止会员权利等处罚;情节严重的,由司法行政机关进行行政处罚或追究相应的法律责任。

3. 司法行政机关和律师协会应建立社会公开系统和相关查询措施,以协助预防利益冲突情形的发生

如建立律师管理信息系统和律师、律师事务所诚信档案,适时向社会披露律师的基本情况、执业记录、违法违规违纪受处罚情况等,使律师事务所和律师不敢违规;同时,也要完善律师违纪投诉受理、调

查、取证、处罚程序和机制,让律师事务所和律师有充分表达自己意见的机会,保证处罚的公正性。

4. 司法行政机关、律师协会要加强律师职业道德和执业纪律教育,增强律师的职业素养,使律师自觉遵守律师执业行为规范,避免利益冲突发生

司法行政机关和律师协会应对广大律师进行相关法律法规、行业规范的宣传培训,以及利益冲突实际案例教育,提高律师预防利益冲突的意识。

(二) 律师事务所对律师利益冲突的预防

律师事务所是律师的执业机构。按照《律师执业行为规范》(2009年修订版)的规定,律师事务所对本所执业律师负有教育、管理和监督的职责,是预防律师利益冲突的主要责任主体,应发挥预防律师利益冲突的主要作用。为了最大限度地避免利益冲突,律师事务所应当建立和完善严格的律师事务所管理制度,采取相关措施,以预防利益冲突在律师事务所内部发生。律师事务所应在律师行业利益冲突的风险防范中发挥如下主要作用。

1. 律师事务所应当制定适合本所的利益冲突处理规则

我国《律师法》第23条规定,律师事务所应当建立健全利益冲突审查等制度,对律师在执业活动中遵守职业道德、执业纪律的情况进行监督。《律师执业行为规范》(2009年修订版)第86条规定:"律师事务所应当建立健全执业管理、利益冲突审查、收费与财务管理、投诉查处、年度考核、档案管理、劳动合同管理等制度,对律师在执业活动中遵守职业道德、执业纪律的情况进行监督。"

律师事务所是利益冲突审查的关键环节,应当根据不同的模式和规模,建立不同的利益冲突审查程序,对本所律师执业中的利益冲突行为进行有效管理。

对于目前一些出租办公位、实行承包制的大型律师事务所和大多数的小型律师事务所,更需要加强预防利益冲突的内部机制方面的建设。相对来讲,出租办公位的律师事务所同事之间交流较少,导致律师之间信息不能互通。小型律师事务所律师之间的交流会比较频繁,

相互之间都比较了解,从某种角度讲,降低了利益冲突的可能,但往往忽视利益冲突制度的建设,缺少利益冲突检索的措施和技术手段。以上两种模式的律师事务所利益冲突爆发的可能性较大。

在一些具备条件的律师事务所,应当设立专门的部门来负责检查本所律师代理的业务是否存在利益冲突问题,并设置专门处理利益冲突的计算机软件系统,将利益冲突问题消灭在萌芽状态。特别是当一家律师所不断地扩大规模,在分支机构、合伙人、执业律师和其他辅助人员不断增加的情况下,委托人之间利益冲突的可能性会大大增加。如果没有相应的登记制度,没有利益冲突检索系统,法庭上就会出现坐在双方当事人代理人座位上的律师是同一律师事务所律师的尴尬局面。

2. 注意研究掌握利益冲突发生的规律和关键环节

律师事务所应在下列情况发生时特别注意利益冲突的发生:和一个潜在的委托人准备签约;为现时委托人代理新的法律事务;在有多名犯罪嫌疑人或被告人的共同犯罪刑事案件中担任律师或辩护人;在民事案件中代理一方当事人为多人的共同诉讼案件;正在办理的法律事务中有新的参与者加入;诉讼或项目产生了新问题;律师事务所计划在同一项目中代理不止一个委托人;律师调动,律师事务所有新律师加入;非委托人支付律师费等。

目前,律师在律师事务所之间的流动比较频繁,律师"转所"后,通常的做法是将自己的业务和委托人一同带到新的律师事务所。律师调动常催生利益冲突纠纷,却被大多数律师事务所及律师忽视。

北京市某区人民法院曾经受理了这样一起案件:

> 某案的被告起诉了自己代理律师所在的律师事务所。因为在诉讼过程中,被告发现原告的代理律师与自己的律师居然来自同一律师事务所,此案的被告认为两位律师一"合计",结果会对自己不利。

此案被告的律师和原告的律师在接受业务时并不在一个律师事务所,由于其中一名律师调动到了另一名律师所在的律师事务所,结果就出现了同一律师事务所的律师代理双方当事人的利益冲突。这就是律师业界所说的"律师调动成同事,代理案件起冲突"的情形。律师转所调动,最容易引起利益冲突,需要格外小心。

律师事务所应当高度重视因为律师调动引起的利益冲突,在新律师调入时,律师事务所和律师应当互相配合,做好利益冲突的预防工作,这对律师事务所和律师都是有益的。根据《北京市律师协会规范执业指引(第7号)》规定,同一个律师在变更执业机构以后,在现执业的律师事务所接受或拟接受委托时,应当查证与其在原执业的律师事务所所承办的业务是否存在利益冲突;律师在变更执业机构时应当向该律师事务所披露其正在办理和终结委托关系一年以内的业务信息,以便该律师事务所查证利益冲突。

3. 建立详细的业务资料信息库和统一收接案制度

《律师执业行为规范》(2009年修订版)第77条规定:"在接受委托之前,律师及其所属律师事务所应当进行利益冲突查证。只有在委托人之间没有利益冲突的情况下才可以建立委托代理关系。"

律师事务所应建立详细的业务资料信息库和严格的收接案登记制度,将原告、被告、第三人、各方承办律师等主要项目一一登记。具备条件的律师事务所可以在收接案登记的基础上建立起利益冲突电子检索系统,将诉讼、非诉讼法律事务相关案件信息登记在数据库中,同时注意补充和更新,便于律师进行冲突检索。同时,指定专人对冲突审查系统进行管理,判断是否存在利益冲突,并将结果及时通知有关人员;有利益冲突的可能,但不能确定时,律师事务所应当设立必要的"防火墙",律师则应尽量避免知道委托人关键和保密的信息,以避免潜在利益冲突升级为真正的利益冲突。

4. 建立完善的档案保管制度

对律师业务档案的管理,大多数律师事务所都不是很重视,有的律师事务所则放任律师自行保管业务档案,甚至在律师调动时也不对业务档案进行交接,这势必会增加发生利益冲突的可能性。因此,律师事务所应当建立适合自身情况的档案保管制度,律师承办的案件及时由律师事务所收回存档,由专人进行保管。对档案的借阅应进行专门的登记并由专人负责跟踪档案的借阅情况,以防止泄露当事人的机密。

(三)律师对律师利益冲突的预防

利益冲突是每个律师在实践中都可能面临的现实问题,律师本人要加强律师职业道德和执业纪律规范的学习,提高职业素质,自觉遵守律师执业行为规范,注意预防执业中的利益冲突。本着对委托人的忠诚与职责,律师应当提高执业风险认识水平,明白执业行为的尺度,增强规避和控制执业风险的能力,深刻理解和自觉遵守司法行政部门和律师协会的利益冲突规则,严格执行律师事务所关于利益冲突的管理制度。律师接受委托之前要主动进行利益冲突检索、查询,一旦面临利益冲突,要采取积极的措施应对处理,尽量减少可能对委托人带来的危害。

二、律师利益冲突的处理

通过以上各方的共同努力,律师行业的利益冲突将大为减少,但是,律师事务所不可能对委托人的所有竞争对手都了如指掌,律师事务所也不可能在签署一个新的委托协议时告知所有的现时委托人,这样就有了利益冲突的可能。由于某些利益冲突是律师在代理过程中发现的,对于这些已经发生利益冲突的案件,律师事务所及律师应当采取措施,予以处理。

(一)建立发生利益冲突时的解决机制

如果已经接受的案件涉及利益冲突,律师事务所应当采取一定的方式进行补救。首先判断该冲突是否可以通过委托人的同意而被豁免。如果冲突可以通过委托人同意而得到豁免,律师事务所可以继续代理。如果得不到委托人的豁免,律师事务所应当及时退出或拒绝代理,终止委托代理关系。如《律师执业行为规范》(2009年修订版)第49条规定:"办理委托事务的律师与委托人之间存在利害关系或利益冲突的,不得承办该业务并应当主动提出回避。"第51条规定:"有下列情形之一的,律师应当告知委托人并主动提出回避,但委托人同意其代理或者继续承办的除外:(一)接受民事诉讼、仲裁案件一方当事人的委托,而同所的其他律师是该案件中对方当事人的近亲属的;(二)担任刑事案件犯罪嫌疑人、被告人的辩护人,而同所的其他律师是该案件被害人的近亲属的;(三)同一律师事务所接受正在代理的诉讼案件或者非诉讼业务当事人的对方当事人所委托的其他法律业务的;(四)律师事务所与委托人存在法律服务关系,在某一诉讼或仲裁案件中该委托人未要求该律师事务所律师担任其代理人,而该律师事务所律师担任该委托人对方当事人的代理人的;(五)在委托关系终止后一年内,律师又就同一法律事务接受与原委托人有利害关系的对方当事人的委托的;(六)其他与本条第(一)至第(五)项情况相似,且依据律师执业经验和行业常识能够判断的其他情形。律师和律师事务所发现存在上述情形的,应当告知委托人利益冲突的事实和可能产生的后果,由委托人决定是否建立或维持委托关系。委托人决定建立或维持委托关系的,应当签署知情同意书,表明当事人已经知悉存在利益冲突的基本事实和可能产生的法律后果,以及当事人明确同意与律师事务所及律师建立或维持委托关系。"《北京市律师业避免利益冲突的规则(试行)》第13条规定:"律师事务所应当履行管理职责,对本所律师在执业中出现的利益冲突行为,应当针对本《规则》第九条至第十二条所列情形,通过下列方式进行防止和补救:一、督促律师履行告知义务;二、查验相关委托人的豁免文件;三、指令律师不得接受委托;四、拒绝签署委托代理合同;五、及时终止委托代理合同。"

(二)合理利用利益冲突的豁免规则

通过上面的论述,我们已经发现,在市场经济条件下,各种利益情形交叉复杂,因此,各种利益相互之间发生联系和冲突的可能性就会时常发生,即使律师已经尽职并十分谨慎也无法完全避免。当发现利益冲突的情形已经发生,在一些情况下,律师和律师事务所可以经过适当程序获得责任的豁免。

下面的事例就是通过告知程序获得了当事人同意,避免了利益冲突责任。

某律师事务所在和潜在委托人签约之前,向委托人发出一份《利益冲突提示》,表明因经办律师刚刚调入,且经办律师在其他律师事务所执业期间曾在其他案件中担任过委托人的代理人。而潜在委托人因债务纠纷,已将委托人起诉至法院,并拟委托该经办律师代理。如果委托人表示反对,他们将拒绝接受潜在委托人的委托。结果,经过沟通,委托人签署了无反对意见并加盖了公章,该律师事务所成功避免了利益冲突纠纷。

在检索存在利益冲突的情况下,律师事务所可以合理利用"利益冲突的例外"规则,取得委托人的豁免。《律师执业行为规范》(2009年修订版)第52条规定:"委托人知情并签署知情同意书以示豁免的,承办律师在办理案件的过程中应对各自委托人的案件信息予以保密,不得将与案件有关的信息披露给相对人的承办律师。"北京市律师协会《北京市律师业避免利益冲突的规则(试行)》第8条规定:"委托人之间存在利益冲突,律师应当向拟委托的委托人明示,在取得相关委托人书面同意给予豁免后,方可报律师事务所与委托人建立委托代理关系。"《上海市律师协会律师执业利益冲突认定和处理规则(试行)》第12条对利益冲突豁免的定义是"指在发生利益冲突行为时,对方当事人或双方当事人通过向律师事务所签发书面豁免函的形式,允许律师事务所担任对方当事人或双方当事人的代理人"。

对于豁免文件,通常需要具备以下要件:(1)书面形式;(2)向委托人告知存在利益冲突的基本事实和代理可能产生的后果;(3)委托人签字,明确要求承办律师继续代理。

综上所述,作为为委托人提供法律服务的专业人士和机构,律师和律师事务所必须增强风险意识,做好利益冲突的风险防范,最大限度地降低执业风险。这有助于更好地维护委托人的利益,有助于律师自身的发展,也有助于律师行业的健康成长。

第三节 规范收费

律师收费,是律师事务所接受委托人的委托,为委托人提供法律服务,按照法律规定和合同约定向委托人收取服务报酬等费用的行为。律师事务所和律师为委托人提供法律服务收取一定的费用,体现了律师法律服务的价值,是律师事务所与委托人之间委托关系的主要内容。律师收费管理是律师行业管理的重要部分。目前我国律师收费管理制度和规范正处于建立和完善阶段,本章主要结合我国现行有关律师收费的法律、法规、部门规章的规定和律师行业规范,对我国律师收费制度进行介绍和分析,同时将通过对实际案例的分析,说明我国对律师收费违法违规行为的处罚和处分措施,以引起广大律师、律师事务所的注意,避免由于律师收费问题发生执业风险,保证正常的律师执业秩序。

一、律师收费概述

(一)律师收费的依据和项目

律师服务费,在实践中通常被简称为律师费。关于律师服务费,北京市发展和改革委员会和北京市司法局于2010年5月5日共同印发了《北京市律师服务收费管理实施办法(试行)》(京发改〔2010〕651号),其第3条作出了这样一个定义:律师服务费是律师事务所依法接受委托,指派律师办理法律事务,向委托人收取的服务报酬。法律服务过程中发生的需要向第三方支付的费用,不属于律师服务费,由委托人另行支付。这一规定基本上反映了律师服务费的特征。根据律师业务内容不同,律师服务费一般包括诉讼、仲裁案件代理费,法律顾问费,咨询费,代书费,见证费,专项法律服务费等。

而律师收费,就是指律师事务所按照合同约定和国家规定向法律事务的委托人统一收取律师服务费、代委托人支付的费用和异地办案差旅费的行为。律师事务所和律师为委托人提供法律服务收取一定的费用,体现的是律师付出法律服务的对价或报酬。

律师职业法律服务的有偿性是律师社会性这一职业属性的必然结果。因为律师不是政府机关的公务员,没有国家支付的工资报酬,其收入来源主要就是为当事人服务的收费,其业务活动的日常运作和所有生活开支,也依赖其本人的业务收入。律师用知识和技能换取社会认可,即社会公众获得律师专业的法律服务的对价必然是物质报酬,任何企业、单位或者个人聘请律师为其提供法律服务,都必须按照规定或约定支付一定数额的律师费。如果需要法律服务,又无力支付律师费的,则可以向政府申请法律援助。律师职业法律服务的有偿性为律师行业的持续发展提供了物质保障。

目前,涉及律师收费的法律主要有以下三部:

(1)《合同法》关于律师收费的规定。律师事务所及律师的执业活动来源于委托人的授权和法律的规定。律师事务所与委托人的关系是平等主体之间的民事法律关系,属于委托合同关系。律师事务所与委托人之间的委托代理合同(或法律服务合同),是指委托人与律师事务所签订的,由律师事务所指派律师代为处理一定的法律事务,并由委托人支付律师服务费的合同。根据《合同法》第398条的规定,委托人应当预付处理委托事务的费用。受托人为处理委托事务垫付的必要费用,委托人应当偿还该费用及其利息。受托人完成委托事务的,委托人应当向其支付报酬。因不可归责于受托人的事由,委托合同解除或者委托事务不能完成的,委托人应当向受托人支付相应的报酬。当事人另有约定的,按照其约定。显然,《合同法》是律师收费的基本依据。

(2)《价格法》关于律师收费的规定。《价格法》是调整、规范在我国境内发生的所有价格行为的法律规范。律师收费作为一种有偿服务的收费,毫无疑问要受《价格法》的规范和约束。《价格法》第15条明确规定:"各类中介机构提供有偿服务收取费用,应当遵守本法的规定。法律另有规定的,按照有关规定执行。"

(3)《律师法》关于律师收费的规定。《律师法》是规范律师执业行为,保障律师执业权利的专门法律,其中对律师收费作了原则性规定。《律师法》第25条第1款规定:"律师承办业务,由律师事务所统一接受委托,与委托人签订书面委托合同,按照国家规定统一收取费用并如实入账。"这既为律师收费提供了法律依据,也是律师收费应当遵守的基本原则。

另外,关于律师收费还有一些行政规章,主要是国家发展和改革委员会和司法部联合制定的《律师服务收费管理办法》(发改价格〔2006〕611号)。

《律师法》第59条关于"律师收费办法,由国务院价格主管部门会同国务院司法行政部门制定"的规定,就是授权国家发展和改革委员会和司法部制定律师收费办法。2006年4月13日,国家发展和改革委员会和司法部印发了《律师服务收费管理办法》,自2006年12月1日起执行。《律师服务收费管理办法》具体规定了律师服务收费的原则、定价办法、收费方式、风险代理收费、收费程序、收费种类、违法收费的处罚等内容,是律师收费必须遵守的具体依据。《律师服务收费管理办法》实施后,各省、自治区、直辖市相关主管部门基本上都依据该办法陆续制定了在本地方行政区范围内适用的律师服务收费管理实施办法及律师服务收费政府指导价标准等。《律师服务收费管理办法》是由国务院价格主管部门和国务院司法行政部门制定的专门规范律师收费行为的部门规章,律师协会的规定和地方性规定与《律师服务收费管理办法》不一致的,应当按照《律师服务收费管理办法》的规定执行。

此外,还有各省、自治区、直辖市的价格主管部门和司法行政部门依据国家有关规定,联合制定的在本行政区域内实施的律师服务收费管理实施办法和律师服务收费政府指导价标准等地方规范性文件。比如北京市发展和改革委员会、北京市司法局2010年5月5日印发的《北京市律师诉讼代理服务收费政府指导价标准(试行)》、《北京市律师服务收费管理实施办法(试行)》,这是目前我国比较完善的关于律师收费的地方性规定,具有借鉴、参考价值。

对于律师收费项目,按照《律师服务收费管理办法》第22条规定:"律师服务费、代委托人支付的费用和异地办案差旅费由律师事务所统一收取。律师不得私自向委托人收取任何费用。""除前款所列三项费用外,律师事务所及承办律师不得以任何名义向委托人收取其他费用。"这一规定实际上确定了律师收费项目种类。从上述规定中不难看出,律师收费总共有三项:即律师服务费、代委托人支付的费用、异地办案差旅费。

代委托人支付的费用,按照《律师服务收费管理办法》第 19 条的规定,是指律师事务所在提供法律服务过程中代委托人支付的诉讼费、仲裁费、鉴定费、公证费、查档费和专家咨询费等费用。这些费用不属于律师服务费,应由委托人另行支付。

律师为委托人提供法律服务赴外地出差,除法律服务费外,所需要的交通、通讯、食宿等差旅费,也应当由委托人另行承担。

(二) 律师收费定价办法

根据《律师服务收费管理办法》第 4 条规定,律师服务收费实行政府指导价和市场调节价两种定价办法。

政府指导价,按照《价格法》第 3 条第 4 款的规定,是指依照价格法规定,由政府价格主管部门或者其他有关部门,按照定价权限和范围规定基准价及其浮动幅度,指导经营者制定的价格。根据《律师服务收费管理办法》第 5 条第 1 款规定,律师事务所提供下列 5 种法律服务实行政府指导价:"(一) 代理民事诉讼案件;(二) 代理行政诉讼案件;(三) 代理国家赔偿案件;(四) 为刑事案件犯罪嫌疑人提供法律咨询、代理申诉和控告、申请取保候审,担任被告人的辩护人或自诉人、被害人的诉讼代理人;(五) 代理各类诉讼案件的申诉。"对于政府指导价的基准价和浮动幅度,按照《律师服务收费管理办法》第 6 条的规定,由各省、自治区、直辖市人民政府价格主管部门会同同级司法行政部门制定。《北京市律师诉讼代理服务收费政府指导价标准(试行)》明确规定了北京律师刑事案件收费标准、民事诉讼案件收费标准、行政诉讼案件和国家赔偿案件收费标准、计时收费标准、特殊案件协商收费标准等。

市场调节价,按照《价格法》第 3 条第 2 款的规定,是指由经营者自主制定,通过市场竞争形成的价格。根据《律师服务收费管理办法》第 5 条第 2 款规定,律师事务所提供《律师服务收费管理办法》第 5 条第 1 款所列的 5 种法律服务以外其他法律服务的收费实行市场调节价。实行市场调节价的法律事务主要是非诉讼业务。实行市场调节的律师服务收费,由律师事务所与委托人协商确定。律师事务所与委托人协商律师服务收费应当考虑下列主要因素:耗费的工作时间,法律事务的难易程度,委托人的承受能力,律师可能承担的风险和责任,律师的社会信誉和工作水平等。目前,通常担任法律顾问,办理企业改制、上市、产权转让、金融、房地产、尽职调查,出具法律意见书以及外商投资等非诉讼业务实行市场调节价。实行市场调节价的法律事务在不同地区的收费水平各不相同,相差几倍甚至几十倍,比如法律顾问费从每年几千元到几十万元不等。北京、上海、广州、深圳等经济发达的大城市实行市场调节价的法律事务较多,收费也很高。中西部经济欠发达地区实行市场调节价的法律事务很少,收费也偏低。

(三)律师收费方式及其发展趋势

根据《律师服务收费管理办法》第10条规定,律师服务收费可以根据不同的服务内容,采取计件收费、按标的额比例收费和计时收费等方式。但是,对于如何界定这3种收费方式,《律师服务收费管理办法》没有明确规定,需要参考某些地方律师协会的规范。

1. 计件收费

计件收费,按照《北京市律师服务收费管理实施办法(试行)》第11条的规定,是律师事务所为委托人提供法律咨询、办理法律事务或制作法律文书等服务,按照服务的件数收取服务报酬的收费方式。计件收费一般适用于不涉及财产关系的法律事务。在律师业务实践中,律师单纯为当事人起草法律文书、办理刑事辩护案件等多采用这种收费方式。

《北京市律师诉讼代理服务收费政府指导价标准(试行)》规定的刑事案件收费标准为:侦查阶段,每件收费2 000～10 000元;审查起诉阶段,每件收费2 000～10 000元;一审阶段,每件收费4 000～30 000元。民事诉讼案件审判阶段的计件收费标准为每件收费3 000～10 000元。行政诉讼案件和国家赔偿案件计件收费标准为每件3 000～10 000元。上述标准下浮不限。

2. 按标的额比例收费

按标的额比例收费,《北京市律师服务收费管理实施办法(试行)》第12条规定,是律师事务所根据当事人争议财产的数额,按比例收取服务报酬的收费方式。按标的额比例收费适用于涉及财产关系的法律事务。实践中,涉及财产争议的民事诉讼案件往往采用这种收费方式。

《北京市律师诉讼代理服务收费政府指导价标准(试行)》规定的民事诉讼案件审判阶段按标的额比例收费标准为:10万元以下(含10万元),10%(最低收费3 000元);10万元至100万元(含100万元),6%;100万元至1 000万元(含1 000万元),4%;1 000万元以上,2%。按当事人争议标的额差额累进计费。上述收费标准下浮不限。实行风险代理收费,最高收费金额不得高于与委托人约定的财产利益的30%。

3. 计时收费

对于什么是计时收费的定义以及如何使用,按照《北京市律师服务收费管理实施办法(试行)》第13条规定,是律师事务所按照确定的单位时间收费标准,根据律师提供法律服务所付出的有效工作时间,计算收取服务报酬的收费方式。计时收费可适用于全部法律事务。国内公司改制、上市、项目融资等非诉讼业务和涉外律师业务中采用计时收费方式的情况较多,在少数没有确定固定法律顾问费数额的常年法律顾问服务中也有计时收费的情况。采用计时收费的,律师应当根据委托人的要求提供工作记录清单。收费标准和有效工作时间是律师计时收费的主要根据,十分重要。《律师执业行为规范》(2009年修订版)第38条明确要求:"律师应当建立律师业务档案,保存完整的工作记录。"因此,律师应当根据提供法律服务的工作情况及时制作详细的工作记录,并妥善保管,以便据此向委托人收取计时费用。

关于律师计时收费标准和其他律师收费方式的收费标准,都由各省、自治区、直辖市人民政府价格主管部门会同同级司法行政部门制定。《北京市律师诉讼代理服务收费政府指导价标准(试行)》规定的计时收费标准为100~3 000元/有效工作小时,下浮不限。可见,北京市规定的计时收费标准高低跨度很大,律师事务所需要根据法律事务的难易程度、律师可能承担的风险和责任、律师的社会信誉和工作水平等因素,遵循诚实信用、等价有偿的原则,与委托人平等协商,合理收费。

至于什么是"有效工作时间",目前还没有权威的理论界定。北京市律师协会为了规范北京市律师法律服务计时收费行为,专门制定了《北京市律师事务所计时收费指引》(2010年9月28日第八届北京市律师协会理事会第九次会议审议通过),对"有效工作时间"的定义和范围作了明确界定。根据该指引规定,有效工作时间是指律师事务所指定的承办律师为委托人提供的法律服务所耗费的工作时间,包括:

"(一)承办律师应委托人要求进行的不违反法律规定的代理工作所耗费的时间;

(二)承办律师应公安机关、检察机关、人民法院及其他机构要求围绕委托事项进行的代理工作所耗费的时间;

(三)承办律师在提供法律服务过程中,向委托人了解委托事项情况及要求、解答委托人提出的问题、与委托人研究交换对委托事项的看法、向委托人通报工作进展等工作所耗费的时间;

(四)承办律师查阅有关资料、法规、研讨委托事项的时间;

(五)承办律师围绕委托事项进行的法律、法规及行业规范规定的代理工作所耗费的时间。"

承办法律事务时,因工作需要,律师事务所为承办律师指派的辅助人员的工作时间,经律师事务所与委托人协商确定后可以计入有效工作时间。承办律师为两人以上的,应当按各自提供有效法律服务所耗费的时间单独累计计算有效工作时间。律师在办理委托事项过程中,乘坐车、船、飞机所耗费的路途时间以及因差旅所耗费的时间,可以比照有效工作时间收取律师费,双方另有约定的除外。

根据《北京市律师事务所计时收费指引》第三章规定,律师有效工作时间的计算期限,从双方确定委托关系之时起至委托合同终止之日止。双方另有约定的除外。上述规定基本全面地囊括了应当计算为有效工作时间的具体范围和情况,为北京律师准确进行计时收费提供了依据,对全国律师计时收费也有参考价值。

4. 风险收费

风险收费,是律师收费的一种特殊方式。根据《北京市律师服务收费管理实施办法(试行)》第14条规定,风险代理收费,是指律师事务所根据法律事务的办理结果,从委托人获得的财产利益中按照约定的数额或者比例收取服务报酬的收费方式。如果律师的法律服务达不到律师事务所和委托人约定的效果,律师事务所就要承担收费风险。风险收费一般要比同类法律服务非风险收费方式高,律师在承担高风险的同时也可能获得高回报,即高风险高收益。目前我国律师业已经开始广泛使用这种收费方式。

风险收费这种方式有利有弊。一方面,它把律师的服务结果与律师的报酬联系在一起,将当事人的利益与律师的利益联系起来,以激发律师的积极性,促使律师提高服务质量。但是,另一方面,也容易在委托人和律师事务所之间产生收费纠纷。比如,有的律师法律服务达到了约定的效果,委托人却可能认为律师收费过高而不按照合同约定交费;有的律师花费了很大力气却没能实现约定的结果,无法获得报酬,承办律师心理可能产生不平衡,也容易导致纠纷。

根据《律师服务收费管理办法》第 11 条规定,风险收费的范围仅限于办理涉及财产关系的民事案件。实行风险收费应具备两个条件,一是告知委托人政府指导价。实行风险收费,律师事务所必须首先告知委托人律师收费有政府指导价及其标准。二是委托人要求实行风险代理。委托人在得到律师事务所的告知后,仍然要求实行风险代理的,律师事务所才可以实行风险代理收费。关于风险收费的规范要求,将在后文做详细介绍。

(四)律师收费程序

律师收费应当遵守一定的规则,履行一定的程序和手续。律师主要是要遵守《律师法》《律师服务收费管理办法》《律师事务所收费程序规则》(司法部第 87 号令,2004 年 3 月 16 日司法部部务会议审议通过,自 2004 年 5 月 1 日起施行)等关于律师收费程序的规定。由这些规定,可以将律师收费程序分为如下步骤:

第一步,律师事务所与委托人签订律师服务收费合同。

根据《律师法》第 25 条第 1 款、《律师服务收费管理办法》第 16 条、《律师执业行为规范》(2009 年修订版)第 88 条、《律师事务所收费程序规则》等规定,律师事务所接受委托,应当与委托人签订律师服务收费合同或者在委托代理合同中载明收费条款,约定收费项目、收费标准、收费方式、收费数额、付款和结算方式、争议解决方式等内容。有的律师事务所在法律顾问业务中,不签订独立的律师服务收费合同,而是在常年法律顾问合同中载明收费条款,约定收费项目、收费数额和付款方式等内容,这也是完全符合律师收费程序要求的。

律师服务收费合同或者委托代理合同中载明的收费条款,是律师事务所和委托人约定的律师事务所收取相关费用的有效依据,也是发生收费争议后解决争议的主要证据。律师事务所应当高度重视,遵循诚实信用、公平合理的原则,和委托人认真地进行平等协商,明确约定双方权利和义务。

第二步,律师事务所向委托人收取律师服务费,并开具合法票据。

律师服务费由律师事务所统一收取,具体就是由律师事务所的财务部门或财务人员向委托人收取费用。律师事务所应当按照收费合同或者委托合同中的收费条款约定的收费方式和收费数额(比例)收取律师服务费。律师事务所应当直接向委托人收取律师服务费,委托人所支付的费用应当直接交付律师所在的律师事务所,律师不得直接向委托人收取费用。应委托人请求或者其他原因,由承办律师代交费用的,承办律师应当向律师事务所提供经委托人签字并载明交费数额的委托书。委托人委托律师代交费用的,律师应将代收的费用及时交付律师事务所。

律师收费合法票据,是委托人交纳律师费的有效凭证,也是律师事务所计算业务收入、缴纳税款的合法依据。律师事务所向委托人收取律师服务费,应当由律师事务所的财务部门或财务人员向委托人开具合法票据。这里所说的合法票据,是指律师事务所向税务部门统一领取的律师服务收费专用发票。

有这样一个案例:

> 某律师事务所与某当事人签订《委托代理合同》,约定律师事务所指派某律师为其代理人,以发内参等方式向各级领导反映情况,该律师以代理人身份协助公安部门办理某案件中的法律事

务。发内参后付代理费 20 万元,得到国家领导人有效批示后支付 300 万元综合费用。在办理委托手续时委托人预交 3 万元,按包干使用,不退不补,同时注明"系发机要内参的有关费用,因属转交,不开发票"。合同签订后,该委托人向律师事务所支付预付款 3 万元,该律师手写了收到 3 万元的收条,收条上写明"请以此条更换正式发票",律师事务所在收条上加盖公章。律师事务所收款后一直没有向当事人开具正式发票。

在这个案例中,该律师事务所接受当事人委托,签订委托合同时,居然在合同收费条款中明确约定"系发机要内参的有关费用,因属转交,不开发票",公然违反法律法规,应属于无效条款。律师事务所收取当事人 3 万元预付款后,本应当立即开具律师服务收费专用发票,但该所没有开具合法票据,而是由律师手写收据,违反了律师收费规定,不符合律师收费程序。

第三步,代委托人支付的费用和异地办案差旅费的收取。

代委托人支付的费用和异地办案差旅费也应当由律师事务所统一收取。律师事务所需要预收异地办案差旅费的,应当向委托人提供费用概算,经协商一致,由双方签字确认。确需变更费用概算的,律师事务所必须事先征得委托人的书面同意。结算代委托人支付的费用和异地办案差旅费时,律师事务所应当向委托人提供代其支付的费用和异地办案差旅费清单及有效凭证。不能提供有效凭证的部分,委托人可不予支付。

(五) *律师收费争议的解决*

先看这样一个案例:

某当事人请律师打官司,和某律师事务所签订了一份风险代理协议,约定不预交律师费,待打赢官司后按胜诉金额的 10% 作为律师费。没想到当事人胜诉后一直拒绝向律师事务所支付任何费用,该律师事务所将其告上法院,法院判决其须支付律师费及利息等。

本案是一起因风险代理而产生的收费争议。本案之所以发生争议主要是委托人不守信用。律师事务所进行风险代理存在双重风险：一是案件本身的风险，二是委托人违约的风险。律师事务所在风险代理中应当采取必要的措施尽可能降低委托人违约的风险。一旦委托人拖欠律师费，经协商、调解无法解决的，就应当果断采取诉讼方式维护自己的合法权益。

律师的声誉就是律师职业的生命。律师和律师事务所应当像保护自己的眼睛一样，维护律师形象，保护律师的职业声誉。律师、律师事务所和委托人之间发生争议会损害律师的形象和职业声誉。所以，律师、律师事务所一定要研究、掌握律师服务收费争议产生的原因和规律，熟悉解决律师服务收费争议的途径和方式，通过签订律师服务收费合同或约定收费条款等尽量避免发生律师服务收费争议。一旦发生争议，要按照有关争议解决的规定，妥善处理，把损失和影响降到最低限度。《律师服务收费管理办法》第30条规定："因律师服务收费发生争议的，律师事务所应当与委托人协商解决。协商不成的，可以提请律师事务所所在地的律师协会、司法行政部门和价格主管部门调解处理，也可以申请仲裁或者向人民法院提起诉讼。"律师服务收费争议的解决方式包括：协商、调解、仲裁和诉讼四种方式。为了更好地解决律师收费争议，国家有关部门将另行制定律师服务收费争议调解办法。目前我国的律师收费争议解决机制处在进一步建立和完善的阶段。下面分项介绍：

1. 协商

协商是解决律师收费争议的最主要方式。律师事务所、律师与委托人因律师服务收费发生争议时，律师事务所首先应当在第一时间和委托人进行协商，争取把争议解决在萌芽状态，千万不能回避、推诿，拖延只能使矛盾更加激化。律师事务所作为专业机构，对于律师收费是否合理这一争议的核心问题应当有比较清楚的判断和评价。如果委托人提出的主张确有道理，律师事务所就应当积极主动地和委托人沟通协调，力争通过协商解决，尽量避免将争议提交仲裁或者诉讼，甚至被委托人向司法行政部门和行业协会投诉，这样会破坏律师、律师事务所和委托人之间的信任关系，也会给律师行业带来负面影响。律师事务所在与委托人协商解决收费争议时,应当保持主动,把握机会,权衡利弊。必要的时候,律师事务所为了妥善解决争议也可以在坚持原则的前提下做出一定的让步,防止因小失大,为了一点蝇头小利得不偿失,要学会破财免灾,花钱买平安。

2. 调解

律师事务所与委托人不能协商解决律师收费争议的,要善于运用和依靠组织力量解决争议,尽量将争议提请律师事务所所在地的律师协会、司法行政部门和价格主管部门调解处理。

3. 仲裁

如果律师事务所和委托人在律师服务收费合同或者委托代理合同中约定了解决律师收费争议的仲裁条款,或者事后就解决律师收费争议达成仲裁条款的,双方经过协商和调解不能解决争议时,可以根据仲裁条款向仲裁机构提起仲裁解决。即使进入仲裁程序,如果有和解可能的,也要抓住机会争取和解解决。

4. 诉讼

诉讼是目前律师事务所和委托人解决收费争议的主要方式之一。律师、律师事务所与委托人发生收费争议,经过协商、调解不能解决,双方又没有仲裁协议的,可以通过诉讼方式解决。近年来,因律师收费争议,律师事务所状告委托人和委托人起诉律师事务所的案件时有发生。律师事务所起诉委托人多是因为委托人拖欠律师服务费。在诉讼过程中,要抓住机遇,争取通过法院调解处理。前引示例中律师事务所就是通过诉讼方式解决委托人拖欠律师费纠纷,追回了律师费,维护了自身合法权益。

二、律师收费规范要求

律师收费行为必须遵守法律、法规、行业规范的规定和合同约定,不得违反规定和约定收费。《律师法》《律师服务收费管理办法》《律师事务所收费程序规则》等法律、法规和律师行业规范对律师收费作了明确的规定和要求,这里主要从律师收费的禁止性规定方面进行阐述。

(一) 律师不得私自收取费用

私自收费,是指律师违反律师办理业务由律师事务所统一接受委托、统一收取费用的规定,自行向委托人收取律师服务费、异地办案差旅费等费用的行为。私自收费在律师收费违规案件中占很大比例。因此,必须达到以下三个方面的要求。

1. 律师收费应当由律师事务所统一进行

下面的事例,是律师违纪中常常见到的现象:

> 某当事人与某律师事务所签订了《委托代理协议》,某律师事务所指派某律师承办其与某县政府、某省公路局之间的赔偿纠纷案。双方同意律师代理费及交纳办法为:按某民事调解书执行回款后即支付20万元,剩余代理费按执行回金额的15%分批支付;律师到外地工作时,办案律师的交通、食宿差旅费由委托人实行包干或依票据实报实销。该律师在办案过程中先后两次通过其个人账户向该委托人收取了3万元差旅费,该律师事务所却未开具收取上述差旅费的发票。

在这个案例中,该律师未经过其所在的律师事务所,私自向委托人收取3万元差旅费,将款汇入其个人账户,属于典型的律师私自收费行为,违反了律师执业规范,受到了行业纪律处分。

律师收费应当由律师事务所统一进行,这已经成为律师界的常识。《律师法》第40条规定,律师在执业活动中不得私自收取费用。律师不得私自收取费用,包括不得私自向委托人收取律师服务费、代委托人支付的费用和异地办案差旅费。《律师服务收费管理办法》第22条第1款规定:"律师服务费、代委托人支付的费用和异地办案差旅费由律师事务所统一收取。律师不得私自向委托人收取任何费用。"《律师事务所收费程序规则》第14条第2款明确规定:"承办律师不得私自向委托人收取异地办案差旅费用。"因此,律师私自收取任何一项费用都是违法、违规的。实践中,绝大部分律师对律师服务费由律师事务所统一收取有了比较正确的认识,也能够执行,但对律师事务所统一收取异地办案差旅费认识不足,执行得不够,存在少数律师向委托人自行收取、结算差旅费的现象。

2. 律师不得直接向委托人收取费用

委托人所支付的费用应当直接交付到律师所在的律师事务所,具体就是要交给律师事务所的财务部门或财务人员,律师不得直接向委托人收取费用。委托人委托律师代交费用的,律师应将代收的费用及时交付律师事务所。由律师直接向委托人收取费用,很容易导致律师私收费、乱收费以及收费不开具合法收费凭证等违法、违规情况的发生,所以必须禁止。

3. 律师事务所不得向委托人开具非正式收费凭证

实践中存在这样的情况:

某当事人和某律师事务所签订了《委托代理合同》,某律师事务所指派某律师为其提供诉讼代理服务。合同约定代理费1万元。合同效力自双方签字盖章之日起至案件相关法律程序终结时止。合同签订的当日,该委托人向该律师事务所支付了7000元代理费,该律师事务所给其出具了收据,但未开具发票。

在该案例中,该律师事务所收到该委托人的7000元代理费后,虽然开具了收费凭证,但开具的并不是正式收费发票,而是没有合法效力的普通收据,并且始终没有补开正式发票,换回收据。其行为违反了相关规定,受到了行业纪律处分。实践中,一些律师事务所存在侥幸心理,为了少交一点税款,向委托人收费后,以各种理由和借口不按照规定出具正式收费发票,而是开具收据,有的甚至打白条,承诺委托人以后再拿收据换正式发票,如果委托人将来不索要正式发票,也就不再出具发票了。这都是违规的、不可取的行为。本节第一个例子也属于收费不开票的情况。

根据《律师服务收费管理办法》第18条、《律师事务所收费程序规则》第10条规定,律师事务所向委托人收取律师服务费,应当及时向委托人开具合法票据。律师收费合法票据是指律师服务收费专用发票,收据、白条等非正式收费凭证不属于律师收费的合法票据,律师事务所收费后只能开具律师服务收费专用发票,而不得向委托人开具其他任何非正式收费凭证。律师事务所收取律师费不开发票、不及时开发票、开具非正式收费凭证涉嫌偷税,都是违法、违规行为。

(二) 律师事务所及承办律师不得超范围收费

超范围收费,是指律师在依照法律规定或合同约定收取的法律服务费用之外,向委托人索要或获取的额外报酬或利益。

1. 律师不得私自接受委托人的财物或者其他利益

《律师法》第40条在规定律师在执业活动中不得私自收取费用的同时,还规定律师不得私自接受委托人的财物或者其他利益。根据《律师服务收费管理办法》第22条第2款规定,除律师服务费、代委托人支付的费用和异地办案差旅费3项费用外,律师事务所及承办律师不得以任何名义向委托人收取其他费用。

2. 不得向法律援助案件的受援人收取费用

《律师服务收费管理办法》第23条第1款规定:"律师事务所应当接受指派承办法律援助案件。办理法律援助案件不得向受援人收取任何费用。"律师承办规定数量的法律援助案件,是律师应尽的法定义务,也是律师承担社会责任的表现,属于无偿服务,不应当向被援助人收取任何费用。律师办理法律援助案件,由法律援助管理机构按照规定给予承办律师适当的经济补助。实践中,有个别律师在接受法律援助案件时并不向被援助人收取费用,但在案件结束或者在办理过程中却向被援助人索要费用,违背了律师职业道德和职业纪律。这是不允许的。

(三) 不得以低收费等进行不正当竞争①

实践中,常常存在律师为了揽业务进行低收费甚至免费代理的情况,例如:

> 某一国内外影响重大的刑事案件被媒体披露后,某律师一马当先,立即通过关系找到了犯罪嫌疑人的家属,声称要免费为犯罪嫌疑人伸张正义,主持公道,并在媒体上发布了为犯罪嫌疑人

---

① 参见本书第七章尊重同行第四节公平竞争。

免费代理案件的消息。该律师博得了广大网民和社会公众的赞美和膜拜。

显然,减收或免收律师服务费,属于律师事务所提供法律援助的行为。律师提供法律援助具有严格的条件和程序,承办律师无权自行决定对委托人免收、减收或缓收律师服务费。在这个案件中,犯罪嫌疑人有稳定的职业和较高的收入,根本不属于被援助的对象,不应当对其免费提供法律服务。该律师为不符合法律援助条件的犯罪嫌疑人免费提供服务,并通过媒体进行宣传,其行为违反了关于律师、律师事务所不得采用不正当的收费方式等吸引客户、招揽业务的规定,构成了不正当竞争,扰乱了律师行业的正常执业秩序。该律师不仅不应当受追捧和推崇,而且应当受到业内的谴责和抵制,并予以行政处罚和行业纪律处分。

律师和律师事务所抬高收费不合法,而压低收费,甚至免收费用同样也是违法的,不允许的。根据《律师执业行为规范》(2009年修订版)第78条第(2)项、第82条第(1)项的规定,律师和律师事务所无正当理由,以低于同地区同行业收费标准为条件争揽业务,或者采用承诺给予客户、中介人、推荐人回扣、馈赠金钱、财物或者其他利益等方式争揽业务的,属于律师执业不正当竞争行为。律师或律师事务所相互之间不得采用串通抬高或者压低收费的手段排挤竞争对手。《律师职业道德和执业纪律规范》(2001年11月26日中华全国律师协会修订)第44条规定,律师不得以明显低于同行业的收费水平竞争某项法律事务。《律师事务所收费程序规则》第18条规定:"律师事务所对确有经济困难的委托人,可以减收或者缓收律师服务费。承办律师不得自行决定对委托人减收或者缓收律师服务费。"该《规则》第19条规定:"律师事务所不得采用不正当的收费方式招揽业务,不得以任何方式和名目给委托人回扣或者向中介人支付介绍费。"根据《关于反对律师行业不正当竞争行为的若干规定》(1995年1月13日司法部部务会议通过,1995年2月20日施行)第4条规定,无正当理由,以在规定标准以下收费为条件吸引客户的,采用给予客户或介绍人提取"案源介绍费"或其他好处的方式承揽业务的,属于不正当竞争行为。律师和律师事务所实施以不合理的低价收费方式招揽业务等不正当竞争行为,违反了律师、律师事务所之间公平竞争的原则,势必扰乱律师行业的正常执业秩序,必须予以禁止。

有少数律师为了吸引客户,争揽业务,没有正当理由,对不符合法律援助条件的委托人擅自以明显低于同行业的收费水平收费,或者免费为委托人提供法律服务,进行不正当竞争。我们时常可以在一些有影响的敏感案件中看到这种现象。笔者认为,从律师职业健康发展的角度看,越是有影响的案件压低收费,对律师职业的长远和健康发展越不利。

(四) 关于风险收费的规范要求

1. 关于风险收费的禁止性要求

风险收费是从委托人获得的财产利益中收取律师服务报酬。因此,对于风险收费,应该有严格的限制。根据《律师服务收费管理办法》第11条的规定,不得实行风险收费的案件包括:涉及财产关系的民事案件中的婚姻、继承案件,请求给予社会保险待遇或者最低生活保障待遇的,请求给付赡养费、抚养费、扶养费、抚恤金、救济金、工伤赔偿的,请求支付劳动报酬的。上述几类业务的当事人基本上都是社会弱势群体或者受伤害人群,他们通过律师代理获得的费用或赔偿等财产利益都是维持其基本生活所必需的费用,有的费用甚至是已经付出后获得的补偿,比如工伤赔偿中的医疗费等。如果律师事务所再采用风险收费方式,从这些人获得的财产中收取高额律师费,势必减少他们的生活费用,加重他们的负担,影响他们的基本生存条件。这不符合人道主义精神和维护基本人权的原则,也有违律师执业宗旨和职业道德,因此对这几类业务不得实行风险收费,而是按件收费。

除此之外,根据《律师服务收费管理办法》第12条的规定,刑事诉讼案件、行政诉讼案件、国家赔偿案件以及群体性诉讼案件禁止实行风险代理收费。如上所述,风险收费是从委托人获得的财产利益中收取律师服务报酬,而刑事诉讼案件和行政诉讼案件涉及的是人身自由权利和其他权利,一般不涉及财产利益,没有标的额,缺少进行风险收费的基础和依据,因此禁止这两类案件实行风险收费,而是采用计件收费方式。风险收费比同类法律服务的非风险收费高,国家赔偿案件和群体性诉讼案件一般都是具有一定社会影响的重大、敏感案件,如果对这些案件实行风险代理收费,对委托人收取高额的风险代理费,会创伤委托人的感情,引起委托人及社会公众对律师的不理解和反感,认为律师不是伸张正义,主持公道,而是唯利是图,对社会失去信心,甚至形成影响社会稳定的不安定因素。因此对这些案件也禁止实行风险收费,实行的也是计件收费。

以上,不得实行风险收费的法律事务与禁止实行风险收费的法律事务,立法虽然进行了分别规定和表述,但对二者的处理结果是一样的,即都排除采用风险代理收费方式,一般只能采用计件收费方式。二者的区别是排除的强烈程度不同,比较而言,对禁止实行风险收费的法律事务的排除程度更强烈一些。

2. 关于风险代理收费限额

《律师服务收费管理办法》第 13 条第 2 款规定,实行风险代理收费,最高收费金额不得高于收费合同约定标的额的 30%。风险收费比同类法律服务的非风险收费高,使律师的报酬与律师的服务结果相关,服务结果越好报酬就越高,这一方面可以调动律师的积极性,促使律师提高服务质量;另一方面,如不限定风险收费的最高额,则可能导致一些律师、律师事务所为了获得高额报酬急功近利,不择手段地追求案件胜诉结果,从而损害对方当事人的合法权益,影响社会公平正义。因此,对风险代理收费比例应当加以限制,可以高于非风险收费代理方式,但不宜过高。《律师服务收费管理办法》将风险代理收费的最高限额设定为标的额的 30%,十分必要,也比较适当。

看下面这个案例:

某当事人与某律师事务所签订了《独家风险代理合同》,委托某律师事务所全权独家代理其系列知识产权争议、侵权及相关维权的非诉讼及诉讼等事宜。律师事务所指派 3 名律师作为委托代理人。双方约定律师报酬为:围绕代理合同委托事项所获得的各项赔偿金、补偿金及相关费用,当事人和律师事务所按50%平均分成,律师事务所收取的50%作为办案费、代理费等相关费用。

在这个案例中,该律师事务所与委托人约定按照50%的比例收取代理费,就违反了《律师服务收费管理办法》第13条第2款关于"实行风险代理收费,最高收费金额不得高于收费合同约定标的额的30%"的规定,属于违规收费行为。

实践中,律师事务所不执行政府指导价,超出政府指导价标准幅度收费的情况时有发生,在风险代理收费中比较常见,也有律师办理风险收费案件一夜暴富。

三、违反律师收费规范的责任和处理

律师收费违法、违规,律师事务所及律师应当承担相应的法律责任,接受行业处分。根据《律师收费程序规则》第21条和第22条的规定,律师事务所的收费行为,应当接受当地价格主管部门、司法行政机关的监督检查;律师事务所及其律师违反本规则的,由司法行政机关、律师协会依照有关规定,给予行政处罚或者行业处分。

(一)律师收费违法行为的法律责任

律师收费有违法行为的,应当承担的法律责任包括行政责任和民事责任。

1. 违反规范收费的行政责任

律师收费违法行为的行政责任,主要包括政府价格主管部门实施的行政处罚和司法行政部门实施的行政处罚等。

(1)由政府价格主管部门实施的行政处罚

县级以上各级人民政府价格主管部门,依法对价格活动进行监督检查,并依照《价格法》的规定对价格违法行为实施行政处罚。《律师服务收费管理办法》第26条第2款规定:"律师事务所、律师有下列价格违法行为之一的,由政府价格主管部门依照《价格法》和《价格违法行为行政处罚规定》实施行政处罚:(一)不按规定公示律师服务收费管理办法和收费标准的;(二)提前或者推迟执行政府指导价的;

(三)超出政府指导价范围或幅度收费的;(四)采取分解收费项目、重复收费、扩大范围等方式变相提高收费标准的;(五)以明显低于成本的收费进行不正当竞争的;(六)其他价格违法行为。"根据《价格法》规定,价格主管部门实施行政处罚包括:责令改正,没收违法所得,可以并处违法所得五倍以下的罚款;没有违法所得的,予以警告,可以并处罚款;情节严重的,责令停业整顿。

(2)由司法行政部门实施的行政处罚

司法行政部门依照《律师法》对律师、律师事务所和律师协会进行监督指导,对律师、律师事务所的违法行为依法给予处罚。《律师服务收费管理办法》第27条第2款规定:"律师事务所、律师有下列违法行为之一的,由司法行政部门依照《律师法》以及《律师和律师事务所违法行为处罚办法》实施行政处罚:(一)违反律师事务所统一接受委托、签订书面委托合同或者收费合同规定的;(二)违反律师事务所统一收取律师服务费、代委托人支付的费用和异地办案差旅费规定的;(三)不向委托人提供预收异地办案差旅费用概算,不开具律师服务收费合法票据,不向委托人提交代交费用、异地办案差旅费的有效凭证的;(四)违反律师事务所统一保管、使用律师服务专用文书、财务票据、业务档案规定的;(五)违反律师执业纪律和职业道德的其他行为。"这是关于律师和律师事务所收费违法行为行政处罚的比较原则的概括性规定。《律师服务收费管理办法》是于2006年4月13日印发的,该条规定中引用的《律师和律师事务所违法行为处罚办法》,是指司法部2004年3月19日发布的《律师和律师事务所违法行为处罚办法》(司法部第86号令),已经于2010年6月1日废止。经2010年4月7日司法部部务会议审议通过,司法部于2010年4月8日重新发布了《律师和律师事务所违法行为处罚办法》(司法部第122号令),自2010年6月1日起施行。本章所引用的是现行《律师和律师事务所违法行为处罚办法》。《律师法》和《律师和律师事务所违法行为处罚办法》等对律师和律师事务所应予处罚的收费违法行为,根据不同情形和情节,分别规定了不同的处罚措施。

第一,对律师以不正当手段承揽业务的处罚。根据《律师法》第

47条规定，律师"以不正当手段承揽业务的"，"由设区的市级或者直辖市的区人民政府司法行政部门给予警告，可以处五千元以下的罚款；有违法所得的，没收违法所得；情节严重的，给予停止执业三个月以下的处罚"。这里的"以不正当手段承揽业务"，包括律师无正当理由，以在同行业收费水平以下收费进行不正当竞争的行为等。律师以明显低于同行业收费水平的收费进行不正当竞争的，应当予以上述处罚，包括警告，直至停止执业三个月以下。

第二，对律师私自收费的处罚。根据《律师法》第48条规定，"私自接受委托、收取费用，接受委托人财物或者其他利益的"，"由设区的市级或者直辖市的区人民政府司法行政部门给予警告，可以处一万元以下的罚款；有违法所得的，没收违法所得；情节严重的，给予停止执业三个月以上六个月以下的处罚"。

《律师和律师事务所违法行为处罚办法》对《律师法》第48条第1项规定的律师"私自接受委托、收取费用，接受委托人财物或者其他利益的"作了具体解释，扩大了范围。《律师和律师事务所违法行为处罚办法》第10条规定："有下列情形之一的，属于《律师法》第四十八条第（一）项规定的律师'私自接受委托、收取费用，接受委托人财物或者其他利益的'违法行为：（一）违反统一接受委托规定或者在被处以停止执业期间，私自接受委托，承办法律事务的；（二）违反收费管理规定，私自收取、使用、侵占律师服务费以及律师异地办案差旅费用的；（三）在律师事务所统一收费外又向委托人索要其他费用、财物或者获取其他利益的；（四）向法律援助受援人索要费用或者接受受援人的财物或者其他利益的。"这一规定显然没有仅限于律师私自收费行为，也包括了律师超范围收费、向法律援助受援人收取费用等禁止性行为。律师如果发生上列4项违法行为，都要按照《律师法》第48条的规定予以处罚，从警告直至停止执业3个月以上6个月以下。

第三，对律师事务所违反规定收取费用的处罚。根据《律师法》第50条规定，律师事务所"违反规定接受委托、收取费用的"，"由设区的市级或者直辖市的区人民政府司法行政部门视其情节给予警告、停业整顿一个月以上六个月以下的处罚，可以处十万元以下的罚款；有违法所得的,没收违法所得;情节特别严重的,由省、自治区、直辖市人民政府司法行政部门吊销律师事务所执业证书"。

《律师和律师事务所违法行为处罚办法》对《律师法》第 50 条第 1 项规定的律师事务所"违反规定接受委托、收取费用的"也作了具体规定。《律师和律师事务所违法行为处罚办法》第 23 条规定:"有下列情形之一的,属于《律师法》第五十条第一项规定的律师事务所'违反规定接受委托、收取费用的'违法行为:(一)违反规定不以律师事务所名义统一接受委托、统一收取律师服务费和律师异地办案差旅费,不向委托人出具有效收费凭证的;(二)向委托人索要或者接受规定、合同约定之外的费用、财物或者其他利益的;(三)纵容或者放任本所律师有本办法第十条规定的违法行为的。"上述规定包括了律师事务所不统一收费、收费不出具有效凭证、超出范围收费等违法行为。如果律师事务所有上述行为,就应当按照《律师法》第 50 条的规定予以处罚,从警告直至吊销律师事务所执业证书。

2. 违反规范收费的民事责任

律师和律师事务所有违法收费行为的,除了要受到行政处罚外,还应当依法对因其违法行为给当事人或者第三人造成的损害承担相应的民事责任。根据《律师法》第 54 条及《律师和律师事务所违法行为处罚办法》第 46 条规定,律师、律师事务所违法执业或者因过错给当事人或者第三人造成损失的,应当承担相应的民事责任。因律师违法行为造成律师事务所承担赔偿责任的,律师事务所赔偿后可以向有故意或者重大过失行为的律师追偿。按照以上规定,如果律师、律师事务所违反规定收取费用,造成委托人或第三人损失的,律师事务所应当承担赔偿责任。因律师违法收费造成律师事务所承担赔偿责任的,律师事务所赔偿后可以向律师追偿。律师和律师事务所违规收费承担民事责任的方式主要是返还委托人已经收取的律师服务费、异地办案差旅费等。

(二)律师收费违规行为的行业处分

律师协会是律师的自律性组织,有权对律师、律师事务所实施奖励和惩戒。律师协会对律师和律师事务所违规行为实施行业处分所依据的行业规范主要是《律师协会会员违规行为处分规则(试行)》。根据《律师协会会员违规行为处分规则(试行)》的规定,对律师收费违规行为的处分包括对个人会员和团体会员的处分,处分种类有训诫、通报批评、公开谴责三种。律师协会认为会员违规行为需由司法行政机关给予行政处罚的,应及时提请司法行政机关调查处理。

1. 对个人会员的处分

根据《律师协会会员违规行为处分规则(试行)》第11条的规定,个人会员有"私自向委托人收取费用,或者收取规定、约定之外的费用或者财物的"、"违反律师服务收费管理规定或者收费协议约定,擅自提高收费的",以及"以支付介绍费等不正当手段争揽业务"的行为,由省、自治区、直辖市及设区的市律师协会给予训诫、通报批评、公开谴责。

2. 对团体会员的处分

根据《律师协会会员违规行为处分规则(试行)》第14条的规定,团体会员有"不按规定统一接受委托、签订书面委托合同和收费合同,统一收取委托人支付的各项费用的,或者不按规定统一保管、使用律师服务专用文书、财务票据、业务档案的"、"不向委托人开具律师服务收费合法票据,或者不向委托人提交办案费用开支有效凭证的"、"违反律师服务收费管理规定或者收费合同约定,擅自扩大收费范围,提高收费标准,或者索取规定、约定之外的费用的"、"采用支付介绍费、给回扣、许诺利益等不正当方式争揽业务的"行为,由省、自治区、直辖市及设区的市律师协会给予训诫、通报批评、公开谴责。

第七章 尊 重 同 行

同业相争,同行相轻,似乎越来越多地在耳中听见,也越来越多地在身边出现。这是为什么?是传统的陋习难改,还是现实的经济利益驱使?同行就一定是"冤家"吗?我们不愿看到的是,近年来律师间互相贬低对方、互相败坏名声的事情亦时有发生,有为拉进一个案件而刻意贬毁对方律师的,有为区区利益律师间对簿公堂的,有为转所事务或律师事务所管理权而不顾相对方权利大打出手等。其结果往往是,得到了蝇头小利却损坏了自己的人格和操守,损害了其他律师或律师事务所的利益和声誉,最终侵害了包括该律师本身在内的整个律师行业的集体名誉和利益。其实,律师间不仅是职业共同体,亦是职业利益共同体,律师或者律师事务所与律师行业总体上是一荣俱荣,一损俱损的关系。律师或者律师事务所要生存、发展,律师与律师之间的相互帮助和尊重是非常重要的,而且是必须履行的义务。因此《律师执业行为规范》(2009年修订版)第9条规定:"律师应当尊重同行,公平竞争,同业互助。"

第一节 律师尊重同行的概述

作为现代文明的标志之一,相互尊重已经成为人们的共识。作为律师,无论从精熟法律权利的专业人士角度谈,还是从争取律师职业的整体市场利益方面说,通过尊重其他律师同行获得自我人格升华,体现权利理念,从而得到他人的尊重,最终赢得社会对整个律师行业的尊重和认可,无疑是明智之举。

一、律师尊重同行的概念

《律师法》第26条规定:"律师事务所和律师不得以诋毁其他律师

事务所、律师或者支付介绍费等不正当手段承揽业务。"

《律师执业行为规范》(2009年修订版)第72、73、74条分别规定,"律师与其他律师之间应当相互帮助、相互尊重","在庭审或者谈判过程中各方律师应当互相尊重,不得使用挖苦、讽刺或者侮辱性的语言","律师或律师事务所不得在公众场合及媒体上发表恶意贬低、诋毁、损害同行声誉的言论"。该行为规范第77条还规定:"律师和律师事务所不得采用不正当手段进行业务竞争,损害其他律师及律师事务所的声誉或者其他合法权益。"从上面的法律规定以及行业规范的规定来看,律师尊重同行不仅是律师和律师事务所必须履行的义务,同时,律师尊重同行还包含了律师和律师事务所必须履行的对其他律师或者律师事务所不尊重言行不予作为的义务。我们从中可以提炼出律师尊重同行的一般概念:"律师或者律师事务所在执业活动中以及执业活动以外,不得对律师同行使用挖苦、讽刺或者侮辱性语言,不得在公众场合和媒体上发表恶意贬低、诋毁、损害律师同行声誉的言论,不得采用不正当手段进行业务竞争;律师与律师、律师事务所与律师事务所之间应当倡导相互帮助、相互尊重的良好风尚。"

《律师法》第50条规定:"律师事务所有下列行为之一的,由设区的市级或者直辖市的区人民政府司法行政部门视其情节给予警告、停业整顿一个月以上六个月以下的处罚,可以处十万元以下的罚款;有违法所得的,没收违法所得;情节特别严重的,由省、自治区、直辖市人民政府司法行政部门吊销律师事务所执业证书:……(四)以诋毁其他律师事务所、律师或者支付介绍费等不正当手段承揽业务的。"中华全国律师协会《律师协会会员违规行为处分规则(试行)》第11条规定:"个人会员有下列行为之一的,由省、自治区、直辖市及设区的市律师协会给予训诫、通报批评、公开谴责:……(十四)捏造、散布虚假事实,损害、诋毁其他律师、律师事务所声誉的;以诋毁其他律师或者支付介绍费等不正当手段争揽业务的。"第14条规定:"团体会员有下列行为之一的,由省、自治区、直辖市及设区的市律师协会给予训诫、通报批评、公开谴责:……(十四)捏造、散布虚假事实,损害、诋毁其他律师、律师事务所声誉的。"由此可见,律师尊重同行是一种法律责任,同时是一种行业的道德义务,律师或者律师事务所违反这种责任或义务,将受到行政处罚和行业的纪律惩戒。

这里应该注意到,律师尊重同行的义务在主体方面,应当包括律师(合伙人律师、律师、公职律师、公司律师)和律师事务所;在空间方面,应当包括律师的执业活动,也应当延伸到律师的执业活动以外;在内容方面,不得有恶意贬低、诋毁、损害同行声誉的事实,以及对同行使用挖苦、讽刺或者侮辱性语言,当然更不能用其他行为来伤害同行,也不准通过不正当手段争揽业务;在行为表现形式方面,应当既包括语言、文字、图片和视听材料,也应当延伸到动作行为;在性质方面,是一种法律责任,同时是一种行业道德义务;在后果方面,违反则将受到行政处罚和行业的纪律惩戒。

二、尊重同行的本质和意义

尊重同行的反面就是"文人相轻"和"同行是冤家"的陋习传统。而"文人相轻"与"同行是冤家"的产生根源无外乎是内心狭隘和利益驱使。在现代文明社会,文人不必相互轻视,而应该相互学习、相互尊重。同样,同行不一定是冤家,同行完全可以成为良师益友。

(一)律师尊重同行与"文人相轻"

"文人相轻"一词,出自曹丕《典论·论文》。"文人相轻,自古而然。傅毅之于班固,伯仲之间耳,而固小之,与弟超书曰:'武仲以能属文,为兰台令史,下笔不能自休。'夫人善于自见,而文非一体,鲜能备善,是以各以所长,相轻所短。里话曰:'家有敝帚,享之千金。'斯不自见之患也。"翻译成白话文即:文人互相轻视,自古以来就是如此。傅毅和班固两人文才相当,不分高下,然而班固轻视傅毅,他在写给弟弟班超的信中说:"傅武仲因为能写文章当了兰台令史的官职,但是却下笔千言,不知有所节制。大凡人总是容易看到自己的优点,然而文章不是只有一种体裁,很少有人各种体裁都擅长的,因此各人总是以自己所擅长的轻视别人所不擅长的。俗话说:'家中有一把破扫帚,也会看它价值千金。'这是看不清自己的毛病啊。"

"文人相轻"说的是一个人对待别人知识学术的态度,以及对待同类人的一种处世态度,这种态度是贬低或者不尊重他人的。当然,文人间的相互争论、批评若为学术探讨或者抒发文化个性,则"百家争鸣"是合理的。因此要正确认识文人间的争论和批评。作为文化人,应该秉承礼让温良、尊重他人的作风,以及对待知识学术客观、求是的态度。"文人相轻"以自我为中心,不尊重他人的知识,不顾及他人的尊严,以点概面、以偏概全,甚至借知识争论、学术探讨来进行人身攻击,却是斯文扫地,令人不齿的。

律师是专业人士属于知识阶层,按传统说法亦属于文人一列。在律师队伍之中多多少少也存在着"文人相轻"的陋习,有的律师夜郎自大、自以为是,在执业或者非执业时不尊重他人,不尊重同行,似乎天下之大唯有他一人是专家、懂法律,全然不顾他人的感受。尤其还有个别律师其实并不真正懂得某些专门法律知识,却滥竽充数,为了一己私利贬低他人,损害了当事人的利益,最终还败坏了律师业的声誉。其实,在求知和对人的态度上,我国古代文人早有主张:"三人行,必有我师""满招损,谦受益""温良恭俭让"。一个人花一辈子的时间也不可能读尽全部的书,一个人的大脑也不可能包容全部的知识,哪怕仅仅是法律知识。因此,对待他人的知识要尊重,对待他人的人格尊严要有敬畏感,要学会欣赏他人、善待他人、理解他人、学习他人、帮助他人,要"己所不欲,勿施于人"。律师要明白"知之为知之,不知为不知,是知也"的道理,尤其是对待同行,更要相互帮助,相互尊重。因为同行是同类人,属于互相赖以生存的职业共同体,你贬低了同行,从社会职业评价角度上说也就是贬低了你自己。现在的法律服务市场已经日趋成熟,当事人已经有相当的鉴别能力,往往你的专业能力和为人态度都是当事人在选择律师时必须考虑的因素。因此,律师必须学会尊重别人,尊重同行,只有这样你也才会被人尊重,能立足于属于自己的律师职业舞台。

(二)律师尊重同行与"同行是冤家"

中国的传统职场里有"同行是冤家"的说法,讲的是同行为竞争对手,在供需相对平衡或者供过于需时,多一个竞争对手可能就会影响自己的生存。因此,就有了诸如"教会了徒弟,饿死了师傅""一山容不得两虎""同行是冤家"等说法。其实,"同行是冤家"现象在过去生产力相对落后、经济相对贫乏、市场需求相对滞后、社会发展相对缓慢的背景下,还确实有其存在的道理。而在今天说来,"同行是冤家"却只能说是一个片面的认识。下面以我国的律师行业为例进行分析。

第一,律师人数并非过多。社会经济的高速发展,国际化开放程度的不断提高,法治建设要求的不断加强,不仅为法律服务市场提供了足够的经济保障,同时亦为法律服务市场提供了越来越多的客户。而目前我国哪怕是像北京、上海、广东这些经济相对发达、律师人数相对比较多的城市,按律师职业人数和城市的人均比例计算,仍远远不及发达国家和世界上开放城市的平均水平。律师同行间的市场竞争正常情况下不可能达到激烈的程度,更不存在你死我活的"同行是冤家"的情况。

第二,律师专业越来越广泛。随着法律服务的专业化分工越来越细,产生了像知识产权、海运航运、金融衍生品、私募风险投资、跨国并购、破产重组、企业上市等新型领域的法律服务,律师的服务领域和服务对象都有了更多的选择。一方面人数增多,另一方面也有着更多的就业机会。从市场供需情况上看,律师间目前并不存在"过独木桥"式的非良性竞争态势。

第三,同行既是竞争对手,亦是学习的对象。律师是法律专业人士,而法律专业又学无止境,大可不必为这个群体里多了几个同行而担惊受怕,觉得会抢了自己的饭碗。相反,同行间倒可以相互学习,取长补短。寸有所长、尺有所短,要善于在同行间学习知识、技能、经验,尤其是从专业技能上比自己强的律师同行身上学习东西,这样你就会提升自己、超越自己,压力反而转换为动力了。反之,那只会故步自封,甚至在专业上倒退。这方面的职场例子是很多的。

第四,同行还能产生规模效应,品牌效应。"一花独开不是春,百花齐放春满园",法治离不开律师,现代法治社会更不是靠一个、两个律师支撑的,一定需要一群律师、一批律师才能担当,现代法律服务业才能够形成,社会才能认识和肯定律师这一职业。而在律师群体内更需要一大批优秀的律师存在,他们能够适应法律服务市场的需求,能够提供优质的专业法律服务,能够承担更多的社会责任,能够引领行业内的先进风气,能够弘扬律师的优秀文化。只有这样,律师业才能健康地发展和成长,每一位律师也就会在同行身上得到恩泽和惠顾。

(三) 律师尊重同行的本质和意义

律师间的同行尊重本质上是人与人之间的尊重。律师或者律师事务所对其他律师或者律师事务所的尊重,既是对对方律师或者律师事务所的尊重,同时也是对律师或者律师事务所自我本身的尊重。

1. 尊重同行是律师应有的素养和职业操守

尊重同行不仅是现代社会文明的标志,也是作为律师应具备的基本素养。律师是法律专业人士,律师职业应当是最懂得尊重权利的社会职业之一。律师在执业中能够引经据典、慷慨陈词以维护委托人的各种合法权利,也必须懂得维护同行律师包括人格权、名誉权、姓名权、荣誉权在内的各种权利,必须懂得尊重同行。即便是在执业过程中各自维护自己当事人的利益,若对方律师确有观点错误或者言行不妥,你也不能采取不尊重对方的做法,或者以错制错。律师应当礼貌地讲事实、说主张、引依据,以理服人,决不能采用对相对方包括律师同行进行人身攻击的做法。法国大文豪维克多·雨果说得好:比大地更广阔的是海洋,比海洋更广阔的是天空,比天空更广阔的是人心!因此,尊重同行应当是律师应有的个人素养和必须遵守的职业操守。

2. 尊重同行是对整个律师行业的尊重

律师作为职业共同体,也是职业利益的共同体,想要得到社会的尊重,除了律师的自我尊重,律师对客户的尊重和对其他社会人的尊重外,还必须做到职业共同体内的相互帮助、相互尊重。《史记·廉颇蔺相如列传》中"将相和"的故事大家都耳熟能详,蔺相如避让廉颇,不与其发生争吵,是担心"将相不和"而削弱赵国的力量,因此为了国家的大利益而牺牲自己的小利益。蔺相如的谦敬做法无疑可以称为是一种大勇,也体现了他对同僚的尊重和对国家利益的尊重。而事后廉颇的"负荆请罪"同样表现出他知错就改的胸怀以及对蔺相如人品的极大尊重。这个事例应该也能适用于我们所谈的律师尊重同行。试想,在你大放厥词贬低、诋毁、损害同行律师或者其他律师事务所时,听者对律师整体以及作为律师的你会产生良好的感觉吗?久而久之,律师在社会上会得到其他公众的正面认可吗?因此,律师的尊重同行,上升到一定的高度也就是对律师自己的尊重和对整个律师行业的尊重。

3. 尊重同行是一种对人的权利的尊重

前面说过,律师职业是最懂得尊重权利的社会职业之一。那么,律师尊重同行其意义就不仅仅在于尊重律师自己,还在于尊重对方当事人的合法权利。因为同行律师恰恰维护着他这一方的当事人的权利。从当事人的角度来说,你对聘用的律师不尊重,其实就是对他的不尊重和对他权利的不尊重。而作为一名法律专业人士来说,律师显然是不应该有这种违背职业本质的行为表现的。因此,尊重同行还是一种对当事人权利的尊重,甚至按这一逻辑思维可以推断出,尊重同行还包含着对社会学意义上的一般人的权利尊重,同时也包含着对律师自己的亲朋好友在内的社会民众的包括生存权利在内的各种权利的尊重。

4. 尊重同行做社会文明的引领者

《论语》中谈到君子有九思,其中"事思敬"就是说要处事以敬,与人交往常怀恭敬之心,要尊重人,不能骄傲,这也是现代文明社会的公序良俗。其实,相互尊重就是人与人之间相互平等,彼此尊重对方的人身、人格权利,有纷争通过协商解决,协商不成通过合法途径解决。而律师职业恰恰是应承着这种文明化社会秩序产生的。提倡律师尊重同行不仅是要律师践行自重、谦行、尊重他人的律师行业道德风气,更是要求其肩负破除陋习、摒弃腐朽传统文化的社会责任,做现代社会文明的引领者。

第二节 同所律师间的尊重

一家律师事务所往往由不同类型的律师所组成。拿合伙制律师事务所举例,一个所里就可能同时存在合伙人律师、提成律师①和受薪律师。② 不同的律师关系之间的相互尊重,既有共性,也有其个性。下面逐一进行介绍。

一、律师之间的相互尊重

律师之间的相互尊重是指律师同行尊重的共性方面,是无论何种律师类型的律师之间,同时还包括律师与非律师的实习律师、律师助理和行政人员之间都应遵守的职业操守,也是作为一名执业律师起码应当具备的基本道德素养。因此,就必须做到:

1. 注重个人文化修养

作为律师事务所的一名律师,要尊重其他律师,也让其他律师对你尊重,首先需要注重个人的文化修养。个人文化修养包括衣着打扮、言行举止、待人接物、团队精神、专业素养、服务理念等。尤其是要做到宽以待人、严于律己,始终以律师事务所的集体利益为上,不能以个人为中心。

2. 同事间要平等相处

如果把一天24小时分成三块,那么一个人与同事相处的时间基本上要占据一天的1/3。从一般心理学的角度说,有谁愿意将这1/3的时间花费在彼此鄙视、相互不尊重的职业环境里呢?因此,同事间应该平等相处,你敬我一尺,我敬你一丈,不亢不卑,待之以礼。有矛盾有误解或者有不同的理念,要通过公开沟通、平等协商、民主表决或

---

① 提成律师,是指接受律师事务所的聘用从事专职律师工作,根据聘用合同约定律师事务所一般不支付工资和提供案源,而由该律师自寻案源并根据聘用合同约定按案件收入比例予以一定提成作为收入的律师。提成律师是根据律师收入分配而作划分标准的一种律师类别。提成律师一般不用在律师事务所坐班。律师事务所设置提成律师主要目的是为了降低用人成本。

② 受薪律师又称工薪律师,是指接受律师事务所的聘用从事专职律师工作,在律师事务所坐班,由律师事务所提供案源和支付固定工资,但律师事务所一般不予办提成或者年底根据业务收入及工作表现适当给予一定奖励的律师。受薪律师需要律师事务所承担一定的人力成本。

者其他合理的方法来解决问题。切忌利用某些优势因素苛待同事，贬低他人。

3. 同事间要相互帮助

一个律师在事务所里应该具有团队精神，就是要把自己融化到事务所的整体中去，把其他律师的事情当做团队的事情，也就是当做自己的事情。当其他律师需要帮助的时候能及时给予帮助，比如工作上的相互提醒，业务资料的共享，案件专业上的解疑排难，甚至合作办案、提供其他资源和其他援助（同时注意保护当事人的隐私和秘密）等。其实，其他律师的发展就是事务所的发展，也就是作为事务所的一员的自己的发展。每个人只有从自己做起，当你遇到困难时也自然会得到其他律师的帮助。

4. 同事间要相互谦让

同一律师事务所的律师，在长期的执业过程中，难免会遇见一些客观上并非绝对公平的事情，或者发生其他利益上的冲突，比如分摊成本，再如先后受理某个案件碰上执业利益冲突。这时最容易出现律师间相互的争执和矛盾。首先需要通过规章制度来解决问题，若规章制度层面不能解决，就需要律师有大局观念，有谦让精神，牺牲一点个人利益来换取事务所生存和发展的整体利益，或者其他律师的利益。如果每个律师都能做到相互谦让，尤其在涉及利益方面相互谦让，那这家律师事务所一定是团结的，是有凝聚力的，工作在这样的团队里也一定是快乐的。

二、团队律师与非团队律师之间的尊重

团队律师之间的关系与非团队律师之间的关系，也就是有业务合作的律师之间的关系和没有业务合作的律师之间的关系。

1. 有业务合作关系的律师间相互尊重

有业务合作关系的团队律师之间除了要遵守同行间相互尊重的共性事项外，尤其应该注重律师间的精诚团结、相互默契、互帮互助、取长补短。在律师执业的合作过程中，要善于根据不同的案件情况，结合个人的专业所长，安排好律师之间的工作，凡事多沟通、勤商量，

尽量避免角色主次、利益获取多少之类的事务争执,学会换位思考,能够包容同行律师的缺点,碰到问题多从是否有利于团队合作角度予以考虑。团队合作律师间的相互尊重的要点是:(1)事先协商确定合作计划,然后按计划约定各司其职,遇见新问题及时商量、沟通,确定新的工作安排;(2)资源上合作共享、无私奉献,工作上勤勉尽职、勤于沟通,专业上取长补短、互帮互学,处世上坦诚相见、谦虚礼让;(3)在名誉和利益方面要学会谦让,多为他人着想、为团队着想。

2. 无业务合作关系的律师间相互尊重

没有业务合作的律师之间除了要遵守律师同行间相互尊重的共性事项外,特别应该注意的是:(1)不向同行打听非自己参与经办的法律服务事务,要尊重其他同行严守当事人隐私和商业秘密的职业操守;非同行律师主动提供客户资源等相关信息,不向同行律师打听收集对方客户信息、办案收入等情况。(2)对其他同行律师涉及或者可能涉及执业中的职业操守和执业违纪违规情况(如利益冲突),要及时予以提醒和指出,如果涉及本人还要积极妥善处理问题。(3)对其他同行律师在工作中需要帮助的,应该在不违反律师执业规范和职业操守的情况下,尽可能给予支持和帮助,不可漠不关心。

三、律师与合伙人律师之间的尊重

合伙人律师与非合伙人律师(提成律师和受薪律师)的关系比较微妙。非合伙律师是基于律师事务所的聘用合同而加入事务所的,这些律师与合伙人律师的最大区别是不参与事务所的年末赢利分红,也不承担事务所的成本(有些律师事务所通过聘用合同约定提成律师分担成本的除外)。而受薪律师更是简单为按月取酬。因此,非合伙律师就会产生事务所的发展与好坏与自己并没有多大关系的想法,事不关己、高高挂起。其实合伙人律师与非合伙律师,无论在事务所方面还是个人利益方面都是密切相关的。在法律上,非合伙律师在执业中有过错对外发生债务,事务所即全体合伙人要承担赔偿责任;在事务所的发展方面,事务所的发展强大可能会对受薪律师加薪,亦可能对提成律师增加提成比例或者在年终给予特别的奖励,反之,则会相对减少律师的收入。因此,律师事务所里合伙人律师与非合伙律师之间仍有着紧密联系,他们之间仍然需要相互尊重。

1. 合伙人对非合伙律师的尊重

(1) 为每一位律师做好正面宣传,在条件许可情况下尽量完善律师的工作环境、学习条件、执业条件,事务所的资源要能够做到共享,使每一位律师感觉到自己是事务所的主人,是事务所这个家庭里的一名成员。

(2) 建立律师事务所良性的激励机制和奖罚制度,促进律师开拓市场、积极工作、优质服务,并自觉遵守职业操守。要使律师明白做好做坏并不一样,将个人的荣损与事务所的荣损挂钩。要在事务所或行业内创优争先和其他推选活动中对所有律师一视同仁。

(3) 关心律师执业外的生活,帮助生活有困难的律师,在律师生病或者家庭有困难时应该予以积极的关怀和经济上的必要援助,且注意方式方法,照顾到受助律师的自尊。事务所开展业余文体和福利活动,主动邀请全体律师参加。

(4) 在律师和委托人发生纠纷时应充分尊重律师的本人意见。《律师执业行为规范》(2009年修订版)第76条"律师与委托人发生纠纷的,律师事务所的解决方案应当充分尊重律师本人的意见,律师应当服从律师事务所解决纠纷的决议",对此亦作出了相应的规定。

2. 非合伙律师对合伙人的尊重

(1) 认真工作,关心事务所的发展。尊重应当是相互的,作为非合伙律师在事务所里不能因为自己是提成律师或者是受薪律师而对事务所的运营和发展漠不关心,相反应该有团队精神,有感恩思想,并以关心事务所集体,认真做好自己的本职工作,勤勉进取、不断学习,为当事人提供优质、高效的法律服务作为对事务所与全体合伙人律师的回报和尊重。

(2) 服从律师事务所工作安排。事务所的工作安排通常是全体合伙人律师的意志,是事务所集以往经验和集体智慧作出的决定。律师应当服从这种工作安排,认真做好相关工作并积极配合事务所对其所做工作的监督和管理。

（3）严格自律、遵守律师职业操守。作为合伙人律师最担心的莫过于事务所的声誉、品牌受损以及对外承担债务，而这往往是律师在执业过程中不能自律、违反律师执业行为规范所致。因此，非合伙律师在执业中自律，严格遵守律师执业行为规范和事务所章程，保持律师职业操守，就是对合伙人律师的最大的尊重。

四、合伙人律师之间的尊重

同一个律师事务所的律师关系，首先是合伙人律师之间的关系。合伙人律师不仅仅是同事，更重要的还是共同出资人，是共同组成合伙制律师事务所的主体。合伙人律师之间依照合伙人协议享受权利并履行义务，每个合伙人律师都对律师事务所承担无限连带责任。虽然，合伙人协议或者事务所章程以及其他规范性文件可以规定具体收入分配制度，然而在法律上合伙制律师事务所是以全体合伙人律师的全部财产对外承担无限债务责任的。尽管合伙人律师内部存在着依照合伙人协议或者律师事务所章程追究违规或者犯有过错合伙人赔偿责任的救助措施，但毕竟存在资不抵债或因其他原因得不到追偿的危险。所以，合伙人律师密不可分，血浓于水，一荣俱荣、一损俱损。

合伙人律师是自家人，合伙人律师之间的尊重就是自家人之间的尊重，彼此缺少尊重就是损毁律师事务所这个家，就是损毁自己。

合伙人律师之间的尊重除了上述律师尊重的共性化方面外，特别要注意以下几点：

1. 合伙人律师之间要互相信任

合伙制律师事务所资合是次要的，最主要的是人合。因此，合伙人律师之间的信任非常重要。合伙人律师当中会有不同的角色分配，有些是管理合伙人，有些是执行合伙人，有些是普通合伙人。角色的不同会导致所做事情的不同、接触到的信息不同、管理事务的权利不同，甚至不可避免地在分配上会出现不完全一致现象。这时尤其需要合伙人之间的信任。要信任其他合伙人的工作，并相信他们的工作也是为着事务所利益，为着全体合伙人的利益。合伙人之间要本着用人不疑、疑人不用的原则，千万不能无端猜疑。

2. 合伙人律师之间要宽容

合伙人不仅是律师事务所的核心组成体，更是利益的联合体。因此，合伙人之间要讲究宽容，宽容同样是一种尊重。在事务所的运营过程中，合伙人之间难免会出现一些观念不同、看法不同、理解不同等事情，日常工作难免分歧；不同合伙人在业务上潮涨潮落，每一年的盈余分配就可能不一致。这时需要合伙人之间彼此宽容，要求大同存小异，要个人利益服从集体利益，不能斤斤计较、患得患失。例如：

> 某市 S 律师事务所几年来创立了不错的品牌，律师业务亦呈上升势头，尤其是 C、B 两位年轻合伙人律师业务量猛增。于是，C、B 两位就向原创始合伙人 W 律师提出包括重新选举新的管理合伙人在内的种种管理建议，W 未予同意，双方遂发生激烈纠纷。最后，在当地司法行政管理部门的协调下，C、B 两位合伙人退伙，带了一批律师离开了 S 所，S 所业务一下子下滑超过了 50%。而 C、B 两位律师在新所重新执业后，由于当事人的不理解，业务也遭受一定的影响。双方可谓两败俱伤。

3. 合伙人之间要公开、透明

合伙人之间的公开、透明也是一种尊重。尤其是对事务所的财务、人事安排、管理制度等重大事项每一个合伙人都有表决权和知情权。（涉及律师业务隐私、当事人商业秘密、国家机密以及防范利益冲突的除外）因此，合伙人之间的公开、透明既是一种制度，也是对其他合伙人给予信任的一种表现。当然，合伙人行使表决权和知情权应该注意方式方法，要有利于事务所的运营，不能损害其他合伙人的利益。

第三节 异所律师间的尊重

异所律师间的尊重，包括不同律师事务所的律师之间的相互尊重和不同律师事务所之间的相互尊重。在律师和律师事务所的执业中经常会与其他律师以及其他律师事务所发生各种关系，如法庭上的对垒、商务谈判上做对手、律师转所和事务所的各自宣传、开拓业务等。

在处理这些关系时也要讲究规则、规范,要彼此理解、尊重,处理好这种关系也是律师职业操守的一项基本内容。

一、异所律师相互尊重的意义

有句话:天下律师是一家。人们不管你是做什么专业的、也不管你是哪家律师事务所的,甚至人们不会关心你姓什么、叫什么,只知道你是律师,你的一言一行就代表着律师。从社会学的角度说,律师就是一种统一的社会角色。正因为如此,律师间的尊重就不能仅局限于同所律师间相互尊重,还要延伸到异所之间。不尊重异所同行也就是不尊重你自己,同时不尊重律师行业的声誉和名誉。

异所同行在具体业务中各自接受当事人的委托,也必须维护各自当事人的权利,加上法律服务市场的竞争属性,难免会产生异所同行之间的利益不一致、看问题角度不一致、工作风格不一致、个人修养不一致等多种差异性的东西,处理不当就会产生矛盾纠纷,轻则影响彼此利益、声誉,重则就会影响整个律师行业的利益和声誉。因此,异所间的律师同行必须重视相互尊重,切实履行相互尊重的职业操守义务。

二、异所律师相互尊重的要求

1. 执业中不得使用挖苦、讽刺或者侮辱性的语言

《律师执业行为规范》(2009年修订版)第73条规定:"在庭审或者谈判过程中各方律师应当互相尊重,不得使用挖苦、讽刺或者侮辱性的语言。"律师在执业活动中应该注意自己的言行举止,要规范用语、礼貌用语,要习惯于以理服人。不同律师维护着各自当事人的利益,尽可以各自谈各自的观点和理由,但决不允许不让对方律师说话,也不能无礼地打断对方律师的说话。律师应当明白,现代法治保障人权,首先应该允许当事人包括律师有话语权。因此,文明礼貌用语和规范执业是必须做到的。

2. 不得有恶意贬低、诋毁、损毁同行声誉的言论

《律师执业行为规范》(2009年修订版)第74条规定:"律师或律

师事务所不得在公众场合及媒体上发表恶意贬低、诋毁、损害同行声誉的言论。"这里是要求律师和律师事务所在公开场合注意自己的言论,不能通过各种渠道包括事务所介绍、广告宣传、报纸、杂志、电视广播、网络等发布、发表恶意贬低、诋毁、损害其他律师、其他律师事务所形象、声誉、名誉的言论。律师和律师事务所可以实事求是地为自己作宣传,拓展业务渠道,但不能以贬低他人来抬高自己,以损害他人利益来满足自己的利益。律师还不能通过微博、微信、群发短信等新型通讯手段对其他律师或者律师事务所进行恶意攻击、诋毁。

3. 不得利用转所损害原事务所的利益

《律师执业行为规范》(2009年修订版)第75条规定:"律师变更执业机构时应当维护委托人及原律师事务所的利益;律师事务所在接受转入律师时,不得损害原律师事务所的利益。"律师在转所时往往会带走一定的客户和未办结的案件,会产生一些案件分段支付律师费以及原事务所发展的客户跟谁走的问题。遇见这些问题,律师、客户、新老事务所要协商、沟通解决,协商不成则应当本着维护客户及原事务所利益的原则处理,新的事务所不能为考虑自己的利益而损害同行律师事务所的利益。要构建一个律师人才流动和律师事务所参与正常市场竞争的良性氛围。

第四节 公平竞争

律师之间公平竞争,是律师相互尊重在业务宣传和业务承揽方面的具体体现。公平竞争,是指市场参与者在同一市场条件下共同接受价值规律的作用和评判,并各自独立承担竞争结果的一种市场活动。在市场经济的商品社会里,律师的职业行为无疑也是一种市场活动,同样经受着市场竞争的考验。那么,律师如何面对同业竞争呢?《律师执业行为规范》(2009年修订版)第9条规定"律师应当尊重同行,公平竞争,同业互助",这是对律师提出了又一种职业操守的要求。诚然,市场竞争中人人都希冀自己能够胜出,但市场又要求每一种竞争都应当符合竞争群体的利益,符合社会资源的均衡利用,达到公众利益最大化的实现。因此,公平竞争才是符合这种指导思想的规制。上述《规范》第77条规定:"律师和律师事务所不得采用不正当手段进行业务竞争,损害其他律师及律师事务所的声誉或者其他合法权益。"

前面说过"同行是冤家"其实是种狭隘偏执的观念,它放大了职业行为的商业性和个体性,忽视了职业行为的社会性和整体性,是不尊重价值规律和优胜劣汰规律的低级商品经济理念表现。同业的公平竞争首先是要尊重同行,然后以夯实专业技能、提供优质高效的法律服务作为公平竞争的手段,这样才能真正得到竞争对手的敬重,在激烈的市场竞争中胜出。如果破坏公平竞争的规制,也许某人会得到一时一事的利益,使得市场资源被不合理利用、分配,久而久之必然造成律师行业秩序的混乱和职业道德水准下降,祸及到每个律师和律师事务所。

一、禁止虚假宣传和虚假承诺

律师虚假宣传,是指律师在执业活动中发布歪曲事实和法律,或者可能引起公众对律师产生不合理期望的宣传。律师虚假承诺,是指律师为了获取业务,与当事人建立委托关系,而对当事人进行误导和承诺满足当事人的诉求,或者接受委托后违反法律规定、违背事实向委托人作出满足其诉求的承诺的执业违规行为。如有些律师或律师事务所在自己的宣传中称,刑事辩护胜诉率达到80%,有些律师对当事人许诺某某案件能够保证达到拿回100万元的诉讼效果等,这些都是不正当竞争。因为,以事实为根据、以法律为准绳的司法原则决定了案件最终结果根植于案件本身的事实,律师的法律服务是为当事人争取权益的最大化,而不是简单的胜诉、败诉。律师应当使该赢的案件通过努力争取赢,该输的案件委托人也能够坦然接受。如果黑的能变成白的,那决不是律师的神通广大,而是法治的堕落和悲哀。故此,《律师执业行为规范》(2009年修订版)第84条作出了相应规定。"律师和律师事务所不得伪造或者冒用法律服务荣誉称号。使用已获得的律师或者律师事务所法律服务荣誉称号的,应当注明获得时间和期限。律师和律师事务所不得变造已获得的荣誉称号用于广告宣传。

律师事务所已撤销的,其原取得的荣誉称号不得继续使用。"同时,该《规范》第78条第(5)项规定了律师不得"就法律服务结果或者诉讼结果作出虚假承诺"。

二、禁止恶意低价招徕业务

恶意低价招徕业务,是指无正当理由以低于同地区同行业收费标准招徕业务,或者明知其他律师合理报价情况而故意以低于该律师的收费来争揽业务的行为。律师在接受当事人委托时应该合理收费。我国大多数省市已经制定出律师行业的收费指导规范,律师收费应当依照规范执行,既不能过高,也不能无理由地刻意降低收费标准来招揽业务。《律师执业行为规范》(2009年修订版)第78条第(2)项规定了"无正当理由,以低于同地区同行业收费标准为条件争揽业务"属于律师执业不正当竞争行为。

D律师事务所和G律师事务所分别在离某看守所50米处违规挂牌设点,招揽业务。某日,张某为其妹夫故意伤害案找到D所金律师,欲聘请金律师为其妹夫伤害案的侦查阶段提供法律服务,金律师答应接受委托并报价3 000元为律师服务费,张某表示同意并当场支付定金300元,双方约定下午正式签约付钱。张某走出D所"接待点"后在门外被早已等着的G所王律师拦住,王律师在打听到张某聘请金律师的情况后说金律师去年刚做律师没有经验,自己从业已5年,专门办刑事案件,且收费只要2 000元。张某听后当即表示愿意聘请王律师为其妹夫提供法律服务,双方并马上签订了聘请律师合同。金律师和王律师为此发生争执,双方还大打出手,最后围观者报了110,才结束了一场闹剧。

这种恶意低价招揽业务的违规行为破坏了法律服务市场规则,任其作为必然造成律师服务价值的贬低,使律师群体利益受到损害。同时,该行为还损害了其他律师或者律师事务所的利益,因此,决不允许恶意低价招徕业务的不正当竞争行为发生。

三、禁止诋毁他人

诋毁他人,是指律师或律师事务所以争揽业务为目的,贬低评价其他律师或者律师事务所的名誉、声誉、信誉的违规执业行为。《律师执业行为规范》(2009年修订版)第78条第(1)项规定了律师或者律师事务所不得以"诋毁、诽谤其他律师或者律师事务所信誉、声誉"的方式进行不正当竞争。以诋毁、诽谤其他律师或者律师事务所的名誉、声誉来为自己招揽业务,不仅是一种不正当竞争行为,还是一种民事侵权行为,对于这种既违反律师职业操守又违法的行为,无需予以更多的解释、评判,只有坚决地取缔并追究其相关法律责任和行业纪律责任。

四、禁止其他不正当手段争揽业务

其他不正当手段争揽业务,包括明示或暗示自己有某种特殊关系能够帮助当事人达到诉讼目的,或者满足当事人不正当利益,或通过回扣、赠送财物等不正当手段争揽律师业务等不正当竞争的违规行为。如《律师执业行为规范》(2009年修订版)第78条第(2)项规定"采用承诺给予客户、中介人、推荐人回扣、馈赠金钱、财物或者其他利益等方式争揽业务",第(3)项规定"故意在委托人和其代理律师之间制造纠纷",第(4)项规定"向委托人明示或者暗示自己或者其属的律师事务所与司法机关、政府机关、社会团体及其工作人员具有特殊关系",第(6)项规定"明示或者暗示可以帮助委托人达到不正当目的,或者以不正当的方式、手段达到委托人的目的"。这些行为或破坏司法秩序,或欺骗当事人,或游离于违法、犯罪的边缘,本质上都偏离了作为法律人应当遵守的行为准则,应当在律师的职业活动中严格禁止。

有这样一个案例:

Y外资公司为一资产重组事务找到S律师事务所,在一番交谈后,Y公司对S律师事务所表示满意并请S所对接受该非诉讼法律业务报价,S所提出律师服务费为人民币80万元。Y公司说,之前去过 J 律师事务所和 X 律师事务所,他们的报价均低于 80 万元,你们的收费是否高了? S 所笑而回答:那贵公司为什么没有和 J 所和 X 所签约呢? 接着,S 所拿出了一些先前做过该类型法律服务的案例并介绍了所里律师的专业情况和收费标准。Y 公司又要 S 所评价一下 J 所和 X 所律师专业情况,S 所仍然笑而答复:我们对这两家所并不十分了解,很难做出一个中肯的评价,其实对律师最有价值的评判人是客户! Y 公司的代表脸上露出一丝尊敬的笑意,站起来和 S 所握手签约。

这个案例揭示了一个简单道理:尊重和公平竞争赢得客户。据上海市律师协会统计,上海每年约有 20 000 人参加司法考试,约有 4 000 人通过考试,约有 1 000 名新律师入行,律师职业面临着前所未有的市场竞争。面对竞争我们怎么办? 市场经济是遵循优胜劣汰规律的,当事人"货比三家"、择优聘请律师是正常的市场法则,律师只要有过硬的专业本领,就不怕被市场埋没。同时,在现代服务业的竞争中人文因素也非常重要。这种人文因素不是一般的人情利益或者裙带关系,而是一种人格魅力,一种风范,一种境界。客户需要律师不仅具有足够专业的素质,最好还有足够的人文修养。

第八章 律师职业的自律管理

诚信自律是律师职业的生存之本。律师维护社会的公平正义,难以想象律师自身如不能诚信自律,还做出蝇营狗苟之事,甚至还侵害他人的权利,还如何做到"三个维护"?! 还何以为真正的律师?! 还怎么让社会公众信任律师职业?! 因此,律师必须要有自律管理。《律师执业行为规范》(2009年修订版)第7条规定:"律师应当注重职业修养,自觉维护律师行业声誉。"

一则"双方代理"案例敲响了律师职业自律的警钟:

> 2010年,上海Y律所S律师接受H公司的委托,作为H公司的代理人与J公司因欠款纠纷案对簿公堂。在执行阶段,S律师又接受J公司的委托申请对H公司财产进行强制执行。司法行政机关依据《律师法》和《律师和律师事务所违法行为处罚办法》的相关规定,认定S律师构成"双方代理"且情节严重,决定给予S律师停止执业3个月并没收违法所得的行政处罚,对Y律所给予警告并罚款1万元的行政处罚。

第一节 律师的个人自律管理

> 当事人张某等三人聘请上海S律师所的吴律师为其劳动争议案代理。劳动争议仲裁后张某等三人因对裁决结果不满又委托吴律师继续向上海奉贤法院起诉,委托权限为特别授权。吴律师代拟了起诉状,并在法院立案时确认了法律文书送达地址为吴律师住址。该案经两次开庭审理,第一次简易程序吴律师到庭,第二次开庭程序转为合议庭审理,经法院合法传唤,当事人、代理人均无正当理由未出席开庭,法院最后以原告自动撤诉为由下达

裁定书。不久原告重新起诉,法院又以当事人已无诉讼权利为由裁定驳回起诉。经查,吴律师签署了两次开庭通知和当事人传票,第二次开庭通知送达后吴律师因在外地忙于办案未及时通知当事人,导致被法院裁定撤诉。

这个案例告诉我们,律师在接受委托之后,应当管理好自己的时间,管理好自己的当事人。当然,做一名律师光这些是远远不够的。合格的律师需要为自己建立一个自我管理的系统,这个系统包括管理自己的时间、管理自己的客户、管理自己的情感、管理自己的道德等方面。可以这样说,律师的任何违法、违纪,无论是出于无知、愚蠢,还是疏忽、贪婪,其本质都是律师本人放弃自我约束所造成的,是作为律师的个体缺乏职业自律的结果。自觉、自律对一名职业律师来说,在任何时候都是最重要的。

一、树立自律意识

有人说,律师是"自由职业者"。这是片面的说法。律师的所谓自由可能仅仅是相对于大多数职业而言他们不需要坐班。区别于通常的坐班管理,加之律师职业具有独立性、个体性以及一定的权力性的特点,往往律师更需要自律管理,通过自律以达到自治的目的。律师的自律意识至少包括以下方面:

(一) 知法守法是律师的基本素养

立法的本意是通过制定法律来要求全体公民自觉遵守法律,以达到社会的和谐。而绝大多数的立法目的是通过公民自觉遵守法律而实现的,司法仅仅是在出现了违法现象后采取的一种动态调整手段。律师是最明白这个道理的,其本人首先要自觉遵守法律和执业规范,不仅要知道什么是不可以做的,什么是应该做的,什么是可以做的,还要自觉践行,成为整个社会遵纪守法的榜样和引领者。只有法律人自己遵法守法,才能教育、引导其他公民遵法守法。《律师执业行为规范》(2009年修订版)第 3 条的规定就是要求律师有一种自律意识。"律师执业行为违反本规范中强制性规范的,将依据相关规范性文件给予处分或惩戒。本规范中的任意性规范,律师应当自律遵守。"

(二)律师作为法律专业人士应当尊重他人的权利

律师作为法律的专业人士,他的专业特点就是能够把握权利的界限。其本人,或不尊重他人的权利,或不履行自己的义务,或放任自己的言行,甚至侵害他人的权益,岂不是"知法犯法",构成对法律人的极大讽刺?因此,《律师执业行为规范》(2009年修订版)第5条规定:"律师应当忠于宪法、法律,恪守律师职业道德和执业纪律。"

(三)律师应当按精英的标准勤勉自律

作为精通法律的专业人士,也有人将律师誉称为社会精英人士。然而精英首先应该是无明显瑕疵的,要做到这点,律师不仅要"君子以自强不息",而且,"吾日三省吾身"也是必须的。一名优秀的律师应当按精英的标准不断学习,不断进取,勤勉尽责,严于律己,诚实守信,做道德的楷模,要有能力在复杂的执业环境中保证自己能够安全地、有尊严地执业,要有意识地培养自己的这种能力。

(四)律师作为律师业的一员应当维护整个律师行业的声誉

苏联教育家、作家马卡连科说过:"任何一种不为集体利益打算的行为,都是自杀的行为,它对社会有害,也对自己有害。"律师在具体的案子中可能是单兵作战,但律师职业是存在于社会市场的大环境下的,其赖以生存的条件是当事人以及社会对律师职业的信任和正面评价。一名律师的执业行为往往会影响当事人甚至整个社会对律师业的评价,"一颗老鼠屎毁了一锅粥"的比喻就会成为现实,而律师整体形象破坏的逻辑结果必然是"覆巢之下岂有完卵"。

二、管理好自己的每项服务

律师职业提供的是法律服务,当事人出钱向律师购买的也是你的法律服务,因此,律师自律的一个重要内容就是要管理好自己的每一项法律服务,不能顾此失彼,提供有瑕疵的法律服务。

而从管理学对管理对象的定义上讲,律师既是管理的客体,又是管理的主体。

(一) 律师要管理好自己的时间

律师管理好自己的时间既是一种智慧，又是一种好的习惯和品质。律师在接受委托以后，一定要管理好自己的时间，不仅要处理好工作时间和生活时间两者间的关系，更要调整和分配好各个业务之间的时间，要能够使得每项业务都受到足够的关注，得到适当的时间分配。

虽然表面上看上去律师的时间是自由支配的，其实，是被若干个业务、若干个当事人、法院承办人以及当事人随时的联系分割着的。如果没有一种调整和分配时间的能力，就有可能出现本节开头提到的案例中的顾此失彼的情况，不仅会给当事人造成损失，也会因此损害律师的职业形象。因此，建议律师充分利用各种工具进行时间分配或提示，如可以在电脑、手机、台历、工作手册上记载工作安排和设置提醒，尤其是开庭和一些有期限性、时效性规定的法律事务；也可以在给法院或仲裁委的公函中礼貌地告知其通知开庭前最好能电话沟通，避免"撞庭"；还可以在有外出尤其是较长时间的外出前，主动向法院、仲裁委、当事人、事务所相关人员进行通报，安排好相关工作，或准备必要的应急措施。律师要培养认真工作的素养，形成良好的执业习惯，不能因自己的过错给委托事务带来瑕疵。

(二) 律师要管理好自己的客户

管理好自己的客户是一种高超的职业素养。一个律师在同一时间内有多个客户是比较常见的现象，律师要善于为客户安排好服务和工作。律师管理好自己的客户，最基本的是与客户保持经常和必要的通讯联系。除按规定需要律师履行保密义务外，律师要将自己的工作情况及时与委托人沟通，让委托事项得到委托人的确认，并从委托人处了解案情发展变化的新动态，以便于及时考虑和调整下一步工作。同时，与客户保持经常性的通讯联系还能与客户保持情感联系，是取得客户信任的一个基本方法。律师除按规定为当事人建立业务档案外，最好还能为客户的服务制作工作日志，同时为多个客户，尤其是针对非诉讼的服务类型，建立工作日程安排。只有这样才能做到有条不紊、游刃有余。

(三) 律师要管理好自己的文件资料

管理好文件资料是律师的基本职业要求。律师经手的文件资料，不仅仅是律师办案的素材,往往还是律师的服务成果,有些还是重要的事实证据,甚至涉及当事人的权益和商业秘密。因此,必须妥善管理好这些文件资料,决不能遗失和随意放置。

律师应当养成良好的管理文件资料的习惯:文件资料应当一案一管理;证据应当制作目录清单;第一时间将文件资料分类保存并制作目录和标签,养成不拖拉的习惯;要注意保密,无论在社交场所还是在事务所、家庭都要防止案件事实的泄露和文件资料的遗失;案件办理完毕应该及时报结归档。日常工作,应尽可能使用文件资料的复印件,必须使用原件时要注意保管和及时归还;对于有时间性和程序性要求的文件资料,要按要求及时送达或提交相关当事人和有关部门,并取得相应的回执或收据。

(四) 律师要管理好自己的专业特长

律师管理好自己的专业是律师职业生存要求之一。由于法律服务的专业细分,律师作为专业人士必须要有自知之明,诚信对待自己的客户,不能只知挣钱,不管自己能否胜任委托的法律事务,以致使委托人的权益受到损害。律师对自己并不擅长的法律事务,一定要有"知之为知之,不知为不知"的态度,要有勇气明确告知委托人或准委托人自己并不擅长该领域,并婉转地拒绝接受委托,或者也可以向当事人推荐其他律师。

律师对于自己所从事的法律专业领域,也应不断学习、不断充电。"工欲善其事,必先利其器",律师要为自己的专业特长打下坚实的基础,做好充分的专业准备,成为名副其实的该法律领域专家,才能够在接受委托后向委托人提供优质的、专业的、诚信的法律服务。

三、把握住自己的情感

律师作为社会学意义上的人当然也有好恶悲喜,其情感往往会波及与当事人、法官、同行乃至其他与律师执业相关的社会关系。律师与当事人、法院、同行间的关系,在上述其他章节已有具体阐述,这里只从律师自律的角度谈谈律师在执业中如何把握自己的情感。

律师的自律,从某种意义上讲就是要把握住自己的情感。律师要学会换位思考,将心比心,严谨自律。下面三种情况是律师把握自己情感需要做到的。其一,工作投入的专注度、细致度、强度靠的是律师的良知。律师的工作特点之一就是很多工作是在当事人不在场甚至并不了解的状况下独立地进行的,然而自己心知肚明。认真、仔细、执著地工作可能为委托人赢得更多的权益,当然自己也会因此有所牺牲,比如属于个人的生活时间。其二,当委托人不分时间早晚、不管案件是否需要,一而再、再而三地与律师联系,向律师询问甚至要求律师做这做那时,律师还应尽可能耐心地满足委托人的要求。其三,当律师自己的好恶或者利益,与法律、规范对律师的职业要求或者他人的利益发生冲突时,律师能够克制自我情感,放弃自我利益,顺从律师职业操守要求,当事人对律师也会肃然起敬。当然,律师依法维护自己的合法权益另当别论。

某市 W 律师事务所 G 律师在高架公路驾车时,接到承办法官电话要其下午去法院拿裁定书,因信号不清法官连打几次电话才通知清楚。在接电话过程中 G 律师发生轻微的撞车事故。下午,G 律师到法院拿到了驳回起诉的裁定书,于是情绪激动失控,一面指责法官在其开车时频频打电话,一面称法官枉法裁案,要法官在国徽面前跪下。在法官离开法庭后,G 律师还拿凳子砸法庭的门,造成极恶劣的影响。

据调查统计证明,很多律师的违法违纪,尤其非执业状态下的违法乱纪,都是其没有把握好自己的情感而造成的。

四、保持自己的职业操守

有一则关于一名网球明星职业道德的宣传报道[①]:

[①] 〔美〕蒙罗·H.弗里德曼、阿贝·史密斯:《律师职业道德的底线》,王卫东译,北京大学出版社 2009 年版,第 50 页。Orantes 的观点不太寻常,但是却不是独一无二的。在 1982 年的法国公开赛的半决赛上 Mimes Wilander 拒绝了一个赛点,因为他认为裁判错误地判了 Luis Clerc 的球出界。Wilander 说:"我不能这么赢下比赛,那个球非常好。"

他为对手的好球而鼓掌,因为裁判对对手不公而故意放弃一个赛点。这些行为为他赢得了很多粉丝。"我渴望取胜,"他在一次采访中表示,"但在错误的裁判下我不认为我是胜方。我认为如果是参加戴维斯杯或者代表自己的国家,情况可能会不一样,但如果我是为自己参加比赛,我希望我是真正地战胜了对手"。

一名网球队员为了比赛的公平、公正,可以放弃自己的胜利,放弃名利。这是一种竞技体育精神,是一种职业运动员的职业操守。虽然,各个职业体均有自己不同的职业操守,律师是不允许拿委托人的利益去换什么道德荣誉的,但是上述案例提示的是律师在自己的职业活动中也必须严守和坚持律师行业的职业操守。

律师的操守就是律师的职业道德。律师是法律专业人士,身上又有国家赋予的一定的权力,因此应该具有比普通公民更高的道德标准。律师的职业操守不仅应该在执业活动中体现,还应该在非执业活动中即一般社会活动中保持。律师保持自己的职业操守,包括培养自己的人格魅力,注重自己的职业修养,遵循社会的公序良俗,承担律师的社会责任,弘扬律师的优秀文化,维护社会的公平正义。从小到大,从做人到执业,从个体到社会,律师应当自觉地保持自己的职业操守。

第二节　服从律师执业机构的管理

按照《律师法》的规定,律师事务所是律师的执业机构。《律师执业行为规范》(2009年修订版)第85条规定:"律师事务所是律师的执业机构。律师事务所对本所执业律师负有教育、管理和监督的职责。"因此,律师职业的自律管理理所应当地包括律师事务所对其执业律师教育、监督、管理,以及执业律师服从律师事务所的这些管理。

一、律师与律师事务所的关系

(一)律师行业的两个基本要素

毋庸讳言,律师业是典型的人力资本密集型服务业,或者称知识密集型服务业。而该行业中最突出的两个要素即是律师和律师事务所。当然,广义上律师业还应该包括律师行业协会和司法行政管理部门。因此,在谈到律师职业的自律管理时,自然离不开要谈律师和律师事务所。

(二)律师和律师事务所的含义

律师是依法取得律师执业证书,通过律师事务所接受委托或指定,为当事人提供法律服务的执业人员。这里的律师是指合伙人律师、提成律师、受薪律师和实习律师;广义上的律师还应该包括"两公律师"和在国内的外国所、境外所的律师。

律师事务所是律师的执业机构,从法律意义上讲,是律师对外承揽业务并承担法律责任的独立组织机构。现行《律师法》规定,我国的律师事务所主要有两种形式:合伙制律师事务所和个人律师事务所。边缘的不发达地区还部分保留着国家出资的国办律师事务所。

(三)律师与律师事务所的关系

律师与律师事务所彼此间的关系非常密切。一方面,律师是律师事务所的主要生产力,也是最基本的人力资本资源,律师事务所的生存、发展离不开律师,尤其是好律师、名律师、优秀律师、品牌律师;另一方面,律师也需要律师事务所为自己提供良好的管理服务、更好的执业环境和发展平台。两者可以说是相互依赖、相互生存、共赢共荣的关系。同时,律师与律师事务所在律师职业自律管理方面也有着非常密切的关系。一个规范化的律师事务所可以造就、培养出一个甚至一批好律师、名律师、优秀律师、品牌律师。一名优秀的律师同样能带动一个律师事务所朝着规范化、专业化、品牌化、规模化方向发展。律师事务所的主任、执行合伙人具有灵魂效应和领袖效应。实践证明:一个好的律师事务所主任、执行合伙人,往往能带出一批好律师,能带出一个好的律师事务所。相反,一个不讲规矩、没有管理的律师事务所很难产生一名优秀律师,甚至会慢慢腐蚀本来还勤勉清律的律师;而一名不讲职业操守、不诚信履职的律师,尤其是主任律师、执行合伙人,必然也会毁坏一个律师事务所的名声或者搞坏一个律师事务所的风气,把事务所弄得沉瀣一气、蝇营狗苟、唯利是图。这些都是有令人心痛的例子的。当然,规范化管理的律师事务所也往往能使个别违法违纪的律师无立锥之地。从这方面讲,律师与律师事务所在行业自律方面主要是相辅相成的关系。

律师要规范执业,律师事务所要规范管理,律师要服从律师事务所的规范管理。

二、律师事务所的管理职能

律师事务所的管理内容涉及的面相当广泛,它包括:律师事务所与客户的关系,律师事务所与律师、行政人员的关系,所内律师与所外律师的关系,律师事务所与其他律师事务所的关系,律师事务所与律师协会的关系,律师事务所与司法行政机关以及其他职能机关的关系,律师事务所与社会的关系,等等。有学者根据管理学管理领域的分类以及律师事务所的社会定位,把它的管理分为文化管理、公共关系管理、战略管理、营销管理、人力资源管理、财务和会计管理、研究与发展管理、运营管理、信息管理、行政管理等十种。① 而每一项管理职能里又可以细分为多重内容。其实,对于不同类型、不同规模、不同专业文化层次、适应不同社会诉求的律师事务所,其管理目标和要求是不完全相同的。但不论是哪一种类型的律师事务所,有一点却是共同的,那就是规范化是一个律师事务所做强做大的基本要求,是律师事务所的核心竞争力。需要规范化的就是律师事务所的管理,尤其是律师事务所的对内管理。

《律师法》第 23 条对律师事务所的对内管理职能概括为:"律师事务所应当建立健全执业管理、利益冲突审查、收费与财务管理、投诉查处、年度考核、档案管理等制度,对律师在执业活动中遵守职业道德、执业纪律的情况进行监督。"具体来说,律师事务所对内部事务的管理职能主要有以下几个方面。

---

① 史建三、朱国华:《上海律师事务所管理模式研究》,法律出版社 2005 年版,第 47—49 页。

（一）建立律师事务所的内部管理结构

律师事务所的管理模式或管理结构，有"个体家长式"的，有"公司化管理模式"的，有"合伙人管理模式"的，有"公司化兼合伙人模式"的，有些地方也有"国有制行政管理模式"的等。这些模式在理论上尚有争论，实践中各有优劣。有人认为，实行"个体家长式"的所，决策上通下达，没有内耗，小而精。实行"公司化管理模式"的所，科学管理，"议、决、行、监"职责分明，凝聚力大，专业程度高，竞争力强。实行"合伙人管理模式"的所，规范化程度高，自律意识强，管理漏洞少。

一般来说，每个律师事务所都有自身独特的规模、业务方向、市场定位、管理理念、责任承担、人员配置，因此可以根据自己的特点来决定事务所的管理模式和管理结构。管理的宗旨是要出效益，出品牌，出发展，出竞争力。我国恢复律师制度时日尚短，律师事务所的管理模式上还有很多问题尚待思考和解决，需要在实践中不断摸索和完善。

中华全国律师协会2004年3月20日通过并试行的《律师事务所内部管理规则（试行）》第5条规定："律师事务所应当依法合理划分管理职责，建立健全日常管理制度，完善决策、执行和监督机构，保障律师事务所合法、有序运行。"《律师执业行为规范》（2009年修订版）第86条亦规定："律师事务所应当建立健全执业管理、利益冲突审查、收费与财务管理、投诉查处、年度考核、档案管理、劳动合同管理等制度，对律师在执业活动中遵守职业道德、执业纪律的情况进行监督。"上述两条规定首先要求律师事务所建立一整套的"议、决、行、监"的管理结构模式。

"议"是指民主参与，凡重大的事项或者民生性事务，均应通过民主参与，反映民意。

"决"是决策，对事务所大政方针、各类规章制度、重大事项的制定、决定，应由有决策权的管理层按照规定程序作出。

"行"是执行和实施管理。事务所的各类事务在制度层面下，由各部门、各级人员包括律师依法有序实施和运行。

"监"是指有效的监督。对事务所各类制度的执行情况，以及各部门、各级人员包括律师的工作情况进行监督、进行奖罚。

律师事务所在形成"议、决、行、监"制度模式的同时，还需要建设相应的管理层级和组织结构进行配套，如全体律师会议、全体合伙人会议、高级合伙人会议、主任、管委会、行政会议、行政主管、办公室、工会、财务等。只有建立起律师事务所内部的管理制度和管理结构，律师事务所的日常运营才能够真正做到权限清晰、职责分明、设置合理、运行规范。

（二）建立律师事务所的管理制度

规范化管理的前提是需要有制度，所谓"没有规矩，不成方圆"，因此，律师事务所的规范化管理首先要有一整套的管理制度设计。近年来律师事务所的管理经验告诉我们，只有规章制度科学全面，才可能遵章守规、依章行事，律师事务所才能规范运作、规范执业、规范管理，避免不必要的执业风险和内部管理矛盾，才有可能有效地凝聚事务所全体人员智慧和力量，朝着规范化、团队化、品牌化的方向发展。律师事务所的管理制度框架设计一般包含如下内容。

1. 章程是律师事务所的最高"法律"。律师事务所的章程应当包括以下内容：

（1）律师事务所的名称和住所；

（2）律师事务所的宗旨；

（3）律师事务所的组织形式，如个人、普通合伙或特殊的普通合伙；

（4）设立资产的数额和来源；

（5）律师事务所负责人的职责以及产生、变更程序；

（6）律师事务所决策、管理机构的设置、职责；

（7）本所律师的权利与义务；

（8）律师事务所有关执业、收费、财务、分配等主要管理制度；

（9）律师事务所解散的事由、程序以及清算办法；

（10）律师事务所章程的解释、修改程序；

（11）其他需要载明的事项。

设立合伙律师事务所的，其章程还应当载明合伙人的姓名、出资额及出资方式。律师事务所章程的内容不得与有关法律、法规、规章相抵触。

2. 律师业务性规章制度是优化法律服务、避免执业风险的有力保障。必要性的业务规章制度包括[①]：

（1）利益冲突查询、审查、处理制度（建立利益冲突客户档案和配备电脑查询系统）；

（2）疑难、复杂案件讨论制度；

（3）律师见证及出具律师见证书、律师法律意见书、尽职调查报告等律师文书的审查制度；

（4）重大涉外案件、群体性案件、无罪辩护案件讨论、上报备案、审核制度；

（5）赴外省市、境外办理法律事务的报告、审核制度；

（6）统一收结案审查制度，包括风险告知制度、案件质量控制制度、法律服务质量反馈制度等；

（7）合伙人例会和业务学习考核管理制度；

（8）法律顾问单位工作和联系管理制度；

（9）接受法律援助案件和律师事务所指派案件的分配、管理制度；

（10）事务所业务资料和信息管理制度；

（11）实习律师、律师助理培训、考核管理制度；

（12）计时收费规范服务管理制度；

（13）执业纪律、职业操守教育管理制度等。

另外，律师事务所可以根据本所业务特点，制定适合本所律师办案的各类法律业务操作指引，诸如行政诉讼案件、医疗纠纷案件、公司并购案件、劳动争议案件、常见的网络犯罪案件操作指引等，这些可以称之为指导性的业务规范制度。

---

① 可参考：http://www.lawyers.org.cn/东方律师网《上海市律师协会疑难案件讨论办法（试行）》及2012年上海市律师协会编制的《律师事务所管理手册》，1991年9月11日司法部颁布的《律师业务档案立卷归档办法》。

3. 事务所行政性规章制度是规范内部管理、促进正常运行的必要工具。必要性行政规章制度包括：

（1）律师和行政人员出勤考核制度；

（2）事务所印章、介绍信使用管理制度；

（3）统一收费制度；

（4）财务与资产管理制度；

（5）事务所文件、信息和信件收发等管理制度；

（6）办公室工作职责和管理制度；

（7）事务所律师和行政人员聘用、考核管理制度；

（8）归档审核和档案管理制度；

（9）事务所网站、电信通讯管理制度；

（10）投诉接待和处理制度；

（11）利润分配和奖惩制度；

（12）聘用合同、劳动合同管理制度等。

另外，律师事务所还可以根据情况制定一些选择性行政规章制度，包括：

（1）前台接待礼仪和接听电话礼仪制度；

（2）接待室、会议室使用管理制度；

（3）律师和行政人员工作时间着装规范制度；

（4）事务所和律师对外宣传、广告管理制度；

（5）律师和律师事务所其他人员参加学历资质教育、进修、培训管理制度；

（6）节假日值班和事务所安全管理制度等。

这里特别应当指出的是，律师事务所的规章制度的生命力在于实施。人人都必须遵循一定的规则（法律），违反这种规则必然会受到规则的惩罚。律师事务所的规章制度正是为了使事务所的律师和行政辅助人员避免冲撞规则，受到规则的惩罚，乃至为了律师事务所的良性运转而设置的。因此，设立了规章制度而不去遵行它，本质上是一种非常愚蠢的行为。有些事务所制定了规章制度，仅仅是摆设或者是为了应付司法行政部门、行业协会的检查、考核，平时并不按照规章制度执行,这就有点自欺欺人了。规章制度作为管理性的行为规范,首先是服务于管理,既有利于管理者,也有利于被管理者,归根结蒂是有利于事务所的每一个律师或员工的。

(三) 律师事务所的人员管理

从社会学意义上说,社会秩序就是人与人的秩序,律师事务所的管理归根结蒂也是对人的管理。律师业是典型的人力资本密集型服务业,因此律师业或者律师事务所是什么样的一些人构成以及对人怎样的管理,将成为决定律师业或者律师事务所兴衰成败的关键。律师事务所的人员管理分以下方面。

1. 要把好进人关

根据全国律协《律师事务所内部管理规则(试行)》第14条规定,律师事务所不得聘用下列人员从事律师业务:

(1) 反对《中华人民共和国宪法》的;

(2) 被开除公职或者被吊销律师执业证书的;

(3) 受过刑事处罚的,但过失犯罪的除外;

(4) 品德不良的;

(5) 其他因生理、精神等方面的原因不适合从事律师职业的。

这是律师事务所用人的禁止性规范。在具体的招聘中,各个律师事务所可以根据本所的情况,在不违反法律、法规、规范的情况下设定自己的准入条件。

2. 要做好入门后的管理

律师事务所有权聘用本所人员,也有权对聘用人员依据有关法律、法规、规范、事务所章程、聘用合同进行管理。律师事务所对聘用人员的管理,根据聘用人员的职责不同,分为对律师的管理和对行政辅助人员的管理。其中,律师可分为设立人、合伙人、受薪律师、提成律师、兼职律师、实习律师以及律师助理。由于实习律师和律师助理的工作性质是辅助律师工作,并不能以律师名义独立承担工作,其工作风险由带教律师和律师事务所来承担。所以,除了实习律师本身必须完成集中培训、实务训练外,一般将实习律师和律师助理纳入律师管理的渠道。行政辅助人员可分为行政主管、财务、办公室、档案保管、前台接待、司机等。

律师事务所聘用律师和其他工作人员,应当与其签订聘用合同;合伙人要签订合伙协议。聘用合同和合伙协议应当合法、公平,约定的权利与义务应当明确、完整。近年来,律师事务所与聘用律师的纠纷时有发生,且数量亦呈上升趋势。其中有很大一部分原因是签订的聘用合同约定不明确或者干脆没有约定,或者合同内容把原先考虑的情况简单化了,以至于发生事情寻找不到合同依据。有些律师事务所搞假合伙或者搞有条件的合伙人,这些做法埋下了纠纷的隐患。

律师事务所负有对本所律师和行政辅助人员教育、管理、监督的职责。对新聘律师及行政人员应当发给员工手册和相应的规章制度,需要有专门的教育、培训,经过考核合格后方可工作和上岗。第一年的工作应该实行带教形式,根据律师事务所的规章制度重点带教实务操作和规范程序。每年还应该有年中检查和年终考核,结合奖惩并记录在人事管理档案。

主任律师、执行合伙人、合伙人律师应当以身作则,带头遵章守规。有条件的律师事务所可以通过"党建",党员带头遵纪守规,开展自查自律活动和表彰先进等活动,以此带动律师事务所的规范化管理和规范化运作。

3. 要做好离所前的管理

(1) 行政辅助人员的离所管理

律师事务所行政辅助人员合同期满或者离职、被辞退的,应当向事务所移交相关资料、电子信息、财物,并与接替人员办理好移交手续,对连续性工作的移交必须前后交代清楚,对有时间性、效力性要求的工作必须先完成后再办理移交手续。律师事务所对离所的行政人员应当进行离所后不得泄露律师事务所商业秘密和做有损律师事务所利益、形象之事的教育,亦可以在之前的聘用合同中约定此类义务。

(2) 律师的离所管理

聘用合同期满,律师申请转所执业的,应当向律师事务所办理移交工作,要做到"三清",即清财产财物、清未结案件(当事人不同意移交的案件材料、证据除外)、清案件材料和档案(已结案件的归档)。

"三清"后,律师事务所应当及时出具转所执业所需的各种材料。律师因聘用合同解除或者被律师事务所辞退的,亦照此办理。

(四)律师事务所的业务管理

律师事务所应当依法建立健全业务管理制度,保证正常开展业务活动,律师事务所不得从事法律服务以外的经营活动。律师事务所的业务管理主要是对律师承办法律事务,即从接受委托到法律事务办理完成后的案卷归档全过程的管理。其中核心内容有两个方面:一是统一接受法律服务的委托;二是对接受委托的法律服务事项进行服务质量的指导和监督。

1. 律师事务所必须统一接受委托,统一与委托人签订书面委托合同

律师承办法律事务,对外均是代表其所在的律师事务所。律师承办法律服务的瑕疵、风险等法律责任亦是由律师事务所为该律师首先来承担。

(1)律师事务所应该对律师承接法律事务从一开始即进行管理。律师对外的法律服务事项,除法律咨询应当填写法律咨询登记表外,其他事项都应当统一由律师事务所接受委托,并与委托人签订书面委托合同。

(2)律师事务所在接受当事人委托之前,先要对所委托的法律事务是否构成利益冲突进行检索,在确定不构成利益冲突的情况下才能接受委托,并起草聘请律师委托合同。委托合同内容宜详细、具体,对双方权利与义务的约定应当明确,尤其是律师提供服务的内容、范围,是否允许转委托,法律文书送达、签收,意外情况的特别约定,计时收费的标准、支付方式,风险代理收费和收费成就条件等更应明确。

(3)对应急、突发的当事人委托,律师取得临时性委托授权(如传真、电子信息授权),可以先行进行法律服务,但必须事后立即补办书面委托合同。在涉外或外地当事人的法律服务中,亦可以通过电子合同进行签约。

(4)律师事务所还应严格把关,从源头抓起,不得从事法律服务以外的经营活动。

对近几年发生的投诉情况和律师事务所、律师涉讼纠纷的统计表明,由于未签订委托合同,或者签订的委托合同约定不明确而发生的纠纷所占的比例很高,且有上升趋势。因此,我们一定要强调统一签订委托合同,规范签订委托合同。

2. 律师事务所接受委托后,要指导、监督指派律师进行优质、规范的法律服务

律师事务所在接受委托后,不能将所接受的法律事务向承办律师身上一推而不管不问。除非当事人有特别要求和法律有特别规定,律师事务所应当根据所接受案件的性质和委托合同的约定,对自己所接受的法律事务进行全面的服务质量指导和监督,对新律师承办的法律事务更应予以特别关注。律师事务所的服务质量指导、监督可以从以下几个主要方面进行:

(1) 利益冲突的进一步审查、监督。律师在接受委托后发现存在利益冲突情况,要及时予以补救或退出代理,决不允许见异思迁、朝秦暮楚,今天为某甲提供法律服务,明天又接受他人的委托与某甲对簿公堂,或者不管三七二十一,"谁出的钱多就做谁的律师",甚至把为某当事人提供法律服务时获得的信息和材料反过来用于指控该当事人,这就根本违背了律师的职业属性和职业操守。具体可参考第六章第二节关于利益冲突的预防与处理的论述。

(2) 案件业务操作规程和必要性办案要点指导、监督。比如,根据请求事项或抗辩请求而产生的举证责任、收集证据、提供证据、举证说明的审查,提交法律文件、法律观点的审查,提交证据时间和出庭安排监督,法律文书送达、案件材料保管的指导、监督等。如上海市联合律师事务所订立的《案件管理制度》第11条规定,"律师应当充分运用自己的专业知识和技能,尽心尽责地根据案件事实和法律的规定完成委托事项,最大限度地维护委托人的合法权益"。第12条规定,"本所律师在承办诉讼或仲裁业务时,应当结合案件的实际情况做出必要的调查取证,准时参加庭审,做好庭审记录,制作代理提纲或者书面代理词、辩护词"。第13条规定,"本所律师承办非诉讼法律事务的,应当做好洽谈记录,保存律师函件以及与该法律事务相关的法律文书和资

料,确保案件材料的完整性和系统性"。这些规定可以成为律师事务所制定本所案件业务操作规程和必要性办案要点监督的参考。

（3）实施对重大、疑难、群体性、无罪辩护、新型的、涉外的或有重大经济利益、存在重大风险的案件的专门通报、审查、讨论制度。

（4）对当事人坚持自己观点而可能产生对其不利后果的法律事务,必须进行告知风险程序并记录在案。

（5）对律师赴境外和外地办理法律事务,进行备案和应急求助的指导。

（6）指导、监督律师对承办的法律事务与委托人进行经常联系、沟通,相互确认履行合同的情况等工作。

（7）律师事务所统一采集信息、管理信息、传递信息、共享信息,使信息既成为事务所的财富,也成为每个律师的财富,为律师事务所提升整体法律服务质量创造条件。

（8）对律师、实习律师和律师助理进行业务学习的指导、监督,以及不允许指派没有律师资格或者被停止执业的律师以律师的名义从事法律服务。

（9）开展执业纪律、职业操守自我检查和教育的争先创优活动等。这项管理活动看似并不直接与律师业务有关,其实却直接影响着律师的正常执业活动和律师事务所的正常运行,因此应当作为律师事务所的一项常抓不懈的业务管理事项。

3. 律师事务所对结案后案件的及时归档管理

律师事务所对结案后的诉讼、非诉讼和法律顾问案件应当指导、监督承办律师及时归档。卷宗归档要编号分类,卷宗材料要符合目录要求,完整、齐全、规范。卷宗要分永久性、长期性、短期性,分别注明存档。律师事务所要建立专门的档案管理制度,专人管理。档案亦可以委托专门机构保管,对过期档案要报请司法行政部门审核批准并按规定程序处理。案件归档前应该有律师事务所专人审查、考评并记录于律师个人业务考核档案,发现问题要及时通知承办律师说明理由并予以纠正。归档中存在的问题要归入事务所下一步的整改管理目标。如上海市联合律师事务所《案件管理制度》第14、15条规定了"本所律师在承办的法律事务后期或结束时,应向委托人送达《律师事务所律师服务情况反馈表》,征求委托人的意见和建议,以利于总结律师执业的服务质量","本所律师在办结法律事务后,应当认真、及时地整理该案件或法律事务的相关材料,制作《办案小结》并按本所《律师业务档案归档管理办法》之规定在结案后30天内装订成册送交本所律师业务档案管理人员归档保存","对征求意见表指出的服务质量问题或不满,本所指派专人进行处理,内部则举一反三,加强教育,以进一步提高服务质量"。

(五) 律师事务所的财务管理

律师事务所应当依法建立健全的财务管理制度,加强财务管理。律师事务所的财务管理从某种程度上讲,决定着一个事务所的经营理念、经营现状和发展方向。因为财务管理往往牵涉到人才的去留,事务所律师的凝聚力和事务所的发展远景。律师事务所的财务管理大致上有三个方面:一是实行统一的收费制度,二是律师事务所的成本核算,三是分配制度。

1. 规范的统一的收费制度

所谓统一收费,是指所有的律师费,包括律师办案的报酬和费用,都必须由律师事务所统一收取,并由律师事务所向委托人开具律师服务业正式发票,律师个人不得私自收取当事人任何费用。律师在法律服务中发生的费用或由律师自己支付,或支付后由律师事务所凭证予以报销,或根据委托合同约定由当事人直接支付以及律师先行支付之后由委托人确认后再凭证与委托人结算。律师提供法律服务通常是有偿的,律师的收费是对律师付出智力劳动的补偿,但律师收费必须依法、规范,所有律师收费不仅要符合双方合同约定,同时要符合规范规定。

美国全美律师协会在1908年制定的《律师职业道德准则》第12条规定说得非常好:"在确定收费上,不应该忘记法律职业是司法的一部分,而不只是一个挣钱的交易。"因此,规范收费是律师事务所财务管理的首要任务。

2. 规范的财务制度

律师事务所应当依法设置会计科目和会计账簿,按照会计制度规定的记账规则进行记账。会计凭证、会计账簿、会计报表和其他会计资料必须真实、准确、完整,并符合会计制度的规定。律师事务所应当聘用符合国家规定的会计人员,出纳和会计不得由一人兼任。不具备上述条件的律师事务所,可以委托记账公司负责账务的处理。律师事务所应当由专人保管财务印章,使用财务印章必须经律师事务所主管负责人或者其授权的人员批准,并在用印登记表上注明,保存备案。律师事务所应当使用国家税务机关核准使用的发票,发票应当设置专门机构或者专人负责管理,禁止律师个人持有或者管理发票。

律师事务所应当依法开设银行账户。律师事务所不得将本所收入以个人名义存入账户,不得向外单位或者个人出借本所账户,不得为外单位或者个人以代收、代转转账支票等方式套现。律师事务所应当依法纳税,依规定为律师个人足额代扣代缴个人所得税。律师事务所应当按规定为本所的律师和员工缴纳医疗、失业、养老社会保险金以及住房公积金。律师事务所应设立培训、发展、福利、职业责任保险等基金,应当参加当地司法行政部门或者律师协会组织的职业责任保险。合伙制律师事务所的财务应当向全体合伙人公开。

3. 规范的分配制度

律师事务所应当依照国家有关规定,按照按劳分配,兼顾效率与公平的原则,根据律师事务所本身的特点和有利于律师事务所发展的方针,合理确定分配制度。律师事务所的分配制度是财务管理中较为高级的一种管理。分配制度是构成律师事务所的团队凝聚力和发展规划的重要因素。在分配制度上,应当尽量避免功利主义倾向和"私人作坊"性质,把律师事务所当做"取款机",只顾自己而不顾他人,或过了今天不管明朝。要把分配制度作为事务所凝聚力的促进器,要从财务管理层面上多考虑律师事务所的发展规划,增加公共积累。这样才可能多留住人才,加强事务所的团结,改善事务所的办公条件,把律师事务所做大做强。

(六) 律师事务所的学习管理

虽然《律师法》关于律师事务所的职责当中没有组织律师学习的规定,但笔者认为,作为专业性的律师执业机构,组织律师进行政治和业务学习,开展经验交流和业务研讨是其业务管理的必然途径,也是律师事务所的职责之一。对此,《律师执业行为规范》(2009年修订版)第90条规定,"律师事务所应当定期组织律师开展时事政治、业务学习,总结交流执业经验,提高律师执业水平"。《律师事务所从事商标代理业务管理办法》第19条第2款中也规定"律师事务所应当组织律师参加商标业务培训,开展经验交流和业务研讨,提高律师商标代理业务水平"。由此可见,律师参与律师事务所的学习,也是遵从律师事务所管理的体现。

三、律师要服从律师事务所的管理

众所周知,管理活动首先是一种管理方和被管理方互动的过程,管理目的的实现究其主流是靠被管理方自觉接受管理来完成的,其次才是管理模式和管理手段的问题。所以,律师事务所建立起管理制度或者管理模式以后,我们强调的是律师作为被管理方要自觉服从律师事务所的管理。

(一) 服从管理是律师的一种义务

《律师事务所内部管理规则(试行)》第4条第2款规定:"律师应当接受律师事务所的管理。"因此,作为律师事务所的一员,律师有义务服从和遵守律师事务所制定的各项管理规定、制度。律师有权在制定律师事务所规章制度时提出自己的意见或者建议,一旦规章制度通过程序确立后,律师就应当绝对服从、遵守。规章制度面前人人平等,没有人可以凌驾于制度之上,哪怕是管理人、事务所主任也如是,不允许任何个人挑战已经订立的规章制度,这是作为法律人应该遵守的起码规则。

(二) 服从管理有利于律师自身的健康发展

律师事务所管理制度是事务所集广大律师智慧制定的,往往凝结着律师事务所运作中的宝贵经验和教训,也是律师在接受法律事务委托后进行规范化法律服务的指导性坐标。它能有效地帮助律师避免执业风险,促进律师提供优质、专业的法律服务。律师自觉服从律师事务所的管理,久而久之,习惯成自然,养成一种良好的执业习惯,对提升本身专业素养和职业形象是大有裨益的。反之,律师不服从管理、自由放任,不仅危害自己,亦会给所在律师事务所带来危害。本章第一节开头所引案例中,由于律师本身的疏于管理,违反了在接受委托后要合理安排好自己的办案时间保证准时出席开庭的管理规定,最后不仅律师受到投诉,该律师所在的律师事务所亦被委托人一纸诉状告上了法庭。"皮之不存,毛将焉附",律师事务所的兴衰将直接关系到每个律师的成败,相信每一位律师都会明白这个道理。

(三)服从管理体现了律师良好的团队精神和品牌意识

现代法律服务业,由于涉及的专业领域越来越广,专业程度也越来越高,原先单兵作战或小作坊式的法律服务已经越来越不能适应市场的需求。律师事务所需要团队化合作、品牌化运作,才能达到新型法律服务市场的要求,而律师事务所的先进管理模式正是符合这种专业化、流程化、标准化、制度化、团队化的大品牌律师事务所运作要求的。在这种情况下,律师更应将个人融入到律师事务所这个团队中去,服从律师事务所的管理,有效地运用律师事务所的团队和品牌来为自己的当事人提供法律服务。

总之,管理促进效率,管理使律师事务所在法律服务市场中赢得竞争力。服从律师事务所的管理,是律师应当遵守的起码义务。

第三节 服从司法行政机关的管理和律师行业组织的管理

任何一个行业如果缺乏应有的管理,必然最终走向毁灭,律师业也不例外。我国现行的律师管理体制是"两结合"管理制度,即政府集中监管体制和律师协会行业自律管理体制的结合。十余年的实践证明,"两结合"的律师管理体制基本适合中国国情,有力地推进了律师行业的发展。

律师业恢复重建的很长一段时期内是司法行政机关对律师业进行全面、直接的管理。随着社会主义市场经济改革的深入,律师业作为向社会提供法律服务的中介机构,其行业自主性和自律性的特点越来越明显。这一特点决定了采用司法行政机关全面管理律师工作的行政管理方式既不符合律师自身的特点、性质,也影响律师业的未来发展,同时也使得司法行政机关不能更充分、有效地履行监督指导律师工作的职能。律师业需要自己的行业组织来自律管理,需要确立一种能自我有效监督、管理、规范、约束并得以自我发展、完善,从而取得社会公众广泛信任的管理体制。然而,目前律师业完全由律师协会来自律管理条件还不成熟,种种因素使得律师职业的存在和发展还离不开政府部门的指导和帮助。"两结合"的管理模式,使司法行政机关和律师协会既各负其责、各司其职,又相互沟通、相互依存、相互配合,共同推动律师业朝前发展。

一、律师的司法行政管理

司法行政机关代表国家依法对律师业和律师行使管理职能,但司法行政机关这一职能也发生过较大的变化。我国律师业恢复重建的很长一段时期内,都由司法行政机关对律师业进行直接、全面、严格的行政管理。当时的律师属于国家干部,占有国家编制和国家经费。律师事务所的设立和运行乃至律师的工资统统由国家包办,由于统得过死,管得过严,使律师及律师事务所丧失了活力,严重影响了律师业的发展。随后,司法行政机关进行了一系列的改革。

1984年司法部《关于加强和改革律师工作的意见》明确规定,司法行政机关对律师事务所(原文为法律顾问处,下同)的具体管理事项为:及时向律师事务所的人员传达党和国家的有关方针、政策、指示,加强律师人员的政治思想工作和业务培训,督促、检查律师事务所执行政策、法律;审查律师事务所的长远规划、年度计划和财务预决算;审查律师事务所的重要业务活动方案特别是重大刑事案件,与检察院、法院有严重分歧的刑事案件的辩护意见;帮助律师事务所与有关部门疏通渠道,解决工作中遇到的困难和问题;考核、管理律师事务所的干部。

1993年《司法部关于深化律师工作改革的方案》指出,要努力建设有中国特色的律师管理体制,建立司法行政机关的行政管理和律师协会行业管理相结合的管理体制,经过一段时期的实践后,逐步向司法行政机关宏观管理下的律师协会行业管理体制过渡。司法行政机关对律师工作主要实行宏观管理,其职责是:制定律师行业发展规划,起草和制定有关律师工作的法律草案、法规草案和规章制度;批准律师事务所及其分支机构的设立;负责律师资格的授予和撤销;负责执业律师的年检注册登记;加强律师机构的组织建设和思想政治工作。

《律师法》颁布后,通过法律的形式明确了司法行政部门依法对律师、律师事务所和律师协会进行监督、指导,律师协会是律师、律师事务所的行业自律组织,就此形成了对律师业的"两结合"管理模式。2002年司法部在《中国律师事业五年(2002—2006)发展纲要》中提出,司法行政机关律师管理的重点是负责"准入、导向、协调、监督"四个方面的工作,要保证律师协会不断强化行业自律管理的作用。此时司法行政机关对律师管理的职能定位已经非常清晰。

总之,在"两结合"管理体制下,司法行政机关对律师管理的主要职责包括以下五个大的方面:

(一)综合管理方面

1. 拟定律师工作发展规划。
2. 起草律师管理制度和规范性文件。
3. 监督、指导下属司法局律师管理工作。
4. 监督、指导律师协会工作。
5. 组织指导公职律师、公司律师试点工作。

(二)执业许可方面

1. 负责考核取得律师资格初审。
2. 律师执业证核准,办理颁发、换发、补发、注销律师执业证事项。
3. 律师事务所设立核准和律师事务所分所设立核准,以及律师事务所名称、负责人、章程、合伙协议、组织形式变更核准;负责律师事务所变更住所、合伙人的备案;办理颁发、补发、换发、注销律师事务所执业许可证事项。

4. 外国律师事务所驻华代表机构代表执业核准和外国律师事务所驻华代表机构设立核准。

5. 港澳律师事务所驻内地代表机构设立审批,港澳律师事务所驻内地代表机构代表执业核准,港澳律师事务所与内地律师事务所联营核准,港澳律师担任内地律师事务所法律顾问核准,港澳永久性居民在内地从事律师执业核准。

6. 管理和指导法律援助工作。

(三) 执业监管方面

1. 指导律师、律师事务所执业监管工作。

2. 组织、指导对律师执业的专项检查或者专项考核工作;指导对律师事务所的专项监督检查和年度检查考核工作;办理律师事务所年度检查考核结果备案、公告事项。

3. 负责外国律师事务所驻华代表机构及其代表和香港、澳门、台湾律师事务所驻内地代表机构及其代表的监督管理。

4. 指导、协调律师和律师事务所投诉案件查处工作,监督下属司法局行政处罚工作;依法对律师和律师事务所的严重违法行为实施吊销律师执业证书和律师事务所执业许可证的处罚。

5. 办理律师工作有关行政复议和申诉案件。

6. 建立律师业诚信档案,公开行政处罚信息。

(四) 业务指导方面

1. 掌握律师业务开展情况,办理辖区内律师工作的数量、类别统计,以及律师服务领域和业务收入等方面的信息调研工作。

2. 指导、协调、监督律师事务所和律师办理具有重大影响的法律事务。

3. 了解掌握律师办理重大敏感案件和群体性事件的情况,对律师事务所和律师办理重大敏感案件和群体性事件进行监督、指导。

4. 协调有关部门搭建律师业务平台、改善律师执业环境。

5. 指导律师参与涉法信访工作。

6. 组织开展与境外政府间及跨地域的律师工作交流与协作。

（五）律师建设方面

1. 掌握律师队伍建设情况和总体执业水平，指导律师人才培养工作。

2. 组织、指导律师开展教育、实践、评查等主题活动。

3. 组织律师和律师事务所的争先创优表彰活动。

4. 指导开展律师行业党的建设工作。

5. 指导律师开展公益活动，推进律师参政议政工作等。

《律师法》第4条规定："司法行政部门依照本法对律师、律师事务所和律师协会进行监督、指导。"《中华全国律师协会章程》第4条亦规定："本会接受同级司法行政部门的监督和指导。"需要强调的是，律师协会、律师事务所、律师都应当尊重和接受司法行政机关的指导和监督。

值得注意的是，从恢复律师制度以来，尤其是自1996年颁布《律师法》至今，司法行政部门对律师工作已从全面的指导、管理、监督转变为现在的监督和指导工作，司法行政部门对律师管理的重点是负责"准入、导向、协调、监督"四个方面的工作，其他更多的管理职能已经由律师行业协会来承继了。但司法行政部门的监督和指导工作仍包含有特殊管理职能，如执业准入和执业导向等。应该说，在目前的社会状况下司法行政部门对律师的监督、指导工作还是必须的和非常重要的。司法行政部门毕竟是一级政府部门，由国家政府部门为律师业的建设、发展、引导、协调、监督方方面面工作，更有宏观把握的正确性、工作开展的权威性、措施保障的有力性和依法行政的程序性等优势，而律师协会目前在很多工作上尚不能取得这种效果。因此，司法行政部门的监督、指导工作是有利于律师业建设和发展的。

另外，司法行政部门的核准、吊销、注销行为属于一种行政行为。其中核准是一种行政许可行为，它是根据申请由司法行政部门赋予律师或律师事务所执业、从业的资格和权利。行政许可是一种要式行政行为，即应当有明示的书面许可证明。吊销是一种行政处罚行为，它是因律师或律师事务所有严重违法行为或不履行法定义务，由司法行政部门依法依职权强制终止律师或律师事务所执业、从业资格和权利。注销这种行政行为在律师管理中通常不作为行政处罚,而是针对律师申请不做律师、死亡、丧失行为能力或律师事务所关闭,以及吊销律师执业证书和律师事务所执业许可证后的延伸措施。

二、律师的行业协会管理

"两结合"管理模式的另一方面是律师协会对律师和律师事务所的职业活动实行行业自律管理。律师协会的行业自律管理取决于律师的职业属性。由于律师职业的专业性和执业活动的个体分散性特点,要形成一股职业整体力量在社会立足,不仅需要律师事务所团队和品牌方面的管理支持,需要国家司法行政机关指导、监督、协调方面的管理支持,更需要律师协会这样既熟谙律师专业又能代表行业整体利益的行业组织的全方位管理支持。律师协会的工作和行使的管理职能本质上是为了广大律师、律师事务所更好地执业,一方面指导、教育和规范律师的执业行为,维护律师的执业权利,完善律师的执业环境;另一方面惩戒害群之马,表彰先进楷模,提升律师的整体形象,使得律师业健康发展。因此,律师协会的行业管理是有利的、有效的,也是必须的。

(一)律师与律师协会

根据全国律协章程规定,律师协会是由律师和律师事务所组成的团体法人,律师事务所是律师协会的团体会员,律师是律师协会的个人会员,且是当然的会员。因此,律师协会与律师是团体组织和成员之间的关系,还有人把律师行业协会形象地比喻为"律师之家"。律师事务所是律师的"小家",律师协会是律师的"大家",律师和律师事务所是"家庭成员"。律师协会作为"家",一定有"家"的呵护、关心,"家"的教育、宣传,"家"的发展、规范,"家"的协调、交流,"家"的种种活动等。当然,"家"也有"家法"和"家规",一旦家庭成员违反了"家法""家规",损害了"家庭"利益,就要受到惩戒处罚。

(二)律师协会的性质、职责及设置

1. 律师协会的性质

《律师法》第43条规定:"律师协会是社会团体法人,是律师的自律性组织。"《中华全国律师协会章程》第 2 条规定:"中华全国律师协会是由律师、律师事务所组成的社会团体法人,是全国性的律师自律性组织,依法对律师实施行业管理。"据此,律师协会的性质就是律师的自律性组织,凡依法取得律师执业证书的律师和依法批准设立的律师事务所必须加入所在地的地方律师协会,同时是中华全国律师协会的个人会员和团体会员。各省、自治区、直辖市的律师协会均为中华全国律师协会的团体会员。

2. 律师协会的职责

各国法律关于律师协会的职责与权限的规定不尽相同,但大体包含以下内容:制定章程和各项行业规则,对律师的资格、会员的登记等事务进行管理,对律师和律师事务所违纪违规行为进行惩戒,调停会员之间或会员与当事人之间的纠纷,维护律师职业利益和执业权利,负责律师的培训与继续教育,进行律师行业交流和与国外律师界的联系与交流,促进法律的正当实施和立法的完善。美国的律师协会或许是世界上最有影响力的律师协会,因为美国律师协会的调整对象还包括法官。这或许与美国人对法院、法官代表着美国社会的公正和法治的理念有关。

我国的律师协会职责通过新修订的《律师法》第 46 条第 1 款予以了明确:

(1) 保障律师依法执业,维护律师的合法权益;

(2) 总结、交流律师工作经验;

(3) 制定行业规范和惩戒规则;

(4) 组织律师业务培训和职业道德、执业纪律教育,对律师的执业活动进行考核;

(5) 组织管理申请律师执业人员的实习活动,对实习人员进行考核;

(6) 对律师、律师事务所实施奖励和惩戒;

(7) 受理对律师的投诉或者举报,调解律师执业活动中发生的纠纷,受理律师的申诉;

(8) 法律、行政法规、规章以及律师协会章程规定的其他职责。

《中华全国律师协会章程》第二章亦根据《律师法》作出了相应的律师协会职责的规定。

3. 律师协会的设置

我国的律师协会层级划分不尽相同,有的地区分为两级,有些地区分为三级,像北京有些区还独立设立区律师协会等。全国设立中华全国律师协会,省、自治区、直辖市设立地方律师协会,设区的省辖市根据需要可以单独设立地方律师协会。

(1) 中华全国律师协会

中华全国律师协会是由中华人民共和国律师和律师事务所组成的全国性的群众性社会团体,受中华人民共和国司法部指导、监督。凡中国律师和中国律师事务所均为中华全国律师协会的会员,地方律师协会是中华全国律师协会的团体会员。

① 中华全国律师协会的宗旨

根据《中华全国律师协会章程》第3条规定,中华全国律师协会的宗旨是,团结带领会员维护当事人的合法权益、维护法律的正确实施,维护社会公平和正义,为建设社会主义法治国家,促进社会和谐发展和文明进步而奋斗。

② 中华全国律师协会的组织机构

中华全国律师协会的组织机构分为:全国律师代表大会,中华全国律师协会理事会,中华全国律师协会常务理事会,会长、秘书长、顾问,秘书处和专门委员会。中华全国律师协会各组织机构按照中华全国律师协会章程履行职责。

③ 中华全国律师协会的职责

参见本节之前的论述。

④ 中华全国律师协会会员的权利与义务

个人会员的权利包括:在本会内部享有表决权、选举权和被选举权;享有合法执业保障权;参加本会组织的学习和培训;参加本会组织的专业研究和经验交流活动;享受本会举办的福利;使用本会的信息资源;提出立法、司法和行政执法的意见和建议;对本会的工作进行监督,提出批评和建议;通过本会向有关部门反映意见。

团体会员的权利包括：参加本会举办的会议和其他活动；使用本会的信息资源；对本会工作进行监督，提出意见和建议。

个人会员的义务包括：遵守本会章程，执行本会决议；遵守律师职业道德和执业纪律，遵守律师行业规范和准则；接受本会的指导、监督和管理；承担本会委托的工作；履行律师协会规定的法律援助义务；自觉维护律师职业声誉，维护会员间的团结；按规定交纳会费。

团体会员的义务包括：遵守本会章程；遵守本会的行业规则，执行本会决议；教育律师遵守律师执业规范；组织律师参加本会的各项活动；制定、完善内部规章制度；为律师行使权利、履行义务提供必要条件；组织和参加律师执业责任保险；对实习律师加强管理；对律师的执业活动进行考核；按规定交纳或代收会费；承担本会委托的工作。

(2) 地方律师协会

我国的省、自治区、直辖市均成立了地方律师协会，根据《律师法》规定，设区的市根据需要可以设立地方律师协会。律师和律师事务所应当加入所在地的地方律师协会并成为其个人会员和团体会员，同时是中华全国律师协会的会员。我国直辖市的地方律师协会形式也有多样性，北京市下属几个大区都单独登记成立了北京市××区律师协会；重庆市下属区设立了非独立登记注册的重庆市律师协会××区分会；上海市律师协会在区县设立区县律师工作委员会，其性质是上海市律师协会的派出工作机构。地方律师协会的职责和组织机构的设置，基本参照中华全国律师协会的职责和组织机构设置的规定。其在不与《律师法》和相关法律、法规以及中华全国律师协会章程规定相抵触的前提下，可以根据本地区的实际情况，灵活确定地方律师协会的职责和组织机构设置。

(3) 地方律师协会与中华全国律师协会的关系

地方律师协会均是中华全国律师协会的团体会员，也是中华全国律师协会的组成部分。中华全国律师协会指导地方律师协会搞好律师、律师事务所的工作，指导、支持地方律师协会的工作。地方律师协会应当接受中华全国律师协会的指导。

三、律师要服从律师行业协会的管理

如前所述,律师协会代表着律师业的整体利益,因此,每一个律师都有义务要维护律师行业协会的工作,都有义务要服从律师行业协会的管理。律师协会的行业管理,从其权利的来源上说,根本上是通过代表大会、通过民主形式集中反映了全体律师的意愿,作为律师群体中的一员也应尊重和服从律师协会的行业管理。根据《中华全国律师协会章程》第9条的规定,律师个人会员有遵守协会章程,执行协会决议,接受协会的指导、监督和管理的义务。《律师执业行为规范》(2009年修订版)第八章亦对律师及律师事务所要服从律师协会的管理作了相应的规范规定。有些地方律师协会还在自己的章程中规定了不履行会员义务的处分条款,如《上海市律师协会章程》第49条第1款规定,会员"不履行会员义务,违反本章程规定的","由律师协会视情节分别给予训诫、业内通报批评、公开谴责、暂停会员资格、取消会员资格等处分"。

(一)律师要遵守律师协会的规范、规则

律师协会根据律师这个职业的特点,法律对律师执业的相关规定以及社会公众对律师职业的特殊要求,集广大律师的民主意志,制定出律师规范和律师规则。这些规范、规则是调整律师执业行为和一些非执业行为的行为准则,也是律师必须保持的职业操守的底线,每一名律师都应当恪守遵行。律师行业规范规则有"律师事务所内部管理规则""收费管理规则""律师执业行为规范""律师执业年度考核规则""会员行为违规处分规则"、各类律师协会的"议事或工作规则"等。律师行业协会的规范、规则并非完全是限制律师职业行为的自由,更多的是领引、指导律师的职业行为;只有当一名律师的职业行为影响到律师业整体利益,社会公众将因之对律师业评价降低时,规范、规则才会体现出对这种行为的限制或惩戒。一名律师只要想到遵守律师协会的规范、规则是为了律师业整体利益,当然也包括他自己的利益,这时的遵守才能真正做到自觉,甚至是一种愉悦。

（二）律师要参加、完成律师协会的业务学习和考核

夯实自己的专业知识是律师的生存之道。由于律师从事的法律服务业涉及面宽广，专业划分细致，律师要向当事人提供优质、专业、有效的法律服务，不断开拓自己的业务新领域，就得不断学习、提高。律师协会的功能之一就是每年不断地向律师提供专业授课、介绍专业信息，以提高律师的专业水平，尤其注重对实习律师和新律师的培养、教育。每一名律师都应活到老、学到老，即便执业年份很长，仍应不断学习、时刻充电，以适应日新月异的法律市场需要；同时完成一年一度的律师执业考核，交出一份合格、称职的答卷。律师要清醒地认识到，考核的合格、称职不仅仅是管理部门的起码要求，它还是法律服务市场的起码要求，社会公众对律师的起码要求，更是作为律师对自身的起码要求。

（三）律师要参加律师协会的业务研究活动和交流活动

律师不仅要学习一般的法律知识和法律业务，更应该研究探索属于法律服务业的专门法律业务，尤其是对抗性诉讼体制下的律师出庭业务和非诉讼法律服务中的特点、难点、注意点、关键点（包括律师服务的流程、操作实务，制作律师文书方面的业务，以及律师规范服务的推广，各部门法的案件业务操作指引，律师业中外交流、沟通等）。这些也都是律师行业协会经常性的工作之一，律师参加这些活动对提高自己的专业能力，促进自身职业修养，积累更多的执业经验都是大有裨益的。一方面，"磨刀不误砍柴工"，律师花在业务研究活动上的时间一定能在职业上得到良好的回报；另一方面，作为会员，任何一个律师都有义务和责任为其他律师乃至整个行业在业务水平的提高上作出自己的贡献。

（四）律师要参加律师协会组织的公益活动

律师的职业价值有律师作为自我生存需要的方面，也有源于职业属性的维护当事人的合法权益、维护法律的正确实施的方面，同时，律师的职业价值还存在着维护社会的公平、公正的方面。维护社会的公平、公正又被称为律师的社会责任，也是律师的优秀文化。律师在这方面的职业价值实现往往是提升律师形象，树立行业品牌的最好、最

有效的途径。因此，律师协会一直着力于这方面的工作和实践，鼓励和推动律师参与到社会结构的整合、社会规范的制定、社会资源的配置、社会竞争的引导、社会矛盾的化解、社会关系的调节、社会秩序的维护等方面的工作和其他公益活动中去。这使律师在社会上的地位日益凸显，律师形象在社会公众的眼中越发灿烂。我们每一名律师都应该积极参加这些公益活动，履行作为律师会员的义务，于律师本身或者律师业以及社会多方都有利的事。尤其是在政府购买法律服务逐渐推行，各阶层越来越欢迎律师加入参政议政、加入民间调解和司法调解的大的背景下，律师参加社会公益的好处是显而易见的。甚至，有学者认为，公益活动是有远见、有爱心、有良知的律师的第二职业。

律师参加律师协会组织的公益活动主要有以下几种形式：提供法律援助，帮助政府参与、接待信访和对相关法律问题提出咨询、建议，参政议政和提出法治建议，参与维护社会安定和社会帮教治理工作，法律下乡、法律进校、法律进社区和参与义务法律咨询活动，参与慈善、帮困救灾活动，与贫困落后地区律师、律师事务所结对帮助或互派交流等。

（五）律师要服从和履行律师协会作出的决定

律师协会作出的决定一般分为安排性决定和处理性决定两种，前者如召开会议、安排法律援助任务、统一加入职业保险等，后者如纪律惩戒、执业纠纷调解等。律师对律师协会作出的各种决定均有义务服从和履行，不履行律师协会的决定，律师协会可以追究律师或者律师事务所的违纪责任。如律师协会作为行业自律组织，对律师与律师之间、律师与当事人之间，律师与律师事务所之间，律师事务所之间的执业纠纷当事人同意律师协会出面调解的，组成调解庭进行调解，一旦达成调解协议，调解当事人应当履行调解协议约定的义务和律师协会调解庭作出的相关处理决定。同时，律师协会对违纪违规律师或律师事务所作出的惩戒处分决定，该律师或律师事务所亦应当履行律师协会作出处分决定。《上海市律师协会律师执业纠纷调解规则》第12条规定："发生本规则适用范围内的律师执业纠纷后，会员违反与对方达成的申请调解的合意,拒绝参加调解委员会的,属有失律师职业诚信,调解委员会可以提交上海市律师协会转由纪律委员会查处。纪律委员会可根据查处情况给予训诫、通报批评的处分。""上海市律师协会立案调查通知书"根据《上海市律师协会章程》第49条规定的会员不履行义务应受到纪律处分而特别设立了两条内容。"4. 你必须在收到本通知之日起10个工作日内,向本会纪律委员会提供承办该案的全部卷宗包括相关材料的原件。有特殊原因无法提交原件的,应提交全部卷宗的复印件并由律师事务所盖章证明其真实性和完整性。5. 你应当履行会员接受律师协会指导、监督的义务,拒不履行会员义务,违反章程规定的,律师协会会视情节分别给予纪律惩戒处分。"

某年,X律师事务所在接到上海市律师协会纪律委员会通知其提供承办投诉案全部卷宗材料后,未说明理由拒不向律协提供案件材料并不配合纪律委员会工作。上海市律师协会认定X律师事务所不履行会员义务,根据《上海市律师协会章程》第49条和全国律师协会《律师协会会员违规行为处分规则(试行)》第14条第(23)项规定,决定给予X律师事务所通报批评的纪律处分。

(六)律师重大执业事项和职业行为应当向律师协会报告、备案

《律师执业行为规范》(2009年修订版)第100条规定:"律师和律师事务所因执业行为成为刑、民事被告,或者受到行政机关调查、处罚的,应当向律师协会书面报告。"第99条规定:"律师和律师事务所参加国际性律师组织并成为其会员的,以及以中国律师身份参加境外会议等活动的,应当报律师协会备案。"律师行业协会的这些规定本质上是为了保护自己的会员和加强对律师、律师事务所的行业自律管理。

2010年上海市律师协会接到报告称,上海某律师事务所S律师在浙江某地办案被当地公安机关刑事拘留,上海律协立即通报协会领导和上海市司法局,并由协会维权委员会派人连夜赶赴浙江某地,在当地律协和司法行政部门的配合下找到该公安机关相关部门了解情况,最后得知S律师执业中确有刑事犯罪嫌疑后,表示尊重司法程序并要求有新的情况及时通报。律师协会还以

内部惩戒动态形式向相关领导和部门作了报告。

上海律协从维权到了解事实情况后尊重司法部门的决定并加强双方的信息沟通的过程,体现了行业协会对行业内重大、突发情况的关心以及对律师执业权利的高度重视。从中我们也感受到,律师重大执业事项和职业行为向律师协会及时报告,就是为了有效地对律师、律师事务所的职业行为进行规范管理,对律师正当的执业权利予以保护。近年来,全国各级律师协会通过及时报告制度有效地发挥了行业协会的作用,为维护律师的正当执业权利作出了极大的贡献。

另外,律师协会作为一级行业组织,其代表律师职业的权威性和对社会的影响力都远远超过律师和律师事务所,许多交流合作活动尤其是与境外的交流合作,通过律师协会出面更能得到对方的认可和尊重,活动的效果和影响自然也不言而喻。

(七) 律师应当按时缴纳会费

律师协会的经费主要依靠会费收入,律师协会的维权、教育、宣传、交流、业务研究、表彰先进、执业调解、纪律惩戒、律师考核、执业保险、制定规范和规则、召开律师代表大会等所有工作均需要经费支撑。没有会费收入律师协会就无法正常开展工作。从这个意义上说,律师和律师事务所的缴纳会费是最重要也是最起码的会员义务。律师和律师事务所要按时缴纳规定的会费,因为律师协会的经费使用均得制定预算草案,并经每年规定期间召开的律师代表大会的表决通过才能执行。

另外,律师除了要遵守律师执业机构、司法行政机关和律师行业组织的管理之外,还要遵守政府相关职能部门,如工商部门、税务部门的管理。对此,《律师事务所从事商标代理业务管理办法》第4条规定,"工商行政管理机关和司法行政机关依法对律师事务所及其律师从事商标代理业务活动进行监督管理"。

本 章 小 结

通过以上介绍,我们大致可以了解律师职业自律管理的框架内容和逻辑结构。尽管《律师法》和《律师执业行为规范》(2009年修订版)对律师职业的自律管理规定的不够具体,但律师职业自律管理却是个非常重要的问题,它关系到律师行业能否生存、能否立足、能否发展。

律师不可以自由行事,必须自我约束,并从执业自律开始做起。只有每一名律师意识到自律是律师职业本身的一种自我生存、自我保护、自我发展的需要,才会自觉注重职业修养,进而服从律师事务所的管理,服从司法行政机关的管理,服从律师协会的管理,从小到大,从做人到执业,从个体到社会,无不自觉地保持自己的职业操守。律师业的生存和发展不仅需要律师个人的自律,还需要律师事务所的自律管理,司法行政部门监督管理和律师协会的自律管理,甚至社会对律师行业的各种监督和管理。要理解这种自律或者管理更大的意义是帮助律师业,以及每个律师发展和前进。

第九章　律师的职业责任

先看这样一个案例：

北京某律所受Y公司委托，对交易相对方J公司是否具有某房地产项目的开发资质进行调查。律师事务所调查后告知Y公司房产项目在J公司名下。Y公司遂向J公司支付1亿元项目转让费，同时向律所支付100万元律师费。8个月后，Y公司得知该房地产项目的建设单位根本不是J公司，此时J公司已人去楼空。Y公司遂将律所的三名合伙人律师告上法庭（律师事务所已注销）。法院一审判令：三律师赔偿客户800万元损失，并返还100万元律师费。这是国内律师业当时遭遇的最为高昂的因律师不尽职调查所致的赔偿案。①

有学者认为："在一个开放的社会中，遵守这些规则以及所有法律，首先取决于对它们的理解和自觉遵守；其次，取决于同业和公众舆论对之进行的巩固；最后，在必要时取决于惩戒程序实行的强制手段。"②

有人说，律所已经告别了"只赚不赔"年代；也有人说，律师执业已经进入了"高风险"时期。律师的执业风险就是律师职业责任的承担。如果把律师的执业风险比喻成"胆瓶中的魔鬼"，那么律师在执业中稍有不慎，或者无知、愚蠢、侥幸、贪婪就会把"魔鬼"释放，律师或者律师事务所就可能受到纪律惩戒，承担行政法律责任、民事法律责任，甚至被追究刑事法律责任。因此，要用律师执业行为规范和执业风险防范

---

① 参见苏楠：《800万赔偿让律师戴上"紧箍咒"》，载2005年1月26日《法制日报》。

② 《美国律师协会职业行为示范规则（2004）》，王进喜译，中国人民公安大学出版社2005年版，第2、6页。

意识来掌控这个"瓶塞"。

第一节 律师职业责任概述

一、律师职业责任形成的理论依据和意义

（一）法治化社会的公平、公正是产生律师职业责任的基础

我国的社会主义法律体系已经形成，国家正进入高度法治化时代。在法治化社会里，一种权利必然需要对应一种义务，或者一种权力必然需要一种监督和制约，这样才能构成社会关系的协调、公平。律师的执业权利来自于国家，律师的执业权利由宪法和法律赋予，则权利运用必须符合国家的利益、符合社会整体的利益，符合法律正确实施的以及维护当事人合法权利的目的。律师在行使执业权利时给国家、社会、当事人造成物质上或人格精神上的利益损害，或者即便没有造成实际的利益损害，但破坏了某种社会公序良俗，就必须承担律师的法律责任，以及受到行业的纪律惩戒。如果一名律师今天接受了甲公司的委托为甲公司办理法律业务，明天又拿了乙公司的钱并利用甲公司委托自己办业务时的资料与甲公司对簿公堂，这就会对甲公司产生利益侵害。又如果一名律师向当事人承诺，我当过15年警察，公安局里有很多兄弟，你出10万元律师费，我帮你把被刑事拘留的丈夫"捞出来"，这就会对正常的司法秩序造成破坏，对相关当事人的利益造成损害。如果律师这样执业，社会秩序就不会有公平、公正而言。

因此，在律师执业权利之上附加律师职业责任是必不可少的，设立律师职业责任制度也是必需的。律师职业责任制度是社会主义法制体系中不可或缺的一部分，其制度产生的基础就是现代法治化社会需要的公平、公正。

（二）律师的商业性服务需要律师担负职业责任

市场经济下的商品社会，人与人之间最基本的关系是契约型的，而不是亲属型的、人情型的。契约的构成要件是要约和承诺，其内容是权利与义务，契约关系的本质基础是信赖和诚实。律师职业作为一

种有偿性服务,律师与委托人之间也是一种契约关系,简言之,即委托人出钱,律师提供服务。事实上,所有人都希望当事人能对律师寄予无比的信赖和信任,也希望所有的律师都能对当事人提供诚信、优质、专业的法律服务,律师与当事人之间诚信相交、承诺如金。然而,总有各种各样的因素造成一些人无视社会规则,不信守契约,将承诺廉价抛弃。当事人与律师之间发生纠葛,通常在社会公众看来,总是律师不对。的确,律师作为专业人士具有一定的执业权利,也应该在其中承担更多的责任。因此,在倡导律师应当为当事人勤勉尽责的同时,不得不设立一种律师的职业责任制度,让律师在行使执业权利时还有职业责任的制约,无论出于何种原因,只要违法违规就应承担相应的法律后果。这也是权利与义务相统一的契约法则。

(三)律师的职业责任约束和规范律师的执业行为

建立律师的职业责任制度,根本宗旨是为了约束和规范律师的执业行为,这和所有的法律制定是一样的。立法者的立法意愿首先是让公民自觉遵守法律,以达到法律实施的目的,司法只是在出现违法情况时的一种补救手段和措施。设立律师职业责任制度本身并不是为了对律师实施惩戒和处罚,恰恰相反,是为了鞭策每一个律师自律,从而避免受到纪律惩戒和法律处罚。从这个意义上讲,律师的职业责任首先是为了律师的自律,是保护好的律师,然后才是他律,惩戒违法违纪的律师。律师作为相对的自由职业者,重视职业责任的自律是尤为重要的。只要每一个律师都有风险防范意识,自觉将职业责任观念融入自己的血液里,并实践于自己执业生涯的每时每刻,就能做一名合格的律师,律师业也会因此得到长足的发展,律师的职业责任也就完成了它本来的使命了。

(四)律师的职业责任维护律师、律师行业以及当事人的合法权益

律师的职业责任对律师来说的确是一种义务,但同时它也能给律师、律师行业以及当事人带来利益。律师职业责任对于维护当事人合法权益的意义,似乎毋庸赘言。就如本章开始的案例,虽然法院的判决并不能全部挽回Y公司的经济损失,但也在最大程度上减少了它的损失。

建立律师职业责任制度维护律师、律师行业的合法权益,可以从两方面来理解:

一是自律和防范。律师规范执业,赢得了当事人的肯定、社会各方面的肯定;树立了律师的个人品牌、律师事务所的品牌,也树立了律师行业的品牌;不仅巩固了律师职业市场的传统领域,也赢得了新领域乃使律师进入更多的社会领域(如参政议政)发展。

二是教育和警示。惩处违法违纪律师,对其他律师进行警示教育,对律师队伍正本清源。有错必究、违法必究,法律面前、规范面前人人平等,律师也不例外,还社会一个公平、公正。

二、律师职业责任的含义和构成要件

(一)律师职业责任的含义

律师的职业责任,是指律师的执业行为包括某些非执业的行为违反国家的法律、法规和律师执业规范、律师职业操守所应当承担的法律责任和行业责任。律师职业责任是法律和道德规范的统一体,是律师及律师事务所的职业行为必须严守的底线。律师的职业责任形式包括刑事责任、民事责任、行政责任和行业纪律处分。这里的律师包括执业律师和依法设立的律师事务所。这里的某些律师非执业行为指的是律师的某些被投诉行为虽然并不发生在其执业过程中,但明显违反了职业操守,影响了社会对律师业的整体评价,有损律师行业的声誉和形象,符合律师协会对会员违规行为处分规则规定的其他应处分行为的标准。

> 某律所Z律师因与他人发生债务纠纷,被法院判决应归还债权人三千多元,执行法官多次向Z律师联系并要求Z律师履行生效判决,Z律师均以无钱推托,也不到法院去说明详细情况。结果,法院动用大量警力,花费大量时间蹲点守候,终于找到了Z律师,在Z律师钱包里发现有6张银行卡和不少现金。

律师协会认为,Z律师该逃避强制执行的行为虽不属于律师执业行为,但作为一名律师,在有条件履行生效判决的情况下逃避履行法定义务，违反了职业操守，并浪费了司法资源，同时严重影响了律师和律师行业在社会公众心中的形象、声誉。据此，律师协会纪律委员会对Z律师作出了通报批评的纪律处分。

问题是Z律师行为并未发生在其执业过程中，Z律师为什么要受到律师协会的纪律惩戒？律师的职业责任还包括哪些呢？

《律师执业行为规范》(2009年修订版)第14条规定律师不得为以下行为："(一)产生不良社会影响，有损律师行业声誉的行为；(二)妨碍国家司法、行政机关依法行使职权的行为；(三)参加法律所禁止的机构、组织或者社会团体；(四)其他违反法律、法规、律师协会行业规范及职业道德的行为；(五)其他违反社会公德，严重损害律师职业形象的行为。"

根据上述规定可以看出，律师的职业责任其实还包括了律师的道德责任，换句话说律师的道德责任是律师的职业责任的拓展或者属于律师职业责任的空间效力。因为律师是"法律人"，职业中还存在着部分国家权力的派生权力(如调查权、会见权等)，律师还肩负着维护社会的公平和正义的使命。因此，律师应当比一般公民有更高的道德标准和严守自己的职业操守。一旦律师的行为哪怕是非执业的个人行为产生不良社会影响，有损行业声誉，或者违反社会公德，严重损害律师职业的形象时，其也应当承担律师的职业责任。

(二)律师职业责任的构成要件

律师职业责任的构成要件指的是法律上或律师规范上规定的律师职业责任的组成部分。律师职业责任构成要件是一种法律或规范的规定，并不是一种具体事实。律师职业责任构成要件从不同角度表达行为人行为的违法性或违规性的实质内容，如果某种行为不能全面包含这些实质内容，就不能产生律师职业责任。律师职业责任构成要件分主体、主观方面、客体、客观方面四个方面。

1. 主体

律师职业责任的主体构成要件是律师和律师事务所。

其中，律师是指依法取得律师执业资格和律师执业证书的执业律师，并不包括实习律师和律师辅助人员。实习律师和律师辅助人员的犯罪或违法违规行为属于其他相关法律或规范的调整范畴,不属于律师职业责任的内容。但实习律师和律师辅助人员可以成为某些律师职业责任的行为主体,如律师民事法律责任、律师行业责任的行为主体,而不是律师职业责任的承担主体。实习律师和律师辅助人员的职业行为准则参照中华全国律协 2010 年 8 月 1 日施行的《申请律师执业人员实习管理规则》和其他律师执业行为规范执行。

律师事务所是指依《律师法》设立的律师事务所。律师事务所不能成为律师职业刑事责任的主体,但可以作为律师职业民事责任、行政责任、行业责任的主体。

2. 主观方面

律师职业责任构成要件的主观方面,指的是行为人行为时的主观心理状态,以行为人主观意志状态作为确定责任归属的根据。一般分过错(故意和过失)和无过错两种。具体的律师职业责任分类又有不同的主观方面要求。如"律师伪证罪"和"行贿罪"必须是故意才能构成犯罪,律师"泄露国家机密罪"可以是故意犯罪亦可以是过失犯罪。而在律师的民事责任、行政责任和行业责任中,除非法律有特别的规定,一般则需要律师或律师事务所主观上存在过错才能追究其职业责任。因为无过错责任原则不考虑行为人的主观状态,不区分其行为是"应受谴责"或者"可以原囿"的,给律师施加这种责任,是苛刻的、不公平的。无过错责任原则适用于律师职业活动,并不必然激励律师提高职业活动的质量,反而会使律师为规避责任而减少对社会的服务,妨害襄助社会法治职能的发挥,在一定程度上还会抑制律师职业的健康发展。

3. 客体

律师职业责任构成要件的客体,指的是行为人行为侵害的律师职业秩序或者律师职业的利益。当然,从律师职业责任的客体内容来剖析,无疑会得出行为人行为具有违法性或者违规性的结论。但是律师职业责任的客体内涵要远比行为的违法性、违规性来得丰富,它还包含着被侵害的律师职业享有广泛认同的职业操守、职业秩序、职业声誉和包括行业健康发展在内的众多职业利益。因此,有必要将其作为律师职业责任构成的一个单独要件。

4. 客观方面

律师职业责任构成要件的客观方面,指的是行为人行为的违法性或者违规性。只要律师、律师事务所的行为具有违法性或者违规性,就应承担律师职业责任。律师职业责任的承担并不以行为人的行为是否造成损害后果为客观标准,这有别于一般的法律责任理论中的损害赔偿要件说和因果关系说。如利益冲突违规,只要律师或律师事务所行为违反利益冲突规范,造成形式上的法律服务不公平、不公正,就构成利益冲突违纪违规,而当事人的实际利益是否受损并不影响该违纪事实的成立。

三、律师职业责任的成因和防范

(一) 律师职业责任的成因分析

对律师职业责任产生原因进行分析,有助于防范律师及律师事务所执业风险,合法规避律师职业责任,对律师和律师事务所乃至整个律师行业生存和发展都是有积极意义的。

律师职业责任的成因是一个很复杂且宏观的问题,涉及方方面面。法律服务市场化带来的多重竞争,社会经济发展带来的商业化侵蚀,当事人诉求过于复杂严苛、执业环境的变化等因素对律师执业带来的冲击,以及案件的复杂性与专业化程度的不断提高对律师执业要求的提升,个别律师缺乏自律、律师事务所疏于管理等,这些均会给律师执业带来风险,从而增加律师及律师事务所承担律师职业责任的可能性。要根本上消除这些成因,光从律师行业单方面着手往往难以做到,还需要社会综合治理,需要方方面面的努力,包括制度层面的进一步健全、完善。

在诸多产生律师职业责任的原因中,其根本还是在于律师自己。从律师自身来看,主要有三个方面的原因。一是执业律师缺乏自律。一个律师放松了对自己的职业修养,他就会犯错,就有可能会违法违纪甚至犯罪。二是律师放松对自己专业能力的培养。法律专业能力是律师执业的本钱,律师放松了自己法律专业知识的学习,就不能适应日益专业化、竞合化的法律服务需要,就可能造成不尽职代理、损害当事人利益的法律后果。三是律师事务所疏于管理。律师事务所是律师的执业平台,律所如果没有良好的管理,没有维持正常执业运行的制度,那就可能出现诸如利益冲突、乱收费、虚假广告等违规违纪的行为,就会承担律师的职业责任。

(二) 律师职业责任的防范

根据律师职业责任的成因,可以从以下六个方面进行律师职业责任防范。

1. 律师要加强自身修养,培养良好的职业操守、练就过硬的专业水平

这可以从以下三个方面着手:一是提升自身思想道德修养,注重个人文化素质、仪容仪表,管理好自己;二是要秉持"伸张正义、依法维权"的律师精神;三是强化"优质、专业、高效"三个服务。律师应该把维护当事人的合法权益作为律师服务的基本立足点,把维护法律的正确实施作为衡量的专业标准,把维护社会的公平正义作为追求的精神价值取向。

2. 律师要规范执业行为,做遵纪守法的典范

这可以从以下三个方面着手:一是以法律为师,理解、尊重、遵守法律;二是要遵纪守规,注重对于执业规范的认识、了解和遵守;三是要遵守社会的公序良俗,做好典范。

3. 律师事务所要加强管理,逐步适应市场化要求

律所要提高自身综合素质、提高法律服务质量、加强自身业务竞争能力,开展、推广律师业务。这可以从以下三个方面着手:一是要注重加强律师的团队合作,要强调合伙人、聘用律师特别是年轻律师之间的团队协作,在开拓市场、培育和维护客户关系、专业技能培训、信息技术保障等方面,形成一套完善的内部运作机制;二是要规范执业标准,建立健全律所的收案、收费审查制度,防止执业中的利益冲突,对每一名律师的执业行为、职业责任心、服务效率等方面进行有效监督;三是要注重专业化、品牌化、团队化建设,以娴熟的法律专业技能和诚实信用的服务理念为客户提供优质服务,获得客户的信赖和倚

重,提高律师、律师事务所的声誉。

4. 律师协会要注重提升律师形象,提高律师地位,改善律师执业环境

这可以从以下四个方面着手:一是要加强对律师的专业理论、实务操作和职业操守方面的培训、指引、教育;二是要加强宣传律师和律师业的正面形象;三是关心律师和律师事务所的现状和发展,做好"律师之家"工作;四是要加强与人大、公、检、法、司等有关部门的沟通协调,改善律师的执业环境,推动律师参政议政工作,提升律师的社会地位。

5. 律所和律协要完善发展律师执业责任保险制度

根据律师业的发展和市场情况,律师事务所和律师协会要进一步建立健全执业责任风险基金、执业责任赔偿基金、执业责任保险等相关职业风险防范制度。

6. 律协要加强律师行业的自律管理

教育惩戒相结合,对违纪违规形成"老鼠过街人人喊打"的行业风气。这可以从以下四个方面着手:一是加强对律师的职业规范教育;二是恰当运用调解前置化解矛盾纠纷,及时发布违规违纪情况通报,及时提示风险;三是对律师和律师事务所的违规违纪案件"严格立案,认真查案,民主断案",恪守程序,公正公平;四是对违纪违规行为绝不姑息纵容,要使广大律师明白对违规违纪者的宽容就是对守法者的最大不尊重和不公平。

总之,律师只要做到前面讲述的"律师职业的自律管理"要求,合法规避律师职业责任就并不是一件很难的事。

四、国外律师职业责任制度的一些规定

国外律师职业责任制度主要包括四个方面的内容:律师职业责任的范围、律师职业责任的认定机构、律师职业责任认定的程序、律师职业责任的承担方式。

(一) 律师职业责任范围

以美国为例,美国对律师违法行为进行处罚主要有以下几种情况:

第一类是违反国家法律规定义务的行为。律师作为专业法律人员,不得违反国家规定的法定义务,如律师不得制造或使用伪证,或对相关事实作虚假陈述等。职业律师如果违反这些法定义务,就会被指控为严重犯罪或危害社会,法院就可以立即宣布对其停职处理。这里的严重犯罪行为是指作虚假宣誓,与当事人串通欺骗法院,威胁利诱证人作假证,威胁陪审员作出有利于自己当事人的决定,和陪审员私下就案件做交易等情况。

第二类是违反职业义务的行为。美国职业律师必须遵守当地律师协会制定的律师职业行为规范和执业纪律,包括律师与当事人关系规范、律师与法官关系的规范、律师对外宣传的规范、律师收费规范等。律师违反这些义务规范的要求,如泄露当事人的隐私、为有利益冲突的当事人代理、不当收费等,律师协会有权对违规律师进行调查并视情节给予处分。

第三类是律师对当事人没有尽勤勉之责,使当事人应得到法律保护的权益受到不应有的损害,如律师超越委托权限进行代理,律师因工作疏忽而延误了当事人行使权利的法定有效时间等,律师就应该对当事人负赔偿责任。

(二)律师职业责任的认定机构

由于各国的司法制度、历史传统、道德理念及社会背景的不同,律师违反职业道德和执业纪律规范,有的国家是由律师行业协会给予处罚,有的是由法院给予处罚,有的则由司法部门给予处罚。对于律师因违反职业规范而触犯刑律的,各国无一例外都有法院作为律师承担刑事责任的认定机构。至于律师违反职业规范,如违反律师广告宣传规则的,这方面的处罚权则大多由律师行业协会来行使。英国、日本、意大利、比利时、加拿大等国由律师协会内设机构对律师行使惩戒权。在德国,对律师进行惩戒是由专门设立的三级名誉法庭,其中最高审级是联邦法院,该法院受理有关对律师除名等重大问题的投诉。另外,德国的司法部长对律师也有一定的惩戒权力,但受到严格的限制。在美国,对律师的惩戒权掌握在法院,但律师协会并不是无所作为。一般的对律师的惩戒先经过地方律协的专门纪律委员会对律师违纪行为进行调查,举行听证会,然后根据调查的结果作出建议性决定,最后提交法院,由法院决定是否对律师进行惩戒以及对律师适用的惩戒形式。还有的国家比如丹麦,是由几个机构对律师行使惩戒权,律师协会可以对违纪律师处以 5 000 丹麦克朗以下的罚金,司法部长对违纪律师可以给予停业一年的处罚,而更重要的处分如剥夺律师资格,则需法院来裁决。

(三) 律师职业责任的认定程序

根据日本《律师法》的规定,惩戒的程序是先提出惩戒请求,由律师会纲纪委员会调查,报送惩戒委员会审查,最后由日本律师联合会根据惩戒委员会的决议作出裁决。请求惩戒者如果对所属律师会的处分不服,可以向联合会提出异议。受到惩戒的律师也可以向联合会提出审查请求,或进一步对联合会的处罚向东京等法院起诉。韩国对违纪律师的处理由律师惩戒委员会负责,委员会主席由司法部长担任,六名委员和六名候补委员组成委员会,分别由法院在法官中推荐委员两名、候补委员两名,由律师协会会长在检察官和律师中推荐委员两名,候补委员两名。

(四) 律师的责任方式

美国对律师的惩戒是由法院和律师协会作出的,惩戒方式包括罚款、拘禁、谴责、暂停营业及取消律师资格。法国律师惩戒处分种类为警告、谴责、三年以内暂停业务及除名等。日本律师违反法律或者律师会员会则,或有丧失品格的不当行为,无论是在职务内或职务外,都将受到惩戒。律师的惩戒处分种类为警告、二年以上停止业务、命令退会、取消律师资格四种。韩国律师违反职业道德或法律的,可能被取消律师资格、停止执业或罚款。

第二节 律师的行政法律责任

一、律师行政法律责任概述

(一) 律师行政法律责任概念

律师行政法律责任,是指律师、律师事务所违反国家行政法律、法规规定,特别是《律师法》和《律师和律师事务所违法行为处罚办法》等行政法规规定的义务,实施有关行政违法行为所应承担的法律后果。由此可以看出,律师行政法律责任的特征是,律师和律师事务所作为责任的主体,行为人的过错作为责任的主观方面,行为损害的正常职业秩序作为责任的客体,律师和律师事务所不履行规定义务或违法、违规行为作为责任的客观方面。另外,律师行政法律责任是一种具有强制性的法律责任,是由有管辖权的司法行政部门来追究的。

(二) 律师行政法律责任的方式

根据《律师法》和《律师和律师事务所违法行为处罚办法》的规定,律师承担行政责任的方式有以下几种:

1. 警告

主要适用于情节轻微的行政违法行为。这种处罚方式通过对违法律师进行警示教育,使律师认识到其行为的违法性。

2. 罚款

新修订的《律师法》加重了对律师违法违规行为的处罚力度,增加了罚款的处罚种类;该处罚形式属于经济性行政处罚。根据《律师法》规定,对律师的罚款最高可达 5 万元。

3. 没收违法所得

这也是一种经济性的行政处罚。根据《律师法》和《律师和律师事务所违法行为处罚办法》的规定,没收违法所得是行政处罚的附加性处罚措施,不能单独适用。

4. 停止执业

停止执业是禁止律师在特定时间内从事律师执业活动的行政处罚。这种行政处罚是暂时性的,受特定期限约束,停止执业期限届满将恢复其执业。根据《律师法》和《律师和律师事务所违法行为处罚办法》的规定,停止执业的时间为 3 个月以上 1 年以下。这是一种较为严厉的行政处罚措施,律师受停止执业处罚的,司法行政机关应当收回其律师执业证,于处罚期满后发回。

5. 吊销执业证书

吊销执业证书是对律师最严厉的行政处罚。根据《律师法》第 7

条的规定,吊销律师执业证书意味着被处罚者不能再取得律师执业证书,即永远不能从事律师职业。鉴于吊销执业证书的严厉性,《律师法》对应处以吊销执业证书的违法情形予以了严格、明确的规定。律师被吊销律师执业证书的,司法行政机关应收缴其律师执业证书并予以注销。

(三) 律师事务所行政法律责任的方式

根据《律师法》和《律师和律师事务所违法行为处罚办法》的规定,律师事务所承担行政责任的方式有以下几种:

1. 责令改正

责令改正是命令律师事务所对其所做违法行为予以纠正的行政处罚措施,适用于律师事务所轻微违法的行为。

2. 罚款

2008年6月1日起施行修订的《律师法》加重了对律师事务所违法违规行为的处罚力度,增加了罚款的处罚种类;该处罚形式属于经济性行政处罚。根据《律师法》规定,对律师事务所的罚款最高可达10万元。

3. 没收违法所得,可以并处罚款

这也是一种经济性的行政处罚。这里的没收违法所得是一种能够独立适用的处罚方式,同时可以并处违法所得1倍以上5倍以下罚款。

4. 停业整顿

停业整顿是责令律师事务所停止执业活动予以内部整顿的行政处罚,适用于律师事务所情节较为严重的违法行为。

5. 吊销执业证书

吊销执业证书是通过吊销律师事务所执业证书的手段取消律师事务所执业资格的行政处罚措施。这种惩罚措施是对律师事务所最严厉的处罚,适用于律师事务所情节严重的违法行为。

二、律师和律师事务所适用行政处罚的情形

2008年6月1日起施行的《律师法》对律师和律师事务所的法律

责任作了较大的调整,其中不仅包括加强了责任的承担方式,而且在原有的基础上细化了具体适用处罚的情形。特别值得注意的是,此次修改加强了律师事务所及其负责人对律师事务所的管理职责,这对于规范律师行业发展,提高律师服务水平具有积极的意义。

(一)律师适用行政处罚的情形

律师受处罚的情形根据处罚的轻重可分为三个档次。

律师有下列行为之一的,由设区的市级或者直辖市的区人民政府司法行政部门给予警告,可以处 5 000 元以下的罚款;有违法所得的,没收违法所得;情节严重的,给予停止执业 3 个月以下的处罚:同时在两个以上律师事务所执业的;以不正当手段承揽业务的;在同一案件中为双方当事人担任代理人,或者代理与本人及其近亲属有利益冲突的法律事务的;从人民法院、人民检察院离任后 2 年内担任诉讼代理人或者辩护人的;拒绝履行法律援助义务的。

律师有下列行为之一的,由设区的市级或者直辖市的区人民政府司法行政部门给予警告,可以处 1 万元以下的罚款;有违法所得的,没收违法所得;情节严重的,给予停止执业 3 个月以上 6 个月以下的处罚:私自接受委托、收取费用,接受委托人的财物或者其他利益的;接受委托后,无正当理由,拒绝辩护或者代理,不按时出庭参加诉讼或者仲裁的;利用提供法律服务的便利牟取当事人争议的权益的;泄露商业秘密或者个人隐私的。

律师有下列行为之一的,由设区的市级或者直辖市的区人民政府司法行政部门给予停止执业 6 个月以上 1 年以下的处罚,可以处 5 万元以下的罚款;有违法所得的,没收违法所得;情节严重的,由省、自治区、直辖市人民政府司法行政部门吊销其律师执业证书:违反规定会见法官、检察官、仲裁员以及其他有关工作人员,或者以其他不正当方式影响依法办理案件的;向法官、检察官、仲裁员以及其他有关工作人员行贿,介绍贿赂或者指使、诱导当事人行贿的;向司法行政部门提供虚假材料或者有其他弄虚作假行为的;故意提供虚假证据或者威胁、利诱他人提供虚假证据,妨碍对方当事人合法取得证据的;接受对方当事人财物或者其他利益,与对方当事人或者第三人恶意串通,侵害委托人权益的;扰乱法庭、仲裁庭秩序,干扰诉讼、仲裁活动的正常进行的;煽动、教唆当事人采取扰乱公共秩序、危害公共安全等非法手段解决争议的;发表危害国家安全、恶意诽谤他人、严重扰乱法庭秩序的言论的;泄露国家秘密的。

律师因违反《律师法》规定,在受到警告处罚后1年内又发生应当给予警告处罚情形的,由设区的市级或者直辖市的区人民政府司法行政部门给予停止执业3个月以上1年以下的处罚;在受到停止执业处罚期满后2年内又发生应当给予停止执业处罚情形的,由省、自治区、直辖市人民政府司法行政部门吊销其律师执业证书。

《律师和律师事务所违法行为处罚办法》第20条对《律师法》第49条第7项"煽动、教唆当事人采取扰乱公共秩序、危害公共安全等非法手段解决争议的"情况作了具体解释。下列行为属于该条规定的范围:煽动、教唆当事人采取非法集会、游行示威,聚众扰乱公共场所秩序、交通秩序,围堵、冲击国家机关等非法手段表达诉求,妨害国家机关及其工作人员依法履行职责,抗拒执法活动或者判决执行的;利用媒体或者其他方式,煽动、教唆当事人以扰乱公共秩序、危害公共安全等手段干扰诉讼、仲裁及行政执法活动正常进行的。

《律师法》第49条第2款规定,律师因故意犯罪受到刑事处罚的,由省、自治区、直辖市人民政府司法行政部门吊销其律师执业证书。

另外,《律师法》第53条规定,受到6个月以上停止执业处罚的律师,处罚期满未逾3年的,不得担任合伙人。这也是律师承担行政法律责任的一种特殊的法律后果。

2009年孙律师在代理一民事债务案件中明知被告章某欠原告杜某500万元,受章某指使在原孙律师起草的一份有杜某签署给章某的"声明书"中添加三行字,意思为杜某不向章某追索该500万元。孙律师代理被告章某向法庭提交该证据用以对抗原告杜某的诉讼主张。经公安机关查明,孙律师在为章某民事诉讼代理期间,帮助章某伪造虚假证据材料。2010年12月,法院根据《刑法》第307条第2款判决孙律师犯帮助伪造证据罪,判处有期徒刑一年。2011年7月,上海市司法局认为孙律师故意犯罪受到刑事处罚,根据《律师法》第49条第2款的规定,给予孙律师吊销律师执业证书的行政处罚。

那么,律师非故意犯罪或者故意犯罪但被免予刑事处罚的又该如何处理呢?

《律师法》第49条第2款规定,律师因故意犯罪受到刑事处罚的,由省、自治区、直辖市人民政府司法行政部门吊销其律师执业证书。因此,故意犯罪和受到刑事处罚是充分必要条件,两者缺一不可。律师过失犯罪或者故意犯罪被免予刑事处罚的,不一定必然受到吊销律师执业证书的行政处罚,应依据该律师违法犯罪的其他情节,综合考虑后再给予适当的行政处罚。

(二)律师事务所适用行政处罚的情形

律师事务所有下列行为之一的,由设区的市级或者直辖市的区人民政府司法行政部门视其情节给予警告、停业整顿1个月以上6个月以下的处罚,可以处10万元以下的罚款;有违法所得的,没收违法所得;情节特别严重的,由省、自治区、直辖市人民政府司法行政部门吊销律师事务所执业证书:违反规定接受委托、收取费用的;违反法定程序办理变更名称、负责人、章程、合伙协议、住所、合伙人等重大事项的;从事法律服务以外的经营活动的;以诋毁其他律师事务所、律师或者支付介绍费等不正当手段承揽业务的;违反规定接受有利益冲突的案件的;拒绝履行法律援助义务的;向司法行政部门提供虚假材料或者有其他弄虚作假行为的;对本所律师疏于管理,造成严重后果的。律师事务所因上述违法行为受到处罚的,对其负责人视情节轻重,给予警告或者处2万元以下的罚款。

另外,律师事务所因违反《律师法》规定,在受到停业整顿处罚期满后2年内又发生应当给予停业整顿处罚情形的,由省、自治区、直辖市人民政府司法行政部门吊销律师事务所执业证书。

三、处罚机关和适用的程序

现行《律师法》加强了基层司法行政机关在管理律师方面的职责,

除吊销律师执业证书和吊销律师事务所执业许可证的行政处罚由省、自治区、直辖市人民政府司法行政部门实施外,其他行政处罚情形均由设区的市级或者直辖市的区人民政府司法行政部门具体实施。

《律师法》第52条规定,县级人民政府司法行政部门对律师和律师事务所的执业活动实施日常监督管理,对检查发现的问题,责令改正;对当事人的投诉,应当及时进行调查。县级人民政府司法行政部门认为律师和律师事务所的违法行为应当给予行政处罚的,应当向上级司法行政部门提出处罚建议。该法第55条规定,没有取得律师执业证书的人员以律师名义从事法律服务业务的,由所在地的县级以上地方人民政府司法行政部门责令停止非法执业,没收违法所得,处违法所得1倍以上5倍以下的罚款。

根据《律师和律师事务所违法行为处罚办法》的规定,司法行政机关对律师、律师事务所的违法行为实施行政处罚,应当根据《行政处罚法》《律师法》和司法部关于行政处罚程序的规定以及本办法的规定进行。司法行政机关实施行政处罚,应当对律师、律师事务所违法行为的事实、证据进行全面、客观、公正地调查、核实,必要时可以依法进行检查。调查违法行为,可以要求被调查的律师、律师事务所说明情况、提交有关材料;可以调阅律师事务所有关业务案卷和档案材料;可以向有关单位、个人调查核实情况、收集证据;对可能灭失或者以后难以取得的证据,可以先行登记保存。司法行政机关可以委托下一级司法行政机关或者违法行为发生地的司法行政机关进行调查,也可以委托律师协会协助进行调查。

律师、律师事务所对司法行政机关给予的行政处罚,享有陈述权、申辩权、要求听证权;对行政处罚决定不服的,有权依法申请行政复议或者提起行政诉讼;因司法行政机关违法给予行政处罚受到损害的,有权依法提出赔偿要求。

司法行政机关实施行政处罚,应当经机关负责人审批,并依照《行政处罚法》的要求制作行政处罚决定书;可以根据需要,采用适当方式,将有关行政处罚决定在律师行业内予以通报或者向社会公告。对情节复杂或者重大违法行为给予较重的行政处罚的,司法行政机关的负责人应当集体讨论决定;集体讨论决定时,可以邀请律师协会派员列席。

司法行政机关在查处律师、律师事务所违法行为过程中,发现构成犯罪的,应当移送司法机关处理,依法追究其刑事责任,不得以行政处罚代替刑事处罚。

第三节 律师的民事法律责任

一、律师民事法律责任的概述

（一）律师民事法律责任的概念

律师的民事法律责任,是指律师在执业活动中,因为主观上存在过错,违反有关法律、法规规定以及律师执业规范,损害了当事人合法权益,而由该律师所在的律师事务所承担的民事法律后果。律师民事法律责任含义有狭义和广义之分。狭义的律师民事法律责任是指律师事务所对外承担民事法律责任。广义的律师民事法律责任还包括律师事务所对外承担民事法律责任后再对内追究有过错律师的赔偿责任。本书采取狭义概念。这里指的律师是违法违规的行为人,可以是承办律师或律师事务所,也包括实习律师和律师辅助人员,行为人也就是民事法律责任的行为主体。

根据《律师执业行为规范》(2009年修订版)第34条的规定,律师从事委托法律服务均由律师事务所与委托人签订委托协议。律师是接受律师事务所指派,代表律师事务所出面进行法律服务的,因此律师并不是合同一方当事人。那么,从合同法律关系的相对性来说,由合同设立的债权债务就应当由合同的当事人来承受担负,即律师对外的民事法律责任只能由律师事务所来承担。

《律师法》第54条规定:"律师违法执业或者因过错给当事人造成损失的,由其所在的律师事务所承担赔偿责任。律师事务所赔偿后,可以向有故意或者重大过失行为的律师追偿。"这就是律师民事法律责任的承担后果,先由律师事务所对外承担民事赔偿责任,在律师事务所对外赔偿后，可以向有故意或者重大过错的律师（包括实习律师、律师辅助人员）进行追偿。律师民事法律责任承担方式一般有赔偿损失、支付违约金（一般在风险代理或特别约定情况下）、返回律师费、登报声明、赔礼道歉、继续履行合同等。

（二）律师民事法律责任的两种情形

律师的民事法律责任一般存在两种情形：一是律师对委托人应承担的责任；二是律师对委托人之外的第三人所应承担的责任。此两者的责任由于产生的基础不同，其责任性质也不一样。

1. 律师对委托人承担民事法律责任的法律性质

此种责任的基础法律关系源于委托合同关系，也就是由合同产生的债。合同之债即合同当事人违反或者不履行合同约定义务而产生的民事责任，即通常说的违约责任。现代合同法亦认为，违反合同义务有时也同时符合侵权行为的构成要件，因此该违约行为不仅构成违约，同时也构成侵权，在法律上产生违约责任和侵权责任的竞合。这时受损害方可以选择要求行为人承担违约责任或者承担侵权赔偿责任。这是两种较常见的律师承担民事法律责任的方式。然而，在律师法律服务中往往还会出现一些先合同义务，比如在与当事人签署委托合同之前律师即已经按照双方口头约定或者按惯例进行了法律事务的服务，如果这时违反了先合同义务给当事人造成损失（如泄露当事人商业秘密、不履行通知、不及时起草文件等），就应该承担缔约过失责任。

值得注意的是，律师接受法律援助案件也需要与受援人办理委托手续，签订委托协议。刑事法律援助案件在接到指定书后，也需要征得受援人的同意接受委托。所以律师办理法律援助案件也是基于合同，办案中有过错造成受援人的利益损失，同样应当承担违约或者侵权的民事法律责任。

2. 律师对第三人承担民事法律责任的法律性质

律师在特定的法律服务中也可能由于自己的主观过错造成委托人以外的第三人的利益损失，这时受损失的第三人有权依法要求律师承担侵权赔偿责任。常见的有律师出具虚假见证书造成相关第三人投资失误而损失,证券业务中因律师错误出具法律意见书造成第三方权益受损等情况。此种情形的责任基础不是合同关系,而是侵权关系。这种责任一般由法律直接规定,但如果能够证明侵权法律责任的要件事实确实充分,即便没有法律直接规定的,人民法院也可以确定侵权诉讼请求成立,判处律师承担民事法律责任。

二、律师承担民事法律责任的主观过错和主要行为表现

(一) 律师承担民事法律责任的主观过错

前面说过,构成律师职业责任要件的主观方面是律师的过错,过错分为故意和过失。然而,一方面律师是专业人士,比一般人的认知能力要强,律师不应该有法律服务的缺陷;另一方面,律师从事的法律服务涉及的人员范围广、知识领域宽、专业程度高、时间要求严格,有时很难及时作出一个十全十美的判断。那么,用什么标准来衡量律师确实存在过错就显得格外重要了。

从法律的角度看,过错表现为客观行为是对义务的违反。作为专家的律师在执业活动中须尽高度注意义务、忠实义务和保密义务,维护委托人的合法权益。违反高度注意义务、忠实义务或保密义务,即认定为有过错。[1]律师的注意义务与一般人的注意义务不同,律师民事责任针对的是律师,可以说这是一种职业责任,而一般民事责任针对的是普通个体。律师民事责任作为一种专家责任,对于拥有特殊知识和技能的专业人员,立法和判例采取了专业行为标准,即该行业普通专业人员通常能够达到的水平。英国法官麦克奈尔在一起医疗过失案件中阐明了关于专业人员注意标准的著名的 Bolam 原则:一个专业人员负有以合理的谨慎和技巧从业的义务,他的注意和技巧应该达到同一领域的普通专业人员能达到的标准。[2] 在德国,"民法上判例学

---

[1] 参见梁慧星:《中国民法典草案建议稿附理由:侵权行为篇·继承篇》,法律出版社 2004 年版,第 60 页。

[2] John L. Powell , Q. C. :*Professional and Client:The Duty of Care,Wrongs and Remedies in the Twenty-first Century*, Clarendon Press,Oxford,1996,p. 47.

则采用客观意义之过失判断,认为行为人如欠缺同职业、同社会交易团体分子一般所应具有之知识、能力时,即应受到非难"。①

律师作为通晓法律的专家,以律师行业团体中的一般成员通常的注意程度为标准,如果未能达到该种程度注意,则认定其有过错,即"中等标准"。以中等标准认定律师过错还应该考虑到案件的特殊情况、律师的个人特点及律师行业特点。

需要思考的是:如果某一律师具有高于中等水平的知识和能力,是否应该承担更高的注意义务?对于刚从事执业的新律师,没有经验是否可以作为免责的理由?对于某些专业化领域内的律师应适用何种标准?

笔者认为,对于第一种情况应该区别对待。如果委托人因知道该律师拥有超群水平,信赖他的专业能力,并为此支付了更高的酬金,若该律师仅仅发挥了一般水平并造成了在更高水平下能够避免的损害,则应肯定该名律师有责任。如果委托人并不知道该律师有更高的能力,也没有更高的期待,只要该名律师在执业过程中达到了中等注意程度,就不宜认定其存在过错。

对于第二种情况可以肯定,没有经验不构成免责的事由。这与第一种情况并不成立反推逻辑,中等水平的注意义务同样适用于刚执业的新律师。首先,中等标准是律师业团体中一般的、普遍的成员标准,是一种基本的常识性标准,因此不能因人而放低这个标准。其次,如果可以放低标准,委托人为自身利益将不会选择新律师,新律师由于缺乏锻炼机会而难以成长和提高,这对整个律师业的发展是不利的。再次,不能降低中等标准是为了保护委托人的利益,使新律师对自己的工作更谨慎、更认真,同时不让委托人在寻求救助中得到不同待遇。

第三种情况属于有待研究、完善的问题。我国目前尚没有法定的专业化领域的律师执业限制,因此也没有对某专业领域内执业律师的注意义务有特别的规定,该领域的律师法律服务也适用一般的律师执

---

① 参见王泽鉴:《民法学说与判例研究》(第 5 册),中国政法大学出版社 1998 年版,第 276 页。

业规范。然而,专业化领域的法律服务确实有着与一般法律服务不同的要求,需要专门化的注意义务才能维护当事人的利益。因此我们认为,在将来对专业化律师执业有特别的准入标准、规范服务标准、获得报酬的标准之前,评价某些专业化领域(如证券、金融衍生品、网络高新技术、航运等)律师的执业过错,也应该参照该领域内执业律师或者一般专业人员中等程度的注意义务。

(二)律师承担民事法律责任的主要行为表现

律师承担民事法律责任一般有违约责任和侵权责任两种。

1. 违约责任行为

违约责任行为一般又分为未全面履行合同义务行为和不适当履行合同义务行为两种。

(1)未全面履行合同义务行为

这类行为包括全部未履行合同义务和部分未履行合同约定义务。前者如诉讼和仲裁案件中的无正当理由拒不出庭,律师见证服务中的不出律师见证书等未尽职行为,后者如刑事辩护委托合同中包含侦查、审查起诉、一审等几个阶段,而承办律师仅提供部分阶段的法律服务等。

尤其应当注意的是,未全面履行合同义务行为还包括不履行某些合同附随义务的行为。所谓的合同附随义务,往往并没有法律的明文规定或者合同中的约定,而是由合同的性质、目的及交易习惯产生的通知、协助、保密、忠实等附随义务。附随义务是以诚实信用原则作为判断标准,目的在于使合同当事人的利益得到最大化的实现。附随义务也是一种合同义务,违反它同样构成违约并应承担违约责任。如第六章"双方代理"案例中律师违反利益冲突规范的行为。

(2)不适当履行合同义务行为

"不适当"主要包括三种:一是时间的不适当。实践中主要是指迟延履行的情况,如未按照规定的时间完成法律意见书;律师在时效期内接受委托,由于没有及时采取措施,导致超过法定时效期限,使当事人丧失了实体上的胜诉权等。二是主体的不适当,如合同指定由某名律师完成的法律服务,而出庭时却由一位新律师代替;未对责任主体进行调查,起诉错误主体,导致败诉。三是形式不适当,如要求以书面进行的法律论证,最后仅以口头回答进行;要求追究故意伤害者刑事责任和民事赔偿责任的,律师没有提起附带民事诉讼;能够以合法方式取得的证据,律师为图方便以非法形式取得,导致有关证据的有效性受到质疑等。①

2. 侵权责任行为

(1) 律师对委托人的侵权责任行为

① 遗失、损坏重要证据。在许多诉讼、仲裁案件中,关键证据遗失或损坏,委托方将承担举证不能的不利后果,这是律师对其委托人权益的严重侵害。② 泄露委托人的秘密或隐私。委托人基于对律师的信任,在委托业务过程中可能披露一定商业秘密或者隐私。律师应当予以保密,不得擅自泄露,否则,即侵犯了委托人的商业秘密或者隐私权。③ 越权代理。最常见的是只有一般代理权的律师,在处理案件时未经委托人特别授权,超越权限实施只有特别授权才能从事的代理行为,并造成了委托人的损失。如律师未经委托人同意,擅自承认、撤回起诉或变更诉讼请求、接受调解等。④ 利用职务便利牟取当事人争议的利益。⑤ 未尽职代理、调查。如财产保全期满前应当申请续保,而没有申请导致被他人先行保全,给当事人利益造成损害等。又如前述案例中的未尽职调查行为造成当事人巨大损失。⑥ 其他违法、违规行为。如律师与对方当事人或对方律师恶意串通损害委托人利益、恶意挑讼或制造纠纷攫取律师费等。

(2) 律师对第三人的侵权行为

① 故意泄露第三人商业秘密或者隐私。律师在从事法律服务中很容易得到第三人的商业秘密或者隐私,尤其在不公开审理的案件中,律师必须负有保密义务,如有违反则构成对权利人的权利侵犯。② 不尊重同行。律师如以损害、诋毁其他律师或者律师事务所名誉、声誉、信誉等不正当手段招揽业务,或为自己做广告,也应承担侵权责任。③ 妨碍对方当事人作证或者威胁、利诱他人提供虚假证明等违

---

① 参见陈舒、詹礼愿:《律师的专家责任》,载《中国律师》2004 年第 1 期。

法手段造成对方当事人或其他第三人利益受损的,也应承担侵权责任。④ 其他因律师的职业行为造成第三人权益受到损害的。如利用执业便利侵占他人财物;律师的错误见证书,直接造成第三方利益损失的情况等。

另外,在证券法律服务中,律师有参与上市公司造假,违反注意义务使信息披露不真实、不全面,缺乏证券法律服务的专业能力,出具的法律意见书等法律文件不符合法律规定等行为,亦应对相对第三人承担民事侵权责任。

三、律师民事法律责任的一些特殊情况

这里说的律师民事法律责任的特殊情况指的是,近年来由于律师事务所的管理问题,导致合伙人与律师事务所之间、其他律师与律师事务所之间、合伙人与合伙人之间,甚至律师事务所与其他律师事务所之间,日益增多的民事纠纷而引出的律师民事法律责任情况。鉴于这些特殊律师民事法律责任关系到律师或律师事务所的切身利益,涉及律师行业的规范管理,关乎律师行业的声誉和健康发展,有必要在此作一介绍。

律师业因内部关系引起的民事责任的情形很多,本质上是利益分配的问题。其产生原因也很复杂,但主要还是集中在管理缺失方面。从涉及此类案件的主体方面看来,受薪律师情况比较简单,因为受薪律师受劳动法律关系调整,在发生纠纷时按劳动合同法规定和聘用律师合同约定来处理,依据相对充分,规范相对成熟,处理起事并不困难。而合伙人、提成律师的情况就相对复杂得多了。

一是话语权、知情权、分配权等问题。尽管按照相关法律和规章规定,合伙律师事务所由全体合伙人依照合伙协议约定,共同出资、共同管理、共享收益、共担风险;合伙律师事务所的财产归合伙人所有,合伙人对律师事务所的债务承担无限连带责任;全体合伙人享有对律师事务所的决策权、知情权、分配权,承担律师事务所的亏损义务。但一些律师事务所根据自身的实际情况,在管理体制设置上并未按这些规定办理。有些律师事务所合伙人分一般合伙人和高级合伙人或管

理合伙人,在成本分配、话语权、知情权和分配权上的待遇亦有明显不同。有些律师事务所对一般合伙人和提成律师只规定一定的提成比例。并没有其他权利。一旦发生账目、成本分摊、利润不足影响年终分配以及对外承担民事责任后的内部追索问题等,就很容易引起内部纠纷,甚至最后对簿公堂。

二是"假合伙"问题。有些律师事务所出于种种原因搞"假合伙",即合伙人律师名为合伙人,其实就是提成律师,而事务所实际就由两个合伙人或干脆一个合伙人管理。这种"假合伙"律师事务所一旦发生对外民事赔偿诉讼,或者律师事务所关闭清盘,或者情势变更内部一方推翻原先协议约定请求合伙人权利,或追索"假合伙人"债务等,也容易引起内部火拼。

三是"隐性"债权债务问题。一些律师事务所在吸收合伙人时并未向新来律师交代律师事务所之前的债权债务情况,或者原账面上属应收债权,但未收回需要账面调整,或者某一合伙人退伙时未作专项审计留有未清债务等,这些不规范的操作都会给今后发生纠纷留下隐患。

四是律师聘用合同约定不明确问题。有的律师聘用合同与法律和规章相违背,有的签订律师聘用合同但并不遵守。大多的律师间纠纷是由于订立的律师聘用合同约定不明确引起的。

通常下列问题比较容易引起律师间的纠纷。如提成律师的提成标准和形式如何界定?是以签订的法律服务合同约定的律师费标准来提成,还是以律师事务所实际进账的律师费标准来提成的?是结案后提成还是到账就提成?律师完成了法律服务后委托人不付律师费,律师事务所有无义务去追讨?事务所怠于行使权利,对提成律师要承担什么责任?提成律师发生意外或病故,律师事务所有哪些义务?又如,律师事务所借用聘用律师的房屋作为办公场所,后该聘用律师提前解除聘用合同,律师事务所和该律师因赔偿损失以及房屋租赁费问题约定不明确而产生争议等。

L律师原在Z律师事务所执业,Z事务所与L律师的聘用合同中约定,受聘期间 L 律师每年完成 10 万元业务创收指标,"三金"由 Z 事务所从律师提成中扣除统一缴纳。2008 年 L 律师在完成当年业务指标后又以 Z 事务所名义与一邵姓当事人签订聘请律师合同,合同约定风险代理,当事人按所得利益的 10% 支付律师费。2008 年年底该案审理终结,但当事人未按约向 L 律师或 Z 律师事务所支付律师费。2009 年 6 月 L 律师离开 Z 律师事务所,双方解除律师聘用合同。2009 年 12 月,L 律师在单独向当事人追索和行使代位权向当事人追索均被驳回起诉的情况下,根据律师聘用合同起诉了 Z 律师事务所,要求 Z 事务所支付工资提成款 5 万余元,后法院以支付条件未成就而裁定驳回 L 律师的起诉。

L 律师是否可以直接向邵姓当事人追讨约定的律师费?Z 律师事务所怠于行使追索权,L 律师是否可以向 Z 律师事务所主张分成?

笔者认为,根据合同的相对性原则,L 律师因为非合同当事人不能直接向邵姓当事人请求支付律师费,只能由 Z 律师事务所向当事人主张权利。

特殊律师民事法律责任甚至还发生在两个不同的律师事务所之间,主要有两类情形。

Z 律师事务所因为 L 律师已经离所,该纠纷与自己利益关系不大而怠于行使到期债权不予起诉,L 律师可以根据双方的律师聘用合同约定的提成条款起诉 Z 律师事务所,主张分配的权利。但法院是否支持 L 律师的诉讼请求,还要看双方律师聘用合同约定的提成标准和形式,即提成是以律师费实际到账后提成,还是签约后开出发票即可以提成,是否还有其他提成的约定成就条件,以及律师事务所怠于行使追索权利,聘用合同有无律师事务所相应承担民事责任的约定等。案例中法院以裁定形式在程序上驳回 L 律师的起诉是错误的,L 律师应当有程序性诉权,该案应由人民法院进行实体上的审理。

一是律师转所后因未完成的法律服务报酬产生纠纷。如某律师原在甲律师事务所执业,手中有几个委托代理案件未最后结案。后该律师转所到乙律师事务所执业,当事人要求律师将案件带到乙事务所由该律师继续完成法律服务,重新签订委托律师合同,但不另外支付律师费。因此,乙律师事务所要求甲律师事务所将原先收取的律师费分一部分给自己,甲事务所不予同意,于是发生争议。

二是律师事务所之间争夺案源侵害对方名誉等。此种情况类似于前述第七章第三节中的"G所王律师恶意低价招揽业务"的案例。

某直辖市中级人民法院分析 2006 年至 2010 年间对涉及律师事务所的 155 件民事案件,发现案件数量逐年上升,案件类型呈多样化发展,案件标的逐步增大,律师事务所败诉比例也在增高。其中,涉及劳动合同纠纷、合同约定提成纠纷、商业诋毁、侵害竞争对手商业信誉纠纷、财产损害赔偿纠纷等律师与事务所之间、律师事务所之间的诉讼占不小的比例。产生律师业内部民事法律纠纷的总体原因一言以蔽之,不外乎缺乏规范操作和管理松懈。其中律师职业商业化是其时代背景,一味强调自己一方利益而忽视他人权利和行业整体利益是其主观动机,签约时忽略瑕疵和履约时不守诚信是其表现形式。因此,事务所的管理必须依法,事务所的运作必须规范,内部立约必须全面、具体、平等,内部履约也必须诚实守信。千万明白一个道理,只有尊重他人,他人才会尊重你。

第四节 律师的刑事法律责任

一、律师刑事法律责任的含义

律师刑事法律责任是指律师在执业活动中因主观上的故意或过失致使自己的行为触犯刑事法律而应承担的刑事法律后果(即刑罚)。律师的刑事法律责任是律师职业法律责任中最严重的责任形式。根据《律师法》的规定,律师因故意犯罪受到刑事处罚的要被吊销律师执业证书,而且以后也不能再申领律师执照、从事律师业务。从犯罪构成的角度分析,律师刑事法律责任的主体为取得律师执业证书的律师;刑事法律责任的主观方面可以是故意,也可以是过失;刑事法律责任的客观方面表现为律师的特定执业行为侵犯了的刑法所保护的某种社会关系。

二、律师刑事法律责任中的几种常见情形

结合《刑法》《律师法》的相关规定和近年来司法实践中律师受刑事法律责任追究的情况分析,以下几种犯罪在律师执业犯罪中较为常见。

(一) 行贿罪

律师在执业中,特别是在诉讼或仲裁案件的代理中,为谋取不正当利益或因自身素质不高受当事人请托,故意向司法人员、仲裁员以及其他工作人员进行贿赂,数额较大的,或者介绍贿赂,指使、诱导当事人行贿,情节严重的,就涉嫌犯行贿罪或介绍贿赂罪。

我国《刑法》第389、390、392条分别规定了行贿罪和介绍贿赂罪的情形和处罚。《刑法》第390条规定:"对犯行贿罪的,处五年以下有期徒刑或者拘役;因行贿谋取不正当利益,情节严重的,或者使国家利益遭受重大损失的,处五年以上十年以下有期徒刑;情节特别严重的,处十年以上有期徒刑或者无期徒刑,可以并处没收财产。行贿人在被追诉前主动交待行贿行为的,可以减轻处罚或者免除处罚。"《刑法》第392条规定:"向国家工作人员介绍贿赂,情节严重的,处三年以下有期徒刑或者拘役。介绍贿赂人在被追诉前主动交待介绍贿赂行为的,可以减轻处罚或者免除处罚。"《律师法》对此也作了相应规定:律师在执业中不得向法官、检察官、仲裁员以及其他工作人员行贿,介绍贿赂或者指使、诱导当事人行贿;律师因行贿罪、介绍贿赂罪受到刑事法律追究的,应吊销律师执业证书。

(二) 伪证罪

我国《刑法》第306条规定的辩护人妨害作证罪,由于该罪状的主体多涉及律师,故俗称"律师伪证罪"。它是指在刑事诉讼中,辩护人、诉讼代理人毁灭、伪造证据,帮助当事人毁灭、伪造证据,威胁、引诱证人违背事实改变证言或者作伪证的,是犯罪行为,应当判处刑罚。根据该条规定,行为人构成辩护人妨害作证罪的处3年以下有期徒刑或者拘役;情节严重的,处3年以上7年以下有期徒刑。同时,《律师法》

也作了相应规定,律师不得故意提供虚假证据或者威胁、利诱他人提供虚假证据,妨碍对方当事人合法取得证据。律师因伪证罪受到刑事法律追究的,应当吊销律师执业证书。

学界以及律师界对于《刑法》第306条的立法设计有很多质疑的声音。实践中,此条已经成为束缚律师进行有效刑事辩护的枷锁,取消《刑法》第306条的呼声很强烈。但在立法修改以前,律师在执业中还是要保持高度警惕,既要尽力维护委托人或犯罪嫌疑人的合法权利,也要保护好律师自身的安全。

(三)泄露国家机密罪

律师虽然不是国家机关工作人员,但是在执业过程中也会接触到国家机密文件和资料,律师对于涉及国家利益的机密文件和信息具有保密义务。我国《刑法》第398条规定:"国家机关工作人员违反保守国家秘密法的规定,故意或者过失泄露国家秘密,情节严重的,处三年以下有期徒刑或者拘役;情节特别严重的,处三年以上七年以下有期徒刑。非国家机关工作人员犯前款罪的,依照前款的规定酌情处罚。"《律师法》第38条第1款规定:"律师应当保守在执业活动中知悉的国家秘密、商业秘密,不得泄露当事人的隐私。"因此,在实践中也有律师因为泄露国家机密而受到刑事法律追究的案例。律师泄露国家机密罪可以是故意犯罪,也可以是过失犯罪。律师故意犯此罪被追究刑事责任的,应当吊销律师执业证书。

三、律师刑事法律责任的相关豁免

律师刑事辩护豁免权一般是指律师在法庭上的辩护言论不受法律追究的权利,即司法机关不得因律师在法庭上发表的辩护的言论而拘留、逮捕律师,或追究律师的刑事责任。广义上律师刑事辩护豁免权还应包括法律赋予辩护律师的拒绝就其执业行为所得知的委托人有关事项向司法当局作证的权利。律师刑事辩护豁免权是律师特有的一种权利,目的是为了律师更好地履行辩护职责,从而更好地保护刑事当事人的权利,体现民主与法制的立法和司法理念,提高律师参与刑事辩护的积极性和主动性。《律师法》第37条第1、2款也作出了相关规定:"律师在执业活动中的人身权利不受侵犯。律师在法庭上发表的代理、辩护意见不受法律追究。但是,发表危害国家安全、恶意诽谤他人、严重扰乱法庭秩序的言论除外。"

　　对于律师在诉讼中享有刑事豁免权,西方国家和中国香港特别行政区有明确的规定。《卢森堡刑法典》第453条规定,在法庭上的发言或向法庭提交的诉讼文书,只要与诉讼或诉讼当事人有关,就不能对它提出任何刑事诉讼。英国有法律规定,律师有权对于与当事人之间的秘密交谈和通信,包括有关诉讼问题以及非诉讼的法律事务拒绝作证。日本和德国的刑事诉讼法中也有类似的规定。由此看来,律师作证豁免实际上就是律师保守职务秘密的权利。这在1990年9月7日第八届联合国预防犯罪和犯罪待遇大会上通过的《关于律师作用的基本原则》中得到了充分的反映。该《基本原则》第8条规定:"遭逮捕、拘留或监禁的所有的人应有充分机会、时间和便利条件,毫无迟延地、在不被窃听、不经检查和完全保密情况下接受律师来访和与律师联系协商。这种协商可在执法人员能看得见但听不见的范围内进行。"第20条规定:"律师对于其书面或口头辩护时所发表的有关言论或作为职责任务出现于某一法院、法庭或其他法律或行政当局之前所发表的有关言论,应享有民事和刑事豁免权。"这是联合国关于刑事豁免权的具体规定。第22条进一步规定:"各国政府应确认和尊重律师及其委托人之间在其专业关系内的所有联络和磋商均属保密。"世界刑法学协会第十五届代表大会《关于刑事诉讼法中人权问题的决议》第14条亦规定:"一切证据调查必须尊重职业秘密特权。"《英格兰和威尔士出庭律师行为准则》也规定:"在通常情况下,律师对他在法庭辩论中的言论享有豁免权。"英国法律规定:律师在执业时,对第三者不负诽谤的责任;出庭律师在处理诉讼案件时,有不负疏忽责任的权利。法国有一不成文的法律:不能在律师住所逮捕罪犯或被告人;警察局和检察院虽然可以在律师住所寻找有罪行的文件,但不能寻找委托人罪行和过失的线索;律师与委托人之间的通信,既不能被查封,也不能被拆看,受到法律的绝对保护。但法国也同时规定了律师不得利用这种豁免权作为对抗司法机关的借口,如果律师有不尊重法庭的行为,法庭可以向检察长反映,让检察长向该律师隶属的律师协会建议给予律师纪律处分。《香港事务律师执业行为操守指引》《香港大律师执业行为守则》《香港事务律师执业指令》中均有明确规定:"执业大律师和事务律师在出庭代理诉讼时,对第三者不负诽谤罪的法律责任。"

律师刑事辩护豁免权的重要价值在于维系当事人与律师之间的信赖关系,以保护委托人的利益,同时保障律师依法执业,保护律师人身权利不受非法侵害。当然,律师决不能滥用这种权利。

第五节 律师的纪律惩戒

一、律师纪律惩戒概述

(一)律师纪律惩戒的概念

律师的纪律惩戒,即律师的纪律处分,是指律师协会对律师和律师事务所违反律师职业规范的行为作出的行业处分。律师的纪律惩戒是一种律师行业责任,它是律师和律师事务所违反律师职业规范而产生的一种纪律责任。这种纪律责任具有一定强制性,它由律师协会的纪律惩戒委员会根据全体律师制定通过的惩戒规范,对违规律师或者律师事务所进行纪律处分。

(二)律师纪律惩戒的种类

律师的纪律惩戒种类目前有训诫、通报批评、公开谴责和取消会员资格四种。惩戒等级中,训诫最轻,通报批评其次,公开谴责再次,取消会员资格最重。其中,取消会员资格的纪律处分需要有前置条件,即必须有司法行政机关先给予违法违规的律师吊销律师执业证或者律师事务所执业许可证的行政处罚后,律师协会才能对该违规律师或者违规律师事务所处以取消会员资格的惩戒。因为根据《中华全国律师协会章程》的规定,执业律师和律师事务所是当然的律师协会会员,如不吊销律师或者律师事务所的执业证书,律师或者律师事务所的主体资格还在,取消其律师协会会员资格就与章程规定相冲突。

对一名律师的违规行为来说,有时一个行为会面临多种处罚,即该行为产生违反规范和违反法律的竞合,甚至触犯几种法律。比如,某律师在代理一商事诉讼案件时行贿主审法官,他就可能面临着被判刑、被司法行政机关吊销律师执业证书以及被律师协会处以取消会员资格的行业纪律惩戒三种处罚。这种一事两究或一事多究的情况同样会适用于律师事务所的违规行为,但律师事务所并不存在受刑事处罚的问题。

律师协会有时也会对律师的非执业不道德行为予以纪律惩戒。只要该律师的不道德行为影响了律师职业的声誉,损害了律师行业的整体利益,律师协会根据投诉也应对其行为予以纪律处分。但律师纪律惩戒主要是针对律师的违规执业行为的。

(三) 律师纪律惩戒的目的

对律师纪律惩戒的目的是加强律师行业的自律,维护律师行业的整体利益,正本清源,树立律师职业的良好执业观,使律师更好地维护当事人的合法权益,维护法律的正确实施,维护社会的公平正义。惩戒只是手段,教育和自律才是目的。

二、律师违反执业纪律的几个常见类型

律师违反执业纪律的情况很复杂。实践中,私自收费、乱收费、虚假承诺、利益冲突、不尽职代理等情况比较常见。

据上海市律师协会第八届理事会工作报告统计,至 2011 年 3 月全市共有律师事务所 1 077 家,执业律师一万两千四百多人。自 2008 年至 2010 年底三年里,上海市律师协会纪律委员会共接听电话投诉 1 486 件,接待到会投诉 432 人次。其中,正式受理投诉案件 568 件,涉及未尽职代理 172 件,违规收费 52 件,利益冲突 24 件,其他类(包括虚假承诺、不正当竞争、事务所未规范管理等)190 件,安排理事值班接待共 273 人次。从中可以看出律师违反执业纪律的几个常见类型。

(一) 不尽职代理

律师的不尽职代理是指律师未能勤勉尽责为委托人提供有效的、专业的法律服务。通常表现为律师缺乏专业的法律技能,提供错误的法律服务,没有正当理由未出庭代理或辩护,未尽职调查、了解案情、搜集证据,未按照法律规定的期间、时效以及与委托人约定的时间办理委托事项,丢失当事人重要证据、文件,未及时答复委托人需要了解的委托事项办理情况等情形,造成委托人利益受损。

《律师执业行为规范》(2009年修订版)第35条规定:"律师应当充分运用专业知识,依照法律和委托协议完成委托事项,维护委托人或者当事人的合法权益。"第37条规定:"律师应当严格按照法律规定的期间、时效以及与委托人约定的时间办理委托事项。对委托人了解委托事项办理情况的要求,应当及时给予答复。"第39条规定:"律师应谨慎保管委托人或当事人提供的证据原件、原物、音像资料底版以及其他材料。"第41条规定:"律师接受委托后,无正当理由不得拒绝辩护或者代理、或以其他方式终止委托。"根据《律师协会会员违规行为处分规则(试行)》第11条规定,律师不尽职代理的由律师协会视情节轻重给予训诫、通报批评、公开谴责的纪律惩戒。

(二) 私自收费和乱收费

律师私自收费和乱收费是指律师或者律师事务所未按规定由律师事务所统一收费,或者律师收费后未向委托人出具发票,以及未按规定标准或双方约定标准超额收费或者收取规定律师费以外费用的执业违规行为。由于第六章已对私自收费和乱收费有专门论述,这里就不再赘述。

私自收费和乱收费违规行为可以发生在律师身上,也可以发生在律师事务所方面。因此,律师和律师事务所都可以是律师私自收费和乱收费行为的责任承担主体。《律师协会会员违规行为处分规则(试行)》第11、14条规定,对律师或者律师事务所私自收费和乱收费行为的由律师协会视情节轻重给予训诫、通报批评、公开谴责的纪律惩戒。律师事务所由于私自收费和乱收费行为被司法行政机关处以停业整顿的,在停业整顿期间拒不改正的,可以由省、自治区、直辖市律师协会取消会员资格,同时报请同级司法行政机关吊销其律师事务所执业证书。

(三) 虚假承诺

律师虚假承诺是指律师为了获取业务,与当事人建立委托关系,而对当事人进行误导和承诺满足当事人的诉求,或者接受委托后违反法律规定、违背事实向委托人作出满足其诉求承诺的执业违规行为。但律师的辩护、代理意见未被采纳,不属于虚假承诺。《律师执业行为规范》(2009年修订版)第43条规定"律师根据委托人提供的事实和证据,依据法律规定进行分析,向委托人提出分析性意见",该条指出了律师向当事人提供相关法律服务的规范化意见。根据《律师协会会员违规行为处分规则(试行)》第11条规定,律师作虚假承诺的由律师协会视情节轻重给予训诫、通报批评、公开谴责的纪律惩戒。

(四)利益冲突

利益冲突是指律师或者律师事务所在从事当事人委托事务中,因自身利益或者受当事人之间利害关系影响做出可能损害当事人利益情形的执业违规行为。利益冲突分同时性利益冲突与连续性利益冲突,直接利益冲突与间接利益冲突。在律师与委托人之间的关系中律师处于相对强势地位,因此为了保障律师职业的公正性和公平性,利益冲突的回避制度要求当律师与委托人之间存在明显的或者潜在的利益冲突时,律师一方应该退出委托事务,以确保委托人的利益不受损害(在某种间接利益冲突的案件中,当事人书面有豁免承诺的情形除外)。由于第六章已对利益冲突的常见类型及其预防和处理有了专门论述,这里就不再赘述。

《律师执业行为规范》(2009年修订版)第50条专门规定了律师利益冲突的禁止性规范。《律师协会会员违规行为处分规则(试行)》第11、14条规定,对律师或者律师事务所违反利益冲突规范的行为,由律师协会视情节轻重给予训诫、通报批评、公开谴责的纪律惩戒。律师事务所由于违反利益冲突规范被司法行政机关处以停业整顿的,在停业整顿期间拒不改正的,可以由省、自治区、直辖市律师协会取消会员资格,同时报请同级司法行政机关吊销其律师事务所执业证书。律师事务所违反利益冲突规范情节特别严重的由司法行政机关直接吊销执业许可证后,省、自治区、直辖市律师协会可以加处取消会员资格。

三、律师违反执业纪律的惩戒程序

律师违反执业纪律的惩戒实施机构是律师协会的纪律委员会(惩

戒委员会），中华全国律协设立纪律委员会负责律师行业处分相关规则的制定及对各级律师协会处分工作的领导与监督。律师协会秘书处设有纪律部，为纪律委员会的日常工作机构，负责接待投诉或接受有关部门移送的投诉，办理投诉受理手续，记录、制作、送达相关纪律惩戒工作的文书，以及办理纪律委员会日常程序性工作和制作警示、通报、工作总结等。

纪律惩戒等级为训诫、通报批评、公开谴责的，由省、自治区、直辖市及设区的市律师协会实施；纪律惩戒等级为取消会员资格的，直接由省、自治区、直辖市的律师协会实施。律师协会只负责处理属于本会考核管理的个人会员和团体会员。对律师违反执业纪律的惩戒程序可分为投诉、立案、调查、作出拟处理决定和处分决定、听证、复查、执行几个阶段。

（一）投诉

投诉人可以采用信函、电话、传真和直接来访等方式投诉，也可以委托他人代为投诉。纪律部工作人员应当制作接待投诉的记录，填好投诉登记表，妥善保管好书面证据材料，建立会员违规档案。有条件的律师协会最好建立投诉接待的电子信息库，对投诉律师违纪情况进行经常性的动态关注并随时跟踪工作进展。工作人员接待投诉时有权要求投诉人提供律师违纪的具体事实和相关证据材料。

对于当面投诉的，应当认真做好笔录，必要时征得投诉人同意可以录音。投诉时，无关人员不得在场旁听和询问。记录的主要内容须经投诉人确认无误后签字或盖章。对于信函投诉的，应当建立收发、登记、转办和保管等工作制度。电话投诉的，要耐心接听，认真记录。对司法行政机关委托调查的投诉案件，应当办理移交手续。

纪律委员会应在接到投诉案件后的7个工作日内对案件作出是否立案的决定。

对于下列情况纪律委员会不予立案：虽有违法、违纪的事实，但不符合本纪律委员会受理范围的；不能提供基本证据材料或证据材料含糊不清的；证据材料与投诉事实没有直接或必然联系的；匿名投诉的。纪律委员会对于不予立案的投诉应在10个工作日内向投诉人答复并说明理由,但匿名投诉的除外。

(二) 立案

纪律委员会对于投诉案件经初步审查后,有证据认为被投诉会员的行为构成违法、违纪,可能予以纪律惩戒的,应当予以立案。对于立案的投诉案件,纪律委员会应于10个工作日内(偏远地区可以适当延长)向被投诉会员发出通知,要求被投诉会员到律师协会说明情况,回答质询,并提供书面答辩。未提交申辩意见的,视为放弃权利。

投诉案件的立案,各律师协会可以制定专门规定,既可以由全体纪律委员会成员表决确定,也可以由纪律委员会主任会议决定。为了方便工作和加强效率,对于投诉量大、纪律委员会人员多的律师协会,以纪律委员会主任会议决定投诉立案更为适宜。

(三) 调查

纪律委员会对于立案的违纪案件应指派两名调查员进行专案调查。同时,可以要求被投诉会员在规定的期间内提供承办涉嫌违纪案的全部卷宗包括相关材料的原件,有特殊原因无法提交原件的,应提交全部卷宗的复印件并由律师事务所盖章证明其真实性和完整性。

纪律委员会必须全面、客观、公正地审查有关证据。被投诉会员应当如实回答调查人员的询问,并有义务协助调查,对调查员的调查不得进行阻挠。调查员除确实需要当面核实材料外,不得向被投诉会员直接出示投诉材料及其复印件。纪律委员会根据案情需要,可以凭律师协会介绍信向有关部门进行调查或搜集证据。调查应当制作调查笔录。调查中如发现案件涉及刑事犯罪或者有重大社会影响,纪律委员会应及时报告同级司法行政部门和上一级律师协会。

调查员对违纪专案调查终结后,应当制作调查报告,并提出被投诉会员行为是否构成违纪和是否需要进行纪律惩戒的调查意见,供纪律委员会讨论表决。

(四) 作出拟处理决定和处分决定

对调查终结的案件,纪律委员会应当召开全体会议,根据不同情况表决作出拟处理决定:确认会员有违规违纪行为,依据《律师协会会员违规行为处分规则(试行)》给予相应的处分;撤销案件或不予处分；建议司法行政机关给予行政处罚。纪律委员会对立案违纪案件的最终处理，应当集体作出决定。会议人数至少应由三分之二以上的委员出席，决定由出席会议委员的三分之二以上的多数通过。若出席会议的委员均同意给予被投诉会员以纪律惩戒，但对惩戒等级有不同意见，且不同等级的惩戒表决通过委员人数均未达到三分之二以上的，应向全国律协请示。上海市律师协会纪律委员会对某一专案处理过程中曾经出现此种情况，经向全国律协请示后，全国律协同意上海律协纪律委员会的意见，即几种惩戒等级里取较轻的一种作为最终通过的纪律惩戒决定。现在该请示答复已成为处理此类程序问题的准则。

被投诉会员放弃听证权利或者听证庭维持纪律委员会拟处分决定的，纪律委员会应当再次召开全体会议表决通过对被投诉会员的正式处分决定。若听证庭有与纪律委员会拟处分决定不同的意见，纪律委员会也应当召开全体会议讨论，最后表决作出正式处分决定。已通过的决定应当正式制作决定书。纪律委员会委员及其工作人员严守工作纪律，对决定评议情况严格保密。

正式处分决定书经纪律委员会主任审核后，由律师协会会长签发。决定书应当在签发后的15个工作日内送达被投诉会员。

（五）听证

纪律委员会作出拟处分决定后，应当向拟被处分会员通知到会陈述、申辩和发出申请听证权利告知书。拟被处分会员在接到申请听证权利告知书后7个工作日内，有权向纪律委员会提出书面听证申请。拟被处分会员没有在规定期限内提出听证申请的，视为放弃申请听证权利。根据《上海市律师协会会员处分程序规则》[①]的补充规定，纪律

---

① 由于全国律协《律师协会会员违规行为处分规则（试行）》中对相关处罚程序规定的较为笼统，实践中往往难以把握具体程序，也时常有会员为此提出质疑，影响了纪律惩戒工作的正常进行。上海市律师协会依据《律师协会会员违规行为处分规则（试行）》第66条规定"各级律师协会可根据本地区情况，制定补充规则"，在不违反全国律协规范的基础上，制定了该处分程序规则，并经理事会通过施行。该规则是对《律师协会会员违规行为处分规则（试行）》某些操作性的程序的补充。

委员会收到听证申请的,应当在 30 个工作日内组织听证。

听证庭由 3 至 7 名听证员组成。拟处分训诫的听证庭应由 3 名听证员组成;拟处分通报批评的听证庭应由 5 名听证员组成;拟处分公开谴责或取消会员资格的听证庭应由 7 名听证员组成。同一案件中,拟处分多人并分别拟处不同等级行业处分的,听证庭的听证员人数根据拟处最高等级行业处分组成。听证庭有一名首席听证员,听证庭的书记员由纪律部工作人员担任。

拟被处分会员应亲自到庭参加听证,同时可以委托其他会员作为其申辩代理人。纪律委员会派出的调查员应参加听证并向听证庭提出拟被处分会员违规、违纪的事实和证据,以及纪律委员会拟作出的处分决定。拟被处分会员在听证中有权为自己进行申辩并作最后陈述。听证应制作听证庭笔录并由拟被处分会员阅看签字。听证不公开进行。

听证庭闭庭后,听证员应当就拟被处分会员的违纪事实是否属实进行合议,经半数以上听证员同意,形成听证庭意见。

因调查案件、听证程序所发生的费用,经纪律委员会确认有违纪行为并应予以纪律处分的,纪律委员会可以责令违规会员所在的律师事务所承担,律师事务所承担费用后可以向违规会员追索。

(六) 复查

省、自治区、直辖市律师协会应设立会员处分复查机构(复查委员会),负责受理复查申请和作出复查决定。复查委员会由业内和业外专业人士组成。纪律委员会委员不能参加复查委员会。复查委员会设主任委员一名,副主任委员、委员若干,由常务理事会或理事会提名决定。

会员对纪律委员会作出的决定不服的,可在接到决定书的 30 个工作日内向律师协会复查委员会申请复查。申请复查必须具备以下条件:该申请复查的决定必须是纪律委员会作出的;申请复查的决定是尚未实际执行的;申请复查应包括具体的复查请求、事实和证据;申请复查必须在规定的期限内提出。

复查委员会收到复查申请后组成复查组。《上海市律师协会会员处分程序规则》规定,复查组是复查个案的工作组织。复查组成员由复查委员会主任在复查委员会成员中确定。给予训诫等级处分的,复查组应由3人组成;给予通报批评等级处分的,复查组应由5人组成;给予公开谴责和取消会员资格等级处分的,复查组应由7人组成。复查组组长由复查委员会主任指定。

复查组应在查明事实基础上于15个工作日内对申请复查的处分决定进行书面审查,并作出经过复查组半数以上成员同意的复查决定,制作复查决定书。复查决定可以维持、撤销、减轻、补正纪律委员会的处分决定,也可以发回纪律委员会要求其重新审理,但不得加重处分等级。除发回重审决定外,复查决定为最终决定。

(七) 执行

对生效的纪律处分决定,应当交付纪律委员会具体执行。《上海市律师协会会员处分程序规则》规定:对训诫的执行方式,一般通知被处分会员到律师协会向其宣读训诫决定书,被处分会员拒不接受训诫的,可以公告形式在律师协会的杂志上登载训诫处分的书面决定;对通报批评的执行方式,一般以书面通报形式将通报批评处分决定发至律师协会的全体团体会员;对公开谴责和取消会员资格的执行方式,一般在业内外刊物或其他媒体上刊登公开谴责和取消会员资格的决定,并以书面通报形式将公开谴责和取消会员资格处分决定发至律师协会的全体团体会员。

纪律委员会委员和工作人员如与投诉人、被投诉会员、案件中其他人有利害关系冲突的或其他可能影响案件公正处理的情况,应当主动回避。被投诉会员也有权申请其回避。

事实上,律师的法律责任和行业纪律责任是可以规避的,律师的绝大多数执业风险也是可以有效避免的。预防律师的职业责任和执业风险最有效的方法就是加强律师、律师事务所和律师行业协会的自律管理。只要进一步加强、完善法制建设和律师行业的规范建设,每一位律师能够勤勉尽职、严格自律,每一个律师事务所能够加强管理、规范运作,律师的明天一定会更加灿烂、辉煌。

结语　律师的职责

为了更全面、深刻地理解和更谨慎地遵守律师职业道德的各项规范要求，以及为了全体律师更深刻地思考如何完善中国的律师执业行为规范，这里援引《美国律师协会职业行为示范规则（2004）》[①]的序言《律师的职责》，作为本书的结语。

律师的职责

律师，作为律师职业的一员，是委托人的代理人，是法律制度的职员，是对司法质量负有特殊职责的公民。

作为委托人的代理人，律师执行多种职能。作为建议者，律师使委托人明确理解其法律上的权利和义务，向其解释这些权利和义务的实践含义。作为诉辩者，律师按照对抗制的规则，热诚地维护委托人的立场。作为谈判者，律师追求有利于委托人的结果，但是也遵循诚实对待他人的要求。作为评估人，律师考察委托人的法律事务，并就此向委托人或者他人报告。

除了这些代理职能外，律师还可以作为中立的第三方，通过非代理职能，来帮助当事人解决争端或者其他事项。本《示范规则》的一些规定，直接适用于作为或者曾经作为中立第三方的律师。如规则1.12和2.4。此外，还有一些规则适用于并没有积极执业的律师，或者以非职业律师身份行事的执业律师。例如律师在商业活动中的欺诈行为将会因其从事了涉及不诚实、欺诈、欺骗或者不实陈述的行为而受到惩戒。

---

①　参见《美国律师协会职业行为示范规则（2004）》，王进喜译，中国人民公安大学出版社2005年4月版，第3—5页。

在所有的职业职能中,律师都应当称职、迅捷和勤奋。律师应当就代理事项与委托人保持交流。律师应当就与代理委托人有关的信息保守秘密,但《职业行为示范规则》或者其他法律要求或者允许披露者除外。

律师的行为应当遵循法律的要求,无论是为委托人提供职业服务,还是在律师业务或者个人事务中均应如此。律师只应为了合法目的而不能为骚扰或者胁迫他人而诉诸法律程序。律师应当对法律制度和那些为之服务的人——包括法官、其他律师和公务人员——表示尊重。虽然在必要的时候对公务行为的正当性提出质疑也是律师的责任,但是维护法律程序也是律师的责任。

作为公民,律师应当追求对法律、对法律制度的使用、司法和法律职业服务质量的完善。作为一门博学职业的一员,律师应当不仅仅为服务于委托人而研习法律知识,应当把那些知识运用于法律改革和加强法律教育的工作中去。此外,律师应当促进公众对法治和法律制度的理解和信任,因为在一个宪政民主中,法律机构权威性的维护,取决于大众的参与和支持。律师应当关注司法中的缺陷,关注穷人(有时并不是穷人)支付不起足够的法律帮助费用这一事实。因此,所有的律师都应当投入职业时间和资源,并运用个人影响,来保证所有那些因为经济或者社会障碍而雇不起法律顾问或者不能获得足够的法律建议的人能平等地诉诸我们的司法制度。律师应当帮助法律职业追求这些目标,应当帮助律师协会为了公共利益而规制自身。

律师的许多职业责任规定在了《职业行为示范规则》以及实体法和程序法中。然而,律师同样也受个人良知和同业赞同的指导。律师应当努力达到义务技能的最高水平,努力完善法律和法律职业,并为法律职业为公共服务的理想而垂范。

律师作为委托人的代理人,作为法律制度的职员和公民,其职责通常是和谐一致的。因此,当对方当事人得到很好的代理时,律师就可以作为一个热诚的诉辩者为其委托人服务,并认为公正正在实现。同样,律师可以确信,保守委托人的秘密通常是为公共利益服务的,因为当委托人知道其与律师进行的交流将被保密的时候,他们更可能会来寻求法律建议,因而注意他们的法律义务。

然而,就律师执业活动的性质而言,各职责之间的冲突是不可避免的。事实上,所有困难的道德问题,都是源于律师对委托人的职责、对法律制度的职责以及律师在作为一个道德的人同时挣得一份满意的生活的自身利益之间的冲突。《职业行为规则》常常规定了解决这些冲突的条件。然而,在这些规则的框架中,也会产生许多关于职业酌定权的困难问题。这些问题,必须通过运用构成这些规则的基本原则指导下的敏锐的职业和道德判断力加以解决。这些原则包括律师在法律的界限内热忱保护和追求委托人的合法利益的义务以及对所有参与法律制度的人保持职业性的、礼貌和文明态度的义务。

法律职业在很大程度上是自治性。虽然其他职业也被赋予了自治的权力,但法律职业在这方面是独一无二的,因为在这一职业与政府和执法程序之间,存在着紧密联系。针对法律职业的最终权力在很大程度上被赋予了法院这一事实,说明了这种联系。

就律师应当遵循其职业(professional calling)上的义务而言,受政府规制的需要被排除了。自我规制也有助于不受政府的控制而保持职业上的独立性。一个独立的法律职业是保证政府依法办事的一支重要力量,因为法律权力的滥用更容易受到一个其成员的执业权利并不仰赖于政府的职业的挑战。

法律职业的相对自主权也同时产生了自治的特殊职责。该职业有责任保证其制定的有关规则孕育于公共利益而不是为了促进律师业狭隘的、自私的利益。每个律师都有责任遵守《职业行为示范规则》。律师也应当为使其他律师遵守这些规则而提供帮助。疏怠这些职责,将会损害这一职业的独立性及其所服务的公共利益。

在对社会的维护中,律师发挥着至关重要的作用。这种作用的发挥,要求律师们理解律师与我们法律制度的关系。《职业行为示范规则》,当其被恰当地运用时,有助于阐释这种关系。

之所以引用此文作为本书结语,就是希望无论是在律师职业伦理的教学、研究中,还是在律师执业的具体过程中,都要意识到这样一个问题:律师的执业实践可能产生多重身份。在这些不同身份之下,存在多种可能性,即关于道德、伦理的要求有时是一致的,有时是冲突的。这些困惑有些是律师职业伦理问题,有些不一定是律师的职业伦理问题,但是所有这些问题却因为"这个人"身为律师而比普通人要面临更多的困惑,必须解决更多的问题。有些问题,去面对和解决它是痛苦的(就像本书第五章第一节提到的美国纽约"快乐湖"案件中律师的痛苦),但是身为律师却无法回避,也不能逃避。因此,对于律师职业伦理问题,也要意识到存在多种可能的选择,而律师的选择会影响到委托人以及其他一些人的利益,甚至也会影响到自己的利益,所以,身为律师在多种可能的选择中,只能善意地理解,谨慎地处理和建设性地去解决,而无法也不能把律师职业操守的监督方或者利益相关方放在如法庭对立方的位置去思考和解决职业伦理问题。而这正是律师们的困难所在,也是律师职业伦理教学和研究中的难题。这本书的推出,不仅表达了作者们的思考,也体现了作者们愿与所有律师、所有法律职业伦理教学和研究工作者以及热爱律师职业的人们共同面对这些难题的勇气。

附件　律师职业操守教育教学相关问题探讨

在法科学生的教育以及在全国律师执业基础教育培训中安排学习律师职业操守的目的是希望通过学习和培训,将律师职业操守的具体要求转化为法律人的自觉行动,即由职业操守的外在要求转化为学生、律师自身的内在价值和精神追求。① 但是,对于职业操守的学习与知识和技能的学习有巨大区别。知识学习解决的是"懂与不懂"的问题,技能学习解决的是"会与不会"的问题。而职业操守的学习与培训,要解决的不仅仅是认知和理解问题,还要解决"价值认同"问题,更要解决"做与不做"的问题。如果对职业操守的学习不能够引导和支配律师的行为,那么这种学习和培训就没有达到目的。

职业操守学习的这一特点,就要求无论是在学校的学习,还是在律师教育培训过程中,要采取符合职业操守学科学习特点的教育教学方法。但是,鉴于目前全国法律职业伦理学科研究相对薄弱、学科体系发育尚不成熟、师资极其匮乏以及教育教学相对滞后的现状②,还没

---

① 这个过程在理论上称之为"道德内化"。关于法律职业伦理内化的理论知识,参见李本森主编:《法律职业道德》,中国政法大学出版社2004年版,第26—80页。

② 与法学知识性教育的成效相比形成极大反差。时至今日,法律职业道德教育仍然是法学教育中的薄弱环节。美国现代形式的法学院虽然有一百多年的历史,但是,将法律职业责任或者法律职业道德单独作为一门课程开设也只是在1972年水门事件之后。中国在国民政府时期,除中央大学和东吴法律学院外,其他学校都没有设置法律伦理学课程(参见孙晓楼:《法律教育》,中国政法大学出版社1997年版,第25、34页),截至目前为止,全国各法律院(校)系开设法律职业道德方面课程的很少,即使在少数开设该课程的院校法律职业道德方面课程的课时也很少。总之,法学院的学生以及法律职业者的职业意识、职业道德水平总体上不容乐观。

有产生在全国范围内获得一致推崇的律师职业操守教育教学方法。

在此,笔者结合自己多年的教学经验、研究成果和培训体会,在对各种教学方法进行比较的基础上,推荐一种能够产生身心体验感的"场景体验式教学法",希望能为法律职业伦理教学提供一些有益的参考。

一、律师职业操守教育的教学目标

（一）教学目标

目前,我国法律界并不缺乏执行法律的人,缺乏的是有法律智慧与正义良知、训练有素的法律职业人。因此,职业操守教育应该成为法律职业教育整体内容的组成部分,共同担负造就法律人才的任务。

法律人通过学习法律,在内心形成一种秩序的观念,认识到法律职业的最终价值就在于对社会秩序的贡献。律师不应该仅仅成为运用法律的技师,而应该能够适应社会主义市场经济需要,成为对法律在一个社会中的功能与价值具有批判性的认识能力,具有追求社会正义和为社会法制完善作贡献的司法理念,能够促进社会长远进步的人才。笔者认为,法律职业伦理教育应该成为法律职业教育的灵魂。律师职业操守的学习更应该有助于达成这样的教育目标,有助于律师成为这样的人才。这也是法科院校和律师执业基础教育培训中开设"职业操守"课程的目的。

需要说明的是,短暂的学习和培训显然难以达成上述目标。将律师职业操守基本内容,由外在要求转化为律师自身的内在精神追求是一个长期的过程,需要经过对职业操守基本内容和基本要求的认知、体验和冲突、认同、自觉遵守四个阶段,才能够使职业操守变成律师个体自身的内在品格,成为其自身稳定的品行和性格的组成部分。当然,这也许是一个终身的过程。

尽管如此,在一些法科院校和律师执业基础教育培训中开设相关课程,起码说明法学界已经开始重视法律职业伦理教育,说明律师管理部门已经将律师职业操守看成律师素养的重要组成部分。而且,通过学习,也可以使学生和新晋律师对律师的职业特性和职业操守的基本内容有一个概括了解、初步体验和初步认同,这将有助于其在将来的执业中良好地遵守律师职业操守的基本要求。

(二) 学习意义

律师职业操守教育应该起到塑造律师职业精神的作用。通过律师职业操守教育,使受教者深刻理解律师职业的精神和理念,能够以良好的职业道德修养对实践中出现的各种情况予以善意理解、准确判断和理性处理,能够时刻维护律师职业的形象和荣誉。从法律职业主体的需要和法律职业的特性角度说,学习律师职业操守具有以下意义:

一是从事法律职业不可或缺。律师职业操守与律师业务与技能是密不可分的,没有良好的职业操守,律师职业也将难以为继。

二是实现律师职业自我管理。律师职业是一个自主自律的职业群体,它通过各种途径或手段实现自我管理。职业操守方面的自律管理是律师自我管理的重要组成部分。

三是保证律师职业享有良好社会地位。律师职业操守的基本内容彰显了律师职业的精神追求和价值取向。因此,律师职业操守教育使律师具备足够的职业道德,就可以在服务社会的过程中向社会展示律师职业的精神追求、职业价值和职业风貌,从而获得社会公众的尊重,有效地巩固和提升律师职业的社会地位。

四是促进律师职业兴旺发达。律师职业道德的状况,将直接影响律师职业的社会信誉和经济效益,关系到律师事业的兴衰成败。而律师职业道德的状况,往往通过律师的职业操守修养表现出来。从这个意义上说,每个律师都是律师职业的代表。因此,加强律师职业操守教育和学习,是形成律师职业群体完美职业形象的基本要求,是维护律师职业在社会中的道德信誉,促进律师职业兴旺发达的必不可少的重要前提。

至于律师职业操守教育和学习在社会整体道德建设方面的作用,更是不言自明的。

二、律师职业操守教育的教学内容

律师职业操守的课程教学与实体法和程序法的教学有很大不同,不能只教授职业道德规则和有关的案例。道德领域的很多内容涉及人与人之间的关系,如律师之间的关系、律师与客户之间的关系、律师与法庭之间的关系、律师与社会公众的关系等。如何处理好这些关系,不是道德内容本身能够解决的,必然要运用实体法、程序法甚至其他学科的知识、执业的技巧以及对职业特性的深刻理解等。因此,律师职业操守课程的教学内容十分广泛。为方便教学,笔者将其总结为律师职业的性质和执业技能、职业道德准则、执业实践的道德难题及其解决、职业责任、人生观和价值观、责任意识等。

(一)律师职业的性质和执业技能

律师职业是一个对于社会秩序有特殊价值的公共职业。要想模范遵守律师职业的道德规范,必须对律师职业的性质,包括律师职业的历史、工作目标、责任或者社会价值等。

律师职业最根本的价值在于,律师可以为社会秩序提供一种主动、积极的保护,使处于这种秩序之中的主体对自己的权利和行为有安全感和预见性,从而保证社会的有序运行。而律师职业的各种技能不可能与律师职业的操守分隔开来,他们之间存在着内在关联。尽到责任、达到称职目标,仅仅学习法律知识是不够的,还要学习和体会律师职业行为规范。律师职业的社会性、专业性、法定性等属性都可以在律师职业道德规范准则中得到体现。

(二)律师职业道德准则

《律师执业行为规范》的内容当然是律师职业道德课程的重要内容。规则的力量可以使不道德行为减少,相应地使符合道德规范的行为增加。但是,应该意识到无论多么完善的准则都不可能穷尽实践中的所有情形。因此学习准则的规定,不只是为了了解、记住条文,而是要通过学习体会到律师职业的责任和义务,体会到律师职业的精神。

(三)律师执业实践的道德难题及其解决

律师执业活动具有复杂性,《律师执业行为规范》永远不可能穷尽执业中的所有情形,律师总是会遇到《律师执业行为规范》没有规定的情形,即道德难题。尽管解决道德难题的知识和能力不完全靠教育获得,但仍然可以通过教育教授给学生以及律师们一些基本知识和思路。美国律师协会将解决道德难题视为律师必须具备的技能之一。"为了以恰当的标准为当事人进行持续的代理,一个律师应熟悉:道德标准的性质和来源;道德标准贯彻的方式;确认并解决道德困境的步骤。"①律师职业操守课程,不能够只讲操守规则的要求,还要讲清楚为什么这样要求,以及遇到具体情形应该怎样做。如律师为什么要拒绝当事人的不当请求以及如何拒绝。如果明白了其中的道理,掌握了一定的技巧,即使遇到课程培训中没有学习到的情况,也能够根据职业精神进行谨慎的选择和判断。

(四) 律师职业的责任

责任和义务是任何一个职业的精髓。律师职业负有不可逃避的社会责任,其责任和义务是律师职业社会价值的集中体现。这里所说的律师职业的责任,不只限于法律责任,而是一个更广泛意义的概念,包括对当事人(客户)的权利和义务、对社会的进步、对法律的发展以及改革的责任。律师们应认识到,律师职业的成就并不单是经济回报,还包括在执业和其他行为中承担起对一个社会的正义、公平和道德的责任。要教育和引导律师树立这样的抱负,并在今后的职业生涯中尽力实现这些追求。

(五) 人生观和价值观

一个人的人生观和价值观是通过长期学习和生活实践形成的,教育只是其中一个环节。尽管如此,律师职业操守教育应该对从业者人生观和价值观的形成与提升也起着重要的作用。我们所要做的就是尽可能使教育因素的正向作用最大化,尽可能减少学生走向社会后违规行事的可能性。

律师们应该认识到,法律中所蕴涵的公平、正义、秩序、平等、民主

---

① 杨欣欣主编:《法学教育与诊所教学方法》,法律出版社2002年版,第8页。

等价值是由法律职业体现的。有学者认为,"法律就是法律工作者本身"。① 所以,在律师职业操守课程的教学中,进行人生观和价值观的教育是永远的内容——一定要使学生和律师体会到律师的人生价值就在于通过恪尽职守的执业工作来促进社会的文明进步、理性发展和有序运行。

(六) 责任意识

这里的责任不是我们通常说的"法律责任",它包括但绝不限于法律责任,是一个内涵更丰富的概念。这里所说的责任,是指一个律师对于社会应尽的责任,是我们在褒扬一个人时所说的责任心。责任心是每一个行业都推崇的道德品质。任何道德规范都靠人的自觉才能够得以遵守,律师职业道德也同样。只有对自己的职业有强烈的责任心,才能够发自内心地去维护职业的利益。律师职业的责任意识,就是将维护法律的尊严,促进社会整体的进步内化成为内心的认识,即出于对法律的信仰自觉地遵守法律,出于对职业的尊崇,自觉地履行职业的法定义务和道德义务。因此,在律师职业操守的教育教学中,就要有意识地强化责任意识,建立职业者的内心确信,自觉地履行职业道德,自觉地维护律师职业的形象和利益。

三、律师职业操守教育的教学特点

律师职业操守的学习主要不在于是否理解教师所讲授的内容,而在于是否相信教师所讲的内容,是否愿意将律师职业操守要求变成自己未来法律实践中身体力行的行为。这是律师职业操守教育与法学其他学科教育、律师执业基础教育培训其他课程最根本的区别。

(一) 教育目标的分散性和间接性

律师职业操守教育,除了完成具体的教学内容和教学目标之外,有一个更高的、更难实现的目标,就是传授正直的品质、美德和民主、

---

① Rand Jack, Dana Crowley Jack:*Moral Vision and Professional Decisions*:*The Changing Values of Women and Lawyers*, 1989, p. 156. 转引自杨欣欣主编:《法学教育与诊所式教学方法》,法律出版社 2002 年版,第 85 页。

秩序的价值观。这样的目标，严格讲不是仅仅依靠职业道德的课程教育可以完成的，即律师职业操守教育的教育目标具有分散性和间接性。

直接教学目标和最终教育目标之间总是有距离的。但在律师职业操守的教学过程中，必须时刻考虑到终极目标，才能够在教学中将律师职业操守的要求一点一滴地融进教学的过程中。

(二) 教育内容的广泛性和课时的有限性

律师职业操守教育不可能脱离律师的职业特性和执业活动、执业知识和执业技能以及社会大环境进行空洞的讲述。所以，律师职业道德教育内容上具有广泛性。但是，无论是法科院校的职业伦理课程，还是律师教育培训的课程，都会受到课时的限制，不可能完成所有教学内容。也就是说，教育内容的广泛性和课时的有限性永远存在矛盾。

(三) 教材的指引性和局限性

任何学科的教育和学习，教材仅仅能反映该学科知识的基本框架和基本内容。本书也只是对律师职业操守的基本内容做了初步的、概括性的描述，也仅仅是为法律职业伦理教育教学提供一个指引和指导。

而且，由教育目标的间接性和教育内容的广泛性以及课时的局限性，也决定了无论选择什么样的著作或者教材作为法律职业伦理的教材，其作用都必将是局限的，它仅仅能够起到指引教学的作用，还需要任课教师根据环境、学员具体情况以及教师自身的知识结构和阅历等情况，安排具体的教学内容，仅仅按照教材内容照本宣科地讲述肯定达不到应有的效果。

在律师职业操守教育培训过程中，学生和律师不仅是教育的客体，也是教育的主体。由于教材存在局限性，就需要用教师的积极性和学员的主动性去弥补。只有教师积极地、热情地、负责任地积极收集教学资料，不断调整教学方法，学员能够用自律的态度和能动的学习方法来学习并积极实践，才能够对律师职业在社会中的角色意义和职业操守要求有全面和正确的理解。

（四）对教学方法和教师素质要求苛刻

职业操守规范中大量包含的是人与人之间的关系和利益，即《律师执业行为规范》其实是调节律师之间、律师与当事人之间、律师与法官之间、律师与社会公众之间的关系的。而这些内容不是通过课堂教学或短暂的培训能够完成的，很多重要的道德规范只有通过亲身实践去感悟和体验，才能够理解并变成自身的价值或行为准则。所以，如果不能够有效调动被教育者学习的主动性，那么再好的教育内容都会成为一种没有效果的说教。因此，这就要求法律职业伦理教学的教学方法必须符合律师职业操守教育的特点和规律，必须采用比任何一门实体法或程序法以及任何法律技能课程更多、更灵活的教学方法，如演讲、讲故事、问答、谈论、角色体验、多学科相互渗透的方法等。

由于律师职业操守教育主要不是知识的学习和技能的训练，而是通过教学达到信念的确立，愿意自觉地遵守律师职业操守的基本要求。因此，与其他知识学习和技能训练课程相比，其对教学方法和教师的教学能力、控场能力等有更高的要求。

由以往实践可知，不同的教学方法以及教师对事业的态度，对其他教师、学生的态度和行为等，都会影响到律师职业操守的教学效果，教师本身的道德素养和具体行为也是学生的榜样和学习内容。这要求教师要有一定的社会阅历，尤其要有律师执业经历，能够将律师职业操守的具体要求与律师业务等内容进行结合，吸引学员从提高业务技能、增强风险防范能力等方面产生主动学习的积极性。同时，也要求该课程教师具有比较高的政治素养，能够客观、积极地看待和分析各种社会现象，能够面对现实激发学员的学习热情和职业责任感，使学员担负起推动社会历史进步的使命。

（五）教学效果考核因素的不确定性

道德的教育，或者职业人格的培养是一件非常复杂的事情。是一个非常复杂的过程，即律师职业操守教育的教学效果评价与实体法、程序法以及律师业务技能的学习不同，考试的分数无法真实反映教学效果，也不能说明学员今后法律实践时的职业道德状况。尽管如此，不能否定律师职业操守教育在学生和律师的职业意识、职业精神和职业品格塑造方面的意义。

（六）环境作用直接影响教学效果

律师职业操守教育的教学中最难以处理的问题可能就是会让学员产生一种"说的是一套，做的是另一套"的感觉，即如果学员不能够正确看待法律执业实践中反映的道德状况，就会直接影响教学效果。众所周知，目前中国法律职业队伍的道德状况不容乐观，而律师职业操守教育又必须使学生产生职业体验，才能够对职业产生认知和认同。而在与实践接触和碰撞的过程中，如果教师不能够进行积极的、正方向的引导，那么实践中的负面信息甚至正面信息也会直接起到影响教学效果的负面作用。作为教师，不能回避现实，要引导学员感受社会整体进步和发展的趋势，看到中国改革开放三十多年来法制建设的巨大进步，帮助学员树立对中国法治未来的信心。

总之，律师职业操守教育培训是一门很重要的但学习起来又比较困难的课程，受学员学习兴趣、教学内容和师资状况等多方面限制。上述特点决定了对于律师职业操守教育教学和培训，必须采取符合其特点的教学方法，充分调动学员学习的主动性。如果方法不得当，教育就成了说教，就不会有好的效果，还浪费了教育资源和学员的时间。

四、律师职业操守教育的教学方法

（一）教学组织形式

教学组织形式简称教学形式，就是为了有效地完成教学任务而形成的一种利于教学活动开展的组织结构。换句话说，就是指为了有效地完成教学任务，使教学活动的诸要素组合和表现出来，即表现为教学中控制教学活动的规模、安排教学活动的时间和利用教学活动的场所等。

关于教学组织形式，在不同的历史时期，曾经出现过不同的教学组织形式类型，美国在 20 世纪 60 年代兴起的诊所教育方式也是一种非常好的教学组织模式[①]，但限于课时以及机制，实施困难很大。律师

---

① 关于诊所教育模式在法律职业道德教育教学中的运用方法与步骤，参见李本森主编：《法律职业道德》，中国政法大学出版社 2004 年版，第 102—115 页。

职业操守教育的非智力因素特点决定了其教学必须采取适合律师职业操守教育特点的教学组织形式。因此,应该在现有基础上,拓宽思路,探讨新的组织形式,充分调动所有教学资源,尽可能多地使用激发学员学习主动性的教学方法,注重多媒体等新技术的应用等。

教育资源的开发、配置和利用问题,本是教育经济学的范畴。如果建立了一种资源开发、培植和利用的意识,就能够在教育资源有限的情况下,在律师职业操守教育教学中主动挖掘和利用一切可以利用的资源,在目前的教育组织模式很难满足教学需求的情况下,尽可能发掘能够产生身心体验的教学组织形式。

(二) 传统教学方法的应用与比较

教学是一种创造性活动,选择与运用教学方法和手段要根据各方面的实际情况统一考虑。常言道:"教学有法,但无定法。"每个教师都应当恰当地选择和创造性地运用教学方法。律师职业操守教育的教学中,采用现行传统的方法进行教学效果并不理想,这里进行简单地比较和研究,以便选择适用或者综合使用。

1. 讲授法

讲授法是教师通过语言系统、连贯地向学生传授知识的方法。它是通过循序渐进的叙述、描绘、解释、推论来传递信息、传授知识。讲授法是各种课程教学普遍采用的最主要的教学方法,对于系统知识的学习是非常必要的,向来被认为是教学的基本方法,即使运用其他方法也都需要配合以一定的讲授。但是,要认识到讲授法既有优点,也有缺点。比如,它能够在较短的时间内有计划、有目的地借助各种教学手段完成教学计划,效率较高,成本费用较低,但讲授法不能够使学生直接体验讲授的知识,如果过多使用,容易使学生处于一种学习的被动状态。这些缺点是显而易见的,而且,因为律师职业操守教育的非智力特点,使讲授法的这些缺点在律师职业操守教育的教学中表现得更突出。

律师职业操守教学和培训,让学员相信教师讲授的内容是很重要的,相信了才会去感悟、去体验,也才能够记住、认可、认同,也才有可能去遵守。这样,讲授法对于阐释律师职业操守的基本原则、基本要求也许是可以的,但是,听懂并不代表相信,更不代表能够在实践中身体力行。律师职业操守教育的教学必须设法使职业操守要求变成律师职业人格的一部分,而如果讲授法不能够有效传递教师对道德问题的深切感受和关注,甚至如果不能够使学员感受到教师本人是所讲授律师职业操守的身体力行者,就会影响到讲授法的教学效果。

因此,采用讲授法,要注意采用以问题为中心的讲授法,即以学员感兴趣的、能够感知的问题出发,结合实例讲解,让学生产生情感体验,这样才能够有效果。

2. 讨论法

讨论法教学,是法律教学经常采用的方法。在教师的指导下为解决某个问题而进行探讨甚至争辩,这样掌握的知识更深刻。讨论法的种类很多,时间可长可短,讨论群体可大可小,可以是对某个重大的问题的讨论,也可以是某个小问题甚至某个具体行为的讨论。

对于律师职业操守教学和培训来讲,会遇到有很多很难处理的具体的道德情形,而且有些问题关系到律师自身的利益。所以,对于法律实践中的问题和难题,采用讨论法能够激发学生或律师的热情,应设法进行深入的探讨,使学生或律师在讨论中经历情感体验过程。在使用讨论法进行律师职业操守教学时,应该注意以下几点:

(1) 设定讨论的问题要有吸引力,能够引起广泛兴趣。比如关于好律师标准的讨论,学生可以根据自己的社会知识提出很多非常具体的问题,如:成功的律师和好律师是不是一回事?拒绝接受自己认为会败诉案件的代理是不是好律师?在办理业务中动用自己的人际关系是不是好律师?忙于工作不顾家庭是不是好律师?等等。

(2) 讨论的问题要有一定难度,可能教材中没有现成的完整答案。讨论的问题,既要有一定的理论深度,又要在学员的知识和经验能够感知的范围内,要能够与实践相联系。比如关于好律师的标准问题,实际上是一个涉及法律体系、律师制度等许多基本理论的问题。尽管用这个词来描述律师职业的道德状况并不贴切,但"好"这个词比较通俗,能够唤起学员的讨论热情。至于律师职业道德状况的科学评价标准,正是需要通过讨论得出的结论。通过讨论发现律师职业道德与大众道德的区别。

（3）在讨论中教师要善于引导和启发学员思考。学员是讨论主体，教师的作用在于把握和控制讨论的方向以及时间节奏，要能够把不同的观点激发出来。因此，教师也可以适时提出进一步的问题，将讨论引向深入。

（4）讨论前要进行必要的准备，讨论结束时要进行总结。进行讨论法教学要想获得较好的效果，要求教师在备课时做出详细计划。根据教学进度、学员的兴趣、知识和经验选择合适的问题，并用恰当的语言表达要讨论的问题，甚至可以将讨论题事先布置下去，并给学生指定一些阅读参考书目。当讨论基本结束时或者虽然没有结束甚至对讨论的问题没有提出解决的方案，但已经把问题的焦点呈现出来时，教师要适时进行归纳，使学生对讨论问题的认识有一个系统的认识，指导学生进一步思考。

以上几点应该也是讨论这种教学方法的组成要素或者也可以称之为实施步骤。在律师职业操守课程的教学中，与讲授法相比，在某些问题的教学上，讨论法的效果要好一些。但是讨论法在教学中始终是一种从属的方法，必须与其他方法结合使用才能在整体教学上取得更好的效果。

（三）个案分析法

个案分析法是法律教学中常用的方法，也是学生比较喜欢的方法，在实体法和程序法的教学中常常被使用。同样，在律师职业操守的教学中，也可以经常使用此方法。使用个案分析法，要注意所选择的案件，无论是真实的事例，还是经过改造的事例，都要有一定的现实性和典型意义。

个案分析的方法，对于律师职业操守教学来讲，如果案例选择适当，效果是明显的，但比较费时。在课时非常有限的情况下，只能选择实践中比较常见又不容易把握的情形，精心设计成可以进行课堂分析的案例。

（四）研究法

研究法是学生在教师的指导下通过独立的探索创造性地解决问

题以获取知识和发展技能的方法。这种方法在法律（学）研究生教育中普遍采用，不失为法学教学的一个好方法。但是，由于律师职业操守的研究和教学刚刚起步，相关资料非常少，让学员进行研究方式学习还有困难。因此，此方法目前在律师职业操守教学中不宜过多采用。

（五）模拟法

模拟法是在法律教学实践中经常采用的，综合了多种教学方法的一种教学方法。模拟法就是学生通过各种假定情形，在教师指导下思考、体验和解决法律职业中各种问题，如我们比较熟悉的模拟法庭活动。但是，通常法律院校的模拟法庭活动只是作为进行实体法和程序法以及律师执业技巧训练课程的教学方法，而没有用于法律职业道德的训练。其实，通过模拟法庭的组织和审判过程，同样可以进行法律职业道德包括律师职业操守的教学。如律师在遇到专横的检察官时能否很好地保护自己的当事人，再如律师之间意见不一致时是否能够互相尊重，教师可以指导学员思考在真实的案件代理中出现此种情形时的行为。

模拟法还可以包括通常说的实验和实习。从完善法科实习以及律师实习制度的角度考虑，如果能够将课程教学与实习，将律师执业基础教育培训与律师实习相互结合，无论是实体法、程序法或者律师技能、律师职业道德的学习或培训都会取得更好的教学效果。

总之，任何一种教学方法都有它的局限性，律师职业操守教育的特点决定了在教学过程中，应该采用更加积极、灵活的教学方法以及多种教学方法的组合来进行教学。如讨论法和研究法的组合，讲授法和讨论法的组合，个案分析法和讨论法的组合，还有问题—发现法、程序教学法等，同时还要积极地探索更加科学的教学方法。

五、新方法尝试——场景体验式教学法

通过上述分析可知，传统教学方法在律师职业操守教学中的局限性是很明显的。关于法律职业道德教育和教学方法的关系，有一个比较好的比喻。"职业道德本身的规则（或更普遍的律师执业规则）在某些方面与比赛规则相似。如果不遵守规则就不能参加比赛,选手虽然也遵守比赛规则,但他的表现实际上是一种特性的反应,似乎与任何规则毫不相干。从这点上说,要赢得比赛(做一个道德的律师),不是通过学习比赛规则(虽然必须知道),而更多的是通过经常性训练(从事律师活动)。就教学方法而言,学习比赛规则可以和比赛分开。选手可以通过阅读和讨论比赛规则很好地了解比赛规则的基本含义和背景,但是,要领会微妙之处,必须亲身体验。"[1]法律职业道德领域的许多内容都含有经验的因素,而且很难用规则的形式去表达,如服务态度好的律师能够看出客户沮丧并安慰他,但不做任何不合理的承诺,这看上去是一种技巧,其实背后隐藏着律师的职业道德。[2] 这些经验无法通过课堂教学全部获得。演讲和讨论式的教学方法已经证明是不够的,对于实践性的教学训练,已经提了很多年了,但多数限于模拟法庭或者参观法庭与协作训练阶段。而且,受课时限制,在法科教学和律师教育培训中,采用模拟法庭或者参观法庭的教学方法也不太现实,必须采用不断创新和有利于目的实现的教学方法。

自20世纪60年代美国兴起诊所法律教育以来,已经在世界范围内掀起了诊所教育的浪潮。我国自2000年9月以来,已经有157所大学加入到法律诊所教育的实践中。[3]

诊所教育方式,使学生不得不面对不确定的事实、矛盾,面对残缺的记忆、判断和知觉,面对当事人并不清晰的、零数的和可变的目标,面对当事人或者证人的情绪和意见等,而且必须针对这些变化不定的情况做出决策。这些经历"让学生体会到了和那些复杂的主观性和人性、不确定的事实情况、实务判断以及职业道德进行互动的经验",而这些在课堂教学、案例教学或者模拟法庭的教学当中都是不可能有的。因为在那样的教学中,当事人、案情都是被事先设计好的,胜诉和

---

[1] 杨欣欣主编:《法学教育与诊所教学方法》,法律出版社2002年版,第185页。

[2] 参见同上书,第187页。

[3] 数据来自中国诊所法律教育网站,参见2013年1月31日信息。

败诉的结果也如同考试的答案一样是事先确定的。因此,诊所教育方式日益受到法律教育界的重视,作为一个新兴学科的法律职业道德教育,已经有法律教育工作者开始积极尝试这种新的教育方式。①

尽管诊所教育方法有很多其他教育方法无法比拟的好处,但是,推行此方法还是会受到很多方面条件的限制,而且时间和经费成本都很高,学生的受益面也很有限。那么,对于法律职业道德这样一种需要情感体验的课程,在没有条件开展诊所教育的情况下,只能采取其他受限制较少的方法。除了传统的讲授方法、讨论方法、个案分析方法外,可以采用包含部分诊所教育要素的教学方法,如利用有限的教学场地进行律师执业场景模拟,笔者称之为"场景体验式教学法"。

(一) 概述

场景再现,是一种由学生创造并扮演法律职业活动中的各种角色,由教师和学生共同设计各种角色的活动和情节,在课堂上模拟法律职业活动,并在教师的启发和引导下思考和解决问题的教学方法。通过场景再现以及学生对场景活动的感受,可以加深对于法律职业以及对法律职业道德的理解。

因为场景是学员亲自参与再现的,又因为不同学员的想象和性格不同,所再现的场景也不会完全相同,从而更能够真实地再现法律实践中的多种情形即多种可能性,使学员感受道德问题的复杂性和这种复杂性对人性的挑战,感受法律职业道德规范的意义和价值。

场景再现是一种接近诊所教育方式的方法,但是,在律师职业操守课程教学中具有比诊所教育更多的优点。在模拟角色的过程中,学员可以尝试着对律师执业中的具体情况作出反应,练习如何作出判断,在尝试中体会学习律师的职业道德规则和职业精神。成功的场景再现活动,既可以给学员提供挑战性的经历,又可以使学生深刻理解教师希望学员掌握的问题。

---

① 参见司莉:《诊所法律教育的中国化实践》,载《信阳师范学院学报》2007年第4期。

(二) 操作方法

教师将学生分成两个组展开辩论,发言的同学假想自己是某种观点或利益的代言人。但这里"场景模拟"作为律师职业操守课程教学中的一种教学方法要复杂一些,需要有一些具体的步骤和方法,分述如下:

1. 任课教师制定场景再现计划

教师应该结合教学内容和进度,对场景再现的主题内容和主要情节,以及模拟活动的时间和组织进行精心设计,事先做出计划。计划内容包括学习目标、模拟的具体内容和方式、角色扮演的书面资料、角色的分配方案、对扮演者和观察者进行指导的内容、对一些关键问题的准备、测评是否达到教学目的的方法和手段等。场景再现的主题内容应该是在律师执业活动中比较常见的现象和比较不容易处理的问题。

2. 在场景再现开始前进行角色分类和分工

角色的设计对于场景模拟活动的效果有着很重要的作用。特定的角色决定了特定的人物关系必须适用特定的律师执业行为规范,所以,对角色进行分类和分工是很重要的,要使全体学员都参与到场景中来,即使是坐在台下的同学也可以观察员的身份进行角色体验,进行积极的思考。场景不断变化,问题不断涌现,所有问题都具有现实性,使每一个学员通过自己所扮演的角色获得角色的心理和情感体验。

3. 进行场景再现,教师要对学员进行必要的指导

在确定了角色种类和具体分工以后,教师只提供再现场景的主题内容,而不必像剧目演出那样提供舞台剧本。这样,再现活动就具有自发性和不确定性,这也是场景再现教学方法的独特之处。教师要善于激发学生积极进行角色创造和情节再造,使一个看似简单的问题变得不简单,使学员深刻体验和思考场景再现过程中出现的道德问题。当活动出现偏离主题的情况时,教师也要进行必要干预。这种干预对于教学活动正常进行和达到教学效果是很重要的。

模拟场景再现过程与演出不同,学生在再现过程中有更大的自主

性。因为没有剧本,学员可以自己决定事情发展的轨迹,老师只是试图使问题变得复杂化,变得更加的接近现实而已。而场景再现与现实不同的是,场景再现的教学活动把现实中可能会在多个空间和时间发生的事情集中在一个时空出现。

4. 对场景活动进行讨论和评价

每次场景再现活动要保证有充裕的时间进行讨论,才能够更深刻地理解场景中所反映出的职业伦理问题、规范要求以及应有的做法。

对于律师职业操守课程教学,最主要的问题是模拟场景是否能够反映法律职业的现实问题和道德困境,因此对教师的教学素养和控场能力有比较高的要求。

总之,由于场景再现的教学方法对于场地、参加人数和活动时间没有特殊要求,既不需要舞台,也不需要法律诊所的办公室,完全可以在学校和培训的教室/课堂上进行,又可以使每一个学生或律师参与到活动中来,利用角色扮演进行体验和讨论,同一主题可以根据教学需要反复模拟再现。因此,既方便进行教学组织,又能够最大限度地利用教学资源。

(三) 特殊作用

在场景模拟再现的过程中,教师可以提出一系列的问题,让不同的学员反复变化着情节进行演示。学员们就像观看短片一样,可以一边看,一边讨论。与观看短片不同的是,无论扮演角色的同学,还是观察评价的同学都能够产生比观看教学片更深切的感受和身心体验。当然,在模拟和讨论的过程中,教师可以向学生讲授一些解决道德困境的技巧,让学员意识到不同的选择会产生不同的结果,即选择存在多种可能性,结果也存在多种可能性,可以使学员在相对比较短的学习时间内就知道在多种可能性的情况下自己某种行为会产生什么样的行为后果。可见,场景体验式教学法在律师职业操守教学中有着独特的作用,是可以尝试使用的一种非常现实的方法。

1. 与课堂讨论相比的优点

与课堂讨论相比,学员的参与性更强,能够对问题有更深入的讨论。由于学员自己亲身模拟场景中的人物和情节,甚至根据自己的想象随意变化情节,能够对所设计场景反映出的道德问题有更深刻的感受,讨论更热烈,对讨论过的问题记忆更深刻,因此更有助于教学目的的实现。

2. 与模拟法庭活动相比的优点

与模拟法庭活动相比,形式更灵活,不受法律规则的约束,尤其不受诉讼法的严格限制;活动内容涉及的范围更广泛;场景情节变化基本不受场地、时间和空间的限制,更能够展现法律职业的复杂性。尤为重要的是,无论什么情节的模拟法庭活动,能够参加模拟的总是少数学员,多数学员是事不关己的旁观者,参加和观看的学员在模拟法庭活动中的收获差别很大,而场景再现活动却可以使在场的全体学员介入到场景中来,共同体验场景活动中体现出的道德问题。

3. 与诊所教育方式相比的优点

与诊所教育方式相比,也表现出多方面的优点。在真实案件的诊所教育方式下,教师对于学员的诊所经历很难控制。这样,某种道德行为和行为的后果可能就出现在不同的学员身上,学员很难感受到自身行为的道德后果并承担相应的道德责任。而场景体验式教学法可以使得实践中多时空发生的情况在较短时间里接二连三地发生,让学员应接不暇,在短时间内感受到法律职业的复杂性和多变性以及处理好相关道德问题的重要性;又由于场景再现活动不承担社会责任,学员没有做错事情的压力。这样,一方面,教师作为组织者对学员进行情绪管理的任务和压力要小得多;另一方面,学员可以在老师的启发下设计更多的情节,既能够调动学员的学习热情,同时也能够使学员产生亲身体验执业过程的感觉,使他们能够通过场景模拟获得在今后法律执业中处理实际问题的经验。

总之,由于场景体验式教学法具有成本低、易组织、易操作、参与度广泛、教学效果好等特点,在目前中国律师职业操守教育总体资源不是很充沛的情况下,比较适合在法律职业伦理的课程教学以及律师教育培训中采用。

后　　记

早在十几年前，我就想写一本关于律师职业道德的书，然而却在写作的过程中发现，如果不搞清楚律师的职业定位——即律师的职业属性这一基本问题，就无法对律师职业道德的很多具体问题进行深入探讨。于是我把主要精力首先集中在律师职业基本定位的研究上，2006年9月中国政法大学出版社出版了拙著《律师职业属性论》。时至今日，我才与另三位作者合作完成了这本《律师职业操守》。没有想到，两本书竟然相隔了7年之久。当然，原因很多，个中滋味只有自己知道。总之，眼前呈现在读者面前的这本《律师职业操守》，是我《律师职业属性论》一书中"律师职业属性决定了律师职业行为规范的主要内容"这一观点的深化和具体化。

回想自己自1985年参加工作以来的所有经历，似乎每一步都在为这本书的写作提供素材和滋养。

2000年以前，我做了近15年的专职律师，不仅为中国的律师事业奉献了自己的青春年华，也对这个职业产生了深深的热爱。这种热爱使我深刻感悟着法律职业尤其是律师职业的职业精神和职业价值，切身体会着其中所蕴含的职业伦理和法律伦理。而且，期间身经百战的经历也引发了我的诸多思考，成为我日后进行律师学、律师职业伦理以至于法律职业伦理研究的不竭源泉。

2001年以来，我连续四年担任独立课程"律师职业道德"的教学任务，逐步形成了律师职业道德课程教学体系；连续八年在自己担任的审判学课程中安排10课时的法官职业伦理教学内容，使我对法官职业道德也有了一定程度的认识；完成了22万字的河南省教育厅高等教育教学改革项目《法学课程中国式诊所教育的理论和实践研究》，并以该课题为依托，组织带领20名学生进行了为期一年的诊所教育各个环节或要素的教学尝试，（与学生们一起进行的教学实践不仅发现了很多切实的法律职业伦理问题，促进了我的思考，而且学生们的感受和体会对我后来所进行的研究以及"场景体验式教学法"的形成有极大的促进作用）；也曾参加过福特基金会资助举办的中美刑事辩护律师技能培训项目河南班，亲身感受了美国式案例教学和情景模拟式教学方法的优势；2007年以来又多次应邀为山东、江苏、湖南等地的律师培训讲授律师职业道德方面的内容。

上述过程，不仅使我对法律职业伦理的身心体验不断加深——包括对遵守规范要求和道德困惑选择痛苦的体验，同时也迫使我不断思考法律职业伦理尤其是律师职业伦理问题，并不断探索法律职业伦理教育教学规律，改进和创新教学方法。

今天，在即将交付出版之际，看着眼前这部书稿，回想艰苦的创作过程，仍然激动不已。

本书稿自2007年产生动议，2008年草拟出第一份写作大纲，2009年开始组建写作班子，期间曾几易其稿，也曾受一些朋友"这些不成熟的理论是否会被社会接受和认可"担忧的困扰而搁浅一年。2012年中秋节前夕，在北京大学出版社蒋浩先生的推动和鼓励下重拾写作，又经过近半年艰苦的修改、补充和凝练，终于完稿并勇敢地呈献给世人。

正当书稿即将完成之时，2013年3月16、17日，应邀参加了在北京举行的中国法律职业伦理国际研讨会，会上我荣幸地再次遇到了律师界多年的老朋友《民主与法制》杂志社总编刘桂明先生。尽管他戏称自己"是个外行"——老话常说"内行看门道，外行看热闹"，然而就是他这个"外行"却偏偏看出了我们这些所谓内行的门道。他的会议总结高屋建瓴，别有新意。我诚然邀请他为本书作序，他也欣然同意。感谢他愿意接受这份苦"差事"，他的序言定会为本书增添光彩，也使《律师职业属性论》和《律师职业操守》这"两姊妹"连贯为一体。

这部书稿，无论从其全面性，还是从其深刻性来看，也许都是不完善的，无法反映目前学界关于法律职业伦理的研究水平，甚至有些观点还需要再锤炼。但是，它融入了我们四位作者对中国律师以及对律师职业道德教学和科研的热爱之情，表明了我们不畏困难、勇敢探索的精神。现在,我们把自己多年的思考呈现给世人,真诚期待能够得到法学界、律师界和热爱律师职业的人们的关注、批评甚至是批判,这也算是我们对中国律师的事业发展、对中国律师职业道德建设贡献的一点绵薄之力吧,也算是了了自己十几年的宿愿。

回想整个创作过程,能够有机会把自己多年的思考通过一本书具体地反映出来,要真诚感谢全国律协副秘书长洪家鸣先生的积极推动和促进,感谢他自2007年以来六年多的持续关注和竭力支持;感谢全国律协教育委员会庞正中、张庆、郭振忠、徐平、吴江水等委员的意见和建议,他们的意见、建议甚至是批评促进了我的思考,帮助我完善了那些个性观点的表达,尤其是鼓舞了我将此书稿交付出版的勇气。

在此,还要感谢我的合作者刘炳君教授、蒋信伟律师和魏大忠律师——他们虽然职务、年龄和阅历以及成就都远远在我之上,却在长达五年多时间里,不仅容忍了我出于研究不足、考虑不周而对大纲做的反复修改以及不厌其烦地催稿甚至节假日的"探讨和交流",而且一次次接受我并非权威的甚至是反复多次的修改建议,从不计较几易大纲、反复修改的繁琐和辛苦。这里,不仅要感谢他们的全力支持和大度胸怀,还要感谢他们家人的理解、支持和包容。

还要特别感谢北京市律师协会、上海市律师协会、湖南省律师协会、江苏常州律师协会在案例搜集以及律师培训等方面所给予的支持;感谢全国律协副秘书长马国华先生对本书写作和出版进程的关注,感谢全国律协培训部主任助理李鲲以及马玖芝大姐对作者们的关心与支持;感谢我所在的河南财经政法大学张宝峰副校长对写作进程的关注,感谢我校诉讼法研究中心现任主任王小红教授和原任主任(现法学研究院副院长)程政举教授的督促和鼓励。这里,还要感谢在十几年的教学生涯和律师培训中,学生们和律师们给予我的启示。与学生和律师们的互动更加促进了我的思考,使我不断完善着律师职业伦理的理论内容。

最后,还要感谢我的父母、儿子及家人一直以来的关怀、支持和体恤,尤其是在书稿最后的修改、校对阶段给予的点滴关怀和悉心照料。没有他们的支持,无法完成本书的创作。

上述所有这些，都是这部书稿的创作动力和得以顺利出版的必要条件。对上述所有领导、朋友、同事、学生和家人的关怀、帮助和支持，我们都铭记在心，唯有以本书的出版作为报答了。

本书在结构上分为导论、九章内容、结语和附录四个部分，根据各位作者的学术兴趣和研究情况，分工如下：

我对全书的内容结构和体例风格进行了设计，撰写了大纲细目，并完成了导论、第一章、第四章、第五章、结语和附录的写作，并在写作过程中，对各位作者每一稿内容进行审阅、提出修改意见和建议；

刘炳君，完成了第二章、第三章的写作；

魏大忠，完成了第六章的写作；

蒋信伟，完成了第七章、第八章、第九章的写作。

由于法律职业伦理还未形成权威的学科体系，基础研究薄弱，更由于作者对律师职业伦理的研究还不够深入，不足之处在所难免，希望能够有机会在再版时予以修订。

司　莉

2013 年 3 月 29 日于郑州